माखनलाल चतुर्वेदी रचनावली

वाणी प्रकाशन

3

माखनलाल चतुर्वेदी रचनावली

सम्पादक :

श्रीकान्त जोशी

परामर्श :

स० ही० वात्स्यायन 'अज्ञेय'
धर्मवीर भारती
शिवमंगल सिंह सुमन
जगदीश गुप्त

वाणी प्रकाशन

4695, 21-ए, दरियागंज, नयी दिल्ली 110 002

फ़ोन : +91 11 23273167 फ़ैक्स : +91 11 23275710

शाखाएँ

अशोक राजपथ, पटना 800 004, बिहार

कॉफ़ी हाउस कैम्पस, महात्मा गांधी मार्ग, इलाहाबाद 211 001, उत्तर प्रदेश

महात्मा गांधी अन्तरराष्ट्रीय हिन्दी विश्वविद्यालय, वर्धा 442 001, महाराष्ट्र

सुल्तानिया रोड, मोतिया पार्क, भोपाल 462 001, मध्य प्रदेश

www.vaniprakashan.com
marketing@vaniprakashan.in
sales@vaniprakashan.in

MAKHANLAL CHATURVEDI RACHANAWALI-3
Edited by Shrikant Joshi

ISBN : 978-93-5000-849-2
Rachanawali

प्रथम संस्करण 1995
द्वितीय संस्करण 2003
आवृत्ति 2011

मूल्य : सम्पूर्ण सेट (दस खण्डों में) : ₹ 9000

सिटी प्रेस, दिल्ली-110 095 में मुद्रित

वाणी प्रकाशन का लोगो मक़बूल फ़िदा हुसेन की कूची से

प्राक्कथन

इस खण्ड में कुछ ऐसे निबंध हैं जो विषय से जादा तालमेल व्यक्त करते हैं। चतुर्वेदीजी के लेखन को किसी स्थूल विभाजन में रखकर देखना उनके साथ न्याय नहीं करता। फिर भी हम कह सकते हैं कि इन निबन्धों में अनेक विषयों पर लेखक के विचार अधिक स्पष्टता और सहजता के साथ व्यक्त हुए हैं।

सुविधा के लिए इन निबंधों को अलग-अलग शीर्षकों में बाँट दिया गया है। इनमें से कुछ निबन्ध समय की, कुछ आकाशवाणी की, कुछ पत्रकारिता की जरूरतों के अनुसार लिखे गये हैं। यदि हम अपेक्षित गम्भीरता से इन्हें पढ़ें तो पायेंगे कि युग-द्रष्टा माखनलाल अपनी समस्त तेजस्विता, मौलिकता, आधुनिकता और भविष्य को माप सकने की क्षमता के साथ इनमें उपस्थित हैं। ये निबन्ध एक स्वतंत्र देश के चिन्तक की वैचारिक ऊँचाई, गहनता और निर्भीकता की अनूठी मिसाल हैं। जिन बातों को आज नितान्त मौलिक और नयी खोज के रूप में लिया जा रहा है वे बातें अधिक प्राणवत्ता और अधिक सारगर्भित रूप में चतुर्वेदी जी के चिंतन में बहुत पहले से उपस्थित रही हैं।

जब माखनलालजी कहते हैं—"हमको तो उस वाणी में बोलना है जिस वाणी को एक तरफ पीढ़ियाँ समझ लें और दूसरी तरफ विश्व कह उठे कि यह हमारी वाणी है। जिस तरह एक स्टेशन छोड़कर गतिमान शकट दूसरा स्टेशन ग्रहण कर लेता है और उसे भी पार कर जाता है उसी तरह हममें, समय, भूमि और व्यक्तियों के आर-पार जाने की ताकत चाहिए। हम चाहे ऋषियों की वाणी में गाएँ चाहे चितकों की भाषा में, चाहे श्रमशीलों की बोली में, सूझों का महान् वैभव तो हमें देते ही चलना है। सूझों की साधना का कोमलतर नाम राष्ट्रीय कविता क्यों न कहा जाय ?"[1]

तो हम एक तरफ इन पंक्तियों में स्वयं चतुर्वेदीजी के कृतित्व की पहचान उपलब्ध करते हैं, और दूसरी तरफ हमारी "राष्ट्रीय" शब्द के साथ जो चली आती हुई रिश्तेदारी है उसमें एक गहराई, एक नयी प्रगाढ़ता का अनुभव करते हैं। यहाँ हमें स्पष्टतः यह समझ में आने लगता है कि चतुर्वेदीजी राष्ट्रीयता को ही नहीं, "सूझ" शब्द से शब्दकोष में दिए गये अर्थ से जादा बड़ा अर्थ वसूल कर रहे हैं।

---

1. राष्ट्रीयता : सूझ का वैभव

माखनलालजी ने जब-जब शब्द को अपने अभिप्रेत से जरा भी कम पाया है उसे अधिक अर्थवत्ता प्रदान करने की कोशिश की है। इसमें वे जादातर सफल भी हुए हैं। ऐसे लोग कम होते हैं जो अपने समय और अपने समय के जीवन में, ऐसी गाढ़ तल्लीनता का अनुभव करते हों जैसी कि माखनलालजी करते थे। इसी तल्लीनता से उन्हें अपने वर्तमान की थाह मिलती है और वर्तमान का अतिक्रमण करने का सामर्थ्य प्राप्त होता है। जो है उसे पहचानने पर ही वहाँ पहुँचा जा सकता है, जो होना चाहिए और जिसकी भविष्य में संभावना है, इस पहुँच तक (यह माखनलालजी का शब्द है) कई बार मिली हुई (उपलब्ध) भाषा नहीं पहुँच पाती। तब भाषा को भी पाना होता है और उसे पाते रहने के प्रयत्नों पर जो इल्जाम लगते हैं उन्हें भी बरदाश्त करना होता है।

माखनलालजी ने आजीवन यह सब किया और सहा। उदाहरण के तौर पर चतुर्वेदीजी जब यह बात पूरी तरह गले उतारना चाहते हैं कि किसी भी वाद की रक्षा के लिए नीचे उतरना ही सब कुछ नहीं है, नीचे उतरना ऊर्ध्वयात्रा का प्राथमिक चरित्र है, वह हमारे मनुष्य होने की वास्तविक पहचान है तो वे कुछ इस तरह कहउ ठते हैं, "बन्दर को डालियों से नीचे उतारकर मानव बनाया था, ईश्वर को नीचे उतारकर अवतार बनाया था, नदियों को नीचे उतारकर जग-उपजाऊ किया था, नीचे के उतार से, सिर घबड़ाता क्यों है श्रीमान् ?" (एक था राजा)

यहाँ "नीचे" और "निम्न" शब्दों से फूटने वाली नारेबाजी समाप्त हो गयी है और एक जादा बड़ी सचाई, हमारे जीवन की एक अन्तरंग वास्तविकता, किसी नयी खोज की तरह हम पा गये हैं।

यह प्राप्ति जितनी विचार-जगत् की अपनी है उतनी ही रस-जगत की भी, क्योंकि कवि और कथाकार (साहित्यकार) का काम ही है "रस की भाषा को अनवरत जीवित रखना, नयनों और हृदय की मूक भाषा को वाणी दान करते जाना।"

(एक था राजा—से)

माखनलालजी के लिए कोई क्षण मूल्यहीन नहीं है, जिसका मूल्य चुकाया गया है वह ही आपका अपना है। यह बहुत कठिन कसौटी है। माखनलालजी के जीवन और सृजन में इस कसौटी की चुनौती की बड़ी ताकत के साथ झेला गया है।

जीवन को खण्डों में बाँटकर देखने को चतुर्वेदी अनुचित मानते थे। "जीवन सम्पूर्ण लेना होता है।" इन निबन्धों में माखनलालजी का सम्पूर्णतावादी चिन्तन हमें प्रेरणा देता है कि न तो हम पलायनवादी बनें और न ही नकली दायरों को जीवन का सब कुछ मानकर दूसरों की उपेक्षा करते रहें।

कितने विषय हैं जिन पर इस युग-पुरुष ने अपनी कलम नहीं चलायी, अपना सोच नहीं दिया और अपने समय के सुषुप्त, जड़, गतानुगतिक वातावरण को

झकझोर कर न जगाया ?

इस खण्ड के निबन्धों का, राष्ट्र-चिन्तन, कथात्मक निबन्ध, संस्मरणात्मक निबन्ध, पर्व-निबन्ध, शैक्षणिक निबन्ध, ललित निबन्ध, और विविधा (विविध निबन्ध) तथा बूंद-बूंद के अन्तर्गत एकरूपता और विषयगत सामीप्य लाने की दृष्टि से विभाजित किया गया है। बूंद-बूंद में चतुर्वेदीजी के सूत्र शैली में समय-समय पर लिखे जाने वाले विचार हैं। इस शैली में बड़ी ताकत है, जो बात कहीं नहीं कही जा सकती वह यहाँ अनूठे ढंग से कह दी गयी है। प्रत्येक वाक्य दूसरे से स्वतन्त्र है और इनकी कोई विषयगत सीमा भी नहीं है, इनमें चलते-चलते कोई गहन चुभन शब्द पा लेती है, "जी, ये टूटे सपनों और घायल आदर्शों की लाशें पड़ी हैं जिन्हें न दुनिया में गाड़ने वाले मिलते हैं न जलाने वाले।" (बूंद-बूंद)

शैक्षणिक निबन्धों के अन्तर्गत चतुर्वेदी के शिक्षा सम्बन्धी विचार हैं। वे स्वयं भी प्रारम्भ में एक शिक्षक ही थे अतः इन निबन्धों में एक शिक्षाशास्त्री के रूप में उन्हें पाना कम दिलचस्प नहीं है।

अनुक्रमाणिका

भूमिकाएँ

भूमिकाएँ : अपनी पुस्तकों की

भूमिकाएँ : अन्य पुस्तकों की

चयन : कुछ संदेश

निबन्ध-2

माखनलालजी की गद्य-शैली काफी प्रौढ़ और अभिव्यंजनात्मक है। चित्रमयतापूर्ण अथवा विम्ब प्रस्तुत करने वाली भाषा उनकी अपनी निर्मित है। यथा, "मेरा और मेरे विश्व के हरियालेपन का उतना ही सम्बन्ध होता है, जितना नर्मदा के तट पर हरसिंगार की वृक्षराशि में लगे हुए टेलीग्राफ के खम्भे का।"

लेखक की गद्य-शैली की दूसरी विशेषता गद्य में अन्तरतुकान्त की है। अन्तरतुकान्त का प्रयोग आरम्भिक गद्यों में बहुत मिलता है। उदाहरण के लिए प्राचीन गुजराती गद्यों, ब्रजभाषा की वचनिकाओं और खड़ी बोली की आरम्भिक रचनाओं—'रानी केतकी की कहानी' आदि में यह शैली स्पष्टतः परिलक्षित होती है। इसके मूल में कुछ विद्वान् फारसी शैली का प्रभाव ढूंढ़ते हैं। उर्दू की मुहावरेदानी, लाक्षणिकता, व्यंग्योक्तियाँ और मनोरम सूक्तियों के सटीक प्रयोगों के कारण माखनलालजी की भाषा अत्यन्त स्फूर्तिमयी और जीवन्त दिखाई पड़ती है। नये फैशन के प्रति व्यंग्य-आक्रोश व्यक्त करते समय उनकी भाषा बहुत पैनी हो जाती है। देशी शब्दों और कहावतों का प्रयोग तो माखनलालजी की अपनी विशेषता है ही। ये प्रयोग धरती की सौंधी गन्ध से ओत-प्रोत हैं और इनके कारण भाषा में एक अद्भुत प्राणवत्ता दिखाई पड़ती है।

—**डॉ० शिवप्रसाद सिंह**

राष्ट्र-चिन्तन

हम जनसाधारण हैं

दुखिया की आवाज

जनसाधारण हैं हम, निरे अज्ञान,
सेवा करना ही है बस अभिमान।
तुम नेता हो, आत्मबली मतिवान,
हम दुखिया हैं, रोते, देते प्रान।

राष्ट्रीय पथ के पथिक ! हमें राह बतलाने वाले, काँटों से भरे हुए ऊँचे उठने के मार्ग में निर्भीक आगे चढ़ने वाले महात्मागण ! आपको प्रणाम। आप लोग नये उत्साह की भेरी बजाकर, हम जनसाधारण को नवीन मंत्र से दीक्षित करके, एक राष्ट्रीय आदर्श की ओर ले जाना चाहते हैं, पर हम सदा से भारत का दुःख भार वहन करने के लिए ही उत्पन्न होते आये हैं। हम उसके सुख और आदर्श के भागी नहीं हैं। हमने नाम की कोई परवाह न करके देश-विदेश में जाकर करोड़ों कष्ट और कलंक सहकर अपने शारीरिक श्रम से बड़े-बड़े नगर, रेल की सड़कें और नहर आदि बनाए हैं। सो क्यों ? केवल मुट्ठी भर अन्न से अपना पेट भरने के लिए—और जो हमारे बल पर जीकर डण्डेबाज मालिक बने बैठे हैं, उनके लिए ! यही हमारा आदर्श है ! यही धर्म और यही हमारा कर्म है ! यदि आप हमें कोई इससे भी ऊँचे आदर्श की तरफ ले जाना चाहते हैं, तो हमें इसी आदर्श के अनुरूप उद्देश्य के द्वारा ले चलिये, हम चलने को प्रस्तुत हैं। जब इन्द्र देव जल नहीं बरसाते, तब हम ही पहिले मरते हैं, और जबकि भरपूर अन्न होता है, तब भी हम भूखों मरते हैं, क्योंकि अनाज व्यापारी ले जाता है। परन्तु दुःख के भागी हम हैं, और सुख के भागी पढ़े-लिखे भाई आप लोग। आप बड़ी-बड़ी पुस्तकें बनाते, वक्तृता देते और द्रव्य भी उपार्जन करते, साथ-साथ धन्य माने जाते हैं। और हम ? हम नाम नहीं चाहते, यश नहीं चाहते, केवल चाहते हैं मुट्ठी भर अन्न ? वह भी हमें बड़ी यातना के बाद मिलता है। विदेशी भी जब कभी कोई मौका पाते हैं, तब कहते हैं, "भारतीय जन साधारण अत्यन्त

अशिक्षित और स्वच्छताहीन हैं।" उस दिन लार्ड सिनहा आये, सो वे भी कह गये कि "यहाँ भी अन्य स्थानों की नाईं दरिद्री ही अधिक प्लेग से मरते होंगे ?" जैसे यह एक स्वतःसिद्ध बात हो गई हो ! इसके लिए कोई विचार ही की आवश्यकता नहीं है ! कई अपने आप बन जाने वाले नेता हैं जो कि दरिद्रियों के मद्यपान की अधिकता पर कटाक्ष करते हैं और कई उनके सन्तानाधिक्य पर अफसोस करते हैं, पर हम क्यों न मद्यपान करके क्षणिक मादकता के राज्य में आत्माभिमान और स्वतंत्रता का उपभोग करें ! क्यों न सब सुखों से वंचित हम एक सुलभ इन्द्रिय-सुख का उपभोग करें ? क्या दिन भर की मजदूरी करते हुए, बड़ों की झाड़ें सहते हुए, हम साँझ को उसे भूल जाने का प्रयत्न न करें ? यदि आप कहें कि यह दूरदर्शिता नहीं है, तो भला हमें उस दूरदर्शिता से क्या मतलब ? हम शिक्षा नहीं चाहते, संसार का कोई ऐश और आराम भी नहीं चाहते। हम केवल भरपेट अन्न चाहते हैं और मनुष्यों में हमारी गिनती चाहते हैं। आपका रिफार्म बिल[1] पास हो गया, बड़े आनन्द की बात है। हम भी बड़े आनन्द के साथ आप लोगों की महिमा गाते हैं, पर जब झोंपड़ी में हमारी स्त्री हमसे पूछती है कि क्या अब इस नये कानून से हमें भर पेट खाने को मिलेगा ? शिक्षा की आवश्यकता है, हम भी समझते हैं, पर खाली पेट तो शिक्षा नहीं भर सकेगी ! शिक्षा के लिए जो समय चाहिए, उस समय हम कठिन परिश्रम से थके हुए रहते हैं। इसीलिए उच्चादर्श का अनुभव करने वाले महात्माओ, हम आपको प्रणाम करते हैं। आपको धन्यवाद देते हैं, और हमारे पास केवल आँसू हैं, उनसे आपके चरण धोते हैं, पर हमारी पुकार किसी ने न सुनी। रास्ता ऊँचाई पर साफ हो रहा है। नीचे तक आने में सदियों की देर है। हमें कल के लिए खाने को नहीं, हम कैसे सदियों तक धीरज धरें ?

—एक झोंपड़ी वाला

[कर्मवीर, 14 फरवरी, 1920]

किसान का सवाल

किसानों का सवाल देश की एक विकट समस्या है। देश में सैकड़े पीछे 71 किसान रहते है और 29 दूसरे धन्धे के लोग। मध्यप्रदेश में तो यह संख्या और भी बढ़ी हुई है। यहाँ सौ आदमी पीछे 74.51 (साढ़े चौहत्तर प्रतिशत) किसान हैं, और (25.5) साढ़े पच्चीस प्रतिशत दूसरे धंधे के लोग; यानी भारतवर्ष में आज हर चार आदमी पीछे तीन किसान हैं। आमदनी की दृष्टि से देखिए, तब भी आपको बड़ी सुहावनी दशा दीख पड़ेगी ! भारत के किसान इतना जूट

1. माण्टेग्यू चेम्सफोर्ड सुधार, 1918

पैदा करते है जो संसार भर को पूरता है। कपास के पैदा करने में भारत का नम्बर संसार भर में दूसरा है। तिल्ली, अलसी, मूँगफली और तिलहन भी भारत इतना उत्पन्न करता है कि वह अपनी माँग पूरी करके संसार के बाजारों को पाट देता है। और टैक्स देने में ? वहाँ भी भारत का किसान कमी नहीं करता। यदि देश में 100 रु० टैक्स वसूल किया जाता है तो उसका 90 रु० किसानों से वसूल होता है। किन्तु इसके पश्चात् भी भारत के किसान की हालत क्या है ? भारत का भाग्य-विधाता, भारत में महान धन उपजाने वाला, भारत में सबसे बड़ी तादाद रखने वाला किसान दुर्दशा से पीड़ित, अकाल का मारा हुआ, कर्ज से दबा हुआ है। इन 74.5 फीसदी किसानों की यह हालत है कि इनमें से 50 को दोनों जून पेट भर अनाज नसीब नहीं होता। आप राज्यसभा (स्टेट कौन्सिल) पर दृष्टि डालें, बड़ी धारा सभा (लेजिस्लेटिव असेंबली) को देखें, इतना ही क्यों, आप प्रान्तीय कौन्सिलों पर दृष्टि दौड़ावें, आपको वहाँ किसी भी किसान के दर्शन न होंगे। 'किसान' नामधारी कुछ धनिक भेड़िए वहाँ जरूर भीड़ मचाए हुए हैं किन्तु वे किसानी और किसान शब्द से उतने ही अपरिचित हैं जितना कामी तप से, अत्याचारी इन्साफ से और भारत के किसान सुख और अधिकार से अपरिचित हैं। इतना ही नहीं, जब डिस्ट्रिक्टबोर्ड जैसी स्थानीय संस्था का सवाल आता है तब भी किसान को उन संस्थाओं से प्लेग के रोगी की तरह दूर रखा जाता है, किसान के शरीर पर चिन्दियाँ लटकती हैं, अथवा वह अधनंगा रह कर ही अपने दिनों को गुजारता है। व्यापारी और शहर के सफेदपोश लोगों के यहाँ नित्य ही त्यौहार है, किन्तु किसान के घर में त्यौहारों पर भी मीठा खाना नसीब नहीं होता। न्यायालय में रिश्वत देने केलिए, पुलिस चौकी पर हथकड़ियों में बन्द, अफसरों के सम्मुख बेगार देने और जूतियाँ खाने के लिए और अगर फसल में कुछ पैदा हो गया, तो साहूकार के द्वारा लूटे जाने के लिए आप सदैव किसान नामक प्राणी को हाजिर पाइएगा। किसानों की यह हालत क्यों है ? इसलिए कि किसान अज्ञानी है। इसलिए कि वह शक्तिहीन है। इसलिए कि उसे पता नहीं कि ससार में जन्म लेकर आने के बाद उसका काम संकट उठाना और कुत्ते-बिल्लियों की तरह जीवन बिताना और अनाज पैदा करके संसार के राक्षसों का पोषण करना ही नहीं है। उसे नहीं मालूम कि धनिक तब तक जिन्दा हैं, राज्य तब तक कायम हैं, ये सारी कौन्सिलें तब तक हैं, जब तक वह अनाज उपजाता और मालगुजारी देता है। जिस दिन वह इन्कार कर देगा, उस दिन समस्त संसार में महाप्रलय मच जाएगा। उसे नहीं मालूम कि संसार का ज्ञान, संसार के अधिकार और संसार की ताकत उससे किसने छीनकर रखी है और क्यों छीनकर रखी है। वह नहीं जानता कि जिस दिन वह अज्ञान इन्कार कर उठेगा, उस दिन ज्ञान के ठेकेदार स्कूल फिसल पड़ेंगे, कालेज नष्ट हो जावेंगे और विश्वविद्यालय धूल

में मिल जायेंगे। उसे नहीं मालूम कि जिस दिन उसका खून चूसने के लिए न होगा, उस दिन देश में यह उजाला, यह चहल-पहल, यह कोलाहल न होगा। फौज और पुलिस, वजीर और वाइसराय, सब कुछ किसान की गाढ़ी कमाई के खेल हैं। बात इतनी ही है कि किसान इस बात को जानता नहीं। यदि वह इन बातों को जान ले, यदि उसको इस बात का पता रहे कि हर सौ आदमी पीछे पचहत्तर उसके साथी, उसके भाईबन्द हैं, यदि वह जाने कि देश की सारी सम्पत्ति, देश के सारे अधिकार, और देश के समस्त सुखों का हकदार वह है और यदि उसे अपने पतन के कारणों का पता हो, और उसे अपने ऊँचे उठने के उपायों का ज्ञान हो जाय, तो निस्सन्देह किसान कर्म-पथ में लग सकता है। किन्तु आज तक उसे अँधेरे में रखा गया है। पाठक, यदि आप किसान नहीं हैं तो ये पंक्तियाँ आपके पास केवल इस लिए पहुँचाई जा रही हैं कि एक तो किसानों की कष्ट-कथा और ऊँचे उठने के वर्णन में जो कमी हो, उसे पूरा करने की आप सूचना करें और दूसरे आप यदि हो सके, तो किसानो के कानों तक इन पंक्तियों को पहुँचा दें और यदि आप किसान हैं तो इन पंक्तियों को ध्यान से पढ़ें-सुनें और अपनी अवस्था पर विचार करें।

हमारी यह इच्छा नहीं कि किसानों के बड़प्पन के झूठे गीत गाकर, उनका मन प्रसन्न करें या उन्हें तिनके के समान कमजोर समझकर, यह महान तत्त्व भूल जायँ कि हजारों तिनकों के मेल से एक ऐसा रस्सा तैयार हो सकता है, जो एक मदान्ध और बलवान हाथी को बाँध सके।

[कर्मवीर, 5 सितम्बर, 1925]

गरीब अन्नदाता

आसाम के भूतपूर्व चीफ कमिश्नर सर चार्ल्स इलियट ने एक बार कहा था कि "भारत के किसानों की आधी आबादी तो साल में 6 महीने यह नहीं जानती कि उन्होंने किसी दिन पेट भर भोजन किया था।" और भारत के नरम नेता और प्रजा तथा सरकार दोनों के बीच आदर पाये हुए स्वर्गीय गोपालकृष्ण गोखले ने एक बार कहा था कि सात करोड़ (7,00,00,000) किसान तो यह नहीं जानते कि वर्ष भर में उन्हें कभी पेट भर भोजन मिला था।" यदि इस बात को पुरानी मानें तो मध्य प्रदेश के अभिमान की वस्तु तथा लखनऊ-विश्वविद्यालय के अर्थशास्त्री प्रोफेसर दयाशंकर जी दुबे का हिसाब सुनिये। वे कहते हैं कि "कठिन कारावास की सजा पाने वाले दुराचारी कैदियों को जितना भोजन मिलता है, उसका तीन-चौथाई भोजन भी हमारे देश के 16,00,00,000 (सोलह करोड़)

युवाओं को प्रति वर्ष नहीं मिलता !" किसान स्वयं भी अनुभव करता है कि वह गरीब होता जा रहा है। वह पहले से अधिक कर्जदार है, उसके बैल पहले से अधिक 'मरी हत्या' हो रहे है और वे कम हो गये हैं, उसकी जमीन भी कम हो गई है। किन्तु यदि उससे कारण पूछिये तो आप जानते हैं, वह क्या उत्तर देता है ? वह कहता है, "घोर कलयुग आ गया बाबूजी ! पहले ऐसी फसल होती थी कि घर भरा रहता था। अजी, पानी अच्छा बरसता था, अनाज खूब आता था। अब तो वैसी फसल ही नहीं आती। हमारी तकदीर फूट गई।" हम अपने किसान भाई से कहना चाहते हैं कि बाबा, तेरी तकदीर के फोड़ने वाले का तुझे पता नहीं है। और न तुझे इस बात का पता कि सारा कलयुग हिन्दुस्तान पर और वह भी तेरी खेती पर ही कैसे टूट पड़ा। और मजे की बात तो यह है कि तू उन दिनों सुखी था जब तेरे 12 मन गल्ले का दाम 12 रुपये था। आज जब 12 मन गल्ले का दाम 60-70 रुपया हो गया है तब तू गरीब हो गया है। किन्तु यदि तू अपने आसपास नजर दौड़ावे, और अपने हित-अनहित की बातों को जाने और समझे, तो तुझे पता लग जाय कि तेरे घर में कलयुग किस रास्ते होकर आ रहा है और तेरी तकदीर को फोड़ने वाला हथौड़ा किस भाग्यवान के हाथ में है ! किसान भाई ! तुम्हें मालूम होना चाहिए कि डेढ़ सौ बरस पहिले तुम्हारे देश में वर्षों में कहीं एकाध बार भूले-भटके अकाल आता था और आज तुम्हारे देश में हर साल कहीं न-कहीं अकाल बना रहता है। कलयुग और तकदीर को दोष न देकर, आओ, इसका कारण जानने की कोशिश करें।

इस देश में पहिले किसानी करने वाले लोग निरे किसान नहीं थे। जिस तरह आजकल तुम वर्षा न होने पर, बोनी हो जाने पर, कटनी के पश्चात् या अधिक बरसात होने पर चुपचाप हाथ पर हाथ धरे बैठे रहते हो, यह हालत डेढ़ सौ वर्ष पहिले तुम्हारी न थी। न किसानी पर जीने वालों ही की हालत ऐसी थी कि तुम केवल गेहूँ, चावल या कपास अधिक पैदा करो। फिर, गये साल की बचत जेवर, अनाज और सामान के रूप में इतनी पड़ी रहती थी कि अगर तुम्हारे खेत में उपज न हो और इन्द्र तुम्हारे साथ युद्ध कर बैठे, तो तुम अपने बचत रूपी गोवर्धन के सहारे अपनी रक्षा कर सकते थे। किन्तु जिन विद्वानों ने बचत का हिसाब लगाया है, वे कहते हैं कि हिन्दुस्तान के हर आदमी पीछे जमा रकम का हिसाब आजकल 14 रुपया पड़ता है। इंग्लैण्ड की जमा रकम का हर आदमी के पीछे क्या हिसाब पड़ता है, आप जानते हैं ? वहाँ हर आदमी के पास की जमा रकम रुपयों में 4500 के लगभग है ! और अमरीका की तो बात ही न पूछो। हिन्दुस्तान के पश्चात् भारी खेती वाला देश अमरीका है। और वहाँ के हर पाँच आदमी के पीछे आजकल एक मोटर कार है। और तुम्हारे देश में हर तीन आदमी के पीछे एक आदमी अन्न-अन्न पुकारता और भूखों मरता है। तुम्हारी भूख

अमरीका की मोटरों को भी मात करती है ! तो भी अमरीका के पश्चात् अनाज उपजाने का ऊँचा नम्बर तुम्हारा ही है। विलायत के लोग किसान नहीं, वहाँ तो 100 आदमी के पीछे 8 ही किसान हैं। पर तुम्हारे देश में—देश में क्यों प्रदेश में भी—हर सौ आदमी पीछे 74.5 किसान हैं। तिस पर तुम्हारे देश में अकाल पड़ना शुरू हुआ, और इंग्लैण्ड में अकाल पड़ना बन्द हुआ। और आज तुम्हारे देश में हर साल कहीं न कहीं अकाल है, और उनके देशवासी अकाल का नाम ही भूल गए ! आसमान के बादलों, जमीन के ढेलों और किस्मत के खेलों को मत कोसो। जरा सोचो ! पहले तुम्हारे गाँव और नजदीक के शहर का लुहार किसानी करता था परन्तु वही लोहा गलाता था, और लोहे सम्बन्धी कीले-बिरंजी से लगाकर सब जरूरतें पूरी करता था। नाई की कैंची, छुरा, कटनी, बढ़ई की गुनिया, रन्दा, आरी और बसूला, जुलाहे की गछली और राँछ, चमार की राँपी, मोडन और बकिया, सब तुम्हारे गाँव का लुहार बनाता था। उसकी स्त्री धौंकनी धोंकती और उसके छोटे बच्चे तक छोटे-मोटे काम करते। उसका एक भाई घन लगाता, एक भट्टे पर बैठता, एक पानी चढ़ाकर चमक देता, एक बाजार में चीज बेचने जाता। तब अधिक लुहारों की जरूरत होती। वे एक तो अपनी कमाई से पेट भर खाते थे, दूसरे किसान बनकर किसानों की आमदनी में हिस्सा नहीं बाँटते थे। अब जब नाई, चमार और बढ़ई, जुलाहा सबका सामान विलायत से आने लगा तब तुम्हारे गाँव के लुहार क्या करते ? वे थोड़े दिन भूखों मरे, तुम्हें कोसते रहे। फिर लाचार होकर अपने भट्ठ, धौंकनी, हथौड़े और अपनी कारीगरी के हाथ और अकल को नमस्कार करके, हल पकड़कर किसान बन गए ! और बर्मिंघम और ब्रिस्टल के लोहे के औजार खरीदकर तुमने समझा कि तुम सुधर गए !

अब जरा और जाँच करो। तुम्हारे घर में चरखा चलता था। कोई भी घर उससे खाली न था। केवल बुनाई के दामों पर तुम कपड़ा पाते थे। और हर गाँव के 50-60 जुलाहों के परिवार, केवल बुनाई का काम करते थे। उनकी बुनाई की खूबी यह थी कि वे जो मलमल बनाते, उसको हरी दूब पर बिछा देने पर यह मालूम न होता कि कोई कपड़ा बिछा है ! हिन्दुस्तानी जुलाहों की बनाई हुई मलमल, साटन और रेशमी चीजों के लिए लन्दन और पेरिस की बीबियाँ तड़पतीं, किन्तु भारत के बाहर जाने वाले कपड़े पर जोर का टैक्स लगा और मैंचेस्टर तथा लंकाशायर का विलायती कपड़ा हिन्दुस्तानी बाजारों में आने लगा। तुम खरीदने दौड़े। परन्तु तुम्हें पता नहीं रहा कि तुम जिस कपडे को खरीदने जा रहे हो, उसने तुम्हारी माता, बहिन और पत्नी को साल से अधिक समय के लिए बेकार बना दिया। वह लाचार होकर घर बैठी रहेंगी और केवल खेती ही की कमाई में से पेट भरेगा। और इसी खेती की कमाई में से केवल बुनाई

के दामों पर नहीं, मनमाने दामों पर तुम्हें कपड़ा खरीदकर लाना पड़ेगा। चरखे टूट गए, गाँव के सौ जुलाहे और उनके बाल-बच्चे लाचार होकर किसान तथा किसानी पर जीवन विताने वाले मजदूर बनकर तुम्हें गरीब बनाने वाले हो गए। जो विधवाएँ चरखे को कमाई देने में पति के समान सहारा देने वाला समझती थीं, उनमें से कुछ वर्ष भर बेकार रहने और मजदूर होकर किसानी में हिस्सा बाँटने लगीं और तुम्हारे रंग-बिरंगे कपड़ों के शौक के कारण कुछ बहिनें और बेटियाँ वेश्या बनाकर तुम्हें आशीर्वाद देती हुईं, अपना और तुम्हारा दोनों का मुँह काला कर गईं ! इस तरह तुम्हारे रंग-साज, बढ़ई तथा छोटी-छोटी कला-कौशल की चीजें बनाने वालों की हालत हो गई। जब तुम विलायती चीजें खरीदकर ला रहे थे, तब तुम्हें पता न था कि तुम अपने लिए मौत खरीदकर ला रहे हो। किसानी पर जीनेवालों की तादाद बढ़ा रहे हो और अपने भाग्य को फोड़ने का सामान इकट्ठा कर रहे हो और कलयुग के लिए दरवाजा खोल रहे हो। जब सबके बँधने-बोरिये खेती ही पर हो गए, तब बताओ, तुम्हारे पास बचत कहाँ से हो ? और इतने बेकारों का पालन बिना कलाओं से धन उपजाये, अकेली खेती कैसे दूर कर सके ? इसके पश्चात् तुम्हारा उपजाया हुआ अनाज देश से बाहर भेज दिया जाता है, तुम एक सेर रुई का दाम 1/ रु० लेकर जो रुई विदेश को भेजते हो, वहाँ उस रुई के कम-से-कम दो धोती जोड़े बनते हैं, जिन्हें तुम 10 रु० में खरीदते हो। इसका मतलब यह हुआ कि तुमने अपनी एक रुपये की रुई दस रुपयों में खरीदी। जानते हो, यह 9 रुपया कहाँ चला गया ? यह विलायती कपड़े के जुलाहों की मजदूरी और विलायती व्यापारी के मस्त मुनाफे में चला गया ! जो अपने एक रुपये को चार महीने पश्चात 9 रुपये में खरीदे, भला वह किसान भूखोंक्यों न मरे, उसकी खेती उसकी मूर्खताओं के बदले अपनी ताकत से बाहर अनाज उपजाकर कैसे देवे ? क्या इतना ही कारण किसान की गरीबी का है ? नहीं और भी कारण हैं, जिनकी चर्चा केवल आज ही नहीं की जा सकती। पर क्यों जी ! किसान अपने भले-बुरे को क्यों न समझता ? इसलिए कि वह अज्ञानी है, पढ़ा-लिखा नहीं है ? उसे यह पता नहीं कि उसकी कमाई का आधा हिस्सा सरकारी खजाने में चला जाता है, उसकी जमीन ने जीवन में खाद का नाम नहीं जाना, उसका साहूकार उसे चूस रहा है, उससे अपनी उपज पर बार-बार टैक्स लिया जाता है, उसकी चीजों पर रेल का महसूल, उसे हानि पहुँचाने वाले ढंग से लगा हुआ है। उसे ऐसे समय लगान देना और साहूकार को पटाना पड़ता है और ऐसे समय अनाज बेचना पड़ता है, जबकि बाजार भाव खूब सस्ता हो। महँगे बाजार-भाव के दिनों तक वह ठहर नहीं सकता, उसकी खेती की सिंचाई, पशुओं की चराई आदि का इन्तजाम नहीं। इधर उसे गरीब और नगण्य समझकर, उसे नादान समझकर, उसके राजनैतिक अधिकारों को भी लोग हड़प लेते हैं

और यह नहीं समझता कि उसके का नाश कारण क्या है। जान ब्राइट नाम का अँग्रेज विद्वान कहता है—"यदि किसी देश के पास ऐसी जमीन हो जो खूब अनाज पैदा करती हो, और सब तरह की चीजें उपजाती हो, और तिस पर भी वहाँ के निवासियों की हालत भयंकर गरीब और कष्टमय हो तो समझना चाहिए कि उस देश की शासन-प्रणाली की जड़ में कोई भारी खराबी है।" परन्तु क्या उस खराबी को जानकर किसान अपने दुःखों के खिलाफ मस्तक उठावे ? कैसे उठावे ? पर क्यों नहीं उठावे ? अजी, वह अज्ञान है। वह अपने भले-बुरे और अपनी मौत को नहीं जानता। उसकी अज्ञानता का कारण क्या है ? इस विषय की चर्चा फिर करेंगे और यह भी देखेंगे कि हमारे देश का गरीब अन्नदाता किस तरह, अपने दिन सुधार सकता, अपने अधिकारों की रक्षा कर सकता, और शश्य-स्यामला भूमि पर, पौधों के समान हरियाली, फूलों के समान खिला हुआ, और फल से लदे हुए वृक्ष की तरह धनवान और संसार को शरण देने वाला होकर वंदनीय हो सकता है।

[कर्मवीर, 12 सितम्बर, 1925]

अपराधी कौन ?

'कैदी'—कैसा बुरा यह शब्द है ! रास्ते चलता आदमी सोचता है—"जेल एक दुःखान्त अभिनय है, निराशाओं की पिटारी, जीवन का एक गहरा घाव, जेल एक ऐसा न टलने वाला संकट है कि इसे पाने वाले के प्रति प्रत्येक सहानुभूति से देखता है।" एक दूसरा आदमी भी है जो स्वयं शासक है। उसके विचारों से जेल भोगने वाला आदमी त्याज्य जीव है, उसे मुक्त वायु में श्वास लेने का अधिकार नहीं, उसे मिलने वाली हवा सींखचों से गुजरकर आनी चाहिए, उसे अधिकार नहीं कि वह सूरज की रोशनी, चाँद की मीठी चाँदनी और जमीन पर लहलहाने वाले वृक्षों की छाया पर अपना लालच दिखाये। क्यों ? क्योंकि वह कैदी है। परवाह नहीं, उसने अपनी गरीबी से लाचार होकर अपराध किया। परवाह नहीं, उसके आत्माभिमान ने उसे अपने काबू में नहीं रहने दिया। देशों में राज हैं, राज के कानून हैं। किन्तु मानव-मन से आकर वे उस समय नहीं बोलते, जब वह अपने अपराध की इमारत बनाता होता है। वे मानव-शरीर से बातें करते हैं। वे पीठ पर कोड़े मारते हैं, मुँह में कपड़ा ठूँसकर, जेल के कैदी के पैरों की तलियों में डण्डे लगाते हैं, कैदी की पीठ, पेट, छाती, सिर, हाथ, पाँव—सारे शरीर पर, 'कैदखाने' वाले का अधिकार है, चूँकि उस मनुष्य ने, दुनिया में आकर अपराध किया है। बालक ने जन्मते ही कितने ही अपराध किये थे, माँ ने

समझा कर छुड़वा दिया। कुमार ने कितनी ही शरारतें की थीं, पिता ने कुछ को बालक की स्वाभाविक उमंग कहकर विनोद में टाल दिया, कुछ के लिए बालक को स्पष्ट समझा दिया, कुछ बात अपने मन में रख छोड़ी और इंजिन को चलाने वाले कुशल ड्राइवर की तरह वह बालक को ऐसे पथ से चलाने लगा, जहाँ बालक की अपराधिनी प्रवृत्ति न उमड़े। फिर गुरुदेव की बारी आई। युवा के शरीर और मन की आचार्य ने छानबीन की। वह अपने 'दण्डी' विद्यार्थी को उच्च स्वरूप देने में लग गया। इतना ही हो चुका था कि बालक नागरिक हो गया। अब उस पर राज्य का, समाज का शासन हो गया। भारत के बालकों की माताओं में एक फीसदी भी पढ़ी लिखी नहीं, पिताओं में 6 फीसदी भी अक्षर नहीं जानते। गुरुओं के पास तक देश के युवा जाने ही नहीं दिये जाते। आज भी 94 फीसदी, ज्ञान के लाभ से वंचित, अपनी 18 वर्ष की अवस्था में आ जाते हैं। राज्य को इससे बहस नहीं कि उसने अपराध न करने की प्रवृत्ति की जड़ में रहने वाला ज्ञान अपनी प्रजा को प्रदान किया या नहीं। वह केवल एक बात जानता है : क्या तूने अमुक साहब का अपमान किया है? क्या तूने नीति के अमुक नियम को तोड़ा है? क्या तूने जंगल के अमुक हिस्से से लकड़ी काटी है? क्या तूने अमुक समय पर लगान नहीं चुकाया है? अच्छा, तुझे जेल में जाना होगा। जेल का निर्माण, समाज की रक्षा के नाम पर हुआ है, किन्तु जिस देश में भूख-उपवास ही घर किये हुए हों, जहाँ लोगों को दो बार शरीर के लिए आवश्यक पौष्टिक पदार्थ का नाम भी न रखने वाला अन्न नसीब न होता हो, जिस राज्य का निवासी टैक्स से इतना दबा हो, व्यापार में इतना गिरा हो और राज्य इस भूख का कोई इलाज न कर पाता हो, वहाँ ज्ञानाभाव के में नीतिभ्रष्टता-सम्बंधी अपराधों और अन्न के अभाव में चोरी के अपराधों का अपराधी कौन है? किसे सजा दी जानी चाहिए? गिट्टी किसे फोड़नी चाहिए? राम-बाँस किसे कूटना चाहिए? क्या गरीब और ज्ञान-हीन कैदी को? जिस समाज की रक्षा के नाम पर, यह सब अव्यापारेषु व्यापार हो रहा है, उस समाज में करोड़ों तो गरीब हैं और ज्ञान का, अज्ञान के साथ, आटे-नमक का भी परता नहीं पड़ता। तब क्या समस्त समाज कैदी है? समस्त समाज अपराधी है? हाँ, है तो समस्त समाज अपराधी, उसका अपराध है उसकी पराधीनता। समाज स्वाधीन होता तो न वह अज्ञानी होता, न वह दरिद्र होता। उस दिन राज्य को, जरूरतों की लाचारी और ज्ञान के अभाव में किये जाने वाले अपराधों की अपेक्षा उद्दण्डता और मस्ती में किये गये अपराध दीख पड़ते और उन पर दण्ड दिया जाता।

'जेल का कैदी' इस शब्द में आप कैदी की पूरी व्याख्या नहीं पा सकते। जेल में एक राजनैतिक नाम का जन्तु होता है। गुलाम देशों में उसकी तादाद अधिक होती है, क्योंकि वहाँ आत्माभिमान की हुंकार, स्वदेश-प्रेम का बलिदान,

और स्वदेश की वस्तुओं, व्यक्तियों और व्यवस्थाओं के लिए उथल-पुथल मचाना भी अपराध होता है। वह चोर नहीं होता, डाकू नहीं होता, निर्दय नहीं होता, नीति-भ्रष्ट नहीं होता, चरित्रहीन नहीं होता, वह देश-सेवा की लगन का दीवाना होता है। चोर को, हत्यारे को, बदमाश को, खुले आम न्यायालय में अपना पक्ष सिद्ध करने की गुंजाइश होती है; किन्तु यदि शासन की लहर न हो तो स्वदेश के दीवाने अपराधी को खुले न्यायालय में, अपनी बाजू, संसार और न्यायासन के सम्मुख रखने का अधिकार नहीं होता। आज बीसवीं शताब्दी में भी भारत के पवित्र गौरव की तीन बातें याद रखने योग्य हैं—

यहाँ के करोड़ों लोग दोनों जून भर पेट नहीं खाते, यहाँ के 94 फीसदी मूर्ख रक्खे गये हैं, और यहाँ पढ़े-लिखे विद्वान केवल सन्देह पर पकड़कर, बिना मुक-दमा चलाये और पैरवी का अवसर दिये, ज़ेलों में ठूँस दिये जाते हैं, जहाँ वे बीमार होते हैं, क्षय जैसे रोग के रोगी होते हैं, मर जाते हैं और जीवन की साधारण सामग्रियाँ भी नहीं पाते। यदि इसका नाम दुनिया का आदर्श शासन हो, यदि इसी शासन की इंग्लैण्ड-अमेरिका और जगत् में डींग हाँकी जाती हो, तो हम यह कहेंगे कि डींग हाँकने वालों ने, भारत में आकर अपने कितने ही भाई-बन्दों के कृत्यों को नहीं देखा। यदि सब कुछ देखने के पश्चात् यह कीर्ति-गान है, तो चिनगारियों के शीतलता के गर्व को, अन्धकार के चमकने के अभिमान को कोई क्या कहे ?

मनुष्य आखिर मनुष्य है। वह कितने दिन निर्दयी होगा ? जेलों में होने वाले निर्दय व्यवहार और दानवीय व्यापार की आवाज जब जोर पकड़ जाती है, तब शासक का भी जी चाहता है कि देखें, क्या हो रहा है। बंगाल के नजरबन्द देश-भक्तों के अपमान, उनके स्वास्थ्य की बरबादी, उन पर होने वाले अत्याचार की कहानियों को किसने नहीं सुना ? सारे देश ने उनके कष्टों को देख-सुनकर कोलाहल मचाया। न्यायालयों में बंगाल के उन तरुणों को जाने नहीं दिया गया। अत्याचारों को देख-सुनकर लोग सोचने लगे,—क्या इनके लिए इस देश का विधि-विधान नहीं ? क्या ये चोरों और डाकुओं से भी गये-बीते हैं ? आखिर एक कमेटी बनी। उसने बंगाल की जेलों की जाँच करनी चाही। एक हाईकोर्ट का जज उसका प्रधान था। लोगों ने पंजाब की जेलों की जाँच कमेटी का वर्णन सुन लिया था। हाईकोर्ट के जजों को, श्री गणेशशंकर विद्यार्थी और श्री झाबरमल शर्मा को छोड़ते देख लिया था। लोग सोच रहे थे, न्याय की जो तुला, त्रिवेणी-संगम पर ठिकाने पर रही, वह, रवीन्द्र, राममोहन, चैतन्य, विवेकानन्द और रामकृष्ण के प्रदेश में पहुँचकर कानी क्यों कर हो जायगी ? किन्तु वहीं सरकार के देश-सेवकों के साथ के व्यवहार, उन्हें न्यायाधीशों के सामने खुले आम न जाने देना, उन्हें जेलों में मरण-कष्ट दिया जाना और अन्त में उन सबका सरकारी समर्थन, यदि यह सब कुछ रहम है, दया है, न्याय है, तो फिर इन बंगाली

तरुणों का भयंकर शत्रु बदला भँजाने के लिए और क्या करता ?

हम इस बात पर बहस नहीं कर रहे कि बंगाल की जेलों की जाँच-कमेटी ने जेल के अन्य कैदियों पर क्या लिखा ? राजनैतिक कैदियों की चर्चा आज का प्रश्न है। सारे देश का लक्ष्य उन्हीं पर है। जाँच-कमेटी ने जेल कर्मचारियों की घूसखोरी, चरित्रहीनता और जेल के हिसाबों की जाँच में गड़बड़ को स्वीकृत किया है, किन्तु इन सब बातों पर सरकारी अधिकारियों को दण्ड-विधान की जरूरत नहीं समझी गई, उल्टे यह सिफारिश की गई है कि यदि कर्मचारियों का वेतन बढ़ जाय, तो यह अवस्था सुधर जाय। कैसी मनोहर करुणा है ? ऋषियों को शोभने वाली ! इसी कमेटी ने कैदियों की अवस्था का वर्णन करते हुए लिखा है कि कैदी घर की अपेक्षा जेलों में अधिक सुखी रहते हैं। हमें नहीं मालूम कि घरों में वे लोग भूख से व्याकुल होकर, चाहे जिस जाति की थाली में से चुराकर भात खा जाते हों, एक-एक मिर्च और साधारण से पदार्थ के लिए विवश होकर वार्डरों की खुशामद करते हों और जूते-लातें खाते हों, और ऐसे अमानवीय कृत्यों को भय से करने के लिए तैयार हो जाते हों जिनका वर्णन भी सभ्य समाज में दण्डनीय है। हमें दुःख है कि उक्त कमेटी का कोई आदमी गरीब नहीं, उनमें से कोई कैदी नहीं, न उनमें से कोई वार्डरों के डण्डों का अनुभव रखने वाला है। खैर, यदि हम यह मान भी लें कि जेल में चोर, डाकू, गँठकटे तथा अन्य अपराधों के कैदी भर-पेट खाते हैं, अतः वे सुखी रहते हैं, तो हम पूछेंगे कि क्या बंगाल के नजरबन्दों को बीमार होने, क्षय रोग से दुखित होने और मरने का शौक था, जो बंगाल के जेलों के अपार सुखों में भी वे कष्टभोगी रहे ? खैर, यदि यह बात अराजनैतिक कैदियों के विषय में कही जाती हो, और यदि इस बात को हम सच भी मान लें, तो हम एक अत्यन्त सरल किन्तु अत्यन्त उत्तेजना देने वाला प्रश्न पूछेंगे—क्या वह चाकरशाही भी अपने को अच्छा शासक कहेगी, जहाँ के लोगों की आर्थिक अवस्था इतनी गिर गई हो कि लोगों को, गरीब और प्राणों से प्यारे बच्चों, पति-परायणा पत्नी तथा समाज के साथ रहने की अपेक्षा जेलों की कष्ट-दायक अवस्था अच्छी दीखने लगे ?

अब राजनैतिक कैदियों पर जेल की जाँच कमेटी की कृपा सुनिये। इसके पहिले यह और जान लीजिये कि बंगाल के नजरबन्दों में प्रायः अधिकांश बीमार हैं, कई क्षय रोगी हैं, एकाध मर गये हैं और प्रायः सबका वजन घट गया है। जाँच करने वाले 'करुणानिधियों' को यह तो जरूरी दीख पड़ा कि चोरी-जारी-लबारी करने वाले जेल के अधिकारी कुछ अधिक रुपये मासिक पावें, किन्तु जिन विद्वानों को प्रतिष्ठित घरों में से, बिना मुकदमा चलाये उठाकर जेल में धाँध दिया (डाल दिया) गया है, उन्हें ?—"ये, अपराध जानते हुए करते हैं, इसलिए इन्हें अपने पापों का फल भोगने दिया जाय" पहिले ही अन्य कैदियों के समान,

राजनैतिक कैदी को जेल में, बाग में तथा जेल के बाहर काम पर जाने, जेल में इधर-उधर घूमने, और जेल के अधिकारियों के हाथ के नीचे काम करने की सुविधा नहीं होती। तिस पर कमेटी उन कष्टों में कुचले हुए राजनैतिक कैदियों के लिए जो कहती है, उसका सार सुनिये—

(1) जेल का अनुशासन, राजनैतिक कैदियों के कारण बिगड़ गया है। ये लोग बाहर के लोगों की तारीफ में आकर अपने को बड़ा आदमी समझने और मिजाज करने लगे हैं।

(2) इन (राजनैतिक) कैदियों की सेवा के लिए किसी अन्य साधारण कैदी को नहीं रखना चाहिए।

(3) जैसे अन्य (चोर, डाकू, आदि-आदि—सं०) कैदी अपने लिए बाहर से कुछ खाने को नहीं मँगवा सकते, वैसे ही इन (राजनैतिक) कैदियों को भी किसी प्रकार की सुविधा नहीं होनी चाहिए।

(4) टैनिस आदि खेलों (द्वारा स्वास्थ्य-सुधार) का भी मौका राजनैतिक कैदियों को नहीं मिलना चाहिए।

(5) उन्हें एकान्त कोठरी में रखना चाहिए, जिससे न वे अपने किसी साथी कैदी को देख पायें, न किसी अन्य कैदी से मिलने पायें। जेलों के नियमों को तोड़ने की आदत सुधारने के लिए यही उपाय अत्यावश्यक है।

(6) चौक में या ऐसी किसी जगह में इन (राजनैतिक) कैदियों को नहीं जाने देना चाहिए जहाँ वे अपने दूसरे साथियों से मिल सकें।

(7) व्यायाम या मनोरंजन की यदि कोई व्यवस्था भी हो, तो वहीं, जहाँ ये रखे जाते हों, (यानी उसी तंग कोठरी में !!!)।

(8) ये, कम से कम तादाद की टुकड़ियों में बाँट दिये जाने चाहिए, और इन कैदियों के लिए जेलों में अधिक काल-कोठरियाँ बनाई जानी चाहिए।

(9) उन्हें साधारण कैदियों की तरह रखकर, जेल के नियमों का कठोरतापूर्वक पालन कराना चाहिए।

(10) यदि कोई कैदी भोजन छोड़ दे तो पहिले जाँच करनी चाहिए, फिर उसे उपवास तोड़ने के लिए समझाना चाहिए। यदि न माने तो उसके पास भोजन रख देना चाहिए। यदि भोजन न करे और शरीर कमजोर हो जाय तो जबर्दस्ती नली से भोजन ठूँसना चाहिए। यदि इन हरकतों से कैदी मर जाय या कोई संकट हो तो इसकी जिम्मेवारी उसी कैदी पर होगी।

हड़तालों के सम्बन्ध में कमेटी ने कहा है कि जब ये राजनैतिक कैदी अपनी मर्जी के अनुसार वस्तुएँ या प्रबन्ध नहीं पाते, तो भोजन छोड़ बैठते हैं। भोजन छोड़ने का कार्य केवल आडम्बर मात्र होता है। इन उपवासों पर पत्रों में जो आन्दोलन होता है, उस पर कैदियों को भरोसा होता है कि वे अपने मन की

बात पूरी कराने में सफल हो जायँगे।

ये ही हैं वे नियम। लोग क्षय रोगी हुए, वजन घटा, मरे, तिसपर जाँच करने वालों ने यह जाँच की ! क्या राजनैतिक कैदियों की स्वतन्त्रता का आदर्श ढोंग है ? क्या उनका, अपने जीवन और रोजगार को बर्बाद कर कष्ट सहना ढोंग है ? क्या उनका उपवास ढोंग है ? क्या उनका, श्री सुभाषचन्द्र जैसा सारा खून सूखकर रोग से जर्जर हो जाना ढोंग है ? और क्या इन आपदाओं में मर जाना भी ढोंग है ? हमारी मौत को भी मज़ाक कहने वाली कमेटी के नादिरशाह ! तुमसे क्या कहा जाय ? यदि जाँच इसीलिए की गई थी, यदि उन बिना मुकदमा चलाये हुओं को न व्यायाम का, न भोजन का, न सुविधा का, न साथियों में रहने का अवसर होगा, तो अवशेष क्या रह गया ? कमेटी के सभ्यों ने यही कृपा क्या कम की है जो यह नहीं लिख दिया कि जेलों में राजनैतिक कैदियों के सिर दीवारों में चुन दिये जाने चाहिए !

जब देश का जीवन जागा

देश का जीवन जागा, तो उसने देखा, उसके आसपास एक और जीवन है जिसने 'जो है' उसे छुपाने की और 'जो नहीं है', उसे प्रकट करने की एजेंसी ले रखी है। उसमें तप के लिए कष्ट सहन है। कम से कम साधनों पर जीकर शरीर-यातना भोगने की तैयारी है। शत-शत और सहस्र-सहस्र व्यक्तियों को अपनी अपील पर अपने घेरे में लेने का बल है।

केवल दो बातों का अन्तर है, क्योंकि वह युग का नया तपी है।

एक तो वह श्रद्धा का काम तर्क से लेता है, इस तरह उसने एक को अंधा कहकर छोड़ दिया है और दूसरे जन्मांध को स्वीकार किया है।

दूसरे वह सत्य की जगह असत्य को ईश्वर मानता है। वह जड़ पदार्थों में वस्तु के स्वभाव का सत्य ढूँढ़ता है कि चिंतन में और मनुष्य में वह असत्य का सत्य मानने का विभ्रम उत्पन्न किए रह सके।

कहते हैं, यह युग की राजनीति है।

राजनीति, वह मानव की कठिनाइयों को सुलझाने की क्षमता के इतिहास को नहीं मानता, सूझ की तरह मौलिक उस 'झड़प' को मानता है जिससे मानव स्तंभित कर असहाय बनाया जा सके; और अपने को सर्वशक्तिमान निर्माण किया जा सके।

इनके पास फासिज्म नियमावलियों में नहीं, मानव द्वारा मानव पर की जाने वाली अधिकारों की झड़प में है।

हम आजादी का त्यौहार मनावें।

त्यौहार मनावें गांधी के वरदान का, बलिदान का!

या त्यौहार मनावें अधिकार की उस झड़प का, जो मौलिक हो परन्तु देश-भक्ति के धर्म से अभिषिक्त नहीं।

प्रभु करे, हम स्वतन्त्रता का सच्चा स्वरूप पा सकें।

['रंगों की बोली']

कौन कहता है...?

आज जीवन अपने ही से ऊब उठा है। तुलसीदास ने रामचरितमानस की समाप्ति के क्षणों में लिखा है—जीवन की बाती को पहिले शत्रु बुझाते हैं, फिर मित्र भी बुझाते हैं।

जब असुर' अपने उपद्रव से जीवन की ज्योति बुझा नहीं पाते, तब 'सुर' आगे बढ़ते हैं। हमारी इच्छाएँ असुरों और सुरों दोनों द्वारा जीवन के पराजित होने का मानो पानीदार हथियार हैं।

मरण-महर्षि के पहरेदारों ने, युगों में पराजित वृत्ति भरने के लिए कहा था, "जीवन कहाँ है? जीवन क्षणिक है, अशाश्वत है, झूठ है, है ही नहीं।"

इतने में जीवन जाग उठा। उसने विश्व से कहा, "क्या कहा, मैं नहीं हूँ? कौन कहता है?"

पूरा युग बोल उठा, "कौन कहता है?"

तुम मरण के द्वार से लौटे हो, उस दिन। उस दिन पन्द्रहवीं अगस्त थी।

उसी दिन तुम निर्णय के द्वार आए। जीवन-ग्रंथ के प्रथम अध्याय बलिदान ने दूसरे अध्याय की भूमिका बाँधकर पृष्ठ खोलने का संकेत किया। दूसरा अध्याय था—निर्माण।

निर्माण ने हमसे पहिचान माँगी। क्या हम निर्माण के स्वर्ग में प्रवेश पाने योग्य हैं?

क्या हमारी मुद्रा मुस्कुराती हुई है?

क्या हमारी हर मजदूरी इतनी ऊँची उठकर बोल रही है कि केवल मजदूरी देखकर लोग कह दें कि यह हमारे हाथों का चमत्कार है? इसके निर्माता, इसके बनाने वाले हम हैं?

क्या हम में कष्ट सहने का तपोपूर्ण तेज है?

क्या हम में वह देवत्व है कि हम आराधना के पथ में, प्रियतम के मार्ग

में, मिलने वाले कष्टों को सह ही न जाएँ, भूल भी जाएँ।

गाँवों में घंटे नहीं होते, या तो दिन होता है या रात होती है। हमने मिनट-मिनट में समय के टुकड़े किए थे, जिंदगी के बचे हिस्सों को एकत्रित कर अपने 'कभी-कभी' के एकत्रीकरण में, एक जिन्दगी को अनेक जिन्दगी बनाकर, अधिक उपयोगी मानव का निर्माण करने के लिए। किन्तु हमने साँसों का जोड़ पैसों से बैठाकर, ग्रामीणों के मोती जैसे अन्न-कणों को, काले बाजारों के दाँव चढ़ा दिया और स्वयं ग्रामीणों को कौड़ियों के भाव मरने के लिए छोड़ दिया।

कितने निष्ठुर हैं हम लोग! हममें ज्ञान है! कैसा आडम्बर है हमारा! हममें एक भयंकर शत्रु निवास करता है, उसे कहते हैं जिज्ञासा। हम इसे अपना गुण कहते हैं। किंतु जान लेने के बाद, फिर क्या है हममें? एक बड़ा-सा शून्य। इस बन्ध्या जिज्ञासा को लेकर, हम अपने ही आत्मीयों के सर्वनाश का तमाशा देख आते हैं, हम इस सर्वनाश से अपने युग को बचाने का खतरा नहीं उठा सकते। हम उनकी बात कर सकते हैं और उस बात में भी प्रधानता किसी कष्ट-भोगी के कष्टों को देने के बजाय, इस बात को देते हैं कि, "म देख आया उनको या उनके कष्टों को।" कष्ट तो प्रतिबिंब मात्र है, बिंब तो है 'मैं', जिसने कृपा की कि वह कष्टभोगियों को देख आया।

ब्रिटिशों के चले जाने के बाद यदि हमारे सफेद वस्त्र छीनकर फेंक दिए जाएँ, यदि स्वाँगों वाले मुँह पोंछ दिए जाएँ, तो हम स्वयं अपनी विकृत मूरतें देखकर काँप उठें। परोपकार के अध्यवसायी हम, अपने सार्वजनिक जीवन के व्यवसाय ही को परोपकार कहने के आदी हो गए हैं।

जनता तो अज्ञान है। उसका हमें भय नहीं है। भय ईश्वर का भी नहीं है, क्योंकि उसे हम या तो मानते नहीं हैं या ईश्वर का नाम लेना भी हमारी विजय के चातुर्यों में से एक चातुर्य मात्र है। और अपने से डरने का तो सवाल ही नहीं उठता। तब जहाँ ज्ञान कायर हो, प्रार्थना दृष्टि-हीन हो और पुरुषार्थ उद्दण्ड, वहाँ सुधारना किसे होगा—पढ़कर गिरे हुए को या बेपढ़े न उठ सकने वाले को?

यह हम कब सोचेंगे कि राष्ट्रनायक की कठिनाई शक्ति-संगठन के सबके बोझ तथा पूर्ण पैदल-पंथी तथा पूर्ण पैदल-पंथी के संकल्पों के मखौल और एशियाई राष्ट्रों की नाशक समस्या हम हैं। किन्तु आत्म-निन्दा, आत्म-प्रशंसा से कुछ अच्छा द्रव्य तो है नहीं, जो उसी की प्रदर्शनी लेकर बैठ जाएँ? विनाश अपने में चाहे जितना प्रभाव रखे, वह निर्माण तो नहीं ही है न?

'स्वराज्य' के अर्थ, समय के अस्तित्व का समाप्त होना नहीं है। स्वाधीनता से अपने-आप, नदियों की बाढ़ में अन्न और वस्त्र बहकर हमारे घर में

नहीं आवेंगे।

हमारा देश ! वह तो वही है, जहाँ हम खड़े हैं। जहाँ देश है, वहीं उसकी समस्याएँ हैं। हम हृदय पर हाथ रखकर अपने से पूछें तो हममें कोई विधायकता है ? जीवन में कितनी बार हम सत्य को सूली पर लटका चुके, इसलिए कि वह जरा कटु था और हमसे सीधे-सीधे निगला नहीं जा सकता था। हमने कितनी बार पाप के सिर को अपने हाथों मुकुट से मंडित नहीं किया, इसलिए कि अपने पाप-कर्म से प्रभाव, प्रभुता, दौलत, जो कुछ वह समेटेगा अथवा बखेरेगा, उसका क़ोई हिस्सा हमें भी शायद मिल जाएगा ! 'प्रचार' से ही धोखा देने के तीरंदाज हम 'प्चार' ही से धोखा खाने में भी निष्णात हैं। पैसे का धनिक आज हमें धूल में मि..ने को अग्रसर है, उचित है। किंतु बुद्धि का धनिक ' विकृत पैसे से तो बाजार में बुरा-भला सौदा मिल भी जाए, किंतु विकृत तर्क से तो हमारे व्यष्टि और समष्टि का मरण ही खरीदा जा सकता है। राजेश्वर भी हम ही ने बनाए, विद्वद्वर भी हम ही ने और 'मेहतर' भी हम ही ने। हमारी इन तीनों कृतियों में जरा हम मानवता का प्रतिबिम्ब तो देखें !

क्या दे आए : क्या ले आए

'स्वराज्य मिल गया' क्या इसके यह अर्थ हैं कि अब समय का कोई मूल्य नहीं रहा ? 'ब्रिटिश धिक्कार' और हमारे जय-जयकार में हमने पहिली बात तो छोड़ दी, यह सोचकर कि वह बासी हो गई, किंतु यह किसने कहा कि दूसरी बासी नहीं हुई ?

'गाँवों को सुधारना है', इस धारणा को लेकर हम किधर चलें ? गाँव वालों में अंधविश्वास है, दुराग्रह है। शहराती जीवन ने जो दुराग्रह हमें प्रदान किए हैं उन्हें लेकर हम गाँवों में जायेंगे ? इसके यही अर्थ हैं न कि हम ग्रामीणों के ग्राम्य अंधविश्वासों को अपने नागरिक अंधविश्वासों से बदल आयेंगे। वस्त्र, भोजन, रहन-सहन, सम्मान, ज्ञान और आडम्बर—इन सब बातों में अपने अंधविश्वासों में क्या हम ग्रामीणों से भले हैं ?

कैसे बढ़िया दो चित्र हैं ! नीचे बैलगाड़ी चल रही है, ऊपर वायुयान उड़ रहा है। उपर का मरणशील देवता नीचे की जिन्दगी को कोस रहा है और नीचे का बैलगाड़ी-नरेश ऊपर का देवता बनने के लिए जी मसोस रहा है। जरा पूछिए अपने से, इस समय हमारी राष्ट्र-पताका क्या कर रही है ? उसका डंडा इन दोनों की दूरी को बढ़ाने का माप बन रहा है या उसका झंडा इन दोनों की दूरी को कम करने के लिए संकेत नहीं कर रहा है ?

'कर्मण्यता' का स्वाँग भरकर गाँवों में जाने और 'नई वस्तु देखने की इच्छा' पूरी करके लौट आने वाले हम लोग, ग्रामीणों को यदि कुछ देकर आए तो यह कि चाय, अंग्रेजी जूते, नये तरह के कपड़े और काम न करके शहराती की तरह बिना काम किए आनंदित रहने की महत्त्वाकांक्षा ? अंग्रेजों ने पढ़े-लिखों को गाँवों में जाने से इसलिए रोका था कि कहीं ये लोग ग्रामीणों में राजद्रोह न फैला दें। क्या आज भी, आज का शिक्षित गाँवों में जाकर ग्रामीणों में बल, बुद्धि और श्रमजीवी की ईमानदारी जाग्रत कर सकता है ? [रंगों की बोली]

कौन

ऊँचाई ऐसी हो, जहाँ तक कोलाहल न पहुँच पाए। वहाँ मस्ती हो, शांति हो। ताप उसे द्रवित चाहे कर दे, संतप्त न कर पाए। हजार हाथों में प्रकाश लेकर पहुँचने वाला भी उस नीरवता का नाश, दिगम्बरता को दूषित न कर सके, जिसमें छिछलने वाली उलझनें दुःख मेट सकें, बल दे सकें। जिसके द्रवित होते ही सागर तक शीतल स्वर पहुँचे और जहाँ-जहाँ से वह द्रवित स्वर गुजरे, हरियालेपन की खैरात बाँटता जाए, द्रव की झाड़ू से वह स्वर विश्व के विष को धोता जाए।

ऊँचाई ऐसी हो, जहाँ पहुँचने वाले की पीठ पर लिखा हो—कष्ट मिटना। जिसकी गिनती लगाते समय दूसरे नाम की दो-दो पड़ जाए, जिसको सामने पाकर, सीमा के पातकों की उद्दण्डता में रोक हो जाए। ऐसी वेदी हो वह, जहाँ से बिना आँख मूँदे सब-कुछ दीख पड़े। जिसका यौवन मस्ताना हो, जिसकी मस्ती तरुण हो, जिसकी उद्दण्डता एकरस हो, कठोर ताप के बूते भी रस भंग न हो, जिसकी एकरसता उद्दण्ड हो।

यह नगाधिराज का गौरीशंकर शिखर है। यह वृन्दावन की किसी वियोगिनी का अंतर है। [रंगों की बोली]

ईमान में हरारत

हमारे 'हाँ' या 'ना' में हमें बेईमान होने की कैसी आदत पड़ गई है, मानो हमारे मत चाहे जब बदलने के हों और वे मत किसी के चलने के न हों—मानो उन मतों पर किसी को चलना न हो। 'बेईमान' भी कैसे कहें, जबकि हमारे ईमान में हरारत ही नहीं होती। हम विश्वास को अपना मत बनाते समय न्यौतते ही

नहीं। हम न 'हाँ' कहने का उत्तरदायित्व समझते हैं, न 'ना' कहने का चरित्र ही अपने में पाते हैं। हम अपने विश्वासों को बनाते और बिगाड़ते समय या तो विनाश की मनोदशा में होते हैं—जब हम सोचते ही नहीं कि हमारे मन या निश्चय से किसका क्या सर्वनाश हो जाएगा, या फिर अपने ही पर बीती हो, तो तौल खोये हुए क्रोधी हो जाते हैं—जिस व्यक्ति को सम्मान की वेदी पर बैठाने के बजाय उसे किसी कैकेयी के कोप-भवन में बैठाना चाहिए। ऐसे साहित्यिक जीवों पर यदि कोई यह आरोप करे कि उनके कथन पर समाज के नवीन विश्वासों का उदय होगा, अथवा इतिहास और वर्तमान के बीच नवीन कृतियों की सुवर्ण-रेखा खिंच सकेगी, तो इसे क्या कहिए ! बर्ड्सवर्थ की एक पंक्ति में कहा गया है कि कवि की किसी क्षण की मनोदशा समस्त युगों को समस्त ऋषियों की वाणी से अधिक कह जाती है। नीति का झगड़ा नहीं चाहिए, समर्पण का झगड़ा नहीं चाहिए—इन नकारात्मकताओं से जाने कौन-सी स्वीकारात्मकताओं का निर्माण हम करना चाहते हैं। हम बूढ़ों से डरते हैं, कहीं वे हमें साहित्य के इतिहास-कक्ष से बाहर न निकाल दें; हम ऐयाशों से डरते हैं, कहीं हमारी चीज कोई पढ़े ही नहीं; हम समाज से डरते हैं, कहीं मारकाट और समाज के उत्थान की बातें उसमें न हों ! ये सब चिंताएँ उसी को हो सकती हैं, जिसको रचना पर आरोप बाहर से करने होते हैं; नहीं तो प्रेम का गायक तो पथ न बदलकर भी इतना कह जाएगा कि आज के अपरिपक्व कहे जाने वाले आवेग, कल और आते कलों के स्नेह-भरे आविष्कार, समाज के आर्षवचन कहला सकें। 'चोरजारशिखामणि' कृष्ण और 'योगेश्वर' कृष्ण, दुनिया में दो न थे, एक ही व्यक्ति के दो नाम थे। [रंगों की बोली]

अंधकार की देन

मैं कैसे कहूँ, अँधेरे ने मुझे कितना दिया है ? लगता है, जैसे उजाले ने मुझसे लिया ही लिया है, मानो दिया कुछ नहीं है। नृत्य के समस्त विस्तृत कौशल में से, 'कथकली' का नर्तक जब स्थान-बद्ध होकर केन्द्रभूत होता है, तब जिस तरह उसकी कला, उसका आनंद, उसकी पहुँच के अत्युच्च शिखर पर पहुँचना चाहते हैं, उसी प्रकार जब घड़ियाँ प्रकाश से अंधकार की ओर जाती हैं, तब मानो जी के सृजन-लोक का सुहाग जाग उठता है।

विश्व की माता पर हमने कितने आरोप नहीं किए ! उसका कितने कुरुच विशेषणों से स्वागत नहीं किया ! भूमि ने रात को अंकुर दिए, कलियाँ दीं, फल दिए, आकाश रात को मोतियों की हाट लगाकर बैठ गया। माता ने मानो अपनी भरी माँग के सामने दरिद्र बनकर पुकारा और जैसे मुझे पाया। और निर्माता ने,

जैसे अपना पूरा सृज़न इस तरह पा लिया जैसे कोई बोल रहा है, और कलाकार आँसुओं से लिखता जा रहा है।

किंतु मैं अँधेरे पर कैसे अनगढ़ आरोप लगाता हूँ, मानो अन्धकार प्रकाश के उचाट खाने का पर्यायवाची है। मानो अन्धकार भय ही का दूसरा नाम हो। अगजग में समान रूप से व्याप्त एकरसता के प्रति हम कितने अनुदार प्रातः में हम जब आनंद देखें, तब क्यों न अन्धकार की उपस्थिति से प्रकाश फूल उठा है, यह मानें? जब हम संध्या में मादकता देखते हैं, तब क्यों हम उसका सारा यश प्रकाश ही को देते हैं? [रंगों की बोली]

मरम्मत के लिए डाले हुए आदर्श

युद्ध को बन्द हुए भले ही कई वर्ष हो गये हों, किन्तु युद्ध के परिणामों से कोई देश अभी मुक्त नहीं। जगत् इतना अस्थिर है कि विश्व में कहीं वह शासन नहीं, जिसमें खट्टे-मीठे और झूठे-सच्चे विशेषण लगाकर न बोलना पड़े। विचारों के बल पर हमने सम्पूर्ण साहित्य और जगत् के जीवन को सँभालकर, सँजोकर विकसित रखा। विचार नक्षत्रों की तरह चमकीले और अमर रहते, किन्तु आज तो कोई विचार मानो हमारे पास ठहरना ही नहीं चाहता। वह इतिहास में ढूँढ़ता है और जीवन की दुर्धर्षताओं से पलायन करता-सा दीखता है। आज का विचार, कल उगते-उगते ही पुराना पड़ जाता है और बीते कल के सिद्धांत में नए तोड़-फोड़ करने में हमारा जीवन और समय दोनों लग जाते हैं। विचार की अस्थिरता से जीवन अविश्वासपात्र-से बनते जा रहे हैं। अब शब्दों ही को नहीं, आदर्शों को भी मरम्मत के लिए कारीगरों के हाथों में देखकर अचम्भा होता है। क्षण-क्षण बदलती इस स्थिति में साहित्यिक यदि भौचक्का खड़ा रहे, तो बुद्धि और तत्त्वों के उस आराधक पर यह इलजाम आये बिना नहीं रहेगा कि वह वस्तु और परिस्थिति के आर-पार देखने की क्षमता नहीं रखता—और यह कि उसकी बुद्धि ने अपनी सामर्थ्यहीनता से तथा अपने तत्त्व-चिन्तन की अपरिपक्वता तथा श्रद्धाहीनता से बड़े बुरे समय धोखा दिया।

राष्ट्र-जीवन की सफलता का माप इस बात से जाना जा सकेगा कि उस राष्ट्र ने अपनी प्रजा के विचार जीवन में, नैतिक बल में, बौद्धिक आनन्द में और मानव-जाति को धार्मिक समाधान और कल्याण का मार्ग सिखाने में विचारों की कौन-सी किस्त इस पीढ़ी में चुकाई है! [पाँव-पाँव]

यथार्थ का अयथार्थ

हम ऐसे हैं ही कहाँ, जो 'यथार्थ' के अयथार्थ से, साहित्य में पिण्ड छुड़ा सकें ? 'स्वगत' से ओझल कोई चीज हुई नहीं और जगत् में ओझल हमने मानी नहीं। अब वह दिन दूर नहीं, जब हमारी सूझहीनता को हम अपनी सबसे बड़ी मौलिकता कहने लगेंगे।

युग से डरने का, उससे भतभीत होने का हमारा कैसा स्वभाव ? आज के आलोचक को जब मैं अपरिपक्व आवेगप्रियता की प्रशंसा करते और प्राचीन तथा नवीन साधनापूर्ण मौलिकता पर कीचड़ उछालते या कम-से-कम उसकी उपेक्षा करते देखता हूँ, तब मुझे अपनी पीढ़ी से यह कहने की इच्छा होती है कि तुमने साहित्य-पारखियों के नाम ये ही 'जापानी' खिलौने अपने बुद्धित्व से जने हैं ? उनसे लल्लूजीलाल से लगाकर आज तक के युग पर मत क्यों माँगते हो ? उनका पेशा है, अपने जमाने के 'कवियशःप्रार्थियों' में से कुछ को बहला ले जाना, कुछ को ठुकरा देना। और भावों के 'अत्यन्ताभाव' में भावों की अंग्रेजी जूठन की ये नकलें, जिन्हें हम आलोचनाएँ कहते हैं, क्या बुरी हैं ? जब चना नहीं मिलता, तब गधे-घोड़ों को घास ही खिलाना पड़ता है। जगत् की धात्री गाय जब घास खाकर दूध दे लेती है, तब गति के गर्व 'घोड़े', खच्चर या उनके भाई-बन्द घास खाकर क्यों नहीं रह सकते ?

व्यास हों, वाल्मीकि हों, होमर हों, अरस्तू या शेक्सपियर हों, बर्नार्ड शॉ हों—किसी ने इतिहास नहीं लिखा, कोई इतिहासकार नहीं था। हम उनके पात्रों को पूजने भले ही लगें, किन्तु उन्होंने निर्माण के दोनों अमर तन्तुओं से काम लिया है। उन्होंने 'व्यक्ति ऐसा है' को भी लिखा और उसमें 'व्यक्ति ऐसा होना चाहिए' और 'व्यक्ति ऐसा हो सकता है' को भी मिला दिया। सच तो यह है कि अपने स्वप्न के मानव को मिलाये बिना किसी कलाकार की मानव-प्रतिमा, चाहे वह नायक की हो या खलनायक की, परिपूर्ण नहीं होती। हमारे निन्दा और स्तुति के आरोप तो सूर्य पर चढ़ाई अंजुलियाँ अथवा फेंकी हुई धूल की तरह हैं—वे, जो अपना प्रसाद अपने ही लिए बनकर लौट आती हैं। [पाँव-पाँव]

इतिहास एक सामान्य व्यक्ति की दृष्टि में

इतिहास तो यथार्थ में वह दर्शन है, जो उपकरणों का कम, उदाहरणों का अधिक मुँहताज है। इतिहास भविष्यवाणियों के न तो सच्ची हो पड़ने का लेखा-जोखा है, न उनके धूल में मिल जाने की कहानी है। कुछ लोग कहते हैं कि किसने

देखा है, सब गपोड़े हैं। गपोड़े माना, किन्तु क्या जगत् केवल वर्तमान पर चलता आया है ? वह भी क्या जाति जिसका कोई भूतकाल न हो, फिर उसका भविष्य क्यों होने चला ? लिखना न जानने के कारण शायद अपराधों और प्रवृत्तियों का हिसाब लिखना भर इतिहासज्ञों या कुछ तथाकथित इतिहासों के पल्ले पड़ा । उसमें घटी घटनाएँ गलतियों, अपराधों और कठिनाइयों का हिसाब भर बनकर रह गईं ; किन्तु यह तो लिखने वालों की मर्जी कहिए । फिर समस्त इतिहास यही तो नहीं है । चिन्तन और चेतन का जड़-चेतन, साँसों और विश्वासों के जिन कोमल तन्तुओं पर ठहरा हुआ है, उनका आधार इतिहास नहीं है तो कौन है ?

जो घटना आज घटी वह आज राजनीति या सार्वजनिक सेवा कहलाई, कल वही इतिहास कहलाने लगेगी । यह सच है कि घटनाएँ जमीन पर खेलती-कूदती हैं, वे मानव का भाग्य या दुर्भाग्य बनाती हैं किन्तु इतिहास मुहाफिजखानों के बस्तों में बँधा रहता है। बाँध कर भी वह छोड़ा नहीं जा सकता, क्योंकि मैक्सिको के अध्यापक शुट्ज ने कहा था कि यदि मैक्सिको के लड़के अपने इतिहास का पढ़ना या उससे प्रेरणा लेना छोड़ देंगे, तो मैक्सिको की सेना, किसी बड़े देश की नहीं, किसी छोटे से देश की सेना से भी हार जाएगी । इतिहास तो पुरानी पीढ़ियों का एक प्रकार का जीवन-चरित्र है, उसे देखते हुए हमारी पिंडलियाँ क्यों काँपें ? केवल नारी का रूप और नर की चालाकियाँ ही तो सब-कुछ नहीं हैं, न उन लोगों तक भूमि या मानव की भाव-भूमि ही है, जहाँ तक उसके नातेदार, रिश्तेदार और उसके गुट या मजहब के लोगों का विश्वास है ।

इतिहास को छन्दों में लिखने वालों ने उसे इतिहास कम रहने दिया, अधिक अंशों में छन्द बना डाला । वे झूठी प्रेरणा भले दें, किन्तु पृथ्वी का सत्य तो नहीं ही दे सकते । कहीं-कहीं इतिहास का वर्णन ऐसा किया गया है, मानो अपने चरित्रनायक से बढ़कर दूसरा कोई हुआ ही नहीं । ऐसा वर्णन मजहबी हो सकता है । वह धार्मिक उत्तेजना को तो जन्म दे सकता है किन्तु उसे सत्य की साँसों पर जीने वाला इतिहास नहीं कह सकते ।

हमने भूतकाल में बड़ी-बड़ी भूलें की हैं, राजाओं और राजघरानों का वर्णन किया है और समाज के स्वभाव, स्वरूप और उसकी क्षमता या अक्षमता को अधिकतर जोड़ दिया है । परिणामतः वही रूप हम पर हावी रहा, जो ठोक-पीटकर, चालबाजी से या किसी भी तरह हम पर हुकूमत कर सका ।

मेरे विचार से तो इतिहास का लिखने वाला ही नहीं, उसका अध्ययनशील भी, केवल सत्य का विश्लेषणकर्ता है। उसके निर्णय हमारे पंथों से नहीं, इतिहास से या जिनसे ऐतहासिक तन्तु प्राप्त हो सकते हैं, ऐसे ग्रंथों से बनते हैं । भले ही हमारे अनुकूल बनें, भले ही वे हमारे प्रतिकूल बनें । इसीलिए इतिहास ऐसी शराफत या शरारत बनने से इनकार कर देता है, जिसमें केवल एक सी

बातें कही गई हों। किसी को अपना साम्राज्य या अधिकार बनाए रखने के लिए भले ही इतिहास को तोड़ना-मरोड़ना पड़े, अपने साहित्य को चमकाने के लिए इतिहास का आधार लेकर साहित्य रचना पड़े, अपने खेलों या नाटकों में विश्वासों को कैद करने के लिए उसका आश्रय लेना पड़े, किन्तु इतिहास के ऐसे प्रशंसक, बुरा न मानें, यदि कहा जाय कि, वे इतिहास के पोषक नहीं हैं। वे इतिहास को नहीं दुहराते, अपने पाठक या दर्शक को चमत्कृत करने के लिए तथा अपनी कहन के प्रति सहानुभूति जाग्रत करने के लिए यत्नशील रहते हैं। कोई-कोई सुधी ऐसे भी हैं जो इतिहास की घटनाओं को अपनी रुचि से इसलिए दुहराते हैं जिससे एक ओर इतिहास भी जिन्दा रहे, दूसरी ओर समाज भी जीवित हो सके। फिर भी जैसा कि 'सीता' लिखते समय बंगाल के विख्यात नाट्यकार श्री द्विजेन्द्रलाल राय ने कहा है कि "वह इतिहास नहीं है, उस रचना का अध्ययन महज इतिहास की सृष्टि समझ कर नहीं किया जा सकेगा।"

इतिहास न तो केवल घटनाओं का भरा हुआ रजिस्टर-सा है, न घटनाओं का बड़ा या छोटा दर्पण ही है कि वे इन साधनों से ग्रन्थों में पड़ी दीख सकें। इतिहास तो गहन खोज करनेवाले चिन्तकों की वैज्ञानिक खोज का परिणाम है। सच में तो पक्षपात-रहितता केवल इतिहास-पथ के पंथी की जागीर है, उस पथ पर कोई अन्य चल सके या नहीं, उसे तो चलना ही है।

कुछ कहते हैं, भूतकाल के सनकी लोगों की सनकों के तिथि-वार ब्यौरे को इतिहास कहते हैं। यदि हमारे या किसी के पूर्वज सनकी ही थे, तो इसमें इतिहास के विद्यार्थी का क्या दोष?

माना, समझ के मानी किताबों के नहीं, उसके मानी अनुशासन के भी नहीं, उसके मानी वह दर्शन भी नहीं है जो कुछ वर्षों से हमारे पल्ले पड़ा हुआ है, उसके मानी स्वतंत्रता भी नहीं है जिसने हमें न रुकने या रुक सकने का स्वभाव दिया है, न वह न्याय की ऐसी तुला है कि जिस पर तुलते समय मानवता का रोम-रोम कांप उठे, न वह प्रजा-सत्ता की तरह ही है जो भिन्न-भिन्न आदर्शों को रखने वाले लोगों के एक या एक सी पड़ी पेटियों के वोटों में गिनी जा सके। समझ तो सपझ है, सूझ और स्फूर्ति उसकी दो भुजाएँ हैं। संगठित शक्ति चाहे प्रतिभा की हो चाहे प्रभुता की, या चाहे सेना की हो, समझ तो नहीं कही जा सकती। समझ जर्मनी, चीन और रूस से उधार नहीं मिलेगी, सूझ शायद मिल भी जाय। इतिहास में कितनी ही घटनाएँ इस शान से बैठी हैं मानो उन्हें वहाँ बैठने का एकमात्र हक हो। वे यदि नई नहीं हैं तो पुरानी भी नहीं पड़तीं। इन घटनाओं को हमारी समझ की तटस्थता और औचित्यपूर्णता अपेक्षित है।

क्या पागलपन है कि हम मानकर चलते हैं कि हर नर-नारी अच्छा या बुरा जन्म से पैदा होता है, जबकि मानव या मानवी के अच्छे-बुरे होने का कारण

हमारी शासन-व्यवस्था, सामाजिक क्षमता या विषमता है। हमारी समझ की ऐसी ही अवैज्ञानिक मान्यताएँ अक्सर इतिहास में विकृति उत्पन्न करती हैं।

लिबरल, लेबर या कंजरवेटिव अथवा कांग्रेस, समाजवादी या जनसंघी हम पीछे हैं, सबसे प्रथम तो हम देश के इतिहास के सामने मस्तक झुकाने वाले हैं। अपने राजनैतिक विश्वासों के गुलाम रहकर हम अपने देश या विश्व के इतिहास के साथ इन्साफ नहीं कर सकते। इतिहास धार्मिक विश्वासों की तरह जिद्दी, व्यापार की तरह निश्चित या अनिश्चित तथा भाग्य की तरह स्पष्ट नहीं है। वह तो शीशियों में भरी हुई औषधि की तरह है जो स्पष्ट दीखती है, प्रत्यक्ष फल देती है किन्तु असर घट जाने पर या असर न रहने पर जिसे औषधि की तरह बदला नहीं जा सकता।

इतिहासज्ञों को जब परस्पर एक-दूसरे के कथनों को महज कलाबाजी या महज उपन्यास अथवा कहानी का दोष लगाते हम पाते हैं तो पाठक की जिम्मेवारी बढ़कर दूनी हो जाती है कि वह दोनों तरफ की बातों को ध्यान से सुने। हमें यह मानना चाहिए कि इतिहास में सत्य है, किन्तु घटना या देश का सम्पूर्ण सत्य उसमें निवास नहीं कर सकता। घटनाएँ इतनी लम्बी-चौड़ी नहीं हो सकतीं कि उनमें सम्पूर्ण सत्य समा सके। यह अत्यन्त आवश्यक है कि इतिहास के भरोसे हम कहीं साहित्य तो नहीं पढ़ रहे हैं। वह केवल घटनाओं का वर्णन तो नहीं है! हमारे हाथ कोई घटनाओं का रजिस्टर तो नहीं आ गया है! घटनाओं के साथ उनका विज्ञान होता है जो घटी घटनाओं के सत्यासत्य की जाँच करता चलता है। यह सच है कि जो घटनाओं का विज्ञान होगा, वह मानव की रंगीन तबीयतों को न रुचेगा, न पचेगा। किन्तु केवल इसीलिए कोई घटनाओं का शोध करना क्यों छोड़ दें? यदि घटनाओं का कुछ हिस्सा कला है अथवा दर्शन है तो घटनाओं के बीच में भले ही अवतरित हो, इतिहास की दृष्टि में उससे घटनाओं का सत्य बनता-बिगड़ता नहीं है,। इतिहास इतना सभ्य नहीं बनाया जा सकता और न उसे होना ही चाहिए कि वह मानव-रुचि की भूख को देखकर घटनाओं का भोजन देने की मूर्खता करे।

इतिहास में लच्छेदार भाषा और बहकती हुई लेखन-पद्धति का उपयोग नहीं हो सकता। वहाँ तो प्रत्यक्षवादी अनुमानों और क्रियाशील भू-गामी सूझों का जागरण ही अधिक काम दे सकता है। जिन इतिहासों के शब्द मुहाफिजखानों के बस्तों के बाहर कभी न निकले हों उनका वहाँ पड़े-पड़े सड़ जाना अच्छा है किन्तु बदलते हुए जमाने के मानव की रुचि के अनुकूल या प्रतिकूल होना अत्यन्त अश्लाघ्य है।

लोग पूछते हैं कि इतिहास होना किसी मन का स्वभाव है, अथवा यह साहित्य का कोई प्रकार है? जी, यह फाँसी के तख्ते पर चढ़ा ले जाने वाली एक

उमंग-सी है जो अपने सिद्धान्तों के प्रतिकूल झुकने से इन्कार करती है।

['ज्ञानोदय']

राष्ट्रीयता : सूझ का वैभव

जीवन में राष्ट्रीयता के तीन स्वरूप दृष्टिगोचर होते हैं—

(1) घटनाओं में व्यक्त होने वाली वह तेजस्विता, जो राष्ट्र को बल पहुँचाती है।

(2) घटनाओं की परवाह न कर व्यक्त की जाने वाली तेजस्विता, जो राष्ट्र की धमनियों में बल पहुँचाती है।

और

(3) वह मस्ती या तेजस्विता कि जब विश्व भर की सूझें एकत्रित की जायँ तो भारतीय सूझें अपना व्यक्तित्व अंकित कर सकें।

समय-समय पर कई प्रकार से हमने तेजस्विता और सूझें व्यक्त की हैं। कालिदास के काव्य में जो भाव व्यक्त किये गये हैं, उनका पारायण तो विश्व भर करता है। उनके ग्रन्थों की विशेषता यह दीख पड़ती है कि जब वे एक वस्तु का प्रणयन करते हैं तो दूसरी वस्तु उसके सामने तुच्छ-सी लगने लगती है और लगता है कि किरातार्जुनीय की तरह कवि का पक्षपात भी किसी विशेष के प्रति है किन्तु दूसरे व्यक्ति का वर्णन पढ़ते समय पहले व्यक्ति के वर्णन के समय व्यक्त किये गए विचारों, भावों, अलंकारों, उपमाओं कथोपकथनों और विशेषताओं का पता भी नहीं रहता। लगता है कि कवि का पक्षपात दूसरे प्रकार के व्यक्ति, प्रकृति, वस्तु, स्थिति अथवा देश और काल से है किन्तु हमारा सोचना झूठा पड़ जाता है। किन्तु जब हम तीसरे व्यक्ति का वर्णन और भी मौलिक सूझों से भरा पाते हैं। सच बात तो यह है कि कविता, राष्ट्रीय कविता, केवल वह नहीं है जिसमें खून, फाँसी और काले पानी का वर्णन हो।(इनका अपना महत्त्व निश्चय ही है), किन्तु वह है जो विभिन्न राष्ट्रों की भाषा-बहिनों से ऊँचा उठकर बोल सके। जिस तरह रसों की निष्पत्ति करते समय भरत-जैसे नाट्य-शास्त्री को यह सूझ सका कि काव्य में रस होता है, उसी प्रकार और उतनी ही सचाई के साथ हमें यह भी सूझ पड़ेगा कि भारतवर्ष में अराष्ट्रीय कोई नहीं है, कोई नहीं रह सकता, कोई नहीं रहने दिया जा सकता।

हमारे लम्बे-लम्बे भाषणों और युगों पर पड़ने वाले अन्तरों के रहते हुए यथार्थ में भारतीय मेल भारतीय संगीत में आज भी निवास करता है। काश्मीर का गायक होता है, कन्याकुमारी का वादक होता है। एक उत्तर प्रदेश का वादक होता है एक महाराष्ट्र का वादक होता है और हम रागिनी का संगठित स्वरूप

प्राप्त करते हैं। रागात्मक अनुभूति से एक मधुर वातावरण के निर्माण की परम्परा जाने कब से चली आ रही है? इसी प्रकार चित्रों में, मूर्तियों में किसी देश का क्या है? उनकी विश्व-व्यापिनी मौन मनुहार में युगों-युगों की संचित सांस्कृतिक धरोहर व्यक्त होती रही है। कला को मजहब कह ले जाने की मानव की यह आदत बहुत पुरानी है। हम मूर्तियों का कदाचित् इसलिए पूजन करने लगे है कि एक तो वे क्षण-क्षण आँखें नहीं फेर लेतीं, दूसरे वे सब ऋतुओं की मार सहती रहती हैं। व्यक्ति हो या मूर्ति, हम ऐसी परिस्थिति का पूजन करते आये हैं...।

राष्ट्रीयता का जन्म पराधीन राष्ट्रों में हुआ हो या न हुआ हो, किन्तु 1914 में जब पहला विश्व महायुद्ध छिड़ा, तो इंग्लैण्ड के पोएट लारियट ने इंग्लैण्ड को सम्बोधित करते हुए कहा था कि—

O ! careless awake !
O ! peace maker fight
Do not loose faith and attempts
God defends the right.

इसी प्रकार यह कहने की अलग से आवश्यकता नहीं कि हिमालय हमारे देश की अत्यन्त ऊँची चोटियों का ही नाम नहीं है, हिमालय मानो हमारी संस्कृति ही का दूसरा नाम है। वहाँ की पवित्र जलधाराओं ने और पर्वत-शिखरों ने हमारी सीमाओ को ही नहीं घेर रखा है, किन्तु वे जल-धाराएँ इतनी पूज्य मानी जाती हैं कि उनका जल लेकर जब कन्याकुमारी के शिव पर चढ़ाया जाता है तब वे प्रतीक में ही नहीं, सचाई में भी हजार-हजार अन्तःकरणों का मेल साधती हैं। यही हमारी सांस्कृतिक परम्परा है, सांस्कृतिक व्याप्ति है, सांस्कृतिक एकता है। इस देश की या किसी देश की सांस्कृतिक परम्परा किस्तों में नही बाँधी जा सकती कि अमुक समय ही में अमुक प्रकार से लिखा गया साहित्य राष्ट्रीय है और अमुक साहित्य राष्ट्रीय नहीं है। बँगला से हमने 'जन-गण-मन' लिया और उसे राष्ट्र-गीत बनाया। वह हमारी ओर से विश्व को रवि बाबू के द्वारा दी गयी ऐसी देन है जिसके कि समय टुकड़े नहीं कर सकता। भावनाएँ भूगोल का अतिक्रमण जो कर गई हैं।

अतः मेरा निवेदन है कि जब तक इस देश का अस्तित्व है तब तक राष्ट्रीय कविता एवं राष्ट्रीयता का अस्तित्व रहेगा। कोई भी राष्ट्रीय काव्य उच्चतर सांस्कृतिक मूल्यों के अभाव में बीते हुए समय की लाश भर रह जायगा। राष्ट्र, मनुष्य (मनुष्य मात्र) और संस्कृति की त्रिवेणी का संगम है राष्ट्रीयता। यह बात मुझे सदा याद रही है और इसी बात ने भारी दुःखों में भी मुझे कमजोर होने से बचाया है। किन्तु इसका यह अर्थ नहीं है कि प्रत्यक्ष का और जिये जाने वाले क्षण का कोई महत्त्व नहीं है। यह कैसे संभव है? मुझे कभी-कभी ऐसा लगता है

किसान जैसी विस्तृत, मल्लाह-सी गहरी और हवाई जहाज सी ऊँची दृष्टि का मानो हमारे घर टोटा पड़ गया है। समुद्र किनारे रहकर भी हम समुद्र पर नहीं लिखते, हिमालय के पास रहकर भी हम हिमालय पर नहीं लिखते। सुदूर के अर्थ हम चाहे जितने व्यक्त करें किन्तु सन्निकट की वस्तु पर हमें लिखना ही पड़ेगा। अन्यथा हम या तो झूठ लिखते हैं या आत्मवंचक हैं। हमारे प्रेरक शब्दों में ऐसे तन्तुओं का आभास मिलना चाहिए जो मानव की दैनन्दिन आवश्यकताओं को व्यक्त कर सकें और राष्ट्रों की पूँजी भी बन सकें। हमारी सीमा के यदि हम हत्यारे नहीं हैं तो फिर कोई हत्यारा नहीं हो सकता। टेनीसन ने शायद इसी बात को लक्ष्य कर लिखा था—

The song that narves a nations heart is in itself a deed.

हमको तो उस वाणी में बोलना है जिस वाणी में हमारी पीढ़ियाँ भी समझ लें और विश्व भी कह उठे कि यह हमारी वाणी है। जिस तरह एक स्टेशन छोड़कर गतिमान राकेट दूसरा स्टेशन ग्रहण कर लेता है और उसे भी पार कर जाता है, उसी तरह हम में समय, भूमि और व्यक्तियों के आर-पार जाने की ताकत चाहिए। हम चाहे ऋषियों की वाणी में गायें, चाहे चिन्तकों की भाषा में, चाहे श्रमशीलों की बोली में, सूझों का महान वैभव तो हमें देते ही चलना है। जिस दिन यह वैभव मर गया उस दिन उस भूखण्ड पर कोई भी बैठ जायगा। सूझों की साधना ही का कोमलतर नाम राष्ट्रीय कविता क्यों न कहा जाय?

जो खुली आँखों जमाना देखता है वह एक तरह की वस्तु लिखेगा; किन्तु मुँदी आँखों जमाना देखने-सुनने वाले से हम यह आशा क्यों न करें कि उसकी वाणी से राष्ट्र में ही नहीं, राष्ट्र से बाहर भी उथल-पुथल हुए बिना नहीं रहेगी। मैं तो Mathematics of millions के लेखक की इस राय से सर्वथा सहमत हूँ कि राजनीतिज्ञों के हाथ में कोई भी देश सुरक्षित नहीं है। अतः उन राजनीतिज्ञों को पथ पर चलाए रखने के लिए उन्हीं लोगों की जरूरत नहीं है जो अपना मस्तक हथेली पर उतार कर रख दें, किन्तु जो अपने मस्तक की सूझों को नित नये रूप में उतार कर रखें, ऐसे मनस्वियों की हमें आवश्यकता है।

कुछ लोग चाहे पहचान न पाए हों किन्तु धीरे-धीरे भूगोल का भेद मिटता जा रहा है। ऐसे युग में यदि इस देश की सूझों में बल हुआ, तो खेतों में अन्न, खाद्यान्नों में खनिज, नदियों में पानी और पहाड़ों में ऊँचाई सदा सुरक्षित है। यदि हममें बल नहीं है, सूझों का बल नहीं है, तो हमारे माल से पराये चूल्हे आबाद रहेंगे। गगन के टुकड़े नहीं किये जा सकते तब भावों की जमीन पर पृथ्वी से आकाश तक पहुँचने में जो सफलता आज मिल रही है, कौन कह सकता है कि उसमें देशों-देशों का चिन्तन सम्मिलित नहीं है? मेरे विचार से तो लोगों की इस

शिकायत के अब दूर होने का अवसर आया है कि उनकी कोई नहीं सुनता। विदेशी सदा अपनी सुनता है, हमारी नहीं सुनता। किन्तु देश का शासक ऐसा नहीं कर सकता। अत: घटनाओं और स्थितियों से परे सूझों के वैभव द्वारा हमें अपने आपको व्यक्त करते रहना चाहिए। यही हमारी मूल राष्ट्रीयता है जिसकी हर आने वाले युग में हमें आवश्यकता रहेगी।

राष्ट्रीयता की आवश्यकता

वह राष्ट्र राष्ट्र नहीं है जिसकी रीढ़ की हड्डी नैतिकता से न बनी हो। जहाँ ऊँचा सिर नहीं हो सकता, वहाँ कोई सिर उतार कर क्यों रखेगा ? सिर देने की बात तो उसी राष्ट्र के मस्तक में आएगी जिसका ललाट बहुत उठा हुआ हो। किसी राष्ट्र का निर्माण तब तक नहीं हो सकता जब तक उसके पास ईमान और आदर्शों का बल, अभिमान करने योग्य वस्तुओं की उपस्थिति और बलिदान का निश्चय न हो। शहर, गाँव और कस्बे किसी भी राष्ट्र का निर्माण नहीं कर सकते। राष्ट्र तो तब बनता है जब उसकी कोई राष्ट्रीयता हो, अर्थात् सब लोगों के मिलने या मिल सकने की एक जगह हो। पूजा की विविधता, धर्म की अनेकता भले ही बन जाए, वह किसी राष्ट्र की सम्पन्नता नहीं हो सकती।

राष्ट्र—एक बाग

राष्ट्र तो एक बाग है। विविध पौधे उसमें हैं। किन्तु उनका माली एक है, कुएँ का जल एक है, उसकी कोयल एक है, आने वाली ऋतुएँ उसके यहाँ सदैव एक होकर रहती हैं। इसी प्रकार रीति-रिवाजों की विभिन्नता किसी राष्ट्र के राष्ट्र होने में बाधा नहीं पहुँचा सकती। जिस राष्ट्र का स्वर एक होता है, उसका स्वभाव भी अपनी उच्चतम सतह पर एक होता है। राष्ट्र अपने में बड़ी वस्तु न हो, वह समस्त विश्व का एक अंश मात्र हो, किन्तु हम तो उसी को सब-कुछ मानते हैं और उसके बचपन को झूले झुलाकर, जवानी के कंधों पर बोझ रखकर बुढ़ापे की रक्षा करके और इस प्रकार उसमें रहने वाले मनुष्यों में भेद की रेखाएँ न खींचकर उन्हें एक में मिला देते हैं। और उसकी सीमा-रक्षा के लिए सिर सौंपकर बलिदान किया करते हैं, जिससे संसार में वह भूखण्ड राष्ट्र कहलाने योग्य होता है। राष्ट्र जिसकी गोद में धान, ज्वार, बाजरा, गेहूँ, चना, अरहर, मटर, अलसी,गन्ना आदि उगा हुआ है, जिसके आवेग में नदियाँ उत्तर से दक्षिण, पश्चिम से पूर्व और पूर्व से पश्चिम दिशा को बह रही हैं, जिसके गौरव की वृद्धि करते हुए पर्वतों के भिन्न-भिन्न शिखर आसमान की ओर पृथ्वी की अंगुलियों के संकेत

बनकर रहते हैं, जिसमें बहुत-सा खनिज उत्पन्न होता है, जिसके लिए संसार के बाजारों में स्वागत लिखा हुआ है, वह मातृभूमि तब गर्वीली होती है जब हम उसकी सेवा के लिए अपना सिर लगा सकें या अपना सिर उतारकर दे सकें।

किसी राष्ट्र के झंडे और विधान से बढ़कर उसके पास और क्या होता है जिस पर गर्व किया जा सके ? और इस गर्व की निरन्तर सुरक्षा की भावना से बढ़कर और क्या हो सकता है जिसे हम राष्ट्रीयता कहें ? इस राष्ट्रीयता की आवश्यकता स्वतन्त्र राष्ट्र में कभी नष्ट नहीं हो सकती।

राष्ट्र और संस्कृति का अर्थ

एक बार, सम्भवतः सन् 1904 में, जापान और कोरिया का युद्ध हुआ। जापानी सेना जब कोरिया से जूझने चली, तब कोरिया की सेना ने जापान की सेना की सड़क पर बड़े-बड़े गड्ढे बना दिए। उन गड्ढों को जापानी सेना ने कैसे पार किया, इसका गुणगान निम्न शब्दों में किया गया है—

"बिगुल बज गया, चली सब सैन्य
धरा भी होने लगी अधीर।
खाइयाँ खोदीं रिपु ने हाय
पार हों कैसे सैनिक वीर ?
"पूर दें इनको मेरे शूर—
शरीरों से !" दे दिए शरीर।
इधर यों सेनापति ने कहा,
उधर दब गए सहस्रों वीर।
देश ने पाया आहा, त्राण
शेष वीरों ने छेड़ी तान
अहा बलिदान, धन्य बलिदान !"

रवीन्द्रनाथ ठाकुर ने एक सुप्रसिद्ध कविता में एक स्वतन्त्र राष्ट्र की जो कल्पना की है, वह इस प्रकार है—

"जहाँ मस्तिष्क भयहीन और ऊँचा
उठा हुआ है
जहाँ ज्ञान मुक्त है
और विश्व संकुचित सीमाओं में
विभाजित नहीं है।
जहाँ विवेक की शुद्ध धारा
रूढ़ियों के रेगिस्तान में
मार्ग नहीं भूलती।

जहाँ मानस ऊर्ध्वमुख होकर
निरन्तर विस्तार पाते हुए विचारों
और क्रियाओं में आगे बढ़ता है
उस मुक्ति के स्वर्ग में
हे परम पिता !
—मेरे राष्ट्र का जागरण हो।

अत: राष्ट्र के मानी उस मिट्टी के नहीं होते, जिस मिट्टी पर वह राष्ट्र बसा हुआ है; न उस आकाश के होते हैं, जो उस पर छाया हुआ है; न उस धन के होते हैं जो उसके पास एकत्रित है; न उस प्रभुता के होते हैं जिस वह अपनों पर या औरों पर दिखाकर गर्वित है; किन्तु उस वचन और कृति के माने राष्ट्र होते हैं जो उसके निवासियों के जीवन से निकलती है, उन्मेष बनकर आती है और इतिहास बनकर ठहर जाती है। वही हमारी संस्कृति होती है, वही हमारा सब-कुछ होती है।

विविधता बलकारक

सन्तवर विनोबा के विचार से तो विविधता की वृद्धि से राष्ट्र कमजोर नहीं होता, बलवान होता है। कोशिश हमारी यह होनी चाहिए कि विविधता को हम मतभेदों में परिणत न कर सकें और इस तरह किसी राष्ट्र के बल को हम किसी राष्ट्र की कमजोरी न बनने दें।

एक बार एशिया के किसी आगे बढ़े हुए देश के एक स्कूल में, सुनते हैं, एक पश्चिमी देश के अध्यापक पहुँचे और उन्होंने स्कूल के प्राध्यापक महोदय से बच्चों से बातचीत करने की अनुमति माँगी। उन्होंने उस शाला की नीची और ऊँची कक्षा के सिर्फ दो बच्चों से बातचीत की। एक बच्चे से उन्होंने पूछा, "भला बताओ, तुम्हारे राष्ट्र को हम क्या कहें, बड़ा अपमान के योग्य यह राष्ट्र है, देखो न, युद्ध में उसने भगवान बुद्ध की मूर्तियों की गोलियाँ बना डालीं।" भगवान बुद्ध और उनके अनुयायी अपने देश की निन्दा सुनकर वह बच्चा काँप उठा और कहा जाता है कि उसने अपने प्रश्नकर्त्ता को यह प्रत्युत्तर दिया, "इस देश का शत्रु यदि जीत जाता तो इन बुद्ध-मूर्तियों को थोड़े पूजने लगता और यदि हमारा देश जीत जाएगा तो इन जस्ते की मूर्तियों की जगह पर हम लोग भगवान बुद्ध की सोने की मूर्तियाँ भी स्थापित कर सकते हैं।" अध्यापक ने दूसरे कमरे में प्रवेश किया और एक कमजोर से दिखने वाले विद्यार्थी से पूछा, "आपके देश में किसकी पूजा अधिक होती है?" विद्यार्थी ने कहा, "हम लोग बौद्ध हैं, हम बुद्ध ही को भगवान मानते हैं। कहिए, आप क्या कहना चाहते हैं?" आगन्तुक ने पुन: पूछा, "मान लीजिए, एक सेना आपके देश पर चढ़ाई करती आ रही है और सेना के

सेनापति भगवान बुद्ध हैं, तब आपके देश का कर्त्तव्य क्या होगा ?" बालक की हीड़ियाँ और दंतुलियाँ तक हिल उठीं, वह पसीने-पसीने हो गया, किन्तु अपने पश्चिमी प्रश्नकर्त्ता से उसने कहा, "यह कभी नहीं हो सकता कि जो भगवान बुद्ध विश्व में कहीं भी युद्ध नहीं चाहते वे किसी चढ़ाई का नेतृत्व करें। यह भी सम्भव नहीं है कि हमारे भगवान किसी एक का पक्ष लेने के लिए किसी दूसरे देश पर चढ़ाई करने वाली सेना के सेनापति बनें—किन्तु यदि आपकी बात सच हो, महाशय, तो हम ऐसे सेनापति और उसकी सेना को टुकड़े-टुकड़े करके समुद्र में फेंक देंगे। हमारे देश की ओर कोई आँख उठाकर भी नहीं देख सकता।" जिस राष्ट्र में अपने राष्ट्र के प्रति ऐसी तेजस्विता बच्चे-बच्चे में हो, उसका मस्तक कौन छू सकता है ? यह तेजस्विता ही राष्ट्रीयता की जननी है, यही हमरी सबसे बड़ी आवश्यकता है आज भी, कल भी !

राष्ट्रीयता

जिस राष्ट्र का घटक जितना ही बलवान और मनस्वी है, वह राष्ट्र उतना ही बलवान है। सच तो यह है कि महायुद्धों अथवा जीवन-युद्धों को हम अपने अध्ययन-कक्षों ही में जीतते-हारते हैं।

हमारा अधिकारी जो कुछ कह रहा है, हमारा व्यापारी जिसके लिए बेचैन है, हमारा कवि जिसके लिए गा रहा है, हमारा योद्धा भी तो उसी के लिए लड़ रहा है। इसलिए हमारे देश की राष्ट्रीयता को समय आने पर श्रीमती स्वर्गीया सुभद्राकुमारी चौहान की इन पंक्तियों को फिर से समझना जरूरी हो सकता है—

सिंहासन हिल उठे राज-
वंशों ने भृकुटी तानी थी।
बूढ़े भारत में भी आई
फिर से नई जवानी थी।
दूर फिरंगी को करने की
मन में सबने ठानी थी।
गुमी हुई आजादी की
कीमत सबने पहचानी थी।
बुन्देले हरबोलों के मुँह
हमने सुनी कहानी थी।
खूब लड़ी मर्दानी वह तो
झाँसी वाली रानी थी।

अब किसी राजा या रानी या किसी वीर को अकेले ही नहीं लड़ना

पड़ेगा। सिर उठाने और सिर देने के लिए कोटि-कोटि इस राष्ट्र से हाजिर मिलेंगे। यही हमारी राष्ट्रीयता है, यही हमारा बल है। राष्ट्रीयता की चुनौती है कि हम राष्ट्र की भाषा में (एक होकर) सोचें और उसी भाषा में अपना कर्त्तव्य निश्चित करें।

[दैनिक हिन्दुस्तान, 8 अक्तूबर 1961]

कथात्मक-निबन्ध

लोटे की चोरी : एक करुण कहानी

चिंजिया मेहतर ने एक लोटा चुराने का यत्न किया। पुलिस ने उसका चालान किया। जज ने उसे पाँच वर्ष सपरिश्रम कारागार की सजा दी। नागपुर हाईकोर्ट ने अपने फैसले में लिखा है—अपराध नगण्य है, उस पर इतनी बड़ी सजा नहीं दी जानी चाहिए। चिंजिया की अवस्था 45 वर्ष की है। वह पाँच बार का सजायाफ्ता है। उसकी पिछली सजा पाँच साल की थी। वह जेल से जिस दिन छूटा, उसी दिन उसने लोटा चुराने की कोशिश की और पुलिस ने उसे गिरफ्तार कर लिया।

लोटा चिंजिया ने उसी दिन क्यों चुराया ? जेल की पाँच बार की सजा ने उसे जो सिखाया, वही उसने किया। अपने बाल-बच्चों और परिवार वालों से मिलने के पहिले ही चिंजिया ने चोरी करने की कोशिश की। यह क्यों ? चिंजिया चोरी के भारतीय अपराधियों की एक करुण कहानी है। चोरी के भारतीय अपराधी के छूटते ही पुलिस उसका पीछा करती है। अत: पुलिस की निगरानी वाले किसी आदमी को कोई नौकर नहीं रखना चाहता। छूटा हुआ आदमी भी, निगरानी की सख्तियों से, रात को पुलिस द्वारा जगाये जाने, कहीं भी चोरी हुई कि बार-बार पुलिस थाने बुलवाये जाने, और बिना मजदूरी के दिन-दिन भर भूखा रखे जाने, पुलिस के लोगों तथा ग्राम के कोटवारों से काँप-काँपकर डर की जिन्दगी बिताने से बचने का एक ही रास्ता समझता है, यह कि वह जेल में चला जावे। उसका जेल-मुक्ति का जीवन, बाहर, नारकीय बना दिया जाता है।

दूसरा प्रश्न उसकी आमदनी का है। वह बाहर रहकर क्या खावे ? भारत ऐसा देश नहीं, जहाँ का शासन हर भूखे भारतीय के प्रति उत्तरदायी हो। वह लोगों से नैतिकता तो वसूल करता फिरता है, किन्तु उनके पेट भरने की फिक्र नहीं करता। विदेशी शासन का, भारतीय व्यक्तित्व के प्रति, दृष्टिकोण यही है कि पहिले वह व्यक्ति को, देता है शासन-व्यवस्था द्वारा भयंकर गरीबी, और फिर उससे नैतिकता वसूल करता है। कानून धनिक से इनकमटैक्स 2000 रु० के मूलधन पर नहीं, नफे पर वसूल करता है, किन्तु किसान से 100 रु० की दो

एकड़ जमीन पर—यानी उसके मूलधन पर भूमि-कर वसूल किया जाता है ! लोहे, लकड़ी, कपड़े और चमड़े का विलायती या मशीनों का सामान गाँवों में नफाखोरों द्वारा भेजा जाता है, फिर गाँव के सुतार, बढ़ई और चमार से नीतिज्ञता वसूल की जाती है। नौकरियों में यूरोपियन हजारों पाता है, भारतीय को वैसे ही औहदे का गौरव रखने के लिए कम रुपया दिया जाता है। नौकरियों में चपरसियों और छोटे-छोटे क्लर्कों को इतना कम वेतन दिया जाता है कि कठिनाइयों में वे अपना और अपने बाल-बच्चों का पेट भी नहीं भर सकते, किन्तु रिश्वत या चोरी के गुनाह में उनसे नीतिज्ञता वसूल की जाती है। यह नीतिज्ञता, अमीरों को सुरक्षित रखती है, उनकी चोरियाँ प्रकट नहीं होने देती, उनके ऐश और सुख के साधन नहीं छूटने पाते। उनके सारे पाप इस अदालत से उस अदालत तक बदलते फैसलों के न्याय के नखरों में सुरक्षित हैं। उन्हें सस्ते नौकर प्राप्त हो जाते हैं। मरता है तो चिंजिया मेहतर, जो भारतीय गरीबी का मूर्त प्रतीक है।

नहीं तो चौदह आने के लोटे के लिए पाँच वर्ष तक एक आदमी को 15 रुपये महीने के हिसाब से लगभग एक हजार रु० जेल में खिलाना और एक भारतीय को स्वयं कमाने योग्य न रहने देना, कौन सी शासन-व्यवस्था है ? एक बार कर्नल जटार ने जबलपुर-जेल में कहा था कि सजा सजा है, वह व्यापार नहीं है। ठीक है, वह व्यापार नहीं है। किन्तु मानव मानव है। और सजा वही सजा है, जिससे आज का कैदी कल का उत्तम नागरिक बन सके। विदेशियों के लाभ का अमीरों, राजाओं और नफाखोरों के उदाहरण द्वारा क्रियात्मक अप्रत्यक्ष समर्थन होते रहना इस बुराई का इलाज नहीं है। देशों की राजनीति में राष्ट्रीयता का स्थान भले ही अन्तर्राष्ट्रीयता ले ले, किन्तु देश के घटक व्यक्ति के जीवन-मरण का सवाल गरीबों और अमीरों के कृत्रिम भेद पर नहीं छोड़ा जा सकता।

रोटी के लिए तरसने वाला व्यक्ति चोर नहीं है। चोर वह है जो अपनी दिमागी चतुराई और समाज तथा शासन के नियमों की भूल-भुलैया से गरीबों को चूसकर उन्हें पहिले चोर बनाता है, और फिर अपनी चोरी को छुपाने के लिए गरीबों को चोर घोषित कर उनसे नीतिज्ञता वसूल करता है। आज या कल, शान्ति से या क्रान्ति से यह विषमता तो हमें हटानी ही पड़ेगी। सच तो यह है कि हर ईमानदार भारतीय गरीब अपनी कठिनाइयों में भारतीय दण्ड-विधान, या अमीरों के धर्म-विधान का अपराधी है और इस तरह हर भारतीय गरीब किसी न किसी क्षेत्र में चिंजिया मेहतर से अधिक नहीं रह गया है।

रही जेलों की अवस्था। सो उनके दण्डों का रूप व्यक्ति का सुधार होना चाहिए। 'सजा सजा के लिए' की मूर्खता ने, मानव को दण्ड देने के लिए अपने हाथ में लिया और उसे दानव बनाकर रख दिया है।

(नोट—'लोहे की चोरी' एक करुण कहानी। 20 जनवरी, 1945)

लिखास इसी वक्त आ गई !

उस दिन श्याम ने कहा, राम, तुम भी निरे उजबक हो, वह देखो तो, कैसे भले-भले आदमी राष्ट्र-सेवा के लिए आगे बढ़ रहे हैं। रायबहादुर हैं, खान-बहादुर हैं और न जाने कैसे-कैसे महापुरुष हैं। जरा इनकी बातें सुनो, इनकी केनवैंसिंग सुनो, इनके प्रण सुनो, इनकी प्रतिज्ञाएँ सुनो और भारतीयता के इन दुखी पुत्रों को देखो, जिनके हृदय में कौंसिल की चुनाइयाँ निकट आते ही मातृभूमि के लिए वेदना उत्पन्न हो गई है।

मैंने कहा—और श्याम, यह देखो, इस पीपल के पेड़ के पास जहाँ पीपल की डालों के बीच से दीख पड़ने वाला आसमान नग्न साधु-सा दीख पड़ता है, वहाँ से नजदीक उड़ती हुई वह चितकबरी पतंग, यानी सफेद, हरे और लाल कागज से बनी वह तिरंगी पतंग यदि कटकर गिर पड़े तो कितना मजा आवे ?

श्याम झल्ला उठा—अरे भले आदमी, आसमान में उड़ने वाली पतंगों के साथ आँखों के डोरों को मत उड़ाओ, जरा जमीन पर देखो ! आज खानबहादुर का भाषण होगा। विषय होगा—'साम्प्रदायिकता जहर है, और रायबहादुर लादूलटकानाथ बोलेंगे—'ब्रिटिश शासन ने किसानों का रक्त किस तरह चूसा।' 'बालम आय बसो मोरे मन में' के ग्रामोफोन रिकार्डों में से 'रघुपति राघव राजा राम' की धुन निकलने जा रही है और तुम पतंग के कटकर गिरने की बकवास कर रहे हो।

मैंने कहा—"श्याम, वह एक देशभक्त था।"

"वह कौन ?"

"मेरी कहानी का नायक।"

"किस कहानी का ?"

"इसी कहानी का, जिसे मैं पूरी कर रहा हूँ।"

"तो व्याख्यान के शुभ मुहूर्त पर तुम कहानी लिखने बैठे हो ?"

"क्या करूँ, लिखास इसी वक्त आ गई।"

"जाओ जहन्नुम में !"—यह कहकर राम चलता बना।

और अपने राम की कहानी चली। हाँ, तो एक तरुण था। क्योंकि आजकल की कहानी में किसी बूढ़े का वर्णन ? प्राचीन से प्राचीन संस्कृति के भारतवर्ष को भी अब सम्बोधन करो, तब जवान के रूप में !

हाँ, तो एक तरुण था। अपनी जवानी की इच्छाओं में वह इस तरह आग लगाये हुए था, जिस तरह प्रभु-प्राप्ति के व्रती अपनी यज्ञ-रचना में घी का होम किया करते हैं। वह मस्त था, उत्सुक था, उत्साहमय था और था अपने आप पर उतारू। बूढ़ों की भाषा में वह गँवार था, बच्चों की भाषा में एक पहेली। जवानी

में तो जवानी के बोझ ही अधिक थे। जो वास्तविक जवान थे वे उसके साथ थे, और जिनकी जवानी कायरता के पास रेहन रखी थी, वे उसे जंगली जानवर से कम खतरे की चीज नहीं मानते थे। उसके सिर के बाल सँवारे हुए न थे, पर कितनी ही तरुणियों की सुनहली साध अनमनी हो रही थी। उसका रंग ही था, जो भागते-भागते मारे-मारे फिरते, बाकी बच रहा। काला वह था नहीं और समय ने उसे गोरा रहने नहीं दिया था।

मोहन का धन था उसकी बाँसुरी। वह जब उसके छिद्रों पर अपनी अंगुलियाँ रखता, तब कितने ही कुरबानी के दीवानों के लिए वह वृन्दावन का कान्हा बन जाया करता। वह जंगल में होता तो लोग वहाँ जुड़ जाते, वह नगर में होता तो लोग उसे पकड़कर अपने पास बैठा लेते। कबीर के शब्द उधार लूँ, तो जहाँ वह न था वह बाजार भी उजाड़ था, और जहाँ रहता था वह उजाड़ भी बाजार बन जाता।

एक दिन समय के सम्राट की एक कन्या जंगल में शिकार खेलने आयी। उसी जंगल में, जहाँ मोहन अपनी बाँसुरी के मुँह को अपने ओठों पर रखकर वह फूंक मारता, जो लोगों के कानों से कलेजे तक तीर-सी तीखी सीधी खड़ी रेखा बन जाती। शिकारिन और मोहन में क्या सम्बन्ध ? सम्राट की बेटी और झोपड़ी का गरीब...दोनों भक्षक और भक्ष्य ही हो सकते हैं। शिकारिन के तीर चल रहे थे, मोहन की बाँसुरी बज रही थी।

सुधरे हुए सम्राट् की सुधरी हुई बेटी थी वह। बाँसुरी से बावली होकर घर को लौट पड़ी और प्रतिज्ञा की कि मेरा भरतार तो वही होगा, जो सच्चा बाँसुरीवाला हो। लोग मोहन को जानते थे, परन्तु गरीब मोहन, और सम्राट् की बेटी का 'मेरे राजा' बन जाय ? युग था डेमोक्रेसी का, बात पंचों तक पहुँची। और सबने कहा—"यह संयोग बिधि रचा बिचारी।"

किन्तु मोहन की बाँसुरी, किसी राजा की बेटी को मोहित करते रहने के लिए न थी। उसने मुरली उठाई, और चला तरुणों को जगाने। अब जंगल ही में रहने लगा। मोहन के यह रंग देखकर राजा ने घोषित किया कि मोहन को जेल में भेज दिया जाय। सिपाही छूटे। मोहन बियाबान जंगल में अपनी बाँसुरी बजा रहा था और सहस्र-सहस्र तरुण मस्तक हथेली पर उतारने के लिए बंशी की धुन पर डोल रहे थे।

पीछे से आवाज आयी, "विद्रोही मोहन !" मोहन ने घूम कर देखा और अपने को गिरफ़्तार पाया। उसने मुस्कराकर कहा, "ससुर साहब ने गहना भेजा है ?" और हँसकर हथकड़ियाँ पहन लीं।

किन्तु मोहन की बाँसुरी का क्या हुआ ? वह जंगल में ही पड़ी रह गई ? हाँ।

थोड़े दिनों बाद ज्योंही ग्रीष्म आया, त्योंही शीतला-वाहनों का दल उस जंगल में चरने निकला। वे दूब चरते जाते और फुर्र करते जाते। पूँछ की उपाधि का चँवर उन पर भिनकती हुई मक्खियाँ उड़ाता जाता, चीं-पो का स्वर उनके दिग्विजय को घोषित करता जाता, और प्यार में अथवा नाराजी में, उनकी दुलत्तियाँ उछलती जातीं। आखिर दर कूंच, दर मंजिल, यह स्वर-वाहिनी प्रखर वाहिनी बनकर वहाँ पहुँची, जहाँ पड़ी हुई थी मोहन की बाँसुरी। वह एक ने पैर से ठुकराई, दूसरे ने सूँघकर छोड़ दी। किन्तु एक बहादुर की 'फुर्र' बाँसुरी के मुँह पर हो गयी! बाँसुरी ही थी वह, उसमें 'फुर्र' भी स्वर बन कर गूँज उठी। बिना सींग के उस प्राणी ने पुनः एक बार 'फुर्र' की और स्वर निकाला। 'फुर्र' और स्वर की इस दौड़ा-दौड़ी में गधे ने पहिले अपने को घोड़ा समझा, फिर न जाने क्या।

उस जमाने में गधों की वाचा फूट निकलती थी। गधों की मजलिस बैठी, और तय हुआ कि जो गधा बाँसुरी बजाने में सफल हुआ है, उसे राजकन्या का पति होने का अधिकार है। सलाह-मशविरा हो रहा है, कि राजकन्या के पति बनने की माँग, शीतलावाहन वाली जाति के सब समस्त दल मिलकर राजा तक पहुँचा दें। राजा के कारकुन तक यह कहते सुने जाते हैं कि यदि राजकन्या की जिद बाँसुरी-वादक पति स्वीकृत करने की ही है तो और चाहे जो पति बना दिया जावे, परन्तु विद्रोही मोहन को जेल से छूटने पर भी हरगिज मौका न दिया जाय।

[अमीर इरादे : गरीब इरादे]

जो बोले, सो निहाल

'वाह गुरु की फतह' के कितने उपासक इस शब्द को, इस घोर ध्वनि को, इस श्रद्धा-वाक्य को नहीं बोलते! कभी-कभी वाणी ऐसी ही हो उठती है कि "जो बोले, सो निहाल।"

अंकों की शरारत नहीं, हकीकत देखिये कि जिस दिन तारीख 15 जनवरी सन् 1950 को एक 14 वर्षीय भिखारी बालक जम्मू से तेरह मील पर स्थित एक गाँव में करुण गीत गाकर, शत-शत नर-नारियों को करुणा में डुबा-तैरा रहा था, कई दिनों का अधपेट बच्चा सहारा ढूँढ़ रहा था, लोग उसे मनाकर सभा में लाये, यह कहकर कि उसके जन्म लेने का अभिशाप आज वरदान बनेगा, आठ-आठ आँसू रोओ, आज सुनने वाला हाजिर है।

उस दिन कश्मीर के प्रधान मंत्री उस गाँव में आये थे। वे आये थे,

किसानों को 'भूमि का मालिक बनाने' के समारोह में। मंच बना था। भाषण हो रहे थे। भूमि किसानों को, गरीबों को, सौंपी जा रही थी। आज से वे उस जमीन के मालिक होंगे, कोई जमींदार या राजा नहीं। एक देव-दुर्लभ दृश्य था। इतने ही में फटे चीथड़ों में लिपटी नन्हीं-सी मासूम गरीबी मंच के पास आई और साहस देखिए कि मंच पर चढ़ गयी। उस समय सार्वजनिक जीवन की दो दिशाएँ व्यष्टि और समष्टि बनकर अर्थ दे रही थीं। आत्म-प्रकटीकरण की भूख से भिखारी बालक परेशान था, और गरीबों के उत्सव में मंच पर से बोलने और अपनी अवस्था का इजहार करने के लिए गरीब 'मानवता'।

वह भिखारी बच्चा! उसका कण्ठ, मानो हिचकियों और हिलकोरों से घुलकर स्वर और अर्थ दोनों को मिलाकर, सजीव वेदवाणी बन गया था। उसने गाया, करुण गान गाया। गरीबी रो उठी, हाय, हमारी यह तस्वीर तो किसी ने नहीं खींची। अमीरी तड़प उठी—क्या गरीबी इतनी दुखी है? स्वयं प्रधानमन्त्री चुप न रह सके, वे बोले नहीं, किन्तु उनके 'सस्ते भाषणों' से 'बहुत महँगे' आँसू उनकी आँखों पर भी, बरबस, उसी गरीब भिखारी की तरह डरते-डरते शासन की दृढ़ता के होठों को हिला उठे, आँखों पर तरंगित हो उठे।

किन्तु शासन के पास क्या है? भिखारी बालक के बोलों ने छा दिया वातावरण। उसके कश्मीर वादी की गरीबी के उस करुण गान ने, जिसमें हिन्दू-मुसलमान और ऊँच-नीच नहीं होते, लोगों के हृदय को हिला दिया। लोगों को रुला डाला। प्रधान मन्त्री निहाल हो उठे, हरषे, बरसे।

'सरकारी नौकरी?'

'बे पढ़ा है।'

'मगर लोग उसके बोलों में से ऐसा पढ़ते हैं, जो पढ़ा-लिखा नहीं पढ़ सकता।'

'मगर वह आवारा जो है।'

'हमने देश की गरीबी को आवारा बन जाने दिया है! आवारगी तो गरीबी का दूसरा नाम है, उसका पर्याय।'

'अब क्या होगा?'

'यह बच्चा कश्मीर के प्रकाशन-विभाग में सरकारी नौकर होगा।'

सरकारी नौकरी की हृदयहीनता कभी-कभी इतनी हृदयवान भी होती है।

'किन्तु!'

'क्या, 'किन्तु' ऐसे समय में भी?'

'हाँ, 'किन्तु' हमारी कृति का कठोर शासक है। क्या सरकारी नौकरी में, इस बच्चे का यही कण्ठ रह पाएगा? उसकी जिन्दगी में यही तड़प रह पायगी ¿

फटी चिंदियों के उतरते ही कहीं उसका ईमान तो उतरकर अलग खड़ा नहीं हो जायगा ? क्या सरकारी नौकरी के सिवा, 'गायक गरीबी' को रोटी पहुँचाने का और कोई साधन सरकार के पास नहीं था ? हृदय हिलाने वाले गाने का पुरस्कार 'पिंजरा' तो हरगिज न था, भले ही वह सोने का हो।'

मेरी इन लकीरों को लड़का सुने, तो मुझे शायद गाली दे। किन्तु मैं तो उसके गीत को, उसकी ईमानदारी को, उसके नव-वधू जैसे सकुचते-सहमते मंच पर चढ़ने के साहस को पूज रहा हूँ। यदि ये तीनों चले गए, तो फिर 'लड़के की लाश' रेहन रखकर कौन-सा 'पब्लिसिटी विभाग' लोगों के हृदय हिलाने की क्रिया का लार्ज-स्केल प्रोडक्शन करके सुखी हो सकेगा ?

मुझे तो भय है कि कश्मीर के इस भिखारी लड़के की तस्वीरें खिचेंगी, गीत होंगे, वह गायेगा भी, बालों में लच्छे भी होंगे, कपड़े भी फटे न होंगे, बढ़िया होंगे और कश्मीरी रूप कुन्दन पर यह सब फबेगा भी खूब। किन्तु बच्चा जहाँ-जहाँ जाएगा, लोगों का अपना लाड़ला न होगा, वह होगा पिंजरे का पंछी। गीत होगा, गाना होगा, रूप होगा, रुपया होगा, पीठ पर राजा भी होगा, किन्तु...

एक और 'किन्तु' के भूकम्प से बचने के लिए, उज्ज्वल मानवता ने कितने जीवित 'मरण' वरण नहीं किए ?

मेरी इच्छा है, कोई कश्मीर के प्रधान मन्त्री से यह भी कहता कि उस कश्मीरी छोकरे को रोटी और कपड़े, सम्मान और स्नेह, प्यार और दुलार, दिलाओ, किन्तु सरकारी नौकरी से उसकी रक्षा करो। यह 'गुनाह बेलज्जत' पीछे इन्सान खाती है, पहले ईमान खाती है। गरीबी पीछे दूर करती है, पहले यह जन-मन के प्यार के सिंहासन से आदमी को उतारकर फेंकती है।

कश्मीर उसका अपना घर है। क्या 'कला' वहाँ अपना और अपने देश का मस्तक ऊँचा रखकर नहीं जी सकती ?

[1950, पाँव-पाँव]

एक था राजा

"तुम क्या कहानी कहते-फिरते हो ?"

"हाँ जी !"

"किस तरह कहते हो ?"

"मैं शुरू करता हूँ, तब कहता हूँ—एक था राजा, एक थी रानी।"

"ऐसा क्यों करते हो ?"

"इसलिए कि राजा एक दिन समाज में बड़ी चीज था; उसकी पूजा ईश्वर की पूजा की तरह की जाती थी; आज भी दुनिया चाहे उसे साधारण मनुष्य माने, विश्व में राजा अपने को परम पुरुष ही मानता है, वह 'मेरे प्रजाजन' सम्बोधन से अपने ही युग के भाई-बहिनों के लिए बोलता है, नट है, जैसे कपड़े पहिनता है, शस्त्र में इरादे व्यक्त करता है, कानून की भाषा में बोलता है, स्वार्थों को सिद्धान्तों का नाम देता है, जो अपने को प्रजा-सेवक कहने लगा है, किन्तु बार-बार गद्दियों से उतरने, भागने, उतारे जाने और मारे जाने के पश्चात् भी अभी उसका स्वामी कहलाने का दम्भ, ईश्वर की सत्ता के विश्वास की तरह, जीवित है और...।"

"फिर तुम क्यों अपनी कहानी राजा और रानी से शुरू करते हो ?"

"मेरी कहानी में, अब अगर राजा आता है तो इसलिए नहीं कि उसे मैं ईश्वर मानता हूँ, किन्तु अब मेरे द्वारा वह राजा, कहानी लिखने के कारणों की भागीरथी का डेल्टा बन गया है; कारण-बाहुल्य हो गया है। एक मैं, राजा के झूठे दम्भ को मानकर भी, राजा के यहाँ अपना ईमान रखकर रुपया कमाता हूँ; इसलिए मुझे अपनी कहानी में लिखना होता है—'एक था राजा और एक थी रानी', क्योंकि ये न हों तो फिर मैं जिऊँ किनके बल पर ?"

"और दूसरे तुम ?"

" 'दूसरे' में तो गरीबी के गीत चाहे जैसे गाऊँ, किन्तु विश्व के प्रलोभनों से पराजित मैं धन से स्वयं 'राजा' बनना चाहता हूँ। मेरी 'गरीब-गरीब' की रटना में 'राजा-राजा' की धुन निकलती रहती है। मकान, खेत, मासिक वेतन, पुरस्कार, कपड़े, वेष, सुविधा-सामग्री—सबका रुख एक ही ओर होता है, 'राजा' 'मैं राजा'।"

"राजा के मानी ऐसे समय क्या होते हैं—कत्थक ? गद्दी ? फौज ? देश जीतना ? या कुछ और ?"

"फौज और देश जीतना तो अब राजाओं में भी नहीं रहा सरकार। एक बार मालवा का एक राजा अपने बड़े राजा के द्वारा गद्दी से उतारा गया। उस पर इलजाम था कि उसने खूबसूरत औरतों को छल से या बल से, पिताओं, पतियों, प्रेमियों और परमेश्वर के देव-मन्दिरों तक से उड़वाकर, अपने लिए विलास का एक कुम्भीपाक नरक निर्माण कर रखा था। साथ ही साथ उसमें भूले-भटके अपने पूर्वजों का आत्माभिमान भी आ जाता था। जिस तरह उसका विलास उसके काबू का न था, उसी तरह उसकी सनक का आत्माभिमान भी काबू का न रहता था। उसने प्रजाहित का ऐसा जोर दिखाया कि उसके छत्रपति को वह अच्छा न लगा; छत्रपति के सामन्तों ने विलास के लिए एक रमणी के रमण का वध करवा देने के अपराध में उस राजा को गद्दी से उतारने की ठानी। सुनकर

राजा ने न तोप सँभाली, न तलवार, न फौज बनाई, न देश जीतने की ठानी। उसने अपने आसपास सेवा करने वाले 'जी-हुजूरियों' से कहा, "अब क्या होगा, अगर मैं गद्दी से उतर भी गया तो? चाँदी के थाल का भोजन, चाँदी के बर्तनों का उपयोग, ऐश के लिए रुपया, दुनिया में मौज मारते घूमना यह तो मेरा कोई नहीं छुड़ा सकेगा? अंग्रेज मुझसे राज ले लेगा, यह तो नहीं लेगा न?"

"सो सरकार सुविधा, फिर सुविधा और अधिक से अधिक सुविधा मानव की सदा अमर माँग है और 'दूसरे मैं' की माँग का राजा होना इसी श्रेणी का राजा होना है। राजा के मानी सुविधा और विलास माँगने के हैं। उसकी कला है आज की अचानक प्राप्त सुविधा को कल की आवश्यकता बनाते जाना। उसका 'राजा' अपनी इच्छापूर्ति की माँग पर कोई रुकावट नहीं देख सकता। यदि उसकी इच्छा की पूर्ति में कोई उसे रोक देता है तो वह 'गरीब' है। इसका उसे दुख होता है। उसका प्रचार-बिन्दु उसकी 'गरीबी' होती है। यदि उसे अपना काम कर ले जाने की ऐसी चतुराई प्राप्त होती है कि उसकी इच्छाओं को कोई रोकने वाला न हो, तो वह लगातार राजा बनता जाता है।"

"क्या इसके पश्चात् तीसरा 'मैं' भी होता है, कथाकार?"

"होता है राजन्। वह विलास की मिठास का राजा होता है। मानव और मानवी की सौन्दर्य भावना और आकर्षण की तीव्रतर इच्छा, जिस दिशा में जागकर बेकाबू हो उठती है यह जागरण गरीब से गरीब, दुखी-से-दुखी, अपाहिज से अपाहिज के घर भी जब होता है, तब वह अपने अभिमत को 'मेरे राजा' और 'मेरी रानी' कहकर पुकार उठता है। और आकर्षण का सम्मिलित वैभव जब पतन या प्रतिष्ठा की सीढ़ियों में गोद से उतरकर नया बचपन पा लेता है, तब इच्छा और शक्ति से सर्वथा हीन, असहाय और अनबोले शिशु पर, तारुण्य की मिठास का आरोप होता है—'मेरे राजा'।"

"सो मानव का इन्साफ राजा करता है, उसे दण्ड राजा देता है, उसकी हौंस 'राजा' बनने की होती है, उसका प्रियतम राजा कहने से बहुत मीठा मालूम होता है, उसकी गोद में 'राजा बेटा' ही खेलने उतरता है और मानव ही वह, राजा या राजत्व से पराजित होकर भी कभी गरीब और समान के पास नहीं जाता। वह राजेश्वर की फरियाद राज-राजेश्वर के पास ले जाता है और राज-राजेश्वर के बेकाबू होने पर, वह 'राजाओं के राजा' भगवान् को पुकार उठता है। सच तो यह है कि घोड़े को लगाम चाहिए, बैल को नाथ, गाय को खूँटा, मुर्गी को दड़बा चाहिए और मानव को चाहिए 'राजा'। वह राजत्व ओढ़ेगा, राजत्व बिछावेगा, राजत्व पर प्यार करेगा, राजत्व गोद खिलावेगा, वह अपनी गरीबी के कष्टों को भूल जाए यदि उसके अस्तित्व से कोई काँधे पर हाथ रखकर कह दे—'राजा'।"

कत्थक रामरतन सिर्फ कथा-कहानी कहना जानता था। मन-बहलाव

उसकी कथनी का उद्देश्य था। किन्तु यदि उससे अधिक किसी के पल्ले पड़ गया, यदि रामरतन की कहानी से कोई डूबता तैर गया, कोई मरता जी गया, कोई गिरता सँभल गया तो वह घाटे में।

रामरतन आजकल भूखों रहता था। सुविधाओं का अभाव हुआ कि मानव अपने पशुत्व को जिलाता और दुलारता है और सबसे पहिले अपने विचारक को मार डालता है। वह सोचता है कि यदि इस संकट से जी गए, पार लग गए, तो विचारक फिर मिल जाएगा। वह यह नहीं सोचता कि विचारक चला गया तो मानव को फिर भोजन, नींद, भय और इन्द्रियों की गुलामी का पंगु हो जाना पड़ेगा।

किन्तु राजा की कल्पना कभी उसे 'संयुक्त मानव' पर नहीं सोचने देती। मैं, मेरी सुविधा, मेरी स्त्री, मेरा घर और 'मैं' से परे कुछ है? ओह जो है, जो हो, उसे मरने दो! सहायता खर्च न करो; यदि समाज में बुरे बनने का डर है तो सहानुभूति दिखा दो। यदि वह डर न हो तो होने दो 'संयुक्त मानवता' का सर्वनाश। केवल तुम सुखी रहो।

"बहुत ज्ञान होगा तुम्हारे पास कथाकार, किन्तु मेरे पास समय नहीं है। मुझे अपने बैंक जाना है। फिर एक पार्टी में शाम को जाना पड़ेगा, फिर सिनेमा का सैकंड शो भी नहीं छोड़ा जा सकता, वह भी तो एक कहानी ही है। फिर, जब विचारकता आ जाती है 'कथाकार', तब वह राजा-रानी की कहानियाँ सुनने में समय बरबाद नहीं करने देती। तुम ऐसा न करो कथाकार, कि जो उत्तर तुम्हें मालूम हैं उनको सरलता से मानवता के सामने रखने के लिए बिना आवश्यकता और परिस्थिति के अपने मनचाहे प्रश्न बना लो, और तुम्हारे जी के 'बने-बनाये' उत्तरों से 'मानवता के बचपन' को समझा ले जाओ।"

"तब फिर दीनबन्धु, मुझसे कहिए न कि मैं क्या सुनाऊँ? यह बैंक, पार्टी और सिनेमा के 'तिघेरे' में कथाकार के तिरस्कार का षड्यन्त्र क्यों सजाया जाता है?"

"मैं तो आज, मानव की नहीं, मानवी की नहीं, खुद कहानी की कथा सुनना चाहता हूँ कथाकार। अतिरेक ने मुझे स्वाद पर मरने वाला नहीं रहने दिया, मुझे वस्तु का स्वाद नहीं, पहले स्वभाव चाहिए।"

"कथा-कहानी का भी परीक्षक?

"परीक्षक कहकर, अपने को प्रारम्भ ही से पराजित मत समझो कथाकार! स्वाद में उलझी हुई मानवता, स्वभाव में उलझे हुओं के पीछे-पीछे चली जा रही है। सुनाओगे कथा का परिवार, कहानी का स्वभाव?"

रामरतन कहानी कहकर अपने कठिन दिन काटने, जमींदार दिग्विजय सिंह के पास आया था। किन्तु वे बैरिस्टर भी थे। गरीब रामरतन का उनके पास

क्या मूल्य होता ? उन्होंने शायद रामरतन से अपना वक्त बचाने के लिए रामरतन को विचारों के अनजाने घाट खड़ा कर दिया। रामरतन सोचने लगा—फायदे से क्या फायदा लाभ से क्या लाभ ! जैसा ही तो यह प्रश्न है, वैसा 'कहानी की क्या कहानी !'

"कहानी की कहानी का व्यवसाय कला कसे रहेगी ? वस्तु का स्वभाव उसकी कला कैसे रह जायगा ? वस्तु के स्वाद को तो सजाया जा सकता है, स्वभाव इतना जिद्दी, इतना अपरिवर्तनशील कि उसे कैसे सजाया जायगा ? और यदि इसका ही परित्याग करना है, तो क्यों चाहिए कथा, कहानी, चित्र, कला, संगीत, मूर्ति ?"

रामरतन अपने संकट को अपने ही से कहने लगा। वह पुष्पों से सुगंध माँगने के बजाय, पुष्पों को मसलकर सूँघने की भावना से काँप उठा। वह पुष्पों पर की जाने वाली शस्त्र-क्रिया को 'गन्ध-वितरण' कहने से घबड़ाने लगा।

दिग्विजय मुस्करा उठे। बोले, "क्या सोचते हो कथाकार ?"

"मैं वस्तु के स्वभाव में प्रवेश नहीं करूँगा।" रामरतन बोला।

"क्यों ?" दया-सी दिखाते हुए दिग्विजय ने पूछा।

"इसलिए कि, मैं तो स्वयं पुष्प का उपमान होकर जीना चाहता हूँ। कोई गले में डाले व कोई सिर पर चढ़ावे, कोई देवत्व पर बरसावे या कोई सूँघकर फेंक भी दे। मैं क्षण के उस रस को वर्षों के चिंतन पर भी नहीं छोड़ सकता।" रामरतन ने मानो अपनी चारों सीमा स्पष्ट कर दीं।

दिग्विजय का दिग्गज मानो जाग उठा। बोले, "तो कथाकार परिस्थितियों की गुलामी में बहेगा ? परिस्थितियों का शोध और परिवर्तन उसे अभीष्ट नहीं।"

रामरतन बोला, "रवीन्द्र की रसधारा में, जगदीशचन्द्र की ज्ञान-सीढ़ी लेकर नहीं जा सकता सरदार साहब ! झरने की कलकल का लालची मशीनों को घबघबा बनाने का संकल्प नहीं करेगा; झरना झरने की जगह चाहिए, घबघबा घबघबे की जगह। झरने को घबघबा बनाने का काम इंजीनियर करेगा मात्र, वह कवि के करने का खटराग नहीं है।"

"तब कवि या कथाकार क्या करेगा ?" दिग्विजय ने ऐसे लहजे से कहा, मानो कलाकर जैसे निकम्मे के लिए और कोई काम शेष नहीं।

रामरतन ने निर्भयता से कहा, "रस की धारा को अनवरत जीवित रखने के लिए, नयनों और हृदयों की मूक भाषा को वाणी दान करते जाना।"

"यह रस नहीं, यह स्वभाव हो गया, कथाकार ! इसी को स्वभाव कहते हैं, वस्तु नहीं, यही कहो। इसी लहजे में कहो। इसी तरह कथा-वस्तु के स्वभाव को वाणी दान करो कलाकार !"

रामरतन को कथा कहनी थी और दिग्विजय को विज्ञान सुनना था। दोनों की दो बातों के सिरे दूर-दूर होकर थे। रामरतन के हाथ सूझ का ऐसा कोई डोरा न आ रहा था, जो 'इस' और 'उस' इन दोनों वस्तुओं पर पहुँच सके।

किन्तु कोयल की कूक को असावरी में न गूँथा जा सके, तब भी कोयल तो बोलती ही है। वह तो कूकती ही है। कूकना उसका कर्त्तव्य है, कूकना ही उसकी लाचारी। अनार में दाने पड़ेंगे, आम में रस आएगा, बर्फ ठण्डा होगा, आग गर्म होगी और झरना कल-कल करेगा।

लाचारियों का सारा अर्थ अपने मस्तक से उतारकर, रामरतन ने कहा, "बैरिस्टर साहब, सोचने वाले सिर में जीभ नहीं है।"

"वह तो सनकने वाले हृदय में भी नहीं है।" वकीली बहस के जोर से दिग्विजय बोले।

"हां, नहीं है। किंतु प्रकटीकरण का आधार-बिंदु वाणी, हृदय से कुछ ऊपर परन्तु सिर से कुछ नीचे है। इसलिए सिर हृदय की तरफ, थोड़े से नीचे उतरिए श्रीमान्, तो कथा अपनी बात आप तक पहुँचावे।"

"बन्दर को डोलियों से नीचे उतारकर मानव बनाया था। ईश्वर को नीचे उतारकर अवतार बनाया था। फलों को नीचे उतारकर रस बनाया था। इरादों को नीचे उतारकर परिवर्तन बनाया था। नदियों को नीचे उतारकर जग उपजाऊ किया था। नीचे के इस उतार से सिर घबड़ाता क्यों है श्रीमान्? मस्तक को हथेली पर उतारकर जगत के मस्तक धन्य हुए थे।"

"पतंग को नीचे उतारकर क्या होगा?"

"पतंग खूब ऊँची जावे, उसके आधार को, उसके ऊपर जाने की कहानी डोरे को, उसके ऊँचे उड़ने की भाषा-टीका उड़ायक को नीचे रहने दीजिए!" रामरतन ने विश्राम की साँस लेते हुए कहा।

दिग्विजय ने कहा, "अच्छा, आप कहानी कहिए, मैं सुनूँगा।"

[रंगों की बोली]

चिर जाग्रत हम कभी सोया नहीं करते!

'ईश्वर करे किसी को मोटा शरीर न मिले!' साँप ने कहा।

'ईश्वर क्या करे तब?' गधे ने पूछा!

उसी समय हवा का झोंका सिर पर मँडराते हुए चम्पक के कुछ फूलों को जमीन पर गिरा गया।

आम्र-वृक्ष की बौरती डाली पर मर्कट अपनी अभिनय-प्रियता से महँकता

वैभव भूमि पर बिखेरकर अपनी हलचल के परिणाम से इतने बेखबर कि किसी के तारुण्य का सम्पूर्ण वैभव लूटकर, गोद का नन्हा-सा धन जैसे बेखबर हो।

साँझ का उजला अँधेरा अपने प्रकाश-पराजित नभ की चादर जब धीरे-धीरे रूप की रानी के विस्तार पर उढ़ाने लगा, तब रूप और आकार के व्यापार एकाकार में विलीन होकर इस तरह छुपने लगे, मानो दिन की दौड़ को, रात्रि ने अन्तर्धान का आमन्त्रण भेजा हो।

सूरज की सहस्र-सहस्र किरणों की पराजय पर तारे यों हँस उठे जैसे अमरीका के कोट्यधीश कार्नेगी को किसी दिन रेल का टिकट न मिलने पर साउथंपटन स्टेशन का पोर्टर हर्षित हो रहा हो।

अपने अंधकार का बोझ अनुभव कर ठीक इसी समय किसी ने चाहा—'तारे अपने होते' वे मेरे अपने बहुत निकट होते, यहीं।'

'तारे अपने होते ? जिनके अस्तित्व पर से ही सन्देह के धब्बे न धुल पाये हों, उनके आसमान से जमीन पर उतरने की भोली इच्छा !'

तब क्या अंधकार जीवन का सत्य है ?

साँप उस समय रंगहीन हो चुका था। अपने अस्तित्व पर एक आवरण लेकर !

गधा अपने स्वर से लाचार था। इसी समय श्री इन्द्र भगवान की कृपा के बिन्दु तारों के लोक से शीतल सन्देशा लेकर रिमझिमा उठे !

अन्धकार ने सन्नाटे के रूप में अपना परम तारुण्य जताया !

साँप ने सेहत की फुंकार ली—सुरक्षा मानकर।

'गधे शरीफ' कान ऊँचे किये 'उच्चैःश्रवा' का पुण्यपाठ कर उठे !

और इसी समय किसी ने पूजा की पुस्तक उठाकर पश्चिम में डूबते प्रकाश पुंज से पूछा —'क्या तुम इतने असहाय हो जी ?'

छोटे से मोम-दीप ने कहा—'मैं जो भी हूँ—मेरा भी छोटा-सा अस्तित्व है रानी !'

गर्दभ-स्वामी तन उठे ! छोटी-सी मोम-दीपिका की अमित-वीर्य अंधकार के खिलाफ यह हिम्मत !

साँप अपनी बाँबी से बाहर आकर कुण्डली मारकर मोम-दीप की मूर्खता-का रसास्वादन करने बैठ गया।

अनन्त कालिमा के अंग पर मोम-दीप का छोटा सा जलता हुआ विद्रोह, चिन्ता की नहीं, तमाशा देखने भर की चीज है।

कमरे में से आती हुई नन्हीं बलिका ने हिम्मत-सी हारते हुए फिर पूछा—'अब तुम क्या करोगे मोम-दीप ?'

'प्रकाश-दान !'

'तुम ?'

'जिसके प्राणों में लग उठती है, उसकी जलन में लौ अपने-आप होती है रानी।'

'किन्तु यह खर और वह वासुकि दोनों तो इतने उपेक्षाशील हैं, तुम्हारे प्राण-दान पर !'

'उनकी निर्भयता उनके अनन्त अज्ञान पर ठहरी है अनामिके ! अन्ध-अश्रद्धा से पराजित ये, श्रद्धा के नन्हें से प्रकाश को भी अंधकार ही मानते हैं।'

'तब 'अभाव के अभाव' का अस्तित्व क्या तुम्हारी ही जागीर है ?'

'जागीर, अपने अस्तित्व को मिटा डालने में जागीर कैसी ?'

'यह मिटा डालना क्या तुम्हारी लाचारी है ?'

'ना भाग्ये ! मैंने तो अपना बल समझकर ही अपने में आग लगाने का भाग्य पाया है।'

'किसलिए यह ?'

'जिससे सूर्य के उत्तरदायित्व को निबाहने के लिए, अपनी शक्ति पर मेरा अस्तित्व काम आ सके।'

'अपनी सीमा तक से अज्ञान, तुम यह क्या कह रहे हो ?'

'सूरज आकाश में अकेला पड़ गया रानी ! उसके भाग्य में यह पराजय, उसके अभाव में यह अन्धकार, यह तो गणित से बिना पूछे भी बोल रहा था।'

'और तुम्हारा अकेलापन ?'

'ना, अल्पत्व अकेला होता ही नहीं, उसकी अधिकता को ही गुण कहते हैं महामाया !'

'यानी ?'

'यही कि मेरे चुकने के साथ, लगातार मोम-दीप अपने अस्तित्व की कुरबानी का प्रकाश जारी रखेंगे।'

'कब तक ?'

'वे सूरज की प्रथम किरणों को अपना उत्तरदायित्व सौंपेंगे। याद ने सूझ की पलकों के पट खोले, मानो कोमल हाथों ने कला के पृष्ठ खोले।'

दीप रस बिखेर कर जलने लगा, जलना और बिखरना दोनों बेकाबू व्यापार, मानो यात्री थे कि चल पड़े। साँप चुपचाप बाँबी की ओर बढ़ा और शीतलावाहन नीचे कान लटकाकर खड़े रहे।

आकाश पर राग आने को हुआ कि भैरवी के स्वर आये। राग भैरव को अपनी कोमल घड़ियों का स्वर देकर उषाराग, अंगराग के साथ अनुराग-सा खिल उठा।

बलि में दीपों की गिनतियाँ, अनगिनतियाँ बन गयीं, पतंगों ने पतझड़ बन

कर रूप के देवता के ज्ञान-पथ पर अपने अस्तित्वों की सहस्र-सहस्र कहानियाँ मसलकर फेंक दीं।

और उस दिन चौदहवीं अगस्त की आधी रात को आये, मोम-दीपों के लघु-लघु, कोटि-कोटि मरण को वरण कर, मुक्ति की युग-बालिका की नन्ही-सी आरती में अँगड़ाई लेकर, डग बढ़ाते-से, प्रकाश के देवता—'स्वातन्त्र्य'

बचपन कूका, जवानियाँ निहाल हुईं, वृद्धत्व झिझका और सन्तोष की साँस ली।

किन्तु···शेष बचे मोम-दीपों ने कहा—हम कल के इतिहास ही नहीं, आज की जरूरत और आने वाले युगों-युगों की माँग हैं। हममें जिस दिन चाहो आग सुलगाकर बलि की वेदियाँ फलवती कर लेना—चिर जाग्रत हम कभी सोया नहीं करते।*

[अमीर इरादे : गरीब इरादे]

स्वतन्त्रता की याद के द्वार पर

मेरा एक पड़ोसी सरकारी है। बीवी है। दो बच्चे भी हैं। सरकारी यानी राष्ट्रीय सरकार का नौकर है। उसका नाम रख दीजिये मनमोहन।

मनमोहन जरा रँगीला है। उसे अपनी एक डाक्टर मित्र के यहाँ जाने का अभ्यास है। नाम है अपराजिता। अपनी कृति की सफलता खाली न जाय, अतः लक्ष्यभेद के लिए वह अपने तीर-कमान को साथ ले जाता है, अपनी स्त्री को। अपराजिता को चाह का लालच और मनमोहन को प्रवेश की चिन्ता। राधा—मनमोहन की स्त्री—शून्य है, जो उन दो अंकों के बीच रहकर उनका मूल्य बढ़ा दिया करती है।

किसी प्राचीन राजधानी का एक मुहल्ला है। डा० अपराजिता का घर है। अब वह एक गोष्ठी-केन्द्र का रूप धारण कर गया है।

गोष्ठी में कवि आते हैं, सुनने वाले आते हैं। उनमें सरकारी-गैरसरकारी का भेद नहीं है। तिस पर अब तो स्वराज्य हो गया है। सुनने के बहाने आये हुए लोग चौकन्ना। चाय हुई। पान हुए। कवि उठे। किन्तु एक बैठक और जम गई।

---

1. गधा और साँप ब्रिटिश युग का बोझ ढोने वाली और परनिन्दा के विष से भरी जनप्रवृत्तियों के क्रमशः प्रतीक हैं।
2. सूर्य स्वतन्त्रता का प्रतीक है।
3. मोमदीप स्वातन्त्र्योन्मुख प्रयासों का प्रतीक है, और
4. बालिका भारत माता की प्रतीक है।

हमारा 'सरकारी नौकर' कवियों के उठते ही उठा नहीं, बैठक ही में जमा रहा। चर्चा हुई।

'—स्वराज्य मिला तो, किन्तु विकृत मिला।'

'—यह तो महात्मा-राज हो गया।'

'—शक्कर के इन खिलौनों को तोड़ खाना चाहिए और दूसरे फौलाद के आदमी इनकी जगह चाहिए।'

कानाफूसी का यह सम्प्रदाय बढ़ चला। वेतन 'सरकार का', नारे पुराने ब्रिटिश राज्य के, ईमान पेट का और शरीर ? वह उन मित्रों का, जो विभाग में नये-से-नये फितूर भरकर, समाज में भेद-बुद्धि जाग्रत कर सकें कि कोई देश में मिलकर न रह सके। और ब्रिटिश द्वारा छोड़ा हुआ समाज ऐसा, जिसमें 100 में से 90 ऐसे, जो पढ़ना-लिखना नहीं जानते।

मनमोहन उन लोगों में बैठा पाया गया, जो एक दिन दिल्ली को उड़ा देना चाहते हैं। रिपोर्ट हुई, पीछा किया गया, पकड़ में आ गये, सरकारी नौकरी छूट गयी।

छूट गई ? किन्तु कितनों को पकड़ेंगे आप ? ईमान बेंच कर जीने वालों का अभी हमारे घर टोटा कहाँ पड़ा है ?

दूसरे दिन, गोष्ठी के एक मित्र ने मनमोहन से कहा, "रोटी इतनी ही बुरी चीज है। अच्छा किया, तुमने गुलामी को लात मार दी। चलो, लो, मेरे वध-गृह में आदमियों का गोश्त बकरे का कहकर बेचने में तुम्हें 150 रुपये तनख्वाह अलग मिलेगी और बिक्री की एजेन्सी का 10 फीसदी और।"

सरकारी नौकर किराये पर हो गया। आदमियों को जिलाने के लिए विद्रोह सोचने वाला व्यक्ति आदमियों को मारकर बेचने के रोजगार में नौकर हो गया।

सरकारी नौकरों का ताँता लगा था। वे रोटी, कपड़ा, मोटरें, सामान सब कुछ देशघातकों को पहुँचाते थे। क्या वे विदेशी थे !

—जी नहीं, शुद्ध ऋषि-सन्तान। वे सेवा के रूप में तन देते थे, वस्तुओं के रूप में धन देते थे और अपने राष्ट्र की बारीक खबरें देश के शत्रुओं को पहुँचाने के रूप में मन भी देते थे।

लोग उनकी बातों में आते कैसे थे ? वे 'तपस्या' करते, कष्ट सहते, थोड़े रुपयों पर जीते और अपने लक्ष्य के आसपास व्यक्तियों, समाचार-पत्रों और बदनामियों का ऐसा घेरा डालते कि एक बार चंगुल में आकर बाहर होने की कोई हिम्मत ही न करता। भारतीय समय को टुकड़े-टुकड़े कर सोचने का आदी है, वह मातृभूमि को भी प्रान्त में, भाषा में, समस्याओं में टुकड़े-टुकड़े करके सोचने का

अभ्यासी है। वह तो समाज से, सम्पूर्ण संस्कृति से अलग, अपने बच्चों में, अपनी बीवी में, अपने आप में टुकड़े-टुकड़े करके देखने का आदी है। तब उसका ईमान भी टुकड़ों पर बिक क्यों न जाय?

यह कोई नहीं कहता कि हम इंग्लैण्ड के रूप को ग्रहण करके रह जाएँगे अथवा अमरीकी अमीरी का अनुकरण करेंगे। यह भी कोई नहीं कह सकता कि हम रूस के ढाँचे को अपने देश के लिए उपयोगी न समझेंगे, किन्तु—

(1)

1917 की क्रान्ति के बाद 22 वर्ष तक रूस ने युद्ध नहीं किया। वह केवल पंचवर्षीय और दसवर्षीय योजनाएँ बनाकर अपने को सशक्त करता रहा।

(2)

युद्ध के बीचों-बीच सारे विश्व के मजदूरों के एक हो जाने के उपदेश की खैरात अपने खरीदे हुए व्यक्तियों द्वारा बाँटते हुए भी युद्ध में, युद्ध के बाद समस्त देशों के कम्यूनिस्टों के लिए उसने अपने देश की सीमाएँ खुली नहीं कर दीं—अपनी सीमाओं की उसने कठोर रूप से रक्षा की।

(3)

अपनी कम्यूनिस्ट परम्परा के खिलाफ उसने रूस में कुछ भी नहीं रहने दिया—न समूह, न समाज, न संस्था, न उपदेश।

(4)

उसने अपने नेताओं के और अपने शासन के खिलाफ किसी गिरोह को रूस में काम नहीं करने दिया, बलवान नहीं होने दिया।

(5)

"रूस जिस वस्तु या देश के साथ रहा, सदा रहा—" इस असत्य को भी कौन मानेगा? दूसरा महायुद्ध होने के समय अंग्रेज शत्रु और जर्मन मित्र और महायुद्ध के बीचों-बीच जर्मनी और जापान शत्रु और अंग्रेज-अमरीकी मित्र।

परिणाम यह है कि विश्व के महान् राष्ट्र के नाते, अपनी नव-निर्मित आदर्श परम्परा के बल पर रूस को जीना है और बलवान रहकर जीना है। उधर अमरीका, इंग्लैण्ड और कितने ही पश्चिमी देशों को, अपनी स्थापित व्यवस्था के बल पर जीना है। इन दोनों के बीच हमारी नई-नई आजादी है। तीस करोड़ जनसंख्या, खूब खनिज-साधन, विश्व की बढ़िया उपज, बलवान कारखाने। ठीक इसी समय व्यक्ति के पक्षपात को सम्बल बनाकर, समष्टि का विश्व-शत्रु हमारे भी पीछे पड़ जाना चाहता है।

वह बम्बई को बर्लिन बनाना चाहता है। वह दिल्ली को उखाड़ फेंकना चाहता है। यह नहीं कि वह दिल्ली को उखाड़ फेंकेगा, किन्तु यह सच है कि वह हमारे अनेकों झूठे नारे उठाता आया है। उसने 'दिल्ली चलो' नारे को भी उठा

लिया है।

दूसरी ओर एक और परम्परा है। उसने हैदराबाद की छुरी हमारे देश के कलेजे में घुसा दी थी, पाकिस्तान को हमारे और रूस के बीच में पहरे पर बैठा दिया है। कश्मीर को सूली की तरह हमारे सिर पर लटका रखा है। उसने अंग्रेजों को पाकिस्तान को बलवान रखने और हमारे विरुद्ध लड़ते रहने के लिए भिजवा दिया है और हमें विश्वास देता है कि हम ईमानदार रहेंगे। हमारे इस प्रभावशील ने अमरीका से कनाडा को काटा था, आयरलैण्ड से अल्स्टर काटकर आजादी दी, हमसे पाकिस्तान काट दिया। यह इस परम्परा का अभ्यासी है। मिस्र सूडान से और अरब पेलेस्टाइन (फिलिस्तीन) से कटे पड़े ही हैं।

गांधी ने जब भारतीय मानवता को जाग्रत किया, तब पराधीनता के खिलाफ बगावत की। गांधी का गदर सत्य हुआ। भारत स्वतंत्र हुआ। इस समय गांधी के राष्ट्र को सँभलने, बलवान होने और अपने में सम्पूर्ण होने के लिए समय चाहिए, साधन चाहिए, बलिदान चाहिए।

यदि सरकारी क्षेत्रों में राष्ट्र का शत्रु किसी देश में निवास करता है, देश के बाहर गांधी के देश का शत्रु हमारे नाश के नक्शे बनाता है, तो हम यह मानकर चलें कि दोनों नक्शे बनाने वाले हमारे शत्रु हैं। और उनकी ओर खिंचने वाला हर व्यक्ति राष्ट्रनायक को कमजोर बनाता है या बताता है, जो यह भूल जाता है कि गांधी ने देश में अमीरी को गरीबी के द्वारा घुटनों के बल खड़ा करने में जीवन लगाया है, उससे सावधान रहना देश का परम कर्तव्य है।

हैदराबाद में हिन्दू व्यापारी भारतीय राष्ट्र के नाशकों को नफाखोरी के लालच में बल पहुँचाते रहे। गिरजाघर और मसजिद दोनों स्थानों को शत्रु मानने वाले इन 'नफाखोर देशघातकों' को क्या 'ऋषि-सन्तान' कहेंगे ? जो नौकर अपनी तरक्की और तनख्वाह के लिए, भारतीय राष्ट्र को पराधीन रखने के लिए, भारत को नष्ट करने और गुलाम रखने के लिए भारत के शत्रु के हाथों कुल्हाड़ी का बेट रखे, उसकी शपथ पर, उसकी देश-भक्ति पर, उसके ईमान पर विश्वास करना अपने देश की सजग पहरेदारी नहीं कही जा सकती। यदि लेनिन ने रूस को और पश्चिमीय परम्परा ने यूरोप और अमरीका को कुछ दिया है, तो गांधी ने भी हमें कुछ अवश्य दिया है। प्रयोगों में जिनकी पिंडलियाँ काँपती हैं, और जो कभी दायें तो कभी बायें के आदर्शवादों को उधार लेकर भारतीय शत्रुता के समर्थक बनते हैं, उन्हें अपने समाज में समाप्त कर देना, हमारा, हमारी कला का, हमारे ज्ञान का, हमारी पूजा-भावना का, हमारे आदर्शों का और हमारे सत्याग्रह का एक दिन का खेल है। केवल हम धन पर ललचने वाले और अधिकार-मद से पतित अपने स्वदेशी, प्रान्तीय और स्थानीय अंशों की गर्दन मरोड़ सकें और विदेशों के बल की बात, प्रत्यक्ष या अप्रत्यक्ष, हम पर लादने और देश की दिशा

भंग करने वालों को ऐसा मार सकें कि चीन, बर्मा, पेलेस्टाइन और सूडान की समस्या हमारे यहाँ पैदा न हो सके ।

ऐसा चाहिए हमें हमारा नागरिक, ऐसा चाहिए हमें सरकारी नौकर !

और इन दोनों पर, संतरी की-सी दृष्टि रखकर, अपनी कला का निर्माण करें और अपना बलिदान करें, ऐसा चाहिए हमें आज का भारतीय तरुण, शिक्षित ।

[राष्ट्र-भारती, अगस्त 1957, पाँव-पाँव]

संस्मरणात्मक निबन्ध

ग्रामीणों को खेलते-कूदते देखकर

उन दिन मैं मोटर द्वारा नागपुर से सिवनी जा रहा था। मैंने देखा, नागपुर से कुछ लोग भुजालियों का तमाशा देखने सिवनी जा रहे थे। यह भी मालूम हुआ कि भुजालियों के त्यौहार के कारण सिवनी की कचहरी बन्द थी। ता० 15-8-35 को जिन गाँवों के पास से मोटर गुजरती, सन्ध्या के समय सड़क पर, 'गमडैल' नर नारियों की भीड़ मिलती। देवलापार नामक गाँव में मैंने देखा, लोग छोटे-छोटे डण्डे बजा कर नाच रहे हैं। मोटर खड़ी की और मैं भी तमाशा देखने लगा। मोटर क्या, लारी थी, और मैं भी एक मुसाफिर था। एक अंग्रेजिया 'साहब' गो थे कुरता-टोपी ही में, बोल उठे "रबिश वेल्ट आफ टाइम, ईडियट्स नानसेन्स, हाँको गाड़ी मोटर वाला, हम देखना नहीं माँगता।" ग्रामीण लोगों ने कुछ नहीं सुना, सुनते भी तो अपने इस देश-भाई की बातें समझ नहीं सकते थे। खैर, मोटर चली, मैंने देखा, वे महाशय खद्दर भी पहिने हैं, एक व्यापारी के पुत्र हैं, और देश-भक्त कहलाने में सुख पाते हैं। मैंने पूछा—"क्यों भाई, ग्रामीणों को खेलते-कूदते देखकर आप नाराज क्यों हुए ?" देशभक्त 'साहब' बोले—"मूर्ख लोग हैं ! देखो न, डण्डे बजाकर नाच रहे हैं।"

मैंने कहा—"यह तो अपराध नहीं। अंग्रेज पुरुष तो स्त्रियों को साथ लेकर नाचघरों में नाचते हैं। इन ग्रामीणों का मनोरंजन तो विशुद्ध है।"

साहब बोले—"पर जब देश संकट में है, तब इन लोगों को नाच-कूद कैसे रुचता है ?"

मैंने कहा—"तब आप नहीं चाहते कि ये कभी हँसें-खेलें ? ये सदा रोते ही रहें ? क्या शहराती लोग देश की बुरी दशा पर ईमानदारी से आँसू बहाते हैं ?"

साहब ने फरमाया—"शहर वालों को ज्ञान है ! वे देश के आन्दोलन चलाते हैं। वे ही कौंसिलों और असेम्बलियों में जाते हैं, वे ही बड़े-बड़े काम करते हैं।"

मैं बोला—"हाँ, शहरवालों की देशभक्ति की फेहरिस्त लम्बी हो जाएगी, परन्तु क्या आपको मालूम है, कि एक तो ग्रामीणों के डण्डे के नाच से और शहरवासियों की त्याग की फेहरिस्त से कोई सम्बन्ध नहीं। दूसरे, जितनी विदेशी चीजें खपती हैं, अधिकांश शहरों में। अपराधों की फ़ेहरिस्त में भी शहराती ही वढ़े-चढ़े हैं। खैर, मैं तो यह निवेदन करता हूँ कि ग्रामीण सदा रोते ही रहें, यह माँग किसी शहराती को नहीं करनी चाहिए। जब शहराती सिनेमा, नाटक, नाच और तमाशों से फुरसत नहीं पाते, जब बारह मानी दरिद्र रखकर भी शहराती 24 प्रकार के खेल-तमाशे देखता और 36 प्रकार के व्यंजन बनाकर या खरीदकर खाता है, तब उसे यह कहने का अधिकार तो न होना चाहिए कि गाँवों के गरीब, कभी निष्पाप खेल-तमाशों में भी शामिल न हों। भागवत में गायें चराते हुए, मुरली बजाते हुए, और ग्वाल-बालों के साथ खिलवाड़ करते हुए श्री कृष्ण का वर्णन सुनकर, हम भावनाओं के व्यभिचारी, शब्दों के शिकारी और पोथियों के कीड़े, मस्त होकर, साँवले कृष्ण की कृष्ण-लीला के काव्य और दृश्य पर मस्त हो जाते हैं। किन्तु जब वही दृश्य हमारी आँखों के सामने गाँवों में दीख पड़ता है, तब हम कह उठते हैं—गन्दा, समय की बर्बादी, मूर्खतापूर्ण ! मुझे तो डण्डों पर चक्कर लगाकर खेलते हुए ग्रामीणों के उस गीत की धुन और उनका वह निःस्वार्थ कौशल अभी भी सुनाई-दिखाई पड़ते हैं। उस गीत की धुन थी···

"मैं तो न होऊँ तोरी बाँदी !
कन्हैया, मैं तो न होऊँ तोरी बाँदी।"

[कर्मवीर, 2 मई 1937, अमीर इरादे : गरीब इरादे]

मैंने बचपन में 'प्रेमसागर' पढ़ी !

मुझे लगता है, यह सम्वत् 1958 अर्थात् सन् 1901 या आस-पास की घटना है। मेरे पिता उन दिनों मध्यप्रदेश के होशंगाबाद जिले की हरदा तहसील में छिदगाँव में स्कूल के हैडमास्टर थे। मैं प्राइमरी परीक्षा पास कर चुका था, किंतु उम्र बहुत छोटी होने के कारण कुछ और काम नहीं कर सकता था। पहले मुझे छिदगाँव ही में श्री बलवन्तराव भट्ट के पास संस्कृत पढ़ने के लिए बैठा दिया गया था। उन्होंने अमरकोष प्रारम्भ कर दिया। मैं उनके पास प्रथम काण्ड पूरा करके दूसरे काण्ड का वनौषधि वर्ग तक पढ़कर अन्यत्र भिजवा दिया गया। मेरी शरारतों से मेरे गुरु इतने तंग थे कि पिताजी ने मुझे अन्यत्र भिजवा देना ही उचित समझा। यों मैं प्राइमरी परीक्षा पास होते ही कुछ दिनों के लिए अपने

काकाजी के पास सिवनी मालवा तहसील के चतरखेड़ा ग्राम भिजवा दिया गया था, जहाँ मैं कुछ दिन अंग्रेजी पढ़ा। उसके लिए चतरखेड़ा ग्राम से पैदल अन्य विद्यार्थियों के साथ मुझे सिवनी मालवा तीन मील दूर नित्य जाना पड़ता था। किन्तु अध्यापकों का वेतन उन दिनों सात रुपया मासिक था अतः मेरी फीस न चुकाई जा सकने के कारण केवल कुछ दिनों पढ़कर मेरा अंग्रेजी पढ़ना बन्द कर दिया गया। तब मैं चतरखेड़ा ही में स्वर्गीय पण्डित जगन्नाथजी के पास संस्कृत पढ़ने लगा। पिता के छः भाइयों में सबसे बड़ा बालक होने के कारण मेरी पढ़ाई की ओर सबका ध्यान था। मेरे काकाजी जो चतरखेड़ा में अध्यापक थे मुझे बहुत प्यार करते थे। चमत्कारपूर्ण बातें कहने पर वे मेरी बातों में रस लेते और बहुत गर्व के साथ उन बातों का उल्लेख करते। संस्कृत पढ़नेवालों में मेरे एक साथी थे परशुराम और जब मैं हिन्दी प्राइमरी पाठशाला में पढ़ते हुए चतरखेड़ा भेजा गया, तब के मेरे साथी थे नत्थूसिंह, खेतसिंह आदि। मैं थोड़े ही दिन चतरखेड़ा रह पाया कि मेरी चाची के स्वर्गवास के बाद मैं पुनः छिदगाँव लौटा दिया गया। तब मेरे प्रति प्यार के कारण, माँ का विरोध रहते हुए भी, पिताजी ने मुझे नर्मदापार भोपाल रियासत के नाँदनेर नामक गाँव में नर्मदा-तट पर संस्कृत पढ़ने भेज दिया। चतरखेड़ा में जगन्नाथ पण्डित मुझे लघुकौमुदी पढ़ाते थे। कोई एक वर्ष से अधिक तक मैं वहाँ पढ़ता रहा। वे बहुत दयालु और सहिष्णु थे, अतः मेरे-जैसे शरारती लड़के की भी कभी कोई शिकायत मेरे अभिभावकों से नहीं करते थे। जब मैं नादनेर पहुँचा तब पिताजी ने मेरी शरारतों की 'हिस्ट्रीशीट' भी मेरे नाँदनेर के गुरुदेव के पास भेज दी। उनके पास संस्कृत पढ़ने वाले विद्यार्थियों का एक बड़ा समूह रहा करता था। उन दिनों रियासतों में स्कूलों की कमी होने के कारण जो भी कुछ पढ़ा-लिखा होना चाहता, पण्डितजी की चटशाला में पहुँचा दिया जाता। इसलिए मेरे साथ पढ़ने वाले विद्यार्थियों में केवल ब्राह्मण और क्षत्रिय बालक ही नहीं और विद्यार्थी भी होते थे। जैसा कि मैंने ऊपर कहा है, यह सन् 1900 या 1901की घटना है। पण्डितजी मेरे संस्कृत के गुरु ही नहीं थे, मेरे पिताजी के बड़े भाई भी थे, मेरे दादा जी। उनका नाम था पण्डित वंशीधर चतुर्वेदी। मेरे पिता सात भाई थे—सर्व श्री मुकुन्दराम चतुर्वेदी, छोटेलाल चतुर्वेदी, वंशीधर चतुर्वेदी, तुलसीराम चतुर्वेदी, बिहारीलाल चतुर्वेदी, नन्दलाल चतुर्वेदी और हीरालाल चतुर्वेदी। उससे पहले मुकुन्दरामजी का स्वर्गवास हो चुका था और मैं वंशीधर चतुर्वेदी के पास पढ़ने भेजा गया था। दादाजी यों तो स्वभावतः ही विद्यार्थियों से बहुत सख्त थे, किन्तु पिताजी की चिट्ठी पढ़कर वे मेरे प्रति बहुत सख्त रहने लगे। यों जब शिकायत होती तब मेरी ओर से ही सबसे लड़ते, किन्तु मेरे लिए काम यह सौंपा गया था कि प्रातःकाल अँधेरे में उठकर कोई चार फलांग दूर बहने वाली नर्मदा से घड़ा भरकर पूजा

के लिए जल लाऊँ, फिर आरती-पूजा करूँ और उसके पश्चात् भण्डार में भोजन बनाने में सहायक होऊँ, क्योंकि विद्यार्थियों की एक खासी बड़ी तादाद वहीं भोजन करती थी। लोग मन्दिर ही में रहते थे। मन्दिर की गौशाला के पास के कमरे में अन्य छात्रों के साथ मेरा भी निवास था। यद्यपि घर का बालक होने के कारण मेरी पहुँच घर और पदार्थों की सब दिशाओं में थी। हमारी बड़ी माँ, वंशीधरजी की पत्नी, नाँदनेर में नहीं रहती थीं, बल्कि वहाँ से नौ मील दूर अपने मैके के कस्बे बाबई में रहा करती थीं, अतः दादाजी का नाँदनेर का मन्दिर घर न होकर एक अखाड़े का ही रूप धारण किये रहता। नाँदनेर में जो दो-एक घटनाएँ घटीं, उनका उल्लेख करने के लिए ये पंक्तियाँ लिखी जा रही हैं।

मेरे पिताजी को छिदगाँव में तुलसीकृत रामायण का शौक था। वे हिन्दी उर्दू, अरबी और फारसी चार भाषाओं की जानकारी रखते थे। अतः मुझे तुलसीकृत रामायण से प्रारम्भ ही से कुछ प्रेम रहा। वैष्णव परिवार होने के कारण अष्टछाप के कवियों के पाँच पद भगवान् के सामने बैठकर पढ़े बिना छिदगाँव में भोजन नहीं मिलता था। नाँदनेर में उन पदों से छुट्टी मिल गयी थी किन्तु यहाँ रामतस्वराज महिम, राम-रक्षा विष्णुसहस्रनाम, गोपाल-सहस्रनाम आदि स्तोत्र पढ़ने पड़ते थे। दादाजी की स्पष्ट आज्ञा थी कि खबरदार, जो किसी को हिन्दी पढ़ते हुए देखा। जो हिन्दी पढ़ता उसकी खैर नहीं थी। कितने ही विद्यार्थी हिन्दी में नासिकेतोपाख्यान पढ़ने के कारण सजा पा चुके थे। मेरा मन तो हिंदी पढ़ने ही में बना हुआ था अतः बार-बार तबीयत चाहे कि कुछ हिन्दी में पढ़ूँ। परन्तु नाँदनेर में कहाँ हिन्दी? परिणामतः छिदगाँव में जो वैष्णव पद बोझ लगते थे, वे अब वहुत प्यारे लगने लगे। मैं जब स्नान करने नर्मदा पर जाता, अर्थात् पानी भरने, तब कुछ देर नर्मदा की रेत में कुलाँचें मारता, हरवाहों-चरवाहों से झगड़ता, उनके गाय-बैल इधर-उधर कर देता, और उन वैष्णव पदों को मस्त होकर दुहराता। यदि कोई साथी मेरे साथ किसी दिन नर्मदा आ जाता तो दादाजी से शिकायत कर देता कि मैं आज हिन्दी-पद गा रहा था। इस पर वे किसी दिन तो गुस्सा ही करते और किसी दिन पिटाई उड़ जाती। एक दिन दादाजी अपने शिष्यगणों सहित जब खेत पर गए, मुझसे कहते गये कि मैं हरवाहों-चरवाहों का काम देखूँ और मन्दिर की रखवाली करूँ।

स्वभावतः मेरा मन खेत की ओर भागने का था, किन्तु मैं रखवाली में लगा दिया गया। तब मुझे सूझा कि क्यों न मैं ताँबे की बड़ी-बड़ी परातों में रखी हुई मन्दिर के भीतर की पुस्तकों को खोल-खोलकर देख डालूँ और फिर ज्यों-की-त्यों बाँध दूँ। लालच यही था कि कोई हिन्दी पुस्तक पढ़ने को मिले। हिंदी के प्रति रहने वाले लालच के कारण नहीं, कदाचित् केवल आदत के कारण। ताँबे की दोनों बड़ी परातों में नन्हें हाथों से गिना कि कोई सौ से अधिक बस्ते थे।

मन्दिर के बाहर के दरवाजे बन्द करके केवल खिड़की के सहारे आने वाले मन्दिर के उजालदान के थोड़े से उजारे में जल्दी-जल्दी बस्तों की तलाशी शुरू की। एक के बाद दूसरा बस्ता खोलूँ पर हाय-हाय, जो कोई हिन्दी पुस्तक मिले। संस्कृत पुस्तकों के अनुवाद भी संस्कृत ही में मिलते। तंग आकर सोचा कि छोड़ूँ इस धन्धे को, कि बहुत देर पश्चात् मैंने देखा कि लल्लूजीलाल की प्रेमसागर एक बस्ते में बँधी है। बस्ता कत्थई रंग का था। वह पुस्तक बगलवाड़े के किन्हीं पृथ्वीसिंह जी द्वारा नाँदनेर के मन्दिर को भेंट दी गई थी, संवत् 1949 में। ललचती आँखों से मैंने पुस्तक देखी कि इतने में दादाजी के आने की खबर पाकर मैं जल्दी-जल्दी पुस्तकें जमाकर बाहर भागा। मन्दिर की कहारिन, जो मन्दिर के बर्तन मला करती थी, की बड़ी लड़की 7-8 वर्ष की मुलिया को मैंने पहरे पर बैठा दिया था। उसी ने दौड़कर मुझे खबर दी कि पुजारी दद्दा आ रहे हैं।

जब दादाजी रात को भगवान् की आरती करने लगे, तब मेरी चोरी उनकी पकड़ में आ गयी। उन्होंने मुझे डाँटा कि मैंने बस्तों को हाथ क्यों लगाया; किन्तु स्यारी की फसल थी और उन्हें तो खेत पर रोज-रोज जाना था, अतः मैं मन-ही-मन प्रसन्न था। किन्तु दूसरे दिन उन्होंने खेत पर जाते समय उस युग का एक ताला मन्दिर में लगवा दिया और चाभी लेकर खेत चल दिये। मन्दिर की रचना में थोड़ी-सी जगह ऊपर की मंजिल पर ऐसे रखी गई थी, जहाँ दूसरी मंजिल पर रहने वालों को भगवान् के दर्शन हो सकें। ऊपर चढ़ने के लिए जो जीना था उसमें कोई दरवाजा न होने के कारण वहाँ ताला लग ही नहीं सकता था। अतः मैंने खेत की रस्सियों को मकान की मीयाल में बाँधकर रस्सी में गाँठें लगाईं और प्रेमसागर उड़ा लाने के लिए उस छोटी जगह में से लटक कर मैं रस्सी के सहारे मन्दिर में उतर गया। प्रेमसागर के बस्ते को गले में बाँधकर रस्सी के सहारे ही कई बार पटकनी खाने के बाद मैं फिर किसी तरह ऊपर आ गया, किन्तु इस पूरे प्रयास में इतनी देर लग गयी कि मैं प्रेम सागर का पढ़ना उस दिन प्रारम्भ नहीं कर सका। मुलिया ढीमर मेरी नित्य की पहरेदार थी। उसने खबर दी कि दादा आ रहे हैं और मैंने ज्वार के टटेरों-भरी गाड़ी में जो मन्दिर के दरवाजे पर ही पड़ी थी और जिसे वहीं पड़े रहना था, प्रेमसागर की वह प्रति छुपा दी। दादाजी को नित्य ही कुछ दिनों खेत जाना था। अतः मैंने टटहरे की उस गाड़ी में टटहरे के पूले आस-पास जमाकर नित्य उस बोझा-गाड़ी में चित्ते लेटकर प्रेमसागर पढ़ना प्रारम्भ किया। जब कृष्ण के मथुरा-गमन का प्रसंग आया, मुझे याद है वह मुझसे नहीं सहा गया। मैं अक्रूर को कोसने लगा और मेरी आँखों से आँसू बह चले। यों आँसू तो मेरे जीवन में कई बार आये हैं, किन्तु पढ़ने के कारण और कृष्ण की विदा के कारण आने वाले वे आँसू बार-बरबादी की उस गाड़ी में ज्वार के टटहरों के बीच जो आये, वे शायद मेरी समझ

कें पहले आँसू थे और उसके लिए मैं मुलिया पहरेदार से इतना प्रसन्न था कि भगवान् की आरती होने के पश्चात् प्रसाद के चिरौंजी दानों का एक विशेष अंश मैं मुलिया के लिए बचाकर रख लेता था। किन्तु एक दिन मन्दिर के बगीचे में बन्दर आ जाने के कारण मुलिया कमबख्त उन्हें भगाने चली गयी और इस बीच मेरे दादाजी सदलबल आ पहुँचे। आते ही मुझे आधे नाम से पुकारा। घबड़ाहट में प्रेमसागर छुपा ही रहा था कि पकड़ लिया गया और पुस्तक समेत अपने साथियों के द्वारा दादाजी के सामने खड़ा कर दिया गया। उस दिन जो पिटाई उड़ी, उसका स्वाद आज भी याद आता है तब क्या कहूँ ? उन दिनों वे मुझे ज्योतिष का प्रारम्भिक ग्रन्थ 'शीघ्रबोध' पढ़ा रहे थे जिससे मैं दो रोटी कमाने लायक बन सकूँ। किन्तु जो मुझे सिखाना चाहा वह मेरे जीवन में न रही और जिसे मुझे न पढ़ना चाहिए था वह, मेरे मन-प्राण में भर गई।

[1956-57, अमीर इरादे : गरीब इरादे]

प्रेमचन्द

कहते हैं कि चित्र और मूर्ति का प्रभाव कला में विश्व-व्याप्त होता है। विश्व के किसी भी कोने में उनकी पहुँच होती है। कला का वह रूप अपनी प्रेरणा से रस खींचता है, निर्माण में बचपन की-सी सरलता बोता है और अपनी लगन में इतना रँग जाता है कि लोग अपनी दिशा का उसे दीवाना कहने लगें। उसका महान् गौरव और उसके महान् गौरव-कर्त्ता यह नहीं जान पाते कि वह कठोर मजूरी करता है तब अपनी सूझ के मुक्ता-कणों को पात्रों का रूप देकर वह समझ, आकर्षण और चाह के देव-मन्दिरों में पहुँचा पाता है। वह मानो चितेरा है, मूर्ति-कार है कि मानव की कोमलतर भावनाओं को पत्थर या धातु-जैसी सख्त चीजों पर उतार लेता है। वह कलाकार है कि उसके भावों की दुनिया इरादों में उतर-कर बोलने, चलने और संघर्ष और हर्ष के खेल खेलने के लिए भूमि पर उतर पड़ती है। उसके गुण ही मानो, उसकी आदतों को लेकर उस युग का विज्ञान बन गये। चित्रकार और मूर्तिकार के ये अमर गुण ही स्वर्गीय प्रेमचन्दजी की कला में उतरे। वे नयी और बेरूढ़ चीजें लिखते और जमाने में वे ही चीज़ें रूढ़ और प्रिय बन जातीं। वे रूढ़ और पुरानी चीजों को भी छू देते तो पत्थर-जैसे जड़ पात्रों में भी साँसें आने लगतीं। इसीलिए मैं जब प्रेमचन्दजी के पास जाता तब उनके पात्रों के रूप में प्रेमचन्दजी की सरलता को देखकर बहुत सुख पाता। गोस्वामी तुलसीदास की रचना पढ़ते समय यह विचित्रता मन को आकर्षित किये बिना नहीं रहती कि वे अपनी बात को कविता में लिखते हुए भी अपनी कलम को अपने पात्रों की

जीभ बना दिया करते। कलम का यह चमत्कार इस युग में हिन्दी भाषा में जिन दो-तीन आदमियों के पल्ले पड़ा, उनमें प्रेमचन्द जी का स्थान बहुत ऊँचा है। यह कहना बहुत कठिन है कि तुलसीदास के केवट-वर्णन में और प्रेमचन्द जी के पात्र होरी के निर्माण में कितनी निर्मलता, कितनी सरलता, कितनी सहानुभूति और कितनी ग्राम्य-जीवन के प्रति रहने वाली मसोस है! अपने पात्रों के निर्माण में प्रेमचन्दजी में व्यापारिकता कभी भी दिखाई नहीं देती। वे न केवल भारतीयों के प्रति, किन्तु मानव, मानवी और मानव-शिशु के लिए भी लिखते रहे। वे शब्दों में डूबते-उतराते, अर्थों से उलझ और सुलझकर चलते, रस को बात करते ही प्रारम्भ कर देते, छन्दों की-सी वक्र गति से कहन को बचाते और प्रत्येक क्षण इस बात का खयाल रखते थे कि उनकी कृति, मानव के लिए कभी अमंगलकर न हो, सदैव मंगलकर बनी रहे। जिस तरह सफेद गाय का दूध सफेद, स्वादिष्ट और मधुर ही निकलता है और काली गाय का दूध भी सफेद स्वादिष्ट और मधुर ही होता है, उसी तरह प्रेमचन्दजी की रचना अपने प्रारम्भ में मंगलकर है, अपनी सर्वोच्च उठान में मंगलकर है, अपने असहाय उतार में भी मंगलकारी है।

मैं जानता हूँ, किसी राजनैतिक संस्था से उनका कभी गठ-बन्धन नहीं रहा किन्तु वे देश-घातकों और मनुष्य-घातकों का समर्थन कभी नहीं कर सके। ऐसे व्यक्तियों के चित्रण में न तो वे कहीं झुके और न गलत काम करने वाले पात्रों को संकटों और कठिनाइयों में बचाया। उन्होंने अपनी रचनाओं में तर्कों का ऐसा जालीदार पर्दा निर्माण ही नहीं किया जिसमें रचना लेखन-कौशल बन जाय और जीवन तड़पता रह जाय। उन्होंने जीवन को धर्म और सम्प्रदायों की तरह किस्तों में कहीं भी नहीं बाँटा। वे अनवच्छिन्न जीवन के व्यापक समर्थक रहे।

जब मैंने उन्हें पहली बार काशी में सरस्वती प्रेस में देखा, तब बड़ी मूँछों वाले, सदा हँसमुख ग्रामीण के ही रूप में देखा। सादी धोती पहने हुए थे, कुर्त्ते के भीतर से बनियान झाँक रही थी। उनकी बातों में मुक्त हास्य था, जो इस बात का पता देता था कि अपने पर किये जाने वाले व्यंग्य पर भी इस आदमी में दृढ़ता है कि यह हँस सके। इरादों और संकल्पों को छुपाने की शहराती सभ्यता को और जो है उसे छुपाने और जो नहीं है उसे प्रकट करने की नागरिक आदत को मैंने उनमें कभी नहीं देखा। आगन्तुक व्यक्ति पर प्रतिभा, धन अथवा उद्दण्डता का लोहा लेकर टूट पड़ने की प्रवृत्ति भी उनमें नहीं थी। थोड़ी देर तक तो मैं सोचता रहा कि जब यह व्यक्ति नागरिक अधमता के दोनों किनारों से बचकर चलता है, तब नगर में किस दृढ़ता के सहारे जीता होगा? मैं प्रेमचन्द जी की कीर्त्ति से परिचित था। ठाकुर लक्ष्मणसिंह जी (अब स्वर्गीय) सन् 1921 के मई महीने में प्रेमचन्दजी का एक उपन्यास उन पुस्तकों के साथ मुझे विलासपुर जेल में दे गये थे, जिन्हें मैंने पढ़ने को मँगाया था, फिर तो मैं उनके उपन्यास और

कहानियाँ निरन्तर पढ़ता रहा।

जब उन्होंने लिखना शुरू किया, कहा जाता है कि उर्दू में लिखते थे। उस समय कहानी तो कुछ अन्य व्यक्ति भी लिखते थे पर कहानी जड़ नहीं पकड़ पायी थी। अतः कहानीकार प्रेमचन्द को तीन काम एक साथ करने होते थे। एक तो साहित्य के उतार-चढ़ाव का विवेक साधकर लिखना पड़ता, दूसरे जीवन के संघर्षों के प्रति जागरूक रहना पड़ता तथा अपनी कृति के शील को समाज में समा सकने योग्य बनाये रखना पड़ता। गरज यह कि उनकी कृतियों को पढ़ने की जमीन उन दिनों उन्हें अपने आप ही बनानी पडती। वह जमीन हिन्दी-जगत् में तब योग्य पैमाने पर प्रस्तुत न थी।

प्रेमचन्द हिन्दी जगत् में अपने युग के गवाह-मात्र नहीं थे, वे एक बहुत बड़ी आवश्यकता थे। आज जब कला और कलम, प्रिय या मौलिक होने के लिए डावाँडोल दिखाई देने लगी है तब ऐसा लगता है कि मानो वह पीढ़ी ही प्रेमचन्द जी के साथ समाप्त हो गई हो, जो मानवता का अपनी गोद में संगोपन किया करती थी।

एक बार प्रयाग में भाई सद्गुरुशरणजी अवस्थी के साथ मैं विद्वद्वर रघुपतिसहायजी 'फिराक' के बँगले पर गया। प्रातःकाल का समय था, फिराक साहब चुटकुलों और लतीफों से वातावरण में कहकहे बरसा रहे थे और प्रेमचन्द जी अपनी लाठी को जमीन पर बार-बार उठा-गिराकर ऐसे जोर का कहकहा लगा रहे थे मानो उन लतीफों का सारा रस वे अकेले ही ले रहे हों। किन्तु जिस तरह वृक्ष की जड़ें खाद में से रस लेकर मानवता को फूलों और फलों के रूप में लौटा दिया करती हैं, उसी तरह विनोदों को सौम्य और समाज के लिए मंगलप्रद बनाकर अपने ग्रंथों के द्वारा प्रेमचन्द जी लौटा दिया करते थे। जिस तरह फव्वारे के भीतरी भाग में रुकावट आने पर फव्वारे से बाहर निकलने वाले जल में रुकावट होने लगती है, उसी तरह जीवन की गति के अभाव में और जानकारी की कमी के कारण कलमें लड़खड़ाया करती हैं। किन्तु प्रेमचन्दजी की कृतियों में कलम को कहीं लड़खड़ाते नहीं देखा जाता। वे जब लिखते रहे, असाधारण को पराजित करती हुई साधारणता लिखते रहे, परिणाम-स्वरूप न रचना में इतिहास जैसा पुरानापन आया, न अपरिपक्व विचारों जैसी अस्थिरता। उनकी रचना मानो स्वस्थ साहित्य और स्वस्थ जीवन की अलकनंदा बनकर वहती है।

प्रेमचन्दजी के ग्रंथों में विकारों का वहिष्कार नहीं है। यथार्थ में तो कलाकार विकारों को ही आकार प्रदान करता है, किन्तु प्रेमचन्द जी का कोई भी पात्र कामदेव से इतना पराजित नहीं है कि बुरा पात्र होते हुए भी शृंगार का चकला खोलकर बैठ जाय। लगता है, रचना का यह स्वाभाविक स्वरूप जमाने में सध नहीं पा रहा। हम बारीक खयालों से चाहे जितने आगे बढ़ के आडंबर करें,

खयाल को जीवन बनाकर अथवा जीवन में खयाल देकर सरलता के साथ अपनी बात-कहना शायद भूल गये हैं और जो सरल भाषा में सरल बात कहता है उसकी निश्छलता पर सन्देह-चिह्न लगाये बिना हमसे रहा नहीं जाता। कहते हैं कि पौराणिक युग के सीता और गणेश ऐसे पात्र हैं जो भारतवर्ष से बाहर भिन्न-भिन्न देशों में वहाँ के शिल्प और साहित्य में पहुँचे। यदि साहित्य की भाषा में बोलें तो हमें कहना चाहिए कि धारणाओं की क्षमता और विषमता को लेकर इस देश के बाहर के साहित्यों में बिना आत्म-संकीर्तन की प्रचारकता के केवल प्रेमचन्द ही पहुँच सके। जेल में रहते हुए उनकी पुस्तकों से मैंने कुछ कथन भी चुन लिये थे और उन्हें एक नोट-बुक में नोट भी कर लिया था। ऐसे कथन जो रत्नमाला की तरह रहते हैं, उन्हें प्रेमचन्दजी ने घटनाओं की पृष्ठभूमि के साथ अपने पात्रों से कहलवाया है। वह नोट-बुक तो प्रयत्न करने पर भी मुझे नहीं मिली है, पर उसका एक कथन शायद मुझे याद है—'गन्दे विचारों से प्राप्त विजय पराजय से कहीं अधिक लज्जाजनक है।'

एक बार मेरी और उनकी बम्बई में भेंट हुई। वे दादर में रहते थे और मैं बम्बई के कांग्रेस-अधिवेशन में गया हुआ था जिसके अध्यक्ष साधुमना बाबू राजेन्द्रप्रसादजी थे। मेरे साथ कुछ तरुण मित्र भी थे। उस समय यद्यपि उनके साथ मेरा वैचारिक मतभेद था तो भी उनकी साधुता और रचनाकार की निर्मलता ने मुझे प्रभावित किया था। वे अपने कथन को सम्पूर्ण और समर्थ तो बनाते थे, किन्तु अनावश्यक शास्त्रीयता से बोझिल नहीं बनाते थे।

जब वे बम्बई से लौटे, तब खण्डवा में मेरे मेहमान रहे और कदाचित् एक सप्ताह या उससे कम समय मेरे साथ बिताया। मेरे निवास के बरामदे के कमरे में श्रीमती शिवरानी देवी और वे बहुत आनन्द से रहे। उसी समय खण्डवा के कुछ तरुणों की कहानियाँ उन्होंने सुनी थीं और नगर के साहित्यिकों ने उन्हें अभिनन्दन-पत्र भेंट किया था।

अन्तर्राष्ट्रीय ख्याति प्राप्त कर लेने पर भी प्रेमचन्दजी को घमण्ड छू नहीं गया था। लगता था किसी ईश्वरीय संकेत पर यह व्यक्ति लिखता है, और लिखकर अपने देवता के सम्मुख अपनी वस्तु को ईमानदारी से रख देता है। ठीक भी है, सूझों से, केवल सूझों मात्र से रचनाओं का निर्माण नहीं होता। निर्माता को प्रतिक्षण खयाल होना चाहिए कि वह पारिवारिक है, जगत् परिवारों से बना हुआ है और सूझों वाले सिर पर भले ही आकाश रहे, किन्तु उसके पैर उसी जमीन पर हैं जिस पर काँटे हैं, खन्दक हैं, बीहड़ जंगल हैं, घनी बस्तियाँ हैं और इन स्थानों पर मानव कभी रेंगता, कभी गिड़गिड़ाता, कभी जीतता, कभी पराजित होता हुआ कभी भीड़ों और कभी एकान्तों में चला ही जा रहा है।

मुझे प्रेमचन्दजी की रचनाओं की ओर उन्मुख करने वाले व्यक्ति पण्डित

बनारसीदासजी चतुर्वेदी हैं। वे प्रेमचन्दजी को और उनकी कथावस्तु को इस देश की नदियों और पर्वतों की तरह स्थायी वस्तु मानते रहे हैं।

जब प्रेमचन्दजी नागपुर-सम्मेलन में गये और मेरे कमरे में एग्रीकल्चर कॉलिज के बोर्डिंग-हाउस में ठहरे, तब कमरे में होने वाले कवि-सम्मेलन में सारी रात उन्होंने जिस तरह ध्यान देकर पण्डित बालकृष्ण शर्मा 'नवीन' और अन्य कवियों की कविताएँ सुनीं, उससे ऐसा लगा कि प्रेमचन्द-रूपी वृक्ष के सुगन्धमय फूलों और रसमय फलों के निर्माण में यदि मानव-संघर्षों की विषमता का स्थान है तो रस से सराबोर जीवन के मृदुल कहकहों का उनके जीवन में उतना ही बड़ा स्थान है।

आज तो लगता है, प्रेमचंद मानो पीढ़ी के पास बैठे हैं और अपने बेटे-बेटियों के बीच बैठा हुआ यह पारिवारिक मानो संसार के समस्त परिवारों को अपनी रचना के मौलिक संदेश पहुँचा रहा है।

[अमीर इरादे : गरीब इरादे]

एक जमाना था : समय की सीढ़ियों पर

जीवन में पीछे झाँककर देखें तो घटनाएँ विचित्र प्रकार की कहानियाँ सुनाने लगती हैं। घटनाएँ मानो वह दर्शन है जो उदाहरणों में उतरकर बिना जीभ के बोलता है। घटनाओं का दर्शन यह है कि वे परिस्थितियों का पता देती हुई शताब्दियों तक बोलती रहती हैं और कभी नहीं थकतीं; मानो लोकरुचि, स्वभाव, जीवन के उतार-चढ़ाव, हानि-लाभ और दुख-सुख दूसरे प्रकार से कहे ही नहीं जा सकते; मानो पुराना जमाना जानकारी में प्रवेश करने का नया दरवाजा है। अतः पुरानी घटनाओं की तरफ देखते समय एक नया चाव-सा मालूम होता है।

सन् 1894 की बात लगती है क्योंकि उस समय मैं प्राइमरी के दूसरे दर्जे में पढ़ता था। मध्यप्रदेश के होशंगाबाद जिले के छिदगाँव गाँव में पढ़ता था। शाला में दो अध्यापक थे। एक मेरे पूज्य पिताजी और दूसरे भागचन्द नाम के एक राजपूत सज्जन। जिस दिन की बात कह रहा हूँ, उस दिन गाँव से फौज निकलनेवाली थी। अतः उस जाड़े-भरे प्रभात में श्री भागचन्द मास्टर प्रातःकाल से ही शाला के लड़कों को घेरकर सड़क पर जा खड़े हुए। फौज का निकलना थोड़ी ही देर के बाद प्रारम्भ हो गया। पिताजी भी चूड़ीदार पाजामा, धुली शेरवानी और अमामा के ड्रैस में अपने विद्यार्थियों का नेतृत्व करने लगे। कोई दोपहर के लगभग गोरे साहब और मेम साहब आए। भूख के मारे विद्यार्थियों का

बुरा हाल था। फिर मेरा साथी छीतर फटी हुई लाल पगिया बाँधे था, रामकरन सुनार अच्छी लाल पाग बाँधे था, हरलाल दर्जी फटा हुआ कुर्ता और पाजामा और बटनदार टोपी पहने था। गरज यह कि एक की ड्रैस दूसरे से नहीं मिलती थी। जब साहब और मेम साहब पधारे तब पहले मास्टरों ने और फिर देखा-देखी विद्यार्थियों ने झुककर सलाम किया। साहब और मेमसाहब घोड़ों पर बैठे हुए थे और याद आता है कि नन्हे-नन्हें बच्चों को देखकर वे थोड़ा मुसकराये। लड़कों ने—जिन्हें एक गाना पहले ही से रटा दिया गया था—अपनी बेसुरी आवाज में गाया--

विलायत बीच सब सुख धाम
राजधानी बसत अनुपम
नगर लन्दन नाम।

मुझे नहीं मालूम कि साहब इसमें से कितना समझा और कितना नहीं समझा! आज भी मैं जब कभी 'जन-गण-मन अधिनायक...' सुन पाता हूँ, तो मुझे 'विलायत बीच सब सुखधाम...' याद आ ही जाता है!

हिन्दी का विरोध आज ही हो रहा है सो नहीं। पुराने पण्डित भी उसका विरोध जाने कब से कर रहे हैं! मेरे ही परिवार की एक बात सुनिए। प्राइमरी पास करने के बाद संस्कृत पढ़ने के लिए पुरानी भोपाल रियासत के नाँदनेर नामक गाँव में मुझे मेरे दादाजी के पास भेजा गया। वहाँ पहुँचते ही आज्ञा हुई कि यहाँ हिन्दी पढ़ना-लिखना बन्द कर दिया जाय, क्योंकि हिन्दी से संस्कृत के बिगड़ जाने का भय है। यह कोई 1899 की बात है। एक दिन मैंने दादाजी की अनुपस्थिति से लाभ उठाकर उनके बस्ते से श्री लल्लूलाल जी रचित सुप्रसिद्ध कृति प्रेमसागर चुरा ली। नित्य ही मैं चोरी-छिपे उसे पढ़ा करता था। उसकी घटनाएँ पढ़कर मुझे याद आता है कि आँखों से पहले-पहल आँसू उस समय आए जब श्रीकृष्ण की अक्रूर के साथ वृन्दावन से मथुरा विदाई हुई। उस दिन प्रेमसागर पढ़ते मुझे यह तो याद नहीं रहा कि जो समय मुझे 'सिद्धान्त-कौमुदी' को देना था वह प्रेमसागर ने ले लिया है। इतना ही नहीं, मैं चोरी से हिन्दी की पुस्तक पढ़ता हुआ पकड़ भी लिया गया और उस पर मुझे दण्ड भी दिया गया। मैं नहीं जानता कि हिन्दी की पुस्तक पढ़ने के इस विरोध ने मेरे मन में हिन्दी की पुस्तकें पढ़ने के लिए कितनी ललक उत्पन्न कर दी!

आजकल तो चित्रपट का युग है, अत: नाटकों की बात करना लोगों की धारणा शक्ति की परीक्षा लेना है। अब तो नारी पात्र का अभिनय करने के लिए नारी पात्र ही आसानी से सुलभ हो जाते हैं और यह बहुत कम देखा जाता है कि नारी पात्र का अभिनय पुरुष पात्र को करना पड़े, किन्तु वह समय बहुत समय तक रहा, जिसमें पुरुष पात्र का अभिनय भी पुरुष ही करते थे और नारी

पात्रों का भी। उत्तर भारत की रामलीलाओं और रासलीलाओं में आज भी यही होता है। किन्तु इधर, दक्षिण भारत में, ये प्रथाएँ अब बदल गयी हैं। सन 1911 की बात है। नर्मदेश्वर नाटक समाज की ओर से खण्डवा में रामलीला हो रही थी। स्वर्गीय तहसीलदार प्रह्लाद अम्बादास तथा नगर के धनिक श्री बिसनदयाल अग्रवाल उसका प्रबन्ध करते थे। जब मन्थरा के अभिनय करने का प्रसंग आया, तब जो बाल अभिनेता मन्थरा का अभिनय करने के लिए तैयार किया गया था, इस बात पर अड़ गया कि जब तक उसके हाथ में 'हेण्डकर चीफ' नहीं दिया जायगा वह मन्थरा का अभिनय नहीं करेगा! चूँकि कोई दूसरा अभिनेता तैयारी करके प्रस्तुत नहीं था अत: मन्थरा का अभिनय उसी ने किया और हेण्डकरचीफ हाथ में लेकर किया, जिससे वह फैशन के साथ अपने गले और गालों का पसीना भी पोंछता गया। उन दिनों जो नारी पात्रों के अभिनय करने वाले अभिनेता थे, उनके स्वभाव-प्रदर्शन को व्यवस्थापकों को सहना ही पड़ता था।

सन 1923-24 में नागपुर शहर में सुप्रसिद्ध झण्डा-सत्याग्रह हो रहा था। उस युग की सरकार का व्रत था कि तिरंगा झण्डा लेकर नागपुर की सिविल लाइन से किसी को भी गुजरने नहीं दिया जायगा और सत्याग्रह कमेटी ने, जिसके सभापति स्वर्गीय भाई श्री जमनालालजी बजाज थे, तय किया था कि जब तक सरकार झण्डा-सत्याग्राहियों को झण्डे लेकर सिविल लाइन से गुजरने नहीं देगी, तब तक सत्याग्रह जारी रहेगा। परिणामत: देश के कोने-कोने से सत्याग्रही नागपुर आ रहे थे। वे झण्डा लेकर सिविल लाइन में जाते और कभी छोटी और कभी बड़ी तादाद में गिरफ्तार होते जाते। उन दिनों यह भी अनुभव हुआ कि कुछ विद्यार्थी 'सत्याग्रही' तो जेल से इसलिए क्षमा माँगकर चले आए थे कि वे कॉफी पीने वाले थे और जेल में उन्हें कॉफी नहीं मिलती थी; यद्यपि ऐसे लोगों की संख्या कम ही थी। और भी कारणों से कुछ लोगों ने जेल में क्षमा-प्रार्थनाएँ की थीं—रोटियाँ कच्ची रह जाना, परिवार के लोगों का जेल-द्वार पर दहाड़ मारकर रोने लगना, तम्बाकू या भंग का का जेल में न मिलना। किन्तु ऐसे 20-30 व्यक्तियों को छोड़कर नागपुर और मध्य प्राप्त की जेलों में दृढ़प्रतिज्ञ सत्याग्रहियों की संख्या हजारों में थी। उन दिनों खादी पहनकर नागपुर का टिकिट लेना इन प्रान्त में और अन्य प्रान्तों में भी मानो नागपुर के अञ्जनी जेल में प्रवेश का टिकिट लेना था। महाराष्ट्र, गुजरात, युक्तप्रान्त, बिहार, बंगाल, तमिल, मलय, आन्ध्र—कोई प्रान्त ऐसा नहीं था जहाँ से सत्याग्रही नहीं आए। स्वर्गीय सेठ जमनालालजी बजाज और उनके साथियों के गिरफ्तार होने पर झण्डा-सत्याग्रह बन्द कर देने के लिए ब्रिटिश सरकार बेहद बेचैन हो उठी थी। वह सत्याग्रहियों को बड़ी तादाद में जहाँ-तहाँ से उठाकर जेल में ली गयी और गेहूं, दाल, चावल, घी, तेल आदि भी बड़ी संख्या में जब्त कर ले गयी। उस समय नागपुर की जनता ने बड़े

गौरव से इसका जवाब दिया। गिरफ्तारी, तलाशी और जब्ती के दिन शाम होते न होते सत्याग्रह-आश्रम का भंडार अनाज, तेल, घी, आदि सभी पदार्थों से पुनः भर जाता था।

उन्हीं दिनों नागपुर धारा-सभा की बैठक भी हुई थी, जिसमें खण्डवा ही के प्रतिनिधि ने इस आशय की बात कही थी कि अंग्रेज सरकार बड़ी दयालु है, अतः सत्याग्रही मूर्खों की हरकतों की तरफ उसे कोई ध्यान नहीं देना चाहिए। उन्होंने तुलसीदास जी की पंक्तियाँ उद्धृत करते हुए कहा था—

बुन्द अघात सहैं गिरि कैसे,
खल के बचन सन्त सह जैसे !

उस समय के धारासभा के देशभक्त प्रतिनिधियों ने साबित करना चाहा था कि तिरङ्गा राष्ट्रीय झण्डा है ही नहीं; वह तो एक चिन्दी है और उससे घबराने की जरूरत नहीं; किन्तु मध्य प्रान्त सरकार के तत्कालीन चीफ सेक्रेटरी मिस्टर मिथाइस ने स्वयं कहा था कि यदि लोग इसे राष्ट्रीय झण्डा नहीं मानते तो आज नागपुर के हर दूसरे मकान पर यही झण्डा क्यों फहरा रहा है? यह कहने की अलग से जरूरत नहीं है कि अखिल भारतीय कांग्रेस की ओर से इसी झण्डा-सत्याग्रह के संचालन के लिए सरदार पटेल आए थे। अन्तिम दल मेरे ही नेतृत्व में निकाला गया था और श्रीयुत राजेन्द्र बाबू भी झण्डा-सत्याग्रह की सहायता के लिए नागपुर आए थे। परवर्ती घटनाओं ने देश पर व्यक्त कर दिया है कि अंततः उसी चिन्दी को राष्ट्रीय पताका बनने का गौरव प्राप्त हुआ, यद्यपि किंचित् संशोधन के पश्चात्।

एक बात सन 26 की सुनिए। वृन्दावन में हिन्दी साहित्य सम्मेलन की बैठक हो रही थी। स्वर्गीय श्री अमृतलाल चक्रवर्ती उसके अध्यक्ष थे और स्वर्गीय श्री राधाचरण गोस्वामी उसके स्वागताध्यक्ष। उन्हीं दिनों पण्डित बनारसीदास चतुर्वेदी के प्रयत्नों से देश में पत्रकार-सम्मेलन की नींव पड़ी थी जिसे उन दिनों सम्पादक सम्मेलन कहा जाता था। पत्रकार-सम्मेलन के अध्यक्ष थे स्वर्गीय श्री बाबूराव विष्णुपराड़करजी। उसी समय साहित्य-सम्मेलन के ही साथ कदाचित् पहला कवि-सम्मेलन भी हुआ था जिसके सभापति कविता-कामिनी-कान्त आचार्य नाथूराम शंकर शर्मा थे। कवि-सम्मेलन तो अब आये-दिन होते हैं, किन्तु उक्त कवि-सम्मेलन में घटित एक घटना उसे अविस्मरणीय बना देती है। उसमें एक कवि महाशय ने अत्यन्त श्रृंगारपूर्ण कविता घनाक्षरी छन्दों में पढ़ी। श्रृंगार के उस छन्द का जब विरोध किया गया तो कुछ कवि सज्जनों ने जिनके हाथ में लाठियाँ और गले में झोले थे तथा जिनकी आँखों की त्यौरियाँ चढ़ी हुई थीं, धमकी के स्वर में कहा कि हम दूर-दूर से अपना किराया खर्च करके कवि-सम्मेलन में आए हैं, अतः हम कविता अवश्य पढ़ेंगे। देखा गया है कि प्रारम्भ से ही कवि-

सम्मेलन अखिल भारतीय पैमाने पर चाहे अलग से किया जाय अथवा हिन्दी साहित्य-सम्मेलन के साथ, उसमें गड़बड़ या हल्ला मचता ही रहा है—भले ही झगड़े और कवि-सम्मेलन में कोई दूर का सम्बन्ध भी नहीं हो।

चलते-चलते सन 1923-24 के झण्डा-सत्याग्रह की ही एक और बात का उल्लेख करना अनावश्यक न होगा। इस सत्याग्रह में श्री जमनालाल जी बजाज को एक बड़ी धन-राशि का जुर्माना किया गया था और इसकी वसूली के लिए तत्कालीन सरकार ने उनकी मोटर को जब्त कर लिया था। उस मोटर को बेचकर जुर्माना वसूल करने के लिए तत्कालीन सरकार ने भूतपूर्व मध्यप्रदेश के अनेक शहरों में उसे घुमाया किन्तु ऐसा कोई व्यक्ति इस प्रान्त में नहीं पाया गया जिसे उस मोटर को खरीदने के लिए राजी किया जा सके। तब वह मोटर बम्बई प्रदेश में पहले गुजरात में और फिर कठियावाड़ में भेजी गयी। काठियावाड़ के देशभक्त अमृतलाल सेठ उन दिनों एक साप्ताहिक पत्र गुजराती में निकालते थे। उन्होंने अपने साप्ताहिक में इस मोटर की बाबत लिखा था, जिसका आशय शायद यह था, "काठियावाड़ में यह मोटर उसे खरीद सकने वाले देशघातक की तलाश में घूम रही है। भाग्यशाली मध्यप्रदेश में यह घूम चुकी है और वहाँ कोई इसका खरीदार नहीं मिला।"—यह कहने की अलग से आवश्यकता नहीं कि गुजरात और काठियावाड़ में उस मोटर का खरीदार नहीं मिला सो नहीं मिला। जब जमनालालजी के प्रदेश मध्य प्रदेश में देशघातक नहीं मिला तो महात्मा गांधी की जन्मभूमि में कोई देशघातक कैसे मिल सकता था?

इस तरह की ये घटनाएँ हैं, कुछ रेंगती हैं, कुछ घिसटती हैं, कुछ दौड़ती हैं। जो बड़ी और भयंकर घटनाएं हैं वे स्वयं अपनी कहानी, और अपना दार्शनिक दृष्टि-विन्दु उसी तरह व्यक्त करती चलती हैं जिस तरह सोना और चाँदी अपना मूल्य व्यक्त किया करते हैं। कुछ घटनाओं पर प्रहार के निशान और संहार का वातावरण उसी तरह शोभा पाते हैं जिस प्रकार नन्हें बच्चों की माताएँ अपनी सन्तानों को नजर न लगने देने के लिए डिठौना लगा दिया करती हैं। विशेष घटनाएँ विशेष विस्तार और विशेष चढ़ाव-उतार चाहती हैं। उनका महज वर्णन लंबा हुए बिना नहीं रहता। किन्तु कोई भी घटना छोटी हो या बड़ी, वह अपने जमाने को व्यक्त किए बिना नहीं रहती। आज की अथवा आगे की पीढ़ी को चाहे अचम्भा हो, किन्तु घटनाओं की इन्हीं छोटी-बड़ी सीढ़ियों पर चढ़कर जमानों का निर्माण होता रहा है।

[अमीर इरादे : गरीब इरादे]

"तिहत्तर वर्ष की उम्र में"

मेरी उम्र 65 वर्ष की होगी, तब मेरी पूज्या माँ का स्वर्गवास हुआ। मेरी उम्र कुछ अधिक भी हो सकती है क्योंकि कहते हैं कि मेरी माँ के यहाँ मैं उस समय पैदा हुआ था जब वे 21 वर्ष की थीं।

मैं अपनी माँ से माँ कभी कह ही नहीं सका हूँ, यह साध मन की मन ही में रह गई। प्रारम्भ में मेरे छोटे काका पिताजी के पास रहते थे, वे माँ से भाभी कहा करते थे, सो मैं भी माँ से भाभी कहने लगा। कुछ वर्षों तक यह क्रम चलता रहा। उसके पश्चात् मेरे छोटे मामा रामचरण लाल पिताजी के पास आते-जाते रहे। पिताजी उन दिनों छिदगाँव में, जोकि मध्यप्रदेश के हरदा तहसील के होशंगाबाद जिले में है, प्राइमरी स्कूल के हेड मास्टर थे। मेरे छोटे मामाजी वहाँ से थोड़ी दूर पर साँगवानी जमींदारी में श्रीमती नर्मदाबाई नाम की मालकिन के यहाँ कारिंदा थे। उस बूढ़ी का मामाजी पर बहुत विश्वास था। मामाजी मेरी माँ से बाई कहते, अतः मैं भी बाई कहने लगा। मुझे पता ही न चला कि भाभी से बाई कब से कहने लगा हूँ, मेरी देखा-देखी मेरे छोटे भाई-बहिन भी बाई ही कहते।

जब कुछ वर्ष और बढ़े, तब मेरे छोटे भाई रामदयाल और हरिप्रसाद के यहाँ बड़ी बच्ची और बड़ा बच्चा पैदा हुए और सब भाई-बहिनों में बड़ी, किन्तु मुझसे छोटी बहिन कस्तूरा बाई के यहाँ बच्ची पैदा हुई कमला। ये सब बच्चे माँ से अम्मा कहने लगे, अतः हम घर भर के लोग भी माँ से अम्मा ही कहने लगे। मुझे दूसरी बात का जो दुःख है वह यह है कि पहले हम अपनी उम्र से बड़ों से डरा करते थे, किन्तु युग ने ऐसा परिवर्तन किया कि बड़ों के समाप्त होते ही छोटे चाहने लगे कि हम उनसे भी भयभीत हों। अतः सारी जिन्दगी भयभीत होते ही बीत गई। इसी तरह सारी जिन्दगी अपनी माँ से माँ कहने के लिए तरसते ही बीती। माँ ने 83 वर्ष की उम्र पाई थी और मैं भी 62-63 वर्ष का था, किन्तु गोदी में खेलते हुए बच्चों के मुँह से निकला हुआ 'अम्मा' शब्द बहुत प्यारा लगता था और इसलिए न मैं ही, न मुझसे छोटे ही, माँ से अम्मा कहने का मोह संवरण कर सके। किसी का दाँत दुखता है, किसी की कनपटी में दर्द है, किसी को मलेरिया बुखार है, किसी लड़की या लड़की की लड़की या बहू के यहाँ बाल-बच्चा होने वाला है। मैं और माँ इतने व्यस्त रहते कि दिन सदैव छोटा पड़ता दिखाई देता—सर्दियों में भी, बरसातों में भी, गर्मियों में भी।

माँ को परिवार में जो ताड़ना मिलती थी, उसे सिर्फ मैंने देखा है। अपने से छोटों को शायद पता भी न हो। मैं जब नन्हा-सा बीमार पड़ता तब गाँव-गवैयों में यह कहा जाता कि इसे नजर लग गई है। मेरी स्वर्गीया भुआ नजर लगने का दोष बहुत दूर ढूँढ़ने न जातीं, वे मेरी माँ को ही दोष लगातीं कि उन्हीं की

नजर मुझे लग गई है और मैं बीमार पड़ गया हूँ। माँ बेचारी मुझसे कम खूबसूरत तो थी नहीं, बड़े घर की लड़की होने के कारण वह सब-कुछ बर्दाश्त करती और अपने भगवान् से मनाती कि उसकी नजर मुझे न लग जाया करे जिससे मैं बीमार पड़ जाता हूँ। जब मैं कुछ बड़ा होने लगा, तब मैं बीमार होने से इसलिए घबड़ाने लगा कि कहीं कोई मेरी माँ पर यह इल्जाम न लगावे कि मुझे उनकी नजर लग गई है। किन्तु मेरी भुआ तो मानो प्रतीक्षा में ही रहतीं; वे कह देतीं कि माखन को तो नजर माखन की माँ की लगी है। उस समय मेरी माँ तिलमिला कर रोने लगतीं। मुझसे यह सब देखा न जाता। एक दिन मेरी माँ ने मेरे पिताजी से कहा यदि बाईजी (मेरी भुआ) के कहने के अनुसार मैं ही डाइन होऊँ तो मेरे धनिक परिवार में कोई डाइन नहीं हुई, तब मैं ही अकेली कैसे डाइन हो गई? दूसरे मेरे पिताजी से वे बहुत विनय करके यह कहतीं कि यदि मैं डाइन भी हूँ तो क्या अपने बच्चे को ही नजर लगाऊँगी? तुम बोलते क्यों नहीं हो? पिताजी बहुत मुख्तसर में कह देते—"माखन की भाभी, मैं बड़ी बाई से कुछ नहीं कह सकता—तुम्हें सहना ही पड़ेगा।" माँ बेचारी के आँसू न सूखते। मैंने अपने जन्म का यही सुख पाया है कि मेरे जन्म लेने के बाद नजर लगाने की तोहमत के कारण मेरी माँ के आँसू बहते ही रहे, वे बन्द न हो सके।

मैं ऐसा सुपुत्र था जो अपने माता-पिता का बहोत लाड़ला होकर भी और घर में बहोत प्रशंसित होकर भी सदा ही बाहर बहोत रहता, पिस्तौल-धारी जो हो गया था। एक बार मेरे पिताजी बीमार हुए। वर्षा का समय था। डाक उन दिनों 8-15 दिन में बड़ी मुश्किल से गाँव से शहर आ पाती थी। मैं खण्डवा में अध्यापक था। जाने कैसे मेरे मन पर बहुत निराशा छाई हुई थी। मैं बाजार गया, पुराने चावल खरीदे और बुखार के लिए कुछ औषधियाँ लीं और चल पड़ा बगवाड़ा गाँव में पिताजी से मिलने के लिए। उन दिनों खण्डवा से चलने वाली पेसिंजर ट्रेन शायद। (एक) बजे रात के बाद छोटे-से स्टेशन धरमकुण्डी पर पहुँचाती थी। मेरे सबसे छोटे भाई बृजभूषण उस समय मुश्किल से 2-3 महीने के होंगे। मेरे दूसरे छोटे भाई रामदयाल और हरिप्रसाद शाला में पढ़ते थे। मेरी बहिनें उन दिनों नहीं पढ़ाई जाती थीं, क्योंकि यह बात उन दिनों बहुत फैली हुई थी कि पढ़ाने से लड़की विधवा हो जावेगी। बीच का कच्चा रास्ता था, बरसात का समय, पानी की झड़ी, किन्तु मेरी जेब में पिस्तौल था और मैं किसी से भयभीत नहीं था। बागवाड़े के निकट का नाला पूर पर था, उसमें बाढ़ आई हुई थी। मैंने काँधे की पोटली अधिक न भीगने देते हुए दो नालों के सम्मिलन को तैर कर पार किया और स्कूल मास्टर कहाँ रहते हैं, यह पूछता हुआ घर पहुँचा। घर में माँ और पिताजी बात-चीत कर रहे थे। मैं फाटक के बाहर खड़ा उस बात-चीत को सुन रहा था:

माँ—'ऐसा लगता है कि भैया तकलीफ भोगता चला आ रहा है।' पिताजी अजब पागल है तू भी। भला इतनी रात में वह आकर क्या करेगा ? स्कूल में मास्टर है, शायद उसे छुट्टी ही न मिली हो।

इस तरह की बातों का ताँता तो बड़ा था, किन्तु शब्दों का परिवार इसी किस्म का था। ज्योंही मैंने फाटक खोला, माँ ने कहा, "भैया!" मैंने कहा, "हाँ बाई, मैं ही हूँ।" पिताजी जाने किस हिम्मत से पलंग से उठ आये और बोले, "तेरी माँ तो जादू जानती है भैया। अभी कह रही थी कि तू आ रहा है और तू आ गया।" मैं जो बुखार उतारने के लिए 'स्कीब्ज एग्यू स्पेसिफिक' दवा ले गया था उसका कोई उपयोग नहीं हुआ। पिताजी बिना दवा ही के दूसरे दिन से अच्छे होने लगे। मैं 4-5 दिन की छुट्टी लेकर घर आया था। दो दिन मैं घर ठहरा और चला आया। मैं तो पिस्तौलधारी था, अपने काम पर मुझे जाना ही था, गोया मेरी छुट्टियाँ 5 दिन की थीं

एक बार मैं जब घर आया, तब उन दिनों पिताजी होशंगाबाद जिले की हर्दा तहसील के नयागाँव नामक गाँव में हेडमास्टर थे। यह सन् 1911-12 की बात है। मुझे देखते ही मेरे छोटे-छोटे भाई-बहिन अर्थात् सबसे छोटे जमना बाई और बृजभूषण मेरी ओर दौड़े। उस समय जमना पड़ोस के जाट के तम्बाकू के खेत में बच्चों के साथ खेल रही थी। हाथ-पाँव मिट्टी में सने हुए थे। मैंने चिरंजीव बृजभूषण को एक काँधे पर बैठा लिया। तब माँ बड़े लाड़ से जमना से बोली, खबरदार जो भैया के पास गई तू ! राम-राम, हाथ-पाँव कितने गन्दे हैं ! इस इन्कारी में लाड़ कितनी स्वीकृति भरे हुए था, मैं ही जान सकता हूँ। मैंने जमना को दूसरे काँधे पर बैठा लिया,किन्तु जब मैं माँ को प्रणाम करने को झुका, तो जमना बाई ने शायद बच्चों के लिए कुछ प्रसाद पाने के लालच में मेरी कुर्ते की जेब टटोली और मेरी अम्मा से कहा, "बाई, बड़े भैया की जेब में तो छोटी सी बन्दूक है !" इस बीच मेरे पिताजी भी आ गए थे, मैंने उन्हें प्रणाम किया था और दोनों के यह स्तोत्र-पाठ सुनता रहा कि यह हमारे बाल-बच्चों को भी वन-वास में डालेगा। हमको भी जेलखाने पहुँचावेगा, तब मानेगा। यही नहीं, पिता-जी को तो इस बात पर भी क्रोध था कि मेरे पास पिस्तौल है ही क्यों ? वे उसकी कीमत की परवाह किए बिना पास वाली गंजाल नदी में फेंक देना चाहते थे। तब मैंने ही बहाना किया कि मैं गंजाल नदी में फेंक आउँगा। फिर मैंने उसे इस तरह छुपाया कि मेरे माता-पिता को उसकी खबर न हो सकी। वे भी अपने पुत्र-प्रेम में सब-कुछ भूल चुके थे, क्योंकि उनका बड़ा पुत्र 2 वर्ष में सिर्फ 3 दिन ही के लिए तो घर आता है। वे नहीं चाहते थे कि उसका घर आना छूट जावे। कदाचित् उनके चुप रह जाने, मुझे साथ लेकर गाँव में घुमाने, मेरी जहाँ-तहाँ प्रशंसा करने और मेरी स्कूल-मास्टरी को मेरे देश से भी अधिक महत्त्व देने का यही कारण था।

देश तो आज स्वतंत्र हो गया है, किन्तु इस 73 वर्ष की उम्र में भी जब मैं नन्हा बच्चा बनकर अपने माता-पिता को पुकार उठता हूँ तब सिवा प्रतिध्वनि के अथवा छोटे बच्चों की किलकारियों और मुस्कराहटों के इसका कोई जवाब नहीं देता। जमना भी शायद उस छोटी-सी बन्दूक को इसलिए पहचान सकी थी कि उसने हरिया शिकारी के पास बड़ी बन्दूक देख ली थी।

[1961-62]

एक पारषद के सात अधिवेशन

एक बार सन् 1932 में ऐसा समय आया जब तत्कालीन ब्रिटिश सरकार कुछ भी काम करने नहीं देती थी। उस युग के मध्य की नागपुर की कांग्रेस इस स्थिति से परेशान हो उठी थी और सरकारी नियन्त्रणों को तोड़ डालना चाहती थी। नागपुर से प्रसिद्ध कांग्रेस कार्यकर्ता स्वर्गीय श्री टिकेकर[1] साहब मेरे पास आये और उन्होंने इस बाबत मुझसे चर्चा की। परिणामस्वरूप बड़े ही गुप्त रूप से यहाँ तक कि मेरे ही घर के लोग भी कुछ जान नहीं सके—नागपुर-कांग्रेस की कार्यकारणी सभा मेरे घर खण्डवा में हुई और कोई यह नहीं जान सका कि टिकेकर साहब क्यों आये हैं। मैंने भी टिकेकर साहब के कहने से सब भार अपने ऊपर ले लिया और काम में जुट गया। अपने मित्रों में मैं किंचित् क्रान्तिकारी था और मैं जानता था कि सरकार को बिना मालूम होने दिये जो काम हो जायेगा, वही हो जायेगा।

कुछ दिनों पश्चात् ही नागपुर-कांग्रेस की राजनैतिक परिषद हुई। मैंने उक्त परिषद के नागपुर शहर में 7 जगह अधिवेशन किये, जिससे सरकार को यह मालूम न होने पाये कि कौन-सा अधिवेशन यथार्थ है? उधर कांग्रेस-प्रतिनिधियों को भी कह दिया था कि वे नागपुर के इतवारिया बाजार में रहे और ज्यों ही सीटी बजे या घण्टा बजे, त्यों ही परिषद में आ जायें। टिकेकर साहब को इस रचना से बहुत सन्तोष हो रहा था।

ठीक समय पर पुलिस की नजर से बचने के लिए मैं रात की गाड़ी से नागपुर पहुँचा और यह देखकर कि मुझे लेने बहुत से लोग नहीं आए हैं, मेरे सी. आई. डी. सरदेसाई की जान में जान आयी। वह भी न जानता था कि भीड़ का न होना योजना के अन्तर्गत था। सब व्यवस्था हो चुकी थी। टिकेकर साहब कटिबद्ध थे कि यह प्रयत्न सफल हो जाये और सरकार को कानोंकान खबर न हो। सात जगहों की परिषदों की खबर केवल उन्हीं को थी। फल यह हुआ कि सदर में

1. श्री गणपतराव टिकेकर, नागपुर झण्डा-सत्याग्रह के सेनानी।

तथा नागपुर की गल्ला ओली में और कुछ अन्य स्थानों में भी विशेष न होते हुए अच्छे-खासे कार्यक्रम हो गये। इनके संचालन में सागर की यमुना ताई ठाकुर व स्वर्गीय बैरिस्टर छेदीलाल जी का प्रमुख हाथ था।

इतवारिया की परिषद् में—जो हमारी यथार्थ परिषद थी—वहाँ उसने इतवारिया पार्क के ताले की चाभी मुझे दे दी थी। पार्क का ताला खोलकर मैंने घण्टा बजाया और सभी प्रतिनिधि तथा बैरिस्टर छेदीलालजी आ गये। परिषद् ठीक साढ़े बारह बजे दिन में प्रारम्भ हुई थी, क्योंकि यही समय था जब पुलिस अवकाश लेती थी। ठीक 1-56 पर परिषद् ने अपना कार्य समाप्त कर दिया, किन्तु तब तक खबर फैल चुकी थी। पुलिस का बिगुल बज चुका था और पुलिस वान में जो सिपाही इकट्ठे हुए थे उनमें से किसी की टोपी छूट गई थी, कोई शर्ट बिना पहने ही आ गया था। अस्त-व्यस्त पुलिस के अधिकारियों ने बहुत क्षोभ के साथ देखा कि परिषद् का काम तो समाप्त हो चुका है। उन्होंने सभापति बैरिस्टर छेदीलाल और कुछ लोगों को गिरफ्तार कर लिया।

डी० एस० पी० मिस्टर कालिन्स ने मुझसे पूछा भी, "अन्य परिषदों की तरह ही यह परिषद् भी क्यों नहीं की गयी?"

मुझे कहना पड़ा, "मिस्टर कालिन्स, यह किसी व्यक्ति का नहीं, संस्था का काम है। संस्था ने जो समय दिया था, उसी समय पर यह परिषद् की गयी।"

कालिन्स हँसकर चल दिये और गिरफ्तार कांग्रेसी अंजनी जेल में भेज दिये गये। इस तरह नागपुर की यह राजनैतिक परिषद् श्री टिकेकर साहब की व्यवस्था में सफलता से सम्पन्न हुई, जिसमें मैंने भी एक छोटे सिपाही की तरह काम किया।

[धर्मयुग, 20 अक्टूबर 1963]

कला की धरोहर : जीवन से क्या पाया

जब मैं छोटा-सा था तब, बैलगाड़ी से अपने पिताजी के साथ जिला होशंगाबाद की हरदा तहसील के छिदगाँव नामक गाँव से, जहाँ मेरे पिताजी डिस्ट्रिक्ट बोर्ड के अध्यापक थे, सिवनी तहसील के चतरखेड़ा नामक गाँव गया, जहाँ मेरे काकाजी रहा करते थे। वे भी उस गाँव के स्कूल के मास्टर थे। वैष्णव परिवारों में उन दिनों बच्चों को गाँव-गवैयों में प्रार्थना के कुछ पद रटा दिये जाते थे। मुझे भी कुछ पद रटा दिये गये। बच्चा जब एक परिवार से दूसरे परिवार अथवा एक घर से दूसरे घर जाता था, तब उन दिनों उससे यह पूछा जाता था कि वह कौन-कौन से पद जानता है और बच्चा उन रटे-रटाये पदों को चाव से सुनाया

करता था। चूँकि हम छिदगाँव से संध्या के समय चले थे, इसलिए बैलगाड़ी से 12-13 मील की यात्रा करते हुए हम लोग लगभग आधी रात को चतरखेड़ा पहुँचे। माँ ने घर से चलते समय समझा दिया था कि यदि काकाजी तुझे पदों के विषय में पूछें तो उन्हें सुना देना। चतरखेड़ा पहुँचते ही बिना काकाजी के पूछने की प्रतीक्षा किये मैंने ही कहा कि अभी पद सुनाऊँगा, किन्तु काकाजी ने कहा कि मैं दूसरे दिन सोकर उठने के बाद सुनाऊँ। पिताजी ने भी उनका समर्थन किया। पर इस पर भी मैंने अपनी जिद जब नहीं छोड़ी, तो काकाजी ने एक चाँटा रसीद किया। मैं रोता-रोता कब सो गया, पता नहीं। मालूम होता है, रोना और सोना जुड़वाँ भाई हैं। कभी एक आगे हो जाता है, कभी दूसरा। पद सुनाने की जिद पर मिलने वाला चाँटा, लगता है, मुझे मिलनेवाला प्रथम पुरस्कार है जो मुझे धरोहर की तरह मिला है, और जब भी मुझसे 'पहुँच' कुछ कहने के लिए आती है, तब यह चाँटा मुझे याद हो आता है।

मुझे लगता है, अनुभव के देव-मन्दिर में सफलता-असफलता का भेद नहीं होता है। हम अपने उठने से सबक सीखें या न सीखें, अपने गिरने से जरूर सीखते हैं और उठना, रजिस्ट्री किए हुए भाग्य की तरह किसी को मिला नहीं होता। यदि वह इस तरह मिलता तो वह वरदान न होकर एक अभिशाप ही होता। वे सब वरदान जीवन के लिए अभिशाप हो उठते हैं, जिन पर उनके प्राप्तकर्ता की मर्जी-नामर्जी नहीं चल सकती। इसीलिए मैंने जीवन में सफलता की सेवा करना कभी उचित नहीं समझा। इसे मैं अन्धश्रद्धा या अन्ध-अश्रद्धा की तरह त्याज्य ही मानता आया और हर परिस्थिति में हँस सकने की क्षमता का वरदान मैं अपने प्रभु से माँगता रहा। मैं नहीं जानता कि इससे आशावाद का उदय होता है या नहीं। मेरे लिए इतना बहुत है कि मैं यह समझूँ कि यह निराशावाद नहीं है, निराशावाद नहीं हो सकता।

सन् 1905 से मैं कुछ न कुछ लिखने लगा था। यों तो मैं उससे पहले भी लिखता था, किन्तु वह शरारत अधिक होती थी। जैसे एक बार मेरे पिताजी ने मुझे एक छोटे से शहर में पढ़ने के लिए भेजा। वहाँ उनके एक ब्राह्मण मित्र थे। उनकी पत्नी तो थी ही, अन्यजातीय उपपत्नी भी थी, जिन्हें वे नजदीक के शहर हरदा से लाये थे। मैंने गेरू से उनकी दिवाल पर लिख दिया—

"अरदे में रहो, परदे में रहो
हिरदे में रहो, हरदे में रहो।"

परिणामत: उक्त सज्जन मुझे मारने घूमते और शाला के प्रधानाध्यापक कुन्दनलालजी मेरी रक्षा करते।

हाँ, तो तुकबंदियाँ 1905-1906 से भी पहले से लिखने लगा था। इस दिशा में मेरे प्रथम प्रेरक, मेरे प्रेरणा-गुरु मेरे पिताश्री, मेरी भुआ और मेरी माँ

थे। अँग्रेजी मैंने खण्डवा आकर सीखी और अब जब कोई भाषा से विरोध करता है, तो लगता है वह ज्ञान के द्वार से विरोध कर रहा है। मराठी छिदगाँव में बचपन ही में कुछ-कुछ सीख ली थी, वहाँ के मालगुजार श्री केकरे के परिवार के बच्चों के साथ खेलते समय, गुजराती तथा अन्य भाषाओं का भी खण्डवा आने पर ही अभ्यास किया।

भगवान नारद को जिस तरह अपने पिता के नाम का पता नहीं था, उसी तरह मुझे भी नहीं मालूम कि प्रेरणा नामक जन्तु क्या होता है और वह किस रास्ते होकर आया करता है। खण्डवा में स्वामी रामतीर्थ के जीवन की कुछ घटनाएँ पढ़ने को मिलीं, लगा कि सब-कुछ पा लिया। उन दिनों जंगल में अपनी पत्नी के साथ घूमने जाता तो जो कुछ गुनगुनाता, उसे कभी-कभी घर आकर लिख लेता। मैं जंगल में किसी छोटे से-अपनी ही ऊँचाई के झाड़ को टोपी पहना देता, उसके गले में उपरना डाल देता और ताली बजा-बजाकर जोर-जोर से कुछ कहने लगता। मेरी पत्नी इस आनन्द में हिस्सा नहीं बँटा सकती थी। वह सोचती कि मैं पागल हो गया हूँ और घर आकर माँ से वह मेरी शिकायत किया करती थी। मेरा शरीर तो मानो गैंडे की खाल का बना था, कहने का असर ही नहीं होता था।

राजनीति में रहकर तथा सम्पादन से सम्बन्ध रखकर मानव को बहुत निकट से देखने का मुझे अवसर मिला, स्वयं अपने को भी। यद्यपि पंडित बनारसीदासजी चतुर्वेदी जैसे सहृदय मित्रों ने चेतावनी दी थी कि मैं साहित्य से बाहर रहकर, साहित्य के साथ अन्याय कर रहा हूँ, किन्तु मुझे लगता था और आज भी लगता है कि देशभक्ति और राजनीति भले ही बहिनें हों, किन्तु वे एक नहीं हैं। दोनों का रूप अलग-अलग है। साधना अलग है, व्यवहार भिन्न है। तब दोनों के परिणाम एक कैसे हो सकते हैं? चाहे किसी भी कारण से क्यों न हो, मानव जब अपनी चतुराइयों, विचारों और व्यवहारों के द्वारा बनाई हुई बाँबी में से बाहर निकलता है, तब वह मुझे बहुत ही प्यारा लगता है। अवसर-साधक लोग इसे उसकी निन्दा के क्षण समझते हैं, मैं प्रशंसा के क्षण समझता हूँ। सारे जीवन को कृत्रिमता में बिताकर महानता के बोध से दबा मानव, देवत्व का यह कराह-कराह कर जीवन बिताने का व्यवसाय छोड़कर जब भी बाहर आया है, तब-तब राजनीति चाहे जितनी पराजित हुई हो, बनावट चाहे कितनी बिगड़ी हो, कौशल चाहे जितना असफल हुआ हो, किन्तु कला ने, जीवन की कला ने तो प्राण ही पा लिये। विचारों को आकार प्रदान करने के सुकोमल आविष्कारों को यदि कला नहीं कहते तो फिर कला है ही किस चीज का नाम?

जिस तरह ऋतुओं को, जैसाकि साधुवर विनोबा कहते हैं, "अपने आने और जाने में जल्दी नहीं पड़ी रहती", उसी तरह कला के क्षेत्र में भी नये और

पुराने सिक्के सदैव नहीं चल सकते। मन्थर गति से कला अपने भावों से अभावों की पूर्ति करते हुए आगे बढ़ती जाती है और अभावों की मसोस से भावों को जन्म देकर उनका श्रृंगार किया करती है। भले ही सूरज उगे तभी प्रातःकाल कहलावे, किन्तु विश्व की कला का प्रभाव तो तब ही मालूम होता है जब उसे एक नवीन सूझ—माँगी हुई, अपनाई हुई, उपजाई हुई—प्राप्त हो जाए। बुद्धि की धनिकता और धन की उद्दण्डता कलाकार के निकट पड़ती सी नहीं लगती। विधाता की बेइख्तयार उगी हुई बखेर अथवा किसान की पेर-पेरकर कमाई हुई जमीन कलाकार की सूझों के कदाचित्, अधिक निकट पड़ती होगी। वह बेबस है कि कोई विचार न आवे, बेवक्त आवे या आकर लौट जाए, ठीक उसी तरह जिस तरह किस..न के खेत पर पानी न बरसे, बरस जाय या अधिक बरस जाय।

मुझे यह लगता रहा है कि जीवन से बढ़कर कला के पास कोई धरोहर न होगी, नहीं हो सकती। आस-पास खेलता हुआ जीवन ही कला का उपज-गृह सा लगता है। भयानक एकान्तों में, गहरी ऊँचाइयों में, अनन्त गहराइयों में, बेकाबू वस्तार में और अनहोनी सिकुड़न अथवा सड़ाँध में भी कला के दर्शन उसी प्रकार हो सकते हैं, जिस तरह मनुष्य की धारणाओं में हरएक क्षण हलचल देखी जा सकती है।

जिन दिनों नर्मदा के तट पर मैं जर्रापुर और जोशीपुर गाँवों की खाक छानता चोर और डाकुओं की तरह छुपा रहता था, उन दिनों घने जंगलों, ग्रामीण परिवारों और बरसात में मस्ती से बहती नर्मदा में कला के दर्शन होते थे। जीवन और कला लगता है, जुड़वाँ भाई-बहिन हैं। मनु और शतरूपा इन्हीं को कहते हैं। नर्मदा के किनारे बैठकर भी मेरी दृष्टि में हिमालय का उठना और गंगा का गिरना दीख उठते हैं। नीलगिरि के मैदान, सह्याद्रि की उठान, सुन्दर वन की दौड़ें और पंजाब की नदियाँ ऐसा घेरा बनाती हैं जिससे चिनाब के पानी में नील नदी के अर्थ प्रकट होते नजर आते हैं। गंगा की वाणी में वोल्गा के स्वर सुनाई देते हैं। इस देश की खुली और बँधी नदियों में टेम्स और मिसीसिपी के दर्शन होते हैं, किन्तु चाहता हूँ कि इसे भूगोल न छुए, इतिहास इससे दूर रहे। राजनीति का व्यापार इसे जरा दूर से ही देखे। जिस दिन कला उपयोगिता की दासी बनने लगे, उस दिन जीवन को किस्तों में बँटने और बाँटे जाने के लिए तैयार रहना चाहिए।

मुझे इस बात से कभी रंज नहीं हुआ कि मैंने राष्ट्र नाम के व्यक्तित्व का गुणगान क्यों किया। इस विषय में नन्हें बच्चे को अँगुली पकड़कर चलाने और बड़ा होने पर उसी के आश्रित होकर रहने लगने वाली माता को जब मैं देखता हूँ, या जब मैं देखता हूँ कि जिसके जन्म पर बाजे बज रहे हैं, उसीकी जननी या जन्मदात्री किसी कोने में पड़ी कराह रही है, तब मेरे समर्पण के इस एकान्त पर

सौ-सौ बार मस्तक झुकाने की इच्छा होती रहती है।

मुझे जॉन मार्ले की इस बात में बड़ा अर्थ मालूम होता है कि जिस विचार को हम जन-जीवन में पहुँचाना चाहते हैं वह विवेक से खाली तो नहीं है, या वह लोगों की कठिनाइयों को न समझ सकने वाली बेजानकारी तो नहीं है ? हमारी सनक में से सन्तुलन के बिना तो यह विचार व्यक्त नहीं हुए ? हम पीढ़ी को गुमराह न होने देने के उत्तरदायित्व का अनुभव तो करते हैं ?

रह गईं उपलब्धियाँ, सो लगता है, सारा जमाना सोचते-सोचते ही बीत गया। अर्थ और सौन्दर्य के दो किनारों में जीवन ऐसा बहा कि उसे उपलब्धियों का भान ही नहीं रहा, अतः जीवन और कला के चरम दारिद्र्य को ही मैं अपनी चरम उपलब्धि मानता हूँ। भले ही मैं उसे कभी हर्षित व्यक्त करूँ, कभी कुंठित, कभी हँसकर गाऊँ, कभी रोकर। कभी रोना और हँसना भीतर हो, कभी बाहर। [22 नवम्बर, 1958]

जब मैं 'कर्मवीर' के घोषणापत्र की व्याख्या करने जबलपुर गया

1920 : मैं 'कर्मवीर' निकालने के लिए जबलपुर गया। वहाँ गुरुवर्य पं० माधवराव सप्रे थे, रायबहादुर पं० विष्णुदत्त शुक्ल थे, दीवानबहादुर वल्लभदास जी थे और रायसाहब गोविन्दलाल जी पुरोहित थे तथा मेरे और दीवान बहादुर के वकील श्री कनछेदीलाल जी जैन थे। जब मैं 'कर्मवीर' का 'डिक्लेरेशन' लेने के लिए जिला मजिस्ट्रेट श्री मिथाइस आई० सी० एस० के पास गया, उस समय रायबहादुर शुक्लजी ने एक पत्र दिया था, जिसमें लिखा गया था कि मैं बहुत गरीब हूँ और उदर-पूर्ति के लिए कोई रोजगार करने के उद्देश्य से 'कर्मवीर' नामक साप्ताहिक पत्र निकालना चाहता हूँ। किन्तु मुझे यह शर्त स्वीकार नहीं थी। रायबहादुर शुक्लजी समझते थे कि मेरी घिग्घी बँध जायगी और मैं मिस्टर मिथाइस के सामने कुछ बोल न सकूँगा। मिस्टर मिथाइस ने कहा कि एक अंग्रेजी वीकली के होते हुए आप हिन्दी साप्ताहिक क्यों निकालना चाहते हैं ? तब मैंने निवेदन किया कि आपका अंग्रेजी पत्र तो दब्बू है। मैं वैसा पत्र नहीं निकालना चाहता हूँ। मैं ऐसा पत्र निकालना चाहूँगा कि ब्रिटिश शासन चलते-चलते रुक जाये। कहना नहीं होगा कि मिस्टर मिथाइस मेरे कथन से बहुत प्रभावित हुए। उन्होंने कहा कि मैं ऐसे पत्र को देखना चाहता हूँ। मैं आइरिश हूँ और आइरिश जन यह देखना चाहते हैं कि आप शासन बिगाड़ें और मैं शासन को ठीक से चलाऊँ। इसके पहले कि मिस्टर मिथाइस कुछ कहें, मैंने 2,500 रु० के नोट

उनकी टेबुल पर रख दिये। उनके बँगले पर ही हमारी बातचीत हुई थी। मुझे यह 2,500 रु० के नोट दीवान बहादुर वल्लभदास जी ने दिये थे। ये रुपये वहीं से लौट कर उसी समय उन्हें वापस कर दिये थे कि जमानत देकर भी मैं 'कर्मवीर' निकालूं। उस समय 1910 का प्रेस ऐक्ट प्रचलित था, जिसमें जमानत लेने पर कोई कारण डिस्ट्रिक्ट मजिस्ट्रेट को नहीं बताना पड़ता था और जमानत न होने पर कारण बताना पड़ता था। मालूम होता था कि मिस्टर मिथाइस उस सब को और प्रेस ऐक्ट को भी पढ़कर वहाँ बैठे हुए थे, इसलिए चिट जाते ही मुझे बुलावा भेज दिया था। इसके पहले एक दीवानबहादुर महाशय (जो दीवान बहादुर वल्लभदास जी नहीं थे और न दीवान बहादुर जीवनदास जी थे) अंदर से निकले और सीधे अपनी गाड़ी में बैठ कर चले गये थे। वे एक विक्टोरिया किस्म की गाड़ी अपने साथ लाये हुए थे, जो साहब के बँगले के बाहर खड़ी थी। मिस्टर मिथाइस ने मुझ से कहा कि मैं तो आप से जमानत लूँगा नहीं, इसलिए यह रुपया अपनी ही जेब में रख लीजिए। मैं उस शासन को ठीक बनाऊँगा और आपको आलोचना का मौका न दूँगा। उसी स्पष्टवादिता से मिस्टर मिथाइस मेरे मित्र हो गये। यहाँ तक कि पीछे मेरे घर पर आकर उन्होंने चाय भी पी। मिस्टर मिथाइस ने मुझको सूचित किया कि मिस्टर चतुर्वेदी, आप भरपूर कोशिश कीजिए कि आपका पत्र सफल हो। मैं अपने शासन को अच्छा रखूँगा। ब्रिटिश शासन छुईमुई का पौधा नहीं। वह फूँक से नहीं उड़ाया जा सकता। मैं चुपचाप मिस्टर मिथाइस की बात सुनता रहा। मेरी इच्छा उत्तर देने की तो हो रही थी, परन्तु मैंने रायबहादुर शुक्लजी के खयाल से उत्तर नहीं दिया। इस तरह 17 जनवरी 1920 से 'कर्मवीर' का प्रकाशन जबलपुर में आरम्भ हुआ। इस दिन लार्ड सिन्हा बंबई से जबलपुर आये थे। वे उस समय बिहार के गवर्नर थे।

मेरा पाप और प्रायश्चित्त में उपवास

सन् 1920 अथवा 1922 में एक दिन ऐसा आया, जिसकी याद मुझे नहीं, अर्थात् जेल जाने के पहले 1920 की या जेल जाने के बाद 1922 की है, यह मैं नहीं जानता। समय बहुत गुजर चुका है। मुझे याद नहीं कि कब की बात है, किन्तु उस घटना को लिखवाना तो है ही। एक रोज मथुरा के श्री शिवचरण लाल जी के बड़े भाई श्री रामचरणलाल जी लाहौर से मेरे पास आये। वे यह सोच बैठे कि मैं क्रान्तिवादी दल का मन्त्री हूं। अतः मेरे पास आना उनका फर्ज है। बीच के परिवर्तन उनसे काले पानी में कहे किसने होंगे। 1905 से मैं क्रांतिकारी था और उस समय तक रहा, जब हिन्दू यूनिवर्सिटी की पुण्य-शिला रखने के लिए गांधीजी वहाँ पर आये और कितने ही राजा वगैरा आये थे। पुण्यशिला किसने रखी थी, मुझे याद नहीं, परन्तु वहाँ गांधीजी का भाषण हुआ था कि "तुम

मुझे पिस्तौल दो, मैं तुम्हें स्वराज्य दूँगा।" मेरे साथ ग्यारह बंगालियों ने अपनी-अपनी पिस्तौलें दे दी थीं। अतः मैं 'रिवोल्यूशनरी' दल का नहीं रह गया था। किन्तु रामचरणलाल जी को इसका पता न होगा, अतः वे जबलपुर आ गये। जबलपुर में आकर उन्हें एक पत्र मिला। यह कहना मैं भूल गया कि श्री रामचरणलाल जी को एक कविता के अपराध में आजन्म कालेपानी की सजा हुई थी, इस कारण श्री रामचरणलाल जी के साथ मेरी सहानुभूति बहुत अधिक थी। उन्होंने जबलपुर आकर 'तिलक' नाम का पत्र निकाला। मैंने उन्हें बतलाया कि जब तक आप मुझे, सप्रेजी को और रायबहादुर पं० विष्णुदत्त जी शुक्ल को गालियाँ न देंगे, तब तक आपका पत्र नहीं चल सकेगा, क्योंकि 'कर्मवीर' के सामने 'तिलक' का चलना कठिन होगा।

'तिलक' में उनके सहायक एक बैरिस्टर थे। वे जबलपुर में बैरिस्टरी करते। एक बार श्री रामचरणलाल जी का वारण्ट पंजाब से आया, उस दिन मुझे मालूम हुआ कि महाशय बिना पुलिस को खबर दिये लाहौर से भाग लिए थे और मेरे पास आ पहुँचे थे। जबलपुर आने पर मैंने मुसलमान पत्र-संपादक भाई ताजुद्दीन और भाई अब्दुलहादी से उनको मिलवाया। वे अन्त तक मेरे साथ रहे। हाँ, तो एक बार पंजाब की पुलिस श्री रामचरणलाल जी को पकड़ने वहाँ आयी। श्री रामचरणलाल जी पर 3,000 रु० इनाम लगा था। वह उसको मिल सकता था, जो उन्हें जिन्दा पकड़ ले। उनकी मृत देह पर 1,500 रु० मिलने वाला था। सुना गया कि जिस दिन पंजाब की पुलिस उन्हें पकड़ने आयी, उस दिन उसने कर्मवीर प्रेस (जो सिमरिया वाली रानी की कोठी में था) घेर लिया। तब मुझे मालूम हुआ कि पुलिस क्यों आयी। उसी समय मैं ताँगा लेकर निकला और पहले श्री रामचरणलाल जी के पास गया। वे जबलपुर के गंजीपुरा के कार्यालय में नहीं थे, तब मुझे सन्देह हुआ कि हो न हो वे बैरिस्टर महाशय के घर में कैद हैं। बैरिस्टर साहब कटनी गये हुए थे। मैंने गृहवधू से कहा : 'कुल-वधू आते ही पूछती है कि क्या खाओगे···आदि, वह तुमने नहीं पूछा।" मैं चाहता था कि वह थोड़ा सा हटे और अपना चाभियों का गुच्छा मुझे दे, तो श्री रामचरणलाल जी का पता लगाया जा सके। उन्होंने जब मिठाई के लिए बाहर जाने की बात तय की, तब मैंने उनसे निवेदन किया कि आप कहाँ जा रही हैं? वे बोलीं, 'मिठाई लेने।' मैंने निवेदन किया कि आप बाजार से सस्ती मिठाई लायेंगी। यथार्थ में मैं चाहता था कि वे थोड़ी दूर जायें जिससे कि मुझे समय मिल सके और मैं रामचरणलाल जी को ढूँढ़ सकूँ। मैंने निवेदन किया कि आप सस्ती मिठाई न लावें, यदि मुझे खिलाना ही है तो मुझे तो इमरती बहुत पसन्द है। यों मुझे इमरती बिल्कुल पसन्द नहीं और कोई भी मिठाई पसन्द नहीं, केवल दूध के छेने की बंगाली मिठाई मुझे पसन्द है—संदेश और रसगुल्ले। बैरिस्टर साहब

जबलपुर की कोतवाली के पास रहते थे और इमरती कमानिया के पास मिलती थीं। मैंने कहा कि चाभी तो आपके बदन पर शोभा नहीं देती। उन्होंने छोर से लटकती हुई चाभी फेंक दी और वैसे ही इमरती लेने चली गयीं।

श्री रामचरणलाल जी मेरी बातें सुन रहे थे। वे कोठरी में बंद थे। उनके जाते न जाते श्री रामचरणलाल जी बोल उठे, "मैं यहाँ बंद हूँ, मुझे निकालो।" श्री रामचरणलाल जी निकले। उस समय मैंने कितने ही लोगों से निवेदन किया कि वे श्री रामचरणलालजी को यहाँ 24 घंटे रखें, परन्तु किसी ने मेरी बात नहीं मानी। तब मैं एक मुसलमान मित्र गार्डसाहब के पास पहुँचा। उनसे मेरी यही पहचान थी कि एक बार जब मैं नागपुर से जबलपुर आ रहा था तब उनकी पत्नी को रास्ते में ट्रेन में ही प्रसव हुआ और मैंने गुड़ और ब्राण्डी का इधर-उधर से माँग कर कुछ प्रबंध कर दिया था। उन गार्ड साहब ने मुझे धीरज दिया कि श्री रामचरणलाल जैसे आपके आदमी हैं, वैसे मेरे भी आदमी हैं। दादा, मेरे पास ले आइए। मैं उनको रखूँगा। वे मालगाड़ी के गार्ड थे। मैंने उनसे निवेदन किया आदमी बड़ा सिरफिरा है। अत: वे इस झगड़े में न पड़ें। उसने गोली मारी तो? वे बोले, "आप निशाखातिर रहिए। मालूम होता है कि वह आदमी मेरे ही लायक हैं, आप उन्हें यहीं ले आइए।" मैं बहुत भरोसा दिलाने पर श्री रामचरणलाल जी को उनके घर ले गया और चाभियों का गुच्छा साबिक दस्तूर वहीं का वहीं डाल दिया जिससे आगंतुका को मालूम होवे कि मैंने चाभियाँ नहीं उठायी थीं। यों मेरा स्वास्थ्य तो अच्छा न था। श्रीमती सुभद्राकुमारी चौहान ने मुझ से कहा था कि बड़े भैया, आप कुछ न खाया करें, अपने पेट का ख्याल करें। परन्तु मैंने पेट का ख्याल न किया और उन श्रीमतीजी की लायी हुई इमरती खायी और पर्दा पड़े हुए पिछवाड़े के मेरे ताँगे में में श्री रामचरणलालजी को बैठाकर गार्डसाहब के यहाँ पहुँचाया। मेरी पेटी में उस समय 56 रुपये थे। वे मैंने श्री रामचरणलाल जी को सुपुर्द किये। बैरिस्टर बैंकट जी अभयंकर ने उनको 700 रु० और दिये मेरी चिट्ठी पर। वहाँ से श्री रामचरणलाल जी पांडिचेरी के अरविंद आश्रम में चले गये और अन्त तक वहीं रहते रहे।

मैंने उनसे निवेदन किया था कि मैं अब रिवोल्युशनरी पार्टी में नहीं हूँ, परन्तु उन्होंने माना नहीं। मैंने अपने कथन में बहुत-से 'किन्तु'-'परन्तु' लगाये। उन किन्तुओं और परन्तुओं पर श्री रामचरणलाल जी ने विश्वास ही नहीं किया। यद्यपि मैंने स्पष्टता से उनसे निवेदन किया था कि अब मैं कांग्रेसमैन हो गया हूँ, जिसके अधिपति कोई हों, किन्तु उसके संचालक महात्मा गांधी हैं। वहाँ नागपुर से वर्धा गया और महात्मा गांधी से मिला किन्तु मैंने उनसे यह नहीं कहा कि मैं श्री रामचरणलाल जी को नागपुर में छोड़कर आया हूँ। मगर

जबलपुर की सारी घटना सुनाने के बाद महात्मा गांधी ने मुझसे कहा, "तुमने छिपकर पाप किया है। कांग्रेसमैन के नाते तुम्हें कोई पाप शोभा नहीं देता, अतः 48 घण्टे का उपवास करो।" उस समय गांधीजी के पास भाई जमनालाल जी बजाज और श्री नीलकंठ राव देशमुख बैठे हुए थे। श्री जमनालालजी बजाज ने महात्मा गांधी जी से निवेदन कि माखनलाल जी को मुझे सौंप दीजिए। मैं उपवास करा दूंगा। इस तरह गांधीजी के पाँचवें पोष्य पुत्र और प्रधान शिष्य भाई जमनालाल जी ने मुझे दो दिन का उपवास कराया। तीसरे दिन बापू ने स्वयं परोस कर मेरे घाव ऐसे भर दिए कि मैं गद्‌गद हो गया।

[धर्मयुग, 30 मार्च 1969]

पर्व-निबन्ध

शक्ति की वन्दना : नवरात्रि और दशहरा

पौराणिक दृष्टि से नव-रात्रि और विजयादशमी में दो कथाएँ मिलती है। एक में तो महिषासुर जैसे महान् साम्राज्यवादी दैत्य ने शक्ति संचय करके इन्द्र, चन्द्र, वरुण, कुबेर आदि देवताओं को अपने काबू में कर लिया और जब देवताओं के पास अपनी रक्षा का कोई साधन नहीं रह गया, तब पीड़ित और प्रताड़ित, किन्तु पुण्य-जीवी देवताओं के शरीर में से पुण्य-प्रकोप, महिषासुर-मर्दिनी देवी दुर्गा के रूप में अवतरित हुआ। और दूसरी कथा में यह है कि महान् उपद्रवकारी दैत्य रावण पर भगवान रामचन्द्र ने चढ़ाई की और विजयादशमी के रोज उसका वध किया। इसलिए, इस दिन का महत्त्व है।

पुराणों की प्रेरणा, इतिहास की आवश्यकता और मनुष्य का चरित्र एकत्रित होकर, मानो इस त्यौहार में बोल रहे हैं। दशहरे की प्रतिपदा आयी कि घर की बहू-बेटियों ने नन्दा-दीप सजाया और नवरात्रि के उत्सव का प्रारम्भ किया। खेत की शुद्ध माटी लाकर एक छोटा-सा खेत बनाया और उसमें गेहूँ बो दिये। इस तरह भारत में कृषि-कर्म का मधुर जन्मोत्सव मनाया गया। वर्ण-भेदों में बँधे हुए भारतीय की समस्त पूजाओं और भावनाओं का केन्द्रीकरण इस दुर्गा-पूजा और दशहरे के त्यौहार में हुआ। विद्याभिलाषी इसमें सरस्वती, विद्यारम्भ और शास्त्र-पूजा करता है। योद्धा शस्त्र-पूजन, बलि और सीमोल्लंघन करता है। मानो, उस दिन हरे-भरे पकने पर आये खेतों को, परिवार के लोगों को सौंपकर, भारतीय कृषक अपने को योद्धाओं की सेना में सम्मिलित कर, देश की रक्षा का काम करने चल देता है और देश का वणिक वर्ग, योद्धा से हुए भारत वर्ष की रक्षा के लिए कृषि, गो-रक्षा और वाणिज्य को व्यवस्थित करने लगता है। क्योंकि दशहरे के बाद फसल आती है और दीवाली के बाद व्यापारी का 'मौसम' आ जाता है। इस तरह भारतवर्ष में विजयादशमी से बुद्धि-जीवी ज्ञान-रत होता है, शस्त्र-जीवी संग्राम-कला-रत और व्यबसायी कृषि-कर्म और व्यवसाय-रत हो जाता है।

जिस तरह प्रत्येक त्यौहार पर विभिन्न शताब्दियों के संस्कारों की तहें जम जाया करती हैं, उसी तरह विजयादशमी पर भी हमारी विभिन्न मान्यताओं की तहें जम गई हैं। यह हमारा राष्ट्रीय त्यौहार है। इसमें भेद-भाव छोड़कर हम मिलते हैं, पौरुष का संकल्प लेते हैं, बुराइयों द्वारा जीवन को बाँध रखने वाली सीमाओं का उल्लंघन करते हैं, शस्त्रास्त्रों को माँजते हैं, शास्त्र-चिन्तन की शपथ लेते हैं और धन-धान्य से लहराते खेतों को देखकर स्व० बंकिम वाबू की "बन्दे-मातरम्" गीत की यह पंक्ति याद आये बिना नहीं रहती—"के बोले, माँ तुमि अबले" कौन कहता है कि माँ तुम अबला हो। आज भी हमारे योद्धा कश्मीर की सीमा पर, नेपाल की सीमा पर, समुद्रों में युद्ध-कौशल का अभ्यास करते हुए और वायु-तरंगों पर अपने वायुयान दौड़ाते हुए, समस्त भारतवर्ष के इस त्यौहार के प्रतीक बन, प्राणों की बाजी चढ़ाये हुए हैं। हमारे शोधक और ज्ञाता विश्व-विद्यालयों, दुनिया के ज्ञान-केन्द्रों आदि शोधस्थलों में अपने मस्तक लगाये हुए हैं और लक्ष-लक्ष बालक विद्यालयों में ज्ञान प्राप्त कर रहे हैं।

इसी तरह हमारे खेतों, तराइयों, गिरि-वनों और नदी-नदों के आस-पास हमारा कृषक, अपने धन-धान्य के पौधों को डोलते देखकर, अपने सूरज-चाँद से सुख-दुःख की बातें कर रहा है। यदि नवरात्र का नन्दादीप डोल उठे और उसकी लौ बोल उठे, तो वह कहे कि उठो, महिषासुर, दुर्गा और रावण पर विजय प्राप्त करने वाले राम के देश-वासियो, युद्ध का नहीं, योद्धा का पूजन करो। बकवास का नहीं, ज्ञाताओं और अपनी सन्तानों का पूजन करो; अपने पेट का नहीं, बल्कि 35 कोटि को अन्न देने वाले कृषक और श्रमिक का पूजन करो। गरज यह है कि मस्तक के श्रम का पूजन करो, शास्त्रों के श्रम का पूजन करो, खेतों, खलिहानों और कारखानों के श्रम का पूजन करो। गर्व करो कि भारत की रक्षा के लिए उसके पास बलवैभव, और उसके ज्ञान-क्षेत्र में 70 करोड़ हाथ हैं, जिन्हें जोड़कर वे प्रभु को पुकार उठें तो आसमानडुल जाए और नारा यण, नर बनकर दौड़ता चला आये। यदि दो हथेलियाँ रगड़ उठें तो विश्व की शक्तियों में भूकम्प उठ आये और यदि ये भुजाएँ खेतों और कारखानों में चल रही हों तो हिमालय और विन्ध्या की धन-धान्य सम्पन्न वसुन्धरा पर पदार्थों के ढेर लग जायें, जो विश्व पर सेवा, सहायता और बलिदान बनकर बरस पड़ें। हम नन्दा-दीप से आरती सँजोते हुए, नवरात्रि और विजयादशमी के उपलक्ष्य में, इस त्रिगुणात्मक शक्ति की वन्दना करते हैं।

[कर्मवीर, 10 अक्टूबर, 1953]

कृषक सिपाहियों का विजय-दिन

'इतिहास अपने को दुहराता है'—हम अपने पुरुषार्थ से चाहे इस कथन को सच्चा सिद्ध न कर पाते हों, किन्तु हम इतिहास की स्मृतियों को, त्यौहार बनाकर दुहराने के आदी जरूर हो गये हैं। कृष्णाष्टमी, रामनवमी, पर्युषण पर्व, ईद, क्रिसमस और विजयादशमी के त्यौहार आकर हमें अपने पुण्यमय इतिहास की याद दिला जाया करते हैं। इतिहास बनाने की बात के लिए पुरुषार्थ, तेज, तैयारी और तप चाहिए। विजया आयी, और उसी श्रद्धा से भारत के हिन्दू-समाज ने दुर्गापूजन सँवारा, रामचन्द्र की विजया मनायी, अपने शस्त्रों को धो लिया, गनीमत, कि अब पुनः उन्हें ज़ंग खाने को रख देने के लिए नहीं।

स्मरण से विस्मरण की ओर जाने वाले भूतकाल में से जो उज्ज्वल है वह शेष, जो तेजस्वी है वह जीवित, जो निर्मल है वह अमर है, जो अदम्य है वह जाग्रत रह ले जाता है। विस्मरण से स्मरण की ओर आते हुए भावी युग की पीढ़ियों को वह याद की धरोहर सौंपता जाता है। भारत पुराण-युग की ऐसी सब सब यादों में, विजयादशमी, यादों की याद है, त्यौहारों का त्यौहार है। होली हमें देखकर मुस्कराती है, कृष्णाष्टमी कर्म-पथ में भक्तिमय चेतावनी देती है, रामनवमी त्याग और कष्ट-सहन का बल बताती है, शिवरात्रि दारिद्र्य की वैभव-शीलता का सन्देश देती है, किन्तु विजयादशमी हमारी जाति की आत्मा को प्रति-वर्ष जोर से पुकारती है और पुकार कर लौट जाती है।

वह क्यों पुकारती है? बात बहुत पुरानी है—शब्दों के प्रकट करने का तरीका भले ही कुछ और हो। भारत में एक युग ऐसा था कि प्रजा-पीड़ा के बल जो लोग साम्राज्य की स्थापना करते, उन्हें हम राक्षस कहते थे। ऐसे लोग सामूहिक दलन, सामूहिक लूट, सामूहिक शोषण के बल पर जो कुछ निरंकुशता करते, उस निरंकुश सत्ता का नाश करने के लिए स्वर्ग के देवता और देवियाँ जमीन पर उतरते। जमीन के लड़ाके, ऐसे राक्षसों से लड़कर स्वर्ग के देवता और देवियाँ बन जाते। राक्षसों का यह स्वभाव रहा कि प्रकृति की निर्मल और प्रभु की उज्ज्वल और स्वाभाविक समाज-व्यवस्था को बिगाड़कर अपनी समाज-व्यवस्था को चलाते, ऐसी समाज-व्यवस्था, जो शोषकों, पीड़कों, ऐयाशों और प्रतिहिंसकों के लिए सुखदायक हो। पुराणों का महिषासुर ऐसे ही सम्राटों में था, और उसका नाश करने के लिए दुर्गा ने अवतार लिया और साम्राज्य के नाश का त्यौहार बनी हमारी विजया रानी, हमारी विजयादशमी!

मानव जब प्रकृति से होड़ा-होड़ी करता है, तब वह प्रकृति का अपमान

नहीं करता। कवि बहते झरनों के गीत लिखते हैं। चितेरे बरसते बादलों के चित्र बनाते हैं। यह तो प्रभु की रचना से की जाने वाली नम्र होड़ है,—अपने निर्माण से निर्माण सीखने की कला, विश्व के निर्माता के चरण-चिह्न को ढूँढ़-ढूँढ़कर निर्माण की दिशा में चलने का प्रयत्न है। फूलों, फलों, कन्दों और पत्तियों से भरे जंगलों में घूमता हुआ मानव पशुओं-पक्षियों को खाते-खाते एक दिन प्रकृति से पशुत्व छोड़कर मानवत्व सीखने लगा। उसने पहले दिन अन्न-कण बोये। वे उगे, फिर फले। पशु खाते और पत्ते पहनते हुए मानव ने जिस दिन पहले अन्न बोया, क्या उस दिन से बड़ा भी कोई त्यौहार हो सकता है? विजया वही दिन है! उस दिन विजया जिन्हें त्यौहार की तरह, पवित्र त्यौहार की तरह, मनानी होती है, वे युगों की शोधों की दिनों में दुहरा लिया करते हैं।

आश्विन शुक्ल प्रतिपदा को मिट्टी लाते हैं। फिर छोटा-सा चौकोन खेत घर ही में बनाते हैं, और तरह-तरह के अन्न-कण एकत्र करते हैं, और उस खेत की याद दिलाने वाले, 'बड़ी याद' के छोटे खेत बो देते हैं। ऊपर से पानी सींच देते हैं। यह अनाज हो गया। अब हाथ के कपास से रुई निकालते हैं, बत्ती बनाते हैं। और कुम्हार के यहाँ का ताजा घड़ा लाकर उसके ऊपर के दीये में हमारे प्रयत्नों की ज्योति को जला देते हैं। उस घट पर हाथ का कता हुआ सूत लपेट देते हैं। और जो दीपक-दानी हम बनाते हैं, उसे उस बोयी हुई खेती के बीचों-बीच, घट पर रखकर उस पर, यदि हमारे पास हो तो, रत्न रख देते हैं। क्योंकि कृषक भारत के निवासी हम, जानते हैं कि अन्न बोया और रत्न फले। हमारा आसन जमा, उस छोटे-से खेत की रक्षा होने लगी। अपनी गाय के गोबर से घर लीपा गया। खेत के बीच के घट पर दीपक में बत्तियाँ जल उठीं। उसे हम 'नंदा-दीप' कह उठे। बंकिम ने कृष्ण के पिता नन्द के नाम का अर्थ लगाते हुए लिखा है कि 'नन्द' शब्द के पहले के 'आ' उपसर्ग का लोप हो गया है। यथार्थ में कृष्ण, 'आनन्द'-जन्मा है। तब यहीं का नन्दा दीप भी आनन्द-दीप क्यों नहीं? खेत में अनाज बोने पर, कृषकों के आकर्षण से कृष्ण-घनश्याम काले बादल अब जमीन पर उतर आवें, और जब रत्न फल उठें, तब भला 'आनन्द-दीप' क्यों न जले और खेत में फले हुए 'रत्नों' की कृषक भारत चन्दन-चावल व धूप-दीप से पूजा क्यों न करे? फिर उस घट को, जो खेतों के रत्नों से भर-भर उठे, कृषक-पुजारी पुष्प-माला क्यों न पहनावे? खेती आयी, रत्न फले, घट की स्थापना हुई, [illegible] का कि इस देश के कृषक खेती काटने और अन्न घर में लाने का काम बूढ़ों, बच्चों और देवियों के हाथ में छोड़कर, शस्त्र लेकर सोमाल्लंघन कर देते; वे सिपाही बनकर राज के सामने अपने मत्थे हथेली पर लेकर खड़े हो जाते। हमारी जाति की सिपहगिरी का खेती में विजय के मोती फलाने वाला, किसानों को अन्नदाता

से राष्ट्र का रक्षक बनाने वाला और भारतीय राष्ट्र को स्वतन्त्र, उसके ध्वज को विजय-ध्वज और उसकी तलवार को तेज पानी की बनाये रखने वाला यह त्यौहार—यही हमारी प्रलय को बेकाबू पुकार उठने वाला विजयदशमी है। जिनमें बल हो, वे अपनी भुजाओं में कुछ ढूँढ़ें; जिनमें न हो, वे बन्दरों की तरह जंगलों के पत्ते नोचें।

[पाँव-पाँव]

दीपक के गर्व का दिन

लोग कहते हैं, 'वीरों का हर दिन त्यौहार है।' कुछ लोग इस प्राचीन ऋचा को थोड़ा-सा परिवर्तित कर कहते हैं—'उत्सवप्रिया हि देवाः।' हों शायद ! हमें तो ऐसा लगता है कि यदि हमारा हर दिन त्यौहार होता, तो हम त्यौहारों से भी उसी तरह ऊबने लगते, जिस तरह जिन्दगी के कोई-कोई साधारण दिनों से ऊब उठते हैं।

दीवाली आ गई है। घर-घर दीये जलेंगे। जो दीये जला सकता है, उसके घर भी, जो नहीं जला सकता है, उसके घर भी' मानो आज मनुष्य अन्धकार से लड़ने के लिए प्रतिज्ञाबद्ध होता है। यह त्यौहार स्वागत करता है—तारों का, चाँद का, सूरज का भी। मानो आज दीपक के गर्व का दिन है कि वह अपने क्षणिक प्रकाश के तारे की आरती बन सका है।

कहते हैं, एक साम्राज्यवादी दैत्य नरकासुर था। सोलह हजार गोपियाँ उसकी यंत्रणा में थीं। प्राग्ज्योतिष याने आसाम के पूर्वोत्तर किनारे पर वह कहीं रहता था। श्रीकृष्ण की पत्नी सत्यभामा ने कहा कि मैं उन सोलह हजार रानियों का उद्धार करूँगी, सहायता तुम करना। यह मुनीमी करने का श्रीकृष्ण का पुराना स्वभाव था। अर्जुन ने भी उन्हें युद्ध नहीं करने दिया, सिर्फ मुनीमी का ही काम दिया। सो भारत की एक रानी ने नरकासुर दैत्य का वध किया चतुर्दशी के दिन—इसीलिए अमावस्या को हर्ष मनाया जाता है।

दीपावली में अन्धकार से लड़ेंगे। दीए जलायेंगे। वर्षा का कीचड़ सूख जायेगा। रोग-मुक्त होंगे। इस वर्ष की पहली फसल का अनाज आयेगा, हमारे घर उजियाले हो जायेंगे, लक्ष्मी भर जाएगी और बही-खातों की उलट-फेर से कर्ज का बोझ उतरेगा और हम त्यौहारों का सुख अनुभव करेंगे। गरज यह है कि हम दीपावली मनायेंगे—बूढ़े, बच्चे, जवान, नर और नारी मिलकर।

गायें पूजी जायें, बैलों के जुलूस निकलें, जगत् रंगीन बने और नये अन्न का पर्वत बनाकर अन्नकूट बनायें। इस तरह हमारी दीवाली मने!

बच्चों के गालों पर, उनके उपद्रवों पर, तरुणों के नेत्रों में और उनके मुट्ठी-बँधे संकल्पों में, अंधड़ों के दिशा-दर्शन में, बलि में, बल में, वृद्धों की लाठी में और उनके आशीर्वादों में, आकाश के तारों से लेकर जमीन के दीपक में जो लौ जगमगाती रहे, उसका, उसकी दीपावली का स्वाँग है।

त्यौहार हमारी शक्तियों का वह उल्लासपूर्ण विश्राम है जिसमें हम मानवता के शत्रुओं से जूझने के लिए बलि एकत्र किया करते हैं, बल एकत्र करते हैं।

[पाँव-पाँव]

आओ, होलिका-दहन मनावें !

वर्ण-भेद के भारतीय इतने कायल हैं कि वृक्षों में भी वर्ण हैं—पीपल ब्राह्मण है ! त्यौहारों में भी वर्ण हैं—होली शूद्र है। किन्तु होली के त्यौहार में केवल शूद्र ही भाग नहीं लेते, समस्त हिन्दू मात्र भाग लेते हैं। यदि गुणों के द्वारा हम त्यौहारों का विश्लेषण करें, तो श्रावणी चिन्तन का, विजयादशमी पौरुष का, दीपावली उद्योग का और होली सेवा का त्यौहार है। एक कहावत है कि—"नेहभरो दीपक तऊ गुन बिन जोति न होत," होली के त्यौहार में स्नेह तो है, किन्तु हमने उसमें गुणों को नहीं रहने दिया। स्नेह तो यहाँ तक है कि हिन्दू ग्रन्थों में उस दिन चाण्डाल को बरबस छूने की विधि है। इसका सीधा अर्थ यह है कि उस दिन हम अपने हृदय से भेदों को नष्ट कर दें। किन्तु इस स्नेहमय त्यौहार के निकट आते ही बहिन-बेटियाँ घबड़ाने लगती हैं, भले आदमी नाक-भौं सिकोड़ने लगते हैं और मानवता मुँह छुपाने लगती है। सेवा के इस त्यौहार को हमने लफंगेपन का मेला बना दिया है। इस समय कविता सरस्वती नहीं रह जाती, उसे चकला खोलने के लिए बाध्य किया जाता है। उस समय समाज के मतवालों के मुखारबिन्द से जो पनाला बह निकलता है, उसे कहते हैं 'कबीर' ! हिन्दी-कविता के निर्मल सत्य, हिन्दू-मुस्लिम समाज के ऊँचे उपदेशक और विषय-वासना के कठोर विद्रोही सन्त के नाम का हमने कहाँ उपयोग किया ! अवतारों की जन्मभूमि, वीरों की कर्मभूमि और सन्तों की लीलाभूमि में त्यौहार पर वासनाओं की इस चढ़ाई को क्या कहिए, क्या बारहों महीने उत्पात करते-करते कामदेव इतना निःसहाय हो जाता है जो हम त्यौहार मानकर उसकी रक्षा करने दौड़ें ?

होली में हम लकड़ियाँ जलाते हैं। प्रत्येक देश के त्यौहारों पर उस जाति के संस्कारों की तहें जमी होती हैं। होली के पर्व में भी हमारे जातीय संस्कारों की ऐसी ही तहें हैं। भारत ग्रामों में निवास करनेवाला देश है। शीत ऋतु में

ग्रामीण कपड़ों ही पर गुजर-बसर नहीं करते, वे आग जलाकर जाड़ा बिताते हैं। वसन्त के सम्पूर्ण आगमन पर बची हुई लकड़ियाँ जलाकर हृदय का समस्त उल्लास प्रकट करना स्वाभाविक है। भारतीय पारसियों की तरह स्वभावतः अग्निपूजक हैं। भारतीय के प्रत्येक पुण्योद्योग में आग जरूरी है। हरियाले पीपल और तुलसी की पूजा में भी हम उनके निकट दीपक जलाते हैं। नर्मदा, गंगा, यमुना और कृष्णा के लहराते अंचलों पर भी हम दीप-माला तैराकर ही अपनी पूजा को व्यक्त करते हैं। यों पूजा के सोलह उपादानों और प्रकारों में 'धूप' ही में हमें आग नहीं चाहिए, 'दीप' जलाना भी जरूरी है। फिर 'होम' के बिना तो हमारा कोई यज्ञ, कोई आयोजन सफल नहीं होता। दीपावली में हम स्नेह-दीप सँवारते हैं और होली में भारी आग जलाते हैं। मानव-स्वभाव के दो चित्र हैं: एक वे होते हैं जिनके हृदय में द्वेष और डाह की आग जलती रहती है। दूसरे वे होते हैं, जिनके 'जीह देहरी द्वार' पर ध्वनि होती रहती है और जिनके हृदय में प्रेम-दीप जगमगाता रहता है। साधारण दीप में काजल की कालिमा आ जाती हैं, भक्ति के दीप में काजल नहीं, पानी आता है और कालिमा आती नहीं, धुल जाती है। जो श्रम और सेवा करता है वह होली को श्रम का त्यौहार मानता, सेवा का उल्लास मानता है। जो स्वाधीनचेता है, सोचता है कि यदि उदार आर्य-भावना पत्थर में प्रभुता का आरोप कर सकती है, तो क्या किसी त्यौहार में जीवन का संचार नहीं कर सकती? जो अपने द्वेष और नीचे प्रवाह के लिए अवसर चाहते हैं, उन्हें जब जन्माष्टमी का कृष्ण 'गोपीजन वल्लभ' मात्र दीखता है, बाँसुरी वाला या गोवर्धनधारी नहीं, उन्हें होलिका भी द्वेष-भावना का एक त्यौहार मात्र दीख पड़े तो आश्चर्य क्या! ग्रन्थों में तो चाण्डाल तक को अपना भाई, अपने छूने योग्य बनाने की बात कही गयी है। किन्तु हमने अपनी बहिनों, बेटियों और माताओं तक को भोंड़े कबीर सुनाकर अपने 'जीह देहरी द्वार' पर गन्दगी का प्रवाह खोल दिया।

हाँ, हम यह मानते हैं कि होली रुदन का नहीं, उल्लास का त्यौहार है। हिन्दू त्यौहारों में रुदन का कोई त्यौहार प्रायः नहीं होता। भारतीय वर्ष, संवत्, शक और विक्रमादित्य की विजयों की यादगार हैं—किसी के मरने के नहीं। जन्माष्टमी, रामनवमी—ये भी जय के त्यौहार हैं। हम भी उल्लास के हिमायती हैं। कठोर कष्टों के सिर पर भी सफल चिन्तक आशा का सुनहला मुकुट पहनाता है। तब हम त्यौहारों में रुदन क्यों ढूँढ़ें? किन्तु रुदन के अभाव के मानी, पतन की हिमायत नहीं। हिन्दू धर्म-ग्रन्थों में चर्चा है कि अपने सत्कार्यों और दृढ़ निश्चय के खिलाफ एक राजा ने, एक नन्हें से बालक को सताया। उससे निश्चय बदलने की बात कही। राजा का सारा कुनबा और सारा बल, भक्त 'कुमार' को कष्ट देने पर उतारू हो गया। वह राजा, राजा भी था और बाप भी था।

निर्भय और निश्चयी भारतीय कुमार ने अपने राक्षस पिता और अपने निरंकुश राजा के खिलाफ विद्रोह, शान्त विद्रोह, सत्याग्रह किया। उसने गलत बात मानने से इन्कार कर दिया। उसने बजाय इसके कि वह अपने देश की माताओं और बहिनों की इज्जत के साथ होली खेलता, सत्य की आन पर, तरुणाई की शान पर, अपने प्राणों के साथ होली खेलना तय किया। उसने भी लाल रंग ही से होली खेलना तय किया, किन्तु अत्याचारी के शस्त्रों को पिचकारी और अपने शरीर के रक्त को रंग बनाकर। उस समय प्रह्लाद की कुर्बानी के उस त्यौहार के समय देश में ऐसी एकता की जरूरत थी कि ब्राह्मण से चाण्डाल तक गले मिल लें और प्रहलाद के विद्रोही जीवन के परम सत्य को समझें। धर्मग्रन्थों ने व्यवस्था दी, है कि आज गले मिलना जरूरी है। उस समय सिंहासनों से उतरकर, धूल में साथ-साथ बैठ जाने के लिए देश के पुरुषार्थ को आमन्त्रित किया गया। उस समय भस्म भी हुई, राख भी बनी, पर हमारे कुर्बानी के दीवाने की नहीं, अत्याचारी की बहिन की, और उसी की दम्भ-पूर्ण घोषणाओं की। हमने तो होली में अपनी मर्दानगी, अपनी तेजस्विता की राख बनाना तय किया है और अपने अस्तित्व की इसी राख का हम त्यौहार मनाने बैठते हैं गालियाँ बक-बककर। उस समय धूल भी उड़ी थी—किन्तु अपने पर नहीं। कायरों की धूल अपने आप पर उड़ती है। वीरों की कीर्ति, विरोधियों की पराजय पर धूल बन जाया करती है।

आज भी हम होली खेल सकते हैं, आज भी हमसे गले मिलने के लिए हमारे हरिजन भाई रास्ता देख रहे हैं, आज भी भक्तराज प्रह्लाद की साँसें युगों को चीरतीं, हमें होली खेलने का आमन्त्रण दे रही हैं। हम गालियाँ देकर भक्तराज प्रह्लाद की स्मृति का अपमान करते हैं। हम साबित करते हैं कि भक्तों की शान और प्राण देने की आन वाला खून ही हममें नहीं रह गया। आज भी हममें जवान हैं। साहित्य में, समाज में और देश में युग न्यौता भेज रहा है। कितने हैं, जिन्होंने प्रहलाद जैसे धीरज के साथ अपनी चादर लाल करने की बात सोची है? देहली के राजमहल यदि हमारे सौभाग्य को कोसते हैं तो हम भी अपने सौभाग्य को कोसने लगते हैं। और वही राजमहल जब हमारे दुर्भाग्य की, हमारी पराधीनता की सराहना करते हैं, तो हम भी अपनी क्रिया से करोड़ों के रूप में अपने दुर्भाग्य के ईमानदार समर्थक बन जाते हैं। तब होली कौन खेलेगा? हमसे तो होली खेलना देखा भी नहीं जाता। यदि सरकस में शेर को उछलते देखते हैं तो हमें बेहोशी आ जाती है, तब हम किस मुँह से 'नृ-सिंह' के आराधक हो सकते हैं? तरुणाई का सच्चा विलास रूढ़ियों के प्रतिकूल, सच्चा विनोद पराधीनता के खिलाफ और सच्ची मुस्कराहट खतरों के मस्तक पर होती है। उसका बल, उसका अपना शील होता है। उस समय प्रह्लाद बनकर

वह अत्याचारी से कह उठता है—

"गले तौक पहिरावौ,
"पाँव बेड़ी लै भराऔ,
"गाढ़े बन्धन बँधाऔ,
"औ खिचाओ काची खाल सों।
"बीछू लै बिछाऔ,
"तामे मोहि लै सुवाऔ,
"फेरि आगीह लगाऔ
"बाँधि कामर दुसाल सों।
"गिरि से गिराऔ,
"काली नाग से डँसाऔ—

परन्तु एक न होगा, मैं अपना पथ न बदलूँगा। होली इसी मर्दानगी का त्यौहार है। होली का आमन्त्रण है। देश के गुलाम देशवासी! कमजोरियों, अपनी पतित वृत्तियों और अपनी कायरता को, होली में रखकर 'नृसिंह' की आराधना करते हुए, द्वेष और द्रोह को होली में जलाकर इसी निश्चय के साथ होली में आग लगा!

[16 मार्च, 1935]

होली : साम्य का त्यौहार

होली याने जलती ज्वाला, होली याने चिनगारियाँ, राख! होली अर्थात् वर्ष के बीतने की आशा, होली अर्थात् नये वर्ष के आने का उल्लास!

फाल्गुन के अर्थ धूल उड़ाना। फल्गु के मानी गुलाल। बंगाल में होली, होली नहीं दोलोत्सव। उस दिन बालकृष्ण की प्रतिमा को झूले में बैठाकर, उन्हें पारी-पारी से घर के आबाल-वृद्ध झूले देते हैं। कृष्ण पर फल्गु (गुलाल) चढ़ाया जाता है और बचा हुआ गुलाल प्रसाद-रूप में सबको लगाया जाता है। बंगाल के नवाब सिराजुद्दौला उस दिन का उपयोग अंग्रेजों के एप्रिल-फूल की तरह करते। उस दिन वे झूठी खबरें फैलाते और उनका परिचित जो सरदार उस खबर पर विश्वास कर लेता, उसे मूर्ख बनाया जाता, 'मूर्ख' घोषित किया जाता।

उड़िया घरों में बालकृष्ण की मूर्ति ही उस दिन पालकी में बैठाकर घुमाई जाती है। इस त्यौहार को बंगाल के चैतन्य महाप्रभु के पन्थ के लोग बहुत गर-बीले होकर मानते हैं।

रंग के इस त्यौहार के स्वामी होने से दक्षिण में भगवान् श्रीकृष्ण 'श्रीरंग'

कहलाये और उन्हीं के नाम पर एक नगर बसाया गया 'श्रीरंगपट्टन।' श्रीरंग नाम के साथ पट्टन जुड़ा है। पट्टन संस्कृत के 'पट्टनम्' से बना है, जिसका अर्थ है 'नगर'।

महाराष्ट्र देश में पेशवाई युग में यह त्यौहार पूरे दस दिनों तक मनाया जाता था। वहाँ होली जलने की पूर्णिमा अथवा धुरेंडी की प्रतिपदा को वह महत्त्व प्राप्त न था, जो 'रंगपंचमी' को था। चूँकि नाटक, प्रहसन] आदि इसी महीने में प्रात: खेले जाते, अत: उनके खेले जाने के स्थान का 'रंगभूमि' नाम सार्थक होता है।

इस दिन उत्तम और श्रृंगार-शोभन वस्त्रों को पहिनना, मिष्टान्न भोजन और अपने को भूल जाने तक मनोरंजन, यह भारत के उत्तर-दक्षिण, पूर्व-पश्चिम सब तरफ एक-सा है। इस दृष्टि से हमारी संस्कृति की, हमारी राष्ट्रीयता की विस्तृत एकता सिद्ध करनेवाले त्यौहारों में यह त्यौहार प्रमुख है।

चूँकि दक्षिण देश में महीना शुक्ल पक्ष में प्रारम्भ होता है, इसीलिए पूर्णिमा को महीना न बदलकर आगामी अमावस्या को बदलता है। अत: फाल्गुन का महीना बीत जाने पर हमारे उत्तर भारत में रंगपंचमी जबकि चैत्र के प्रारम्भ में पड़ती है, दक्षिण में वह उतरते फाल्गुन ही में पड़ती है।

ऊँच-नीच-भेद, उम्र का अन्तर, शिक्षण की विषमता आदि मानव-मानव के बीच की किसी विभेदन-रेखा को देश के किसी भाग में उस दिन प्राय: प्रश्रय नहीं दिया जाता।

पंजाब में सिक्खों के 'नामधारी'-संप्रदाय में इस त्यौहार पर सामूहिक विवाह-प्रथा सुनी जाती है, जहाँ धर्मगुरु महोदय की उपस्थिति में वर-कन्या का विवाह होता है और माता-पिता को खर्च आता है, फी विवाह एक-डेढ़ रुपया।

हमारे यहाँ वसन्त-पंचमी आई कि त्यौहार प्रारम्भ हो गया। माघ-शुक्ल पंचमी से चैत्र-कृष्ण पंचमी (रंगपंचमी) तक हमारा होली का त्यौहार।

इस समय हम वसन्त का स्वागत करते हैं। जाड़ा गुलाबी रह जाता है। लू और लपटों से लिपटी गर्मी आने नहीं पाती। बरसात का कहीं पता नहीं, उसे बीते चार महीने हो गए, उसे आने में चार महीने बाकी हैं। साम्य का युग छा गया।

इस समय हम गेहूँ, चना, मटर, अरहर, अलसी आदि फसलों का त्यौहार मानते हैं। इस समय आमबौरते, महँकते और फलते हैं। इस समय आम की पत्तियों की लाली से ताँबा, उसके कोंपलों से पुखराज और उसके पके फलों से सोना निखरता, टपकता है। खेत में, खलिहान में, जंगल में वीरान में, इस समय मानो सोना उग उठा है, वह हमारे जीवन में भी क्यों न उग उठे?

इस समय कहते हैं, भक्तराज सत्याग्रही प्रह्लाद को राम-नाम लेने पर

एक जालिम सम्राट ने पिता होकर भी पुत्र तक की वाणी का स्वातन्त्र्य छीन लिया था। कहते हैं, अपनी राक्षसी बहिन से सम्राट् ने कहा कि ऐसे पुत्र को आग में जला दे, जो मेरे सामने 'नारायण' का नाम लेता है। 'सर्वभूतहिते रतः' , प्रह्लाद ने कहा :

"गले तौक पहिरावौ, पाँव बेड़ी लै परावौ
गाढ़े बन्धन बँधाऔ, औ खिचाऔ काची खाल सौं।
और बीछू ले बिछाऔ, तापै मौहि को सुवाऔ
फेरि आगी हू लगाऔ, बाँधि कामर दुसाल सौं।
गिरि ते गिराऔ, काले नाग ते डँसाऔ
हा-हा प्रीति न छुड़ाऔ गिरधारी नन्दलाल सौं॥

होलिका जल गई, सम्राट् मारा गया, प्रह्लाद बच गए। दशहरा और होली, दो महान् त्यौहार पुराणों में, दो अत्याचारी सम्राटों के सर्वनाश के और जन-जीवन के उल्लास-पर्व हैं।

और आज? हमारे निश्चय हैं, हमारे श्रम हैं, हमारे त्याग हैं, हमारे उत्सव हैं। आज हम पर पराधीनता का बन्धन नहीं है। होली में हमारे घर 'कट्टरयुग' में भी जातिभेद, ऊँच-नीच का भेद नहीं होता था। अब तो भेद रखने वाला दण्डनीय होता है।

होली में हम उस घर हठ करके जाते हैं, जिनके यहाँ इस वर्ष भर में शोक हुआ हो, शोकग्रस्त लोगों को साथ लेते हैं, गुलाल लगाते हैं, रंग छोड़ते हैं, उन्हें जन-जीवन के अनन्त उल्लास में शामिल करते हैं। उस दिन नजीर के शब्दों का हम पर रंग छा जाता है :

"गोविन्द छैल कुंज बिहारी की बोलो जै !
तुम भी नजीर कृष्ण मुरारी की बोलो जै !"

[पाँव-पाँव]

15 अगस्त विजय का दिन : बिदाई का दिन

यदि 15 अगस्त का मूल्य है तो देखो···वे जुलूस, वे तार कट रहे हैं, रेल की पटरियाँ उखड़ रही हैं, वे देशभक्त चोरों और डाकुओं-जैसे छुपकर संगठन कर रहे हैं,···थाने जले, पुलिस पिटी, रेलें रुकीं, स्टेशन जले, डाकखाने लुटे, कारखाने जले, फौजें बागी हुईं, वह कचहरी पर बागी तिरंगा, वह शासक की कुर्सी पर बागी कांग्रेसी, वह उसकी अँगुली और सहस्र-सहस्र ब्रिटिश साम्राज्य उखाड़ फेंकने का निश्चय।

और इस निश्चय पर दुश्मन की वे लाठियाँ, वह आँसू-गैस, वह गोली-बारी, वे गोलियाँ चलीं और भून डाला देअभक्तों को। गाँवों में आग लगा दी, लोगों को नंगा किया और कोड़े लगे, सारी रात गाँव वाले मर्द-औरत थर-थर काँपते जाड़ों में गाँव-बाहर, माँ-बहनें नंगी की गयीं, और उनके बदन पर कोड़े लगे,उनके गुप्तांगों में मिर्च भरी गयी, जयप्रकाश बर्फ पर बिठाया गया, निरपराध पेड़ों से बाँधकर पीटे गये, सड़कों पर नंगे करके घसीटे गये, फिर किर्ची से झोंक-झोंक कर मार डाले गये! साम्राज्यवाद के पागल कुत्ते, वे शासक, अपनी रोटियों के लिए बाप के सामने बेटी को नंगा कर रहे थे, भाई के सामने बहिन से बलात्कार कर रहे थे, पति के सामने पत्नी की इज्जत ले रहे थे !

ये 15 अगस्त की खरीद के सिक्के हैं,

यह 15 अगस्त की कीमत है : दो लाख तेईस हजार (2,23,000) सीखचों के बन्दी, इकतीस सौ (3100) लाशें, एक करोड़ पचास लाख (1,50,00,000) युद्धजन्य कठिनाइयों और भूख से मरने वाली लाशें, इकसठ हजार (61,000) घायल, एक करोड़ (1,00,00,000) के लगभग सामूहिक जुर्माने, और पाँच सौ चौरासी (584) बार गोली-कांड···और ये केवल सन् 42 के युद्ध में।

आज गांधी विदा ले रहे हैं, वे हिन्दुस्तान छोड़कर संन्यास लेकर चले, और उधर देशभक्तों को बिदाई हुई कि···अब स्वतन्त्रता-युद्ध में कष्टों के लिए कोई नहीं न्यौतेगा।

रावण की मौत के बाद राम ने अपनी सेना से कहा था :

तुम्हरे बल मैं रावन मारा।
तिलक बिभीषण कहँ पुनि सारा।।

निज निज गृह अब तुम्ह सब जाहू।
सुमिरहु मोहि, डरेहु जनि काहू।।

और

'हरख विषाद समेत' राम की सारी सेना अपने सेनानी को छोड़कर अपने घर लौट गयी थी।

और आज...

यह तिरंगा है, कितने तिरस्कारों के बाद आज यह राज-महलों पर है ! कितने आदमियों की लाशें लेकर आज घातक ने इसे ऊँचे पर फहरने दिया है।

यह 15 अगस्त है,

भारत दो टुकड़े है, किन्तु आजाद है,

क्या पूर्ण आजाद......?

यह जवाहर और जयप्रकाश जानें कि भारत पूर्ण स्वतन्त्र होगा या उपनिवेश बनकर रह जायगा।

नोआखाली को जाने वाले यात्री गांधी से देश 'स्वागत' नहीं कह सकता, क्योंकि देश खण्डित है। बिदा भी नहीं कह सकता क्योंकि अखण्ड भारत और पूर्ण स्वातंत्र्य का स्वप्न अपनी मुट्ठी में लिये वह चला जा रहा है।

यह 15 अगस्त है!

झण्डावंदन, देश की महान् शक्ति का अभिनन्दन है, तरुणाई मचले कि मरने के दिन पाये, भुजाएँ उभरें कि शासन-संचालन की बाग-डोरें हाथों आयीं, मस्तक शोधमय हों कि भारत का निर्माण, उसके द्वार नवीन आविष्कारों का तकाजा लिये खड़ा है।

जल, थल, नभ आगी उगलेंगे,
होगी जाँच कठोर,
देखेगी माँ, उसके कैसे
हैं,......ये तीस करोड़,

और...चलो, चलो, केसरिया पहनकर मनाओ कि आजादी की नींव के मूल्यवान पत्थर आज तुम रख रहे हो।

[कर्मवीर, अगस्त, 1947]

15 अगस्त कुछ पूछ रही है : कुछ माँग रही है !

परम्पराएँ जाति, देश और राष्ट्र के आत्म-दर्शन का मूल स्रोत हुआ करती हैं। पन्द्रह अगस्त की यादगार पीढ़ियों की धरोहर बनने जा रही है। हम ऋणी हैं कि यह हमें आत्म-निरीक्षण और परीक्षण का एक और अवसर प्रदान कर रही है।

स्खलन—मानव-जीवन की टेढ़ी-मेढ़ी पग-डण्डियों पर लगे हुए विराम-चिह्न हैं, किन्तु उनका मूल्य है, जबकि वे हमारे लिए उच्च से उच्चत्तर गति के सोपान बनें। स्खलन को स्वभाव मान लेना जीवन-पथ से विचलित होकर मौत की ओर बढ़ना है। पन्द्रह अगस्त एक प्रश्न-चिह्न है जो जानना चाहता है कि हम किस ओर जा रहे हैं। हमारी स्वीकृति यदि ईमान न छोड़े तो उसे यह मान लेने में कठिनाई नहीं होनी चाहिए कि नवीन भारतीय लोक-जीवन के नियामक महात्मा गांधी हैं। आततायी की गोलियों ने उनके भौतिक शरीर को छेद डाला—भारत की वर्तमान पीढ़ी पर यह जिम्मेवारी है कि वह उनके प्रभाव-शरीर का

वध न होने दे !

विश्व आज दो सिद्धान्तों का संघर्ष-स्थल बना हुआ है। जिस अग्रगामी सिद्धान्त पर कुछ लोगों को नाज है वह प्राचीन राजतंत्र का एक विकृत रूप है, जिसे प्रचारकों, प्रपंचों और साधनों के बल पर प्रजातंत्र की प्रतिभा मानने को लोगों को विवश किया जा रहा है। माना, पश्चिम ने जनता में अपने अधिकारों की भावना और उसकी रक्षा के लिए जागरूक रहने की सावधानी उत्पन्न की है; परन्तु पूर्वी यूरोप की तरह जाग्रत जन-बल एक व्यक्ति में सिमटकर जब निरंकुश और उच्छृंखल हो उठता है तब वह उन्हीं स्रोतों को कुचलकर नष्ट कर देता है जिनसे जनतंत्र अपने संगोपन और संवर्धन के लिए प्राण प्राप्त करता है। डिक्टेटरशाही की ठोकरों से लोकसत्ता इधर या उधर मुड़ जाने को लाचार हो जाती है। प्रजा के अधिकार, उसकी मरजी के बलि-पशु हैं।

इसके विपरीत महात्मा गांधी द्वारा प्रवर्तित और परिवर्तित प्रजा-सत्ता का प्रतिनिधि लोक-सेवक होता है जिसका सब-कुछ जन-सेवा के लिए समर्पित हो हो चुका होता है। उसका पथ, त्याग का पथ है, अधिकार-लोलुपता का नहीं। यही स्थल है जहाँ देशभक्ति और जीवन की सुविधा साथ-साथ चल सकते हैं।

भारतीय स्वतन्त्रता के चतुर्थ वर्ष के प्रवेश-द्वार पर खड़े होकर हम एक बार पुनः बीते हुए वर्षों पर नजर डालें। जिन प्रियतर सिद्धान्तों को लेकर महात्मा गांधी के नेतृत्व में हमने स्वाधीनता का संग्राम छेड़ा था, विजय-प्राप्ति के पश्चात् उनके पालन के लिए हमने कितना प्रयास किया है ? हम उन कठोर परिस्थितियों और समस्याओं को आँखों से ओझल होने देना नहीं चाहते, जिनके प्रहार भारतीय स्वतंत्रता के शैशव पर बड़े विषम हुए हैं। देश का विभाजन, विभक्त प्रदेशों में जन और सम्पत्ति का उद्धार, पड़ौसी राष्ट्र की बेरुखी से उत्पन्न काश्मीर तथा अन्य समस्याएँ, युद्धोत्तर अन्न-समस्या एवं अन्य उलझनों से अधिक हम कुछ ऐसे घेरे में पड़ गये हैं कि खर्च घटाते हैं तो देश में बेकारी की समस्या बढती है और खर्च बढ़ाते हैं तो अन्तर्राष्ट्रीय और राष्ट्रीय दीवालखोरापन शूली की तरह हमारे सिर पर लटकने लगता है।

हमें तो यह स्पष्ट दीखता है कि दिल्ली फतह कर लेने से राष्ट्रीय विधायकता में दिल्ली फतह नहीं हुई, उसे फतह करने के लिए तो हमें सर्वोदय की ओर ही जाना पड़ेगा। महात्माजी के रहते हुए दिल्ली और सेवाग्राम एक-दूसरे की ओर देखकर चलते थे—वे 63 बनकर रहते थे। किन्तु महात्माजी के पश्चात्, शायद, केन्द्र की दिल्ली और प्रान्तों की दिल्लियाँ यह सोचने लगी हैं कि महात्माजी के साथ, उनके, निर्धारित समस्याओं के हल भी, मर गये। वे स्पष्ट रूप से देश को यह संकेत दे रहे हैं कि उन्हें या तो अमेरिका के पथ पर जाकर धन या प्रभाव के साम्राज्यवाद को अपनाना है या स्टालिन के चरणों में जाकर

विश्व की शाश्वत, अमर और सांस्कृतिक विविधताओं का नाश कर देना है। हमें अचम्भा नहीं होगा यदि थोड़े दिनों पश्चात् शस्त्रास्त्रों से दबे हमारे—और अन्य राष्ट्रों के—सूत्रधार यह कहने लगें कि शिक्षण, कला, चरित्र और जीवन पर खर्च करने की आवश्यकता नहीं, क्योंकि हमें तो रोटियाँ ही नहीं मिलतीं, और शत्रु को कुचल डालने के लिए काफी हथियार भी हमारे पास नहीं ! 'रोटी' और हथियार मानो समूची मानवता को खो डालना चाहते हैं !

अभी तीन ही वर्ष हुए हैं, गांधीजी के तत्त्वज्ञान से और उनके तत्त्वज्ञान की प्रेरक सुगन्ध से हम बहुत दूर नहीं हुए। यदि अपने राजनैतिक प्रतिद्वन्द्वियों से बदला लेने के काम से हमें फ़ुर्सत मिल सके, तो हम ठहरकर उस पथ को अपनायें, जिससे सर्वोदय को विजयी बनाने के लिए, सबसे अधिक बलवानों और सबसे बड़ी कुर्बानी करके जन-जीवन में विश्वास जाग्रत करना चाहिए और लोक-जीवन में चरित्र, अध्यवसाय और त्याग की ज्वाला जगानी चाहिए। यह वह देश है जहाँ तीन सौ पैंसठ दिन पन्द्रह अगस्त की पवित्रता निवास करती है—केवल अपना जीवन हथेली पर रखकर कुछ बलवान व्यक्ति पदों का लालच छोड़कर पुनः जन-जीवन में प्रवेश करें।

सरदारश्री, पं० जवाहरलाल नेहरू, श्रीयुत जयप्रकाश और भारत के अधिकारों के मस्तक पर चढ़कर दूर तक देख सकने वाले लोगों को जन-जीवन का आमन्त्रण है कि वे हिमालय के सिर के बर्फीले वैभव बनकर, ऊँचे पर दीप्ति-मात्र बनकर न रहें। वे जन-जीवन की ओर ढालू जमीन पर पानी-पानी होकर उतरें, और उनके अस्तित्व का हर बिन्दु जग-जीवन की निर्माणकारिणी प्रेरणा बने। भाषण, वक्तव्य और प्रस्ताव नेतृत्व की कैफियत भले कहला लें, किन्तु ये न कार्य रहे, न कार्य हैं और न कभी कार्य कहला सकेंगे।

अतः 15 अगस्त के दिन हमारा नेतृत्व फिर अपनों के बीच लौटे और हमारा लोक-जीवन अनुभव करे कि पाकिस्तान और हिन्दुस्तान के रूप में भारत के दो टुकड़े भले हुए हों, किन्तु राष्ट्रीय सभा और राष्ट्रीय जीवन के पदभोगी और पद-दलित के रूप में शासक और शासित रूपी दो टुकड़े न हो जायें और न होने ही दिए जाएँ।

प्रभु करें, हमारी यह पुकार, हमारे प्रान्त के और देश के जीवन को नियन्त्रित करने वालों का संकल्प बन सके !

[15 अगस्त, 1950]

शैक्षणिक निबन्ध

हमारे गाँव और उनके शिक्षक

गाँव भारत के प्राणों का नाम है और उसके दुर्भाग्य का भी। अन्धविश्वास और भाग्यवाद वहाँ सदैव खिलवाड़ करते हैं, क्योंकि ग्रामीण अपने को मिलनेवाले कष्टों का कारण ज्ञान के अभाव में अपने से भिन्न कुछ घटनाओं को मानते हैं। अपने दु:खों में झगड़ने के लिए उन्होंने 'भाग्य' नामक वस्तु को बड़ा भारी सहारा बना रखा है। यों तो, जो लोग विश्व के ज्ञान से अधिक प्रभावित और परिचित होने के बजाय स्वयं अपने ही विषय में अधिक सोचा करते हैं, जो अपनी जरूरतों को उम्र की साँसों के वेग से बढ़ाया करते और लगातार लेखा रखते हैं, जो अपने ही बड़प्पन की एक तस्वीर अपने मन की जेब में रखकर, उन लोगों द्वारा बड़े न माने जाने वाले दिनों की जन्मपत्री बनाये रहते हैं, जो इस बात की अधिक परवाह करते हैं कि उनके विषय में और लोग क्या कहते हैं, जो इस बात का हिसाब रखते हैं कि किस-किस ने कब-कब हमारा सम्मान नहीं किया, जो धन और कीर्ति की दुकानें चलाकर भी हृदय की कोमलता और परदु:खकातरता का खजाना अपने पास नहीं रखते, उनसे बढ़कर दु:खी शायद ही कोई हो। किन्तु हमारे ग्रामीणों की तो यह हालत है कि वे इतने कम साधनों पर जीवन-यापन करते हैं, जितने पर संसार के शायद किसी देश भी में कोई जीवन-यापन न कर सकता हो और जिस पर भी लोग जी रहे हों और यूरोपीय शासन यह कह रहे हों कि गाँवों के लोग सुखी हैं। ऐसे गाँवों की सेवा के लिए यदि हममें जागरूकता आये, तो इससे बढ़कर पूजा दूसरी हो नहीं सकती, क्योंकि पहले तो हमें यह दिखाना है कि संसार के किसान किस तरह रहते हैं और भारत के किस तरह। फिर यह कि बाहर कहीं से हमारे द्वार पर सौभाग्य नहीं आयेगा, किन्तु हमारा ही आज का पुरुषार्थ स्वावलम्बन की गोद में बैठकर कल का सौभाग्य बन जावेगा।

गाँवों के शिक्षकों की जिम्मेवारी बड़ी है, किन्तु हम प्रशंसा करके ही शिक्षकों को संतोष न दें। हम अधिकाधिक ग्रामसेवा के साधन उन्हें दें और उनके

पास ऐसा ज्ञान पहुँचायें जो उन्हें ग्राम-सेवा का दिशा-दर्शन करा सके। हम ऐसा साहित्य दें, जो ग्रामीणों के साथ बोलता-सा और उनके कष्टों, जरूरतों, त्यौहारों और उत्सवों में घुल-मिल जाता-सा नजर आये।

हम एक बात ग्रामीणों में लगातार बोते रहे, जिस तरह ग्रामीण खेत बोते हैं कि इस देश के वे ही आधार हैं और उनके सिर से बहनेवाली पसीने की बूँदों की पवित्रता गंगा से भी अधिक है और उनके बदन पर लिपटी हुई मिट्टी भगवान् कृष्ण के द्वारा खायी जाने वाली ब्रज की धूलि से कहीं मधुर, कहीं प्राण-दात्री है।

[उत्थान, 1936, पाँव-पाँव]

बुनियादी शिक्षण : बुनियादी समझ की नींव

बच्चों की देख-रेख करने वाले का, चाहे वह पालक हो कि शिक्षक, एक विचित्र नाम पड़ गया है। उस समय जब बालक की समझ में कोई बात न आ रही हो और पालक और शिक्षक समझ न पाने के बालक के प्रयास पर चिढ़ उठे हों, तब बालकों के उन रक्षकों का नाम है 'भय जबरदस्ती', 'बुद्धि से बेवास्तापन' और 'विचार-शून्यता'। असल में समझ न पाना बालक की जितनी बड़ी अयोग्यता कही जाती है, मनोवैज्ञानिक के सामने उससे बड़ी मूर्खता उसकी है, जो बालक को समझा नहीं पाता। लगता है तेजस्वी बुद्धि का शिक्षक और पालक भी अपनी बुद्धि और ज्ञान की परिभाषा का इतना दास हो गया है मानो भावना नाम की कोई चीज उसके पास रह ही नहीं गयी है। 'सूझ', 'कल्पना' और 'योजना' ये तीनों ही बालक के प्रति उत्तरदायित्व हैं, यदि ये भावना को आगे करके नहीं चलते। हमें यह सोचना चाहिए कि शाला की चहारदीवारी ही संसार नहीं है और व्यक्तित्व केवल शिक्षक का ही नहीं है, बालक का भी है और सच पूछिये तो शिक्षक की आवश्यकता बालक के विकास के लिए है। बालक की भी रुचि है, उसकी भी महत्त्वाकांक्षा है, उसके भी नन्हें-नन्हें स्वप्न होते हैं, उसकी भी कल्पनाओं का, खिलवाड़ों का एक इतिहास होता है और इन्हीं नरम-नरम द्रव्यों में से शिक्षक को बालक की बुद्धि का निर्माण करना है। लाठी का तत्त्वज्ञान तो अब पशुशाला में से भी रोका जा रहा है। "छड़ी लागे छम-छम, विद्या आवे धम-धम" "मार से भूत भागते हैं"—ये कहावतें जाने किस युग की हैं! इन कहावतों को तो मनुष्य-बुद्धि की मूर्खता की पृथ्वी-प्रदक्षिणा कहना चाहिए।

बालक के जीवित रहने का मूलधन उसके लोभ, गर्व, श्रद्धा—सब-कुछ बालक में होते हैं किन्तु हमारा प्रयास होता है कि हम तो बालक के साथ पशु से

बदतर बरतें और बालक भगवान् कृष्ण के गीता में बताए हुए योग के सारे तत्त्वों के अनुसार हो। अज्ञानी से योगी बनने की आशा मूर्खता ही कर सकती है। शिक्षक के नाते हमारी सबसे बड़ी सफलता तो यह हो कि बालक हम पर विश्वास कर सकें। हमारी छड़ी, हमारा क्रोध, हमारी असहिष्णुता, हमारा अधैर्य और सबसे बड़ी हमारी घर जाने की जल्दी, स्पष्ट प्रकट करते हैं कि किसी बहुत गलत आदमी को शिक्षक बना दिया गया है। उस बेचारे पर दो बोझ पड़ गये हैं : पहला बोझ बालक और दूसरा बोझ शिक्षकी—इन दो बोझों को सहने की सामर्थ्य शिक्षक नामक प्राणी में नहीं है। शिक्षक समझता है कि बालक पागलों-जैसा बोलता है, कैसी बेहूदी बातें करता है, किन्तु पागलखाने में बालक बहुत कम भेजे जाते हैं, वहाँ तो क्रोधियों की तादाद ही अधिक मिलेगी।

यों शिक्षक समाज का बहुत बड़ा घटक है। उसके साथ एक गहरा अन्याय हुआ है। पाठ्य-पुस्तकों और बच्चों में रहते-रहते वह बड़ी उम्र में भी बच्चा बन गया है, बच्चा बनने के लिए बाध्य हो गया है। अब यदि आप चौराहों पर उसे देखें तो उसकी बच्चों-जैसी बातों से समाज चिढ़े नहीं। यह शिक्षक का बहुत बड़ा त्याग है कि उसने शिक्षकत्व स्वीकार किया है।

अब तो समाज, शिक्षक और शासन—तीनों को मिलकर सोचना यह है कि हमें बुनियादी तालीम की ओर जाना है।

इस तालीम की ओर संसार के देश जाते रहे हैं। मानव-जीवन का यह स्वाभाविक रुझान रहा है। समाज की सेवा करने वाली प्रवृत्तियों को क्या कहेंगे? एक व्यक्ति जहाँ श्रेष्ठ सेवा करता है, वहाँ अपना उदाहरण भी छोड़ता जाता है। कहते हैं, राजा दशरथ के यहाँ भरत-जैसे पुत्र ने जन्म लेकर रघुवंश को नष्ट होने से बचा लिया किन्तु 'बुनियादी' बात यह है कि किसी संघर्षरत परिवार में आज भी भरत के स्वभाव का अधिकार-सम्पन्न व्यक्ति पैदा हो जाय, तो बर्बाद होते हुए परिवारों की रक्षा कर सकता है।

भारत में मेले लगा करते हैं। संसार के अन्य देशों में भी मेले लगते हैं। इन मेलों के द्वारा कुछ व्यक्तियों, संस्था, धर्मस्थापकों आदि का ही गुणगान नहीं होता, अपितु मानव-मानवी तथा बालकों के सम्पर्क के द्वारा संस्कृतियों तथा अभिरुचियों में वृद्धि हुई है और जीवन की बुनियादी बातों के विषय में लोक-जीवन के लोगों ने अनेक बातें वहाँ सीखी हैं। बातों ही बातों में कितने ही, मनुष्यों की बीमारियों के इलाज सीख गये हैं। पशुधन को सँभालने और उनकी बीमारी के इलाज भी सीख गये। भोजन बनाने की क्रियाएँ सीख गये और न जाने कितनी ही बातें युगों से लोग सम्मिलन के इन संस्कारों से सीखते चले आये हैं। अतः त्यौहार, उत्सव तथा अन्य मिलन के अवसर मिलते जाने से सामाजिक संस्कृति आज तक मनुष्य-जीवन को जीने-योग्य बनाए हुए है। शहर के आदमी के कपड़े

में अगर सिकुड़न आ जाय, तो वह उसे पहिनना पसन्द नहीं करता, सभ्य जो ठहरा। गाँव का आदमी अपने परिवार में और अपने मित्रों में हृदय में सिकुड़न नहीं आने देता। अतः गाँव का आदमी संस्कार-दुष्ट नहीं है, वह संस्कार-इष्ट है। कथा पढ़ते समय आज भी उसकी आँखों में आँसू आते हैं। घर में किसी के बीमार होने पर आज भी वह रात-रात जागकर, गुनियों को लाकर बीमार के पास एकत्र करता है। अतः यदि बुनियादी शिक्षण की बातें उचित ढंग से सामने रखी जायें, तो मुझे लगता है कि वे गाँव में शीघ्र फैलेंगी। गाँव के लोग बुद्धि की कुलाँटें नहीं खा सकते, किन्तु वे गुण और ज्ञान को भूल जाने अथवा मजाक उड़ाने-जैसी नगण्य किस्तों में ग्रहण नहीं करते। वे स्वीकार करते हैं तो पूरा और छोड़ते हैं तो पूरा। अतः उनके बीच में बुनियादी शिक्षण के अधिक सफल होने की संभावना है।

इधर, हमारे देश में नये-नये बाँध बँध रहे हैं। नयी पाठशालाएँ, नये अस्पताल, नई सड़कें, खेती की नई विधियाँ, खाद के नये तरीके, सभ्यता के इन अनिवार्य संकटों में आज का हमारा देशवासी पिछड़ न जाये, पुराना न पड़ जाये, इस बात के लिए बुनियादी तालीम की जरूरत है। उसके मन की इस अवस्था को तो हटाना ही होगा कि नीचे वह बैलगाड़ी चलावे और ऊपर उड़ने-वाले हवाई जहाज की ओर वह भौचक्का-सा देखे। उसके पास तो इस बात का ज्ञान पहुँचाना ही होगा कि बैलगाड़ी से लगाकर हवाई जहाज तक यात्रा के सारे साधन एक ही बिरादरी के हैं। यदि जहाँ हवाई जहाज जा सकता है, वहाँ बैलगाड़ी नहीं जा सकती, तो जहाँ बैलगाड़ी अथवा घोड़े की सवारी जा सकती है, अथवा पैदल यात्रा की जा सकती है वहाँ हवाई जहाज भी नहीं चल सकता। अतः दोनों के मध्य के मर्यादा-विन्दु की जानकारी समाज के पास पहुँचनी चाहिए ; क्योंकि प्रजा-सत्ता के युग में जिसको मत देने का अधिकार है, उसको देश का मालिक कहलाने का अधिकार भी है। विश्व के सारे सम्बन्धों, सुधारों और हलचलों से आज का मतदाता बेजानकार नहीं रखा जा सकता। जन-तंत्र के व्यक्ति का विश्व की शक्ति से अपरिचित रहना किसी भी देश की प्रजासत्ता के लिए भयंकर संकट है, जिसके कारण जन-जीवन को न मालूम होते हुए भी देश की पूरी स्वतन्त्रता हाथ से जा सकती है।

कानपुर में किसी 'गोरे' ने गंगा के तट पर अपनी पत्नी के मरने पर एक मन्दिर बनवा दिया और अपनी पत्नी की मूर्ति स्थापित करा दी। इस मूर्तिपूजक देश के लोग शताब्दियों से बुनियादी ज्ञान से खाली रखे गए हैं, अतः जिस तरह वे अन्य मन्दिरों में जाकर गंगाजल और चन्दन चढ़ाते रहे, उसी तरह कानपुर की गंगा में स्नान करने आने वाले ग्रामीण तथा सहराती सीधे-सीधे अज्ञानी लोग 'गौरांग-मन्दिर' में भी गंगाजल और चन्दन चढ़ाने लगे। इस घटना में

ग्रामीणों का कोई अपराध नहीं है। भारतीय ज्ञान-क्षेत्र और जन-जीवन के बीच का बुनियादी सम्बन्ध स्थापित न होने अथवा न रहने के कारण यह कठिनाई उत्पन्न हुई। इसी तरह शताब्दियों के अज्ञान से जन-जीवन की समझ पर जो-जो संकट उपस्थित हैं, उनकी कल्पना हमें लेनी चाहिए।

पनघट, बाजार, तीर्थ-यात्रा, त्यौहार और समाज के व्रत तथा उत्सव, गरज यह कि मानव और मानवी के जो सामाजिक मिलन-क्षेत्र हैं, उन सब में बुनियादी जानकारी बढ़ाने का एक डोरा, बुद्धि की बौखलाहट से नहीं, शासन के अधिकार से नहीं, उत्साही समाज-सेवक के अज्ञान से नहीं, किन्तु माता की-सी ममता तथा निर्माता की-सी दृढ़ता के साथ जन-जीवन की समझ के पास, जानकारी बढ़ाने का एक डोरा पहुँचना चाहिए जिससे अर्थरहित भाषा अर्थवान जीवन की गुप्त और प्रकट भेद देनेवाली संस्कारपूर्ण परिभाषा बनती चली जाये।

बुनियादी शिक्षण का उद्देश्य वेतन लेकर नन्हें बच्चों के पीछे पड़ जाना ही नहीं है, समझ के सहारे समाज-जीवन में प्रवेश करना और प्रवेश पाना है। उस समय विभिन्न धर्मों, विभिन्न समाजों, विभिन्न मतभेदों, विभिन्न लड़ाई-झगड़ों के बीच सामंजस्य ढूँढ़ते-ढूँढ़ते ऋषि-जीवन में प्रवेश करने की एक ऐसी कड़ी शिक्षण-विभाग के हाथ लग जायगी, जिस पर संसार गर्व कर सकेगा।

[शिक्षा-युगान्तर, नवम्बर 1956; 'पाँव-पाँव']

बुनियादी तालीम : आकर्षण-बिन्दु

सच पूछिये तो सातवें आसमान से उतरकर बच्चों से अध्यापक बुनियादी तालीम के जमाने में ही मिलने-जुलने लगा है। अब वह परिभाषाओं से काम नहीं निकाल सकता। उसे उदाहरणों में ही घुल-मिल जाना होता है, भले ही परिभाषा बने या बिगड़े। सच भी है, यदि देश का तरुण बिगड़ गया, तो परिभाषा बनी तो क्या बनी! यदि तैयार माल ही बिगड़ गया, तो आर्ट-पेपर पर गुणों की फ़ेहरिस्त लिखी जाने से क्या होगा? पहले बच्चे अध्यापक से मरखने जानवर की तरह डरते थे, गाँव में तो अब भी डरते हों तो अचम्भा नहीं, किन्तु जहाँ बुनियादी शालाएँ प्रारम्भ हुई हैं, वहाँ बच्चे अपने अधिपाठक के पास अभिभावक की तरह जाते हैं; जहाँ नहीं जाते, वहाँ बुनियादी तालीम का स्मशान है— बुनियादी तालीम नहीं। अब तो अध्यापक छोटी-सी समस्या रख देता है और बच्चे और अध्यापक मिलकर उस पर सोचने लगते हैं, चाहे जिसको उस समस्या का हल सूझ जाय।

अब 'झण्डा ऊँचा रहे हमारा' या 'वन्दे मातरम्' जब गाया जाता है तब दीवाल पर फेंककर भरी दवात तोड़ने से बनने वाले विकृत चित्र की तरह बच्चे बेतरतीब खड़े नहीं होते। ऊँचाई-नीचाई का विवेक रहता है। न सातों स्वर बच्चों के गले में दुलत्तियाँ करते हैं। जीवन की तरह स्वर के उतार-चढ़ाव पर भी संयम है, ललक है, माधुर्य है। इसलिए प्रार्थना रस्म-अदाई से थोड़ा-सा हटने लगी है। प्रार्थना अपने प्रकार ही से मानो यह सूचित करती है कि मानव से बड़ा भी कोई जगदीश्वर है।

अब बच्चों में कहानियाँ 'एक था राजा' से शुरू नहीं करनी हैं। घटनाएँ घटेंगी—वे किंवदन्तियों, मुहावरों और कहानियों में भी ढल जाया करेंगी; मानो तारल्य है, जो उतार ढूँढ़ता हुआ अपने आप एकत्र हो जायेगा। जो बच्चे अपने शरीर तक की परवाह नहीं करते हुए अस्त-व्यस्त रहते थे, वे अब बगीचे के वृक्षों तक की देख-भाल, व्यवस्था और सार-सँभाल करने लगे हैं। कागज बनाने पर और लकड़ी के काम पर भी ध्यान देने लगे हैं। अब भूगोल में यह न होगा कि बालक को गंगा की लम्बाई और मिसीसिपी की गहराई का पता तो हो, किन्तु अपने घर जाने की सीढ़ी की गिनती ही याद न हो।

अभी तक हमारे गाने ऐसे थे कि उन्हें नन्हें बच्चों की नींद आने की दवा कह सकते थे। अब तो बच्चों को सिखाई जाने वाली रचनाओं का त्रैराशिक साधा जाएगा, एक तरफ 'बच्चा' दूसरी तरफ 'रचना' और तीसरी तरफ उसकी 'समझ', जिस पर रचना बराबर उतर रही है। जो बच्चों की समझ पर नहीं उतरती, उसे समझ के बाजार का उतरा हुआ समझकर आप फेंक दीजिए। राष्ट्रीय गाने और उपदेश के गाने यदि बच्चों की सूझ के खिलवाड़ न बन सकें तो ऐसे गीतों को पुराण-वस्तु-संग्रहालय में बाँधकर रख दीजिए। बुनियादी तालीम वह जो 'समझ' से 'सूझ' का रिश्ता बैठावे। यह नहीं हो सकता कि 'सूझ' सिर-कटी एक तरफ लटके और 'समझ' धड़ बनी दूसरी तरफ पड़ी रहे। सरस्वती के मुख पर ग्रहण लगाने वाले ये राहु-केतु अब नहीं रहेंगे।

अब 'तालीम' की कुलाँटें[1] भी समाप्त हो गयीं, क्योंकि बुनियादी तालीम आरम्भ हो गई। व्याकरण अब उदाहरणों से बनेगा। एर्थरिटन साहब[2] को तो अध्यापक जी ही पढ़ेंगे। एक कहानी है कि पाणिसि का व्याकरण रटी हुई एक भील लड़की गंगा के तट पर झाड़ियों में बैठी हुई एक माला बना रही थी। कुछ मोती गूँथ रही थी और कुछ सोने के गुरिये भी पिरो रही थी। व्याकरणाचार्य महामति पाणिनि उसी रास्ते से निकले। कहते हैं, न महर्षि पाणिनि ही जानते थे कि यह लड़की व्याकरण जानती है और न लड़की ही यह जानती थी कि यही

1. घुटन्त विद्या।
2. 'भाषा-भास्कर' नामक हिन्दी व्याकरण के प्रारम्भिक रचयिता।

महर्षि पाणिनि हैं। ऋषि ने झुँझलाहट से पूछा—

"काचं मणिं कांचनमेकसूत्रे
ग्रथ्नासि बाले तव को विवेकः ?"

यानी—"ओ लड़की, तू काँच, मोती और सोने के गुरिये एक ही सूत्र में पिरो रही है—तेरा विवेक क्या हुआ ?" लड़की ने हौले-से डरते हुए जवाब दिया—

"महामतिर्पाणिनिमेकसूत्रे—
श्वानं युवानं मघवानमाह।"

अर्थात्—"महामति पाणिनि ने तो एक ही सूत्र में (संज्ञा के उदाहरण में) कुत्ता, तरुण और इन्द्र को गूँथ दिया है।"

बच्चे जब अपने सिखाने वाले से टेढ़ी-आड़ी बातें पूछने लगें तब अध्यापक द्वारा उन्हें निरुत्तर न किया जाय, किन्तु समझाया जाय, तभी बुनियादी शिक्षण सफल होगा। शायद इसीलिए हमारे प्राचीन आचार्यों ने गुरु के लिए लिखा है—

"शिष्यादिच्छेत् पराजयम्।"

शिष्य से तो गुरु हारने की ही इच्छा करे। निस्सन्देह तभी उसके 'गुरुत्व' की शोभा है।

शाला-गृह उदासीन जोगियों का अखाड़ा न हो, वह अव्यवस्थित पड़ी हुई वस्तुओं का कचराघर भी न हो। वह नन्हें बच्चों के खिले हुए रूप का नंदन-कानन हो। उसमें श्मशान की-सी मुर्दनी नहीं होनी चाहिए। जो नन्हें बच्चों की शरारत पर मस्तक नहीं डुला सकते, वे कैसे बुनियादी तालीम दे सकते हैं, मेरी समझ में नहीं आता। अध्यापक बच्चों के जेलर बनते हुए अच्छे नहीं लगते। वह ब्रिटिश युग अब कभी न लौटे। हमारे अध्यापक के साथ बच्चा अब नई-नई बातें पूछ-पूछ कर खेले और खेल-खेलकर नई-नई बातें पूछे। शाला बुद्धू बच्चों का नियंत्रण-गृह न रहकर उसे सूझवानों की समझ का क्रीड़ागार होना चाहिए।

[शिक्षा-युगान्तर, अगस्त 1956; 'पाँव-पाँव']

बूँद-बूँद विचार

अनचाहा और मनचाहा

जीवन में प्रकाश चाहिए। कितने बन्धन, कितनी गाँठें, कितनी समस्याएँ जीवन के सामने हैं !

पिंजड़े के तोते की समस्या है—पिंजड़ा, दाना, मालिक और बिल्ली। स्वतन्त्र परिंदे की समस्याएँ नहीं हैं? नहीं, उसकी समस्याएँ चार नहीं, हजार हैं।

स्वतन्त्र अस्तित्व के लिए, प्रथम, जो दिशा ले, उसकी विधि की जानकारी चाहिए, उसका परम विज्ञान, उसका चरम ज्ञान।

दूसरे, उसके सामने, अपने आगे बढ़ने का परम मन्त्र चाहिए, सृष्टि में रहकर सृष्टि के व्यापारों को सिर पर उठा लेने की दृष्टि।

तीसरे चाहिए आत्म-श्रद्धा—अपनी शक्तियों में अटूट विश्वास, अपने संकेतों और संकेतों की तर्जनी के प्रति मस्तक-दान की श्रद्धा।

जी बाग-बाग हो !

हस्त-रेखाओं को तोड़कर अभिमत की तसवीर बना लेने की क्षमता हो। 'विश्वास' बनकर, निरन्तर जी के झूले या झूलने वाले से रिश्ता बँधा हो।

स्वर-पथ हो, केवल कंठ-पथ बनकर नहीं, विश्व-पथ बनकर !

क्षण-क्षण याद, अनचाहा और मनचाहा दोनों भुजाओं-भरा कष्ट-सहन और अभ्यास-वृत्त बन गया हो, पराई बेड़ियाँ बहुत तोड़ीं, आज अपनी बेड़ियों से अपने को ऐसा बाँध पाया हो कि उन्नयन की हर सूझ कानून बन गई हो।

नेत्रों की कामनेनु, जहाँ तक जागे, हरा-भरा भोजन अपने लिए पावे। इसलिए कि उसे अश्रुदान नहीं, उचित दृष्टि का दुग्ध-दान करना है।

तुलसी का मानस तो तब बना जब जड़ और चेतन में गाँठ पड़ गई। गाँठ विश्व की समस्या बनकर ग्रन्थों ने, पंथों ने गाँठ गहरी ही की। प्राण क्या था, एक लम्बा अन्धकार। समस्या के अस्तित्व का अभाव बनकर, साँसों का खेल चल रहा था और जीवन जल रहा था। यादें, तकलीफें, अनशन, अनासक्ति और

आत्म-निर्मित शृंखलाएँ—सब उस उद्दण्ड को बाँधने के लिए काम में लायी गयीं, जिसे जीवन कहते हैं।

जीने की परम इच्छा, अन्धकार के मरण से पराजित थी; अब उसे आत्म-नियन्त्रण के अनेक शिखरों पर हरा तृण दीख पड़ा।

['रंगों की बोली']

बिना काम का काम

मनुष्यों में सरल-हृदय मिलें, सरल-हृदयों में बच्चों के दर्शन हों, बच्चों में किलकारी-नरेश हों, जिनकी दँतुलियाँ ऊगती चली आ रही हों!

जब कोई हमारा भाग्य अपनी मुसकराहट, बेचैनी या आलोचना से लिखता हो, तब उसे रोको मत। वह ध्वनि, वह लिखावट आस्तिकता के अस्तित्व की है।

पतन की परिसीमा देखिए। किसी के गुण सुनता हूँ, तो सचाई के प्रमाण माँगता हूँ। दोष सुनता हूँ, तो एकदम मान लेता हूँ और चाहता हूँ, कि और लोग भी मान लें।

कृष्ण कारागार में पैदा हुए, ईसा अस्तबल में। फिर मैं अपने गीतों में ऊँचाई लाने के लिए नन्दन-कानन ढूँढ़ने का बहाना क्यों करूँ!

यदि निन्दा हत्या का पुरश्चरण नहीं है, तो क्या है? क्या हत्या एक तीक्ष्ण मनोभाव का ही परिणाम नहीं?

साधु तुकाराम ने एक जगह लिखा है—भगवन्, भला किया जो मुझे कुनबी बनाया, यदि ब्राह्मण बनाया होता तो मैं दम्भ से मर गया होता।

'साधु' दोष-हीनों की जाति का नाम है, किन्तु जाति के उच्चतर उदाहरण का नाम है—'बालक'।

पौरुष, क्रूरता से उतनी ही दूरी पर रहता होगा, जितनी दूरी पर कायरता से।

मैंने उनसे पूछा—आपने कोई पुस्तक नहीं लिखी ? वे बोले—अभी तो जीवन का घड़ा ही खाली है, भरा नहीं है, बाहर बहे तो क्या बहे ?

जीवन की तरह मन में भी चारों वर्ण हैं, जीवन में हम ब्राह्मण को पवित्र मानते हैं, मन में हम चाण्डाल को पवित्र मानते हैं—उसी के अनुसार चलते हैं।

धनवानों के लड़कों को अटारी पर चढ़ने के लिए भी सहारा चाहिए, गरीब के बच्चे हिमालय के मस्तक को भी चरणों से रौंदते हैं।

['अमीर इरादे : गरीब इरादे']

पंखुरियाँ

मेरे व्याख्यान हो रहे हैं, या मेरी परीक्षा हो रही है कि कहीं मैं नगर के बौद्धिक और भावनामय जीवन के प्रति अपने कर्त्तव्य भूल तो नहीं गया !

कृष्ण ने, विष्णु ने गाय ली, लक्ष्मी ने बैल लिये।

जिसने अपने अन्तर के देवता के सम्मुख घुटने नहीं टेके, वह बाहर के देवता के सम्मुख गिड़गिड़ाकर देवता को धोखा नहीं दे सकता।

संगीत का उद्देश्य गहराइयों में हलचल मचा देना है। वह दर्शन नहीं है, वह तर्क नहीं है, किन्तु मानव-जीवन की समझ-उत्पादक हलचलों का वह केन्द्र-बिन्दु है।

उसका संदेश है राष्ट्र, भाषा, सम्प्रदाय, प्रान्त आदि की भेद-सीमाओं की अवहेलना करके मानवता को आनन्दमय और सृजनकारी बना देना। सृजन का आनन्द जीवन का संगीत है, संगीत का आनन्द सृजन की हलचल है।

सेंट जॉन ने कहा—"सृष्टि के आरम्भ में शब्द था।" यदि मैं कहूँ कि घूमती हुई पृथ्वी नृत्य के रूप में परमानन्द की अभिव्यक्ति है, तो कैसा हो ? यदि सृष्टि के आदि में शब्द था, तो पृथ्वी की दौड़ से कम्प बनकर वह नाद बन गया था। नाद को हमने, हमीं ने 'अहम्' कहा।

हम वस्तु, बुद्धि और व्यवहार लेकर मानव को पहिचानने का प्रयत्न करते हैं, किन्तु उसकी गूढ़तम सृजनशीलता की उपेक्षा करते हैं।

हमारी रुचियों को दुलराना और हमारे बौद्धिक कुतूहल को सन्तुष्ट करना, संगीत या कला का काम नहीं, वासना का काम है। उसका काम गायें चराना मात्र नहीं, वंशी की धुन में गाय, गोपाल और दिगंत को आनन्द से भर देना है, जिससे नवीन तरुण सृजनशीलता के लिए नवीन भावनामय, नवीन त्यागमय हो उठें।

आनन्द में विरामहीनता और स्वर में सीमाहीनता हो, तो समझो, वहाँ कला अवतार लेकर आई है।

कला में डूबने वाले को, कला को निष्पक्ष बनकर जाँचने का सुयोग खोना पड़ेगा। शरीर को काट-पीटकर तराजू पर तोलकर लेने वालों को साँसों से हाथ धोना पड़ेगा।

मन-जागरण करो तो जन-जागरण अपने आप हो जाएगा!

बड़े पर्वत अपने सिर पर छोटे तिनकों को जगह देते हैं। बड़े वे जो छोटों को सिर पर लेने में अपने को गर्वित अनुभव करें!

एक वेल चौतरफा बढ़ती है—यह सब वृक्षों पर एक से पत्ते कैसे? यह कला की एकता, कला की एकरसता है!

गाय काली होने से दूध काला नहीं होता। धारा में टेढ़ होने से स्वाद में टेढ़ नहीं होती।

बहते हुए बादल पर इन्द्रधनुष!

झूठे शेल्फ पर झूठी किताबें! हम जगत् के शेल्फ अर मानवता की झूठी किताबें हैं। हम किताबों के चित्र हैं, किताबें हैं ही नहीं।

दुःख धन की तरह है—उसके हिस्सेदार आये कि वह घट जाता है। सुख विद्या की तरह है—उसके हिस्सेदार आये कि वह बढ़ जाता है।

रस प्रारम्भ कि कला प्रारम्भ—रस समाप्त कि कला समाप्त !

पागल को जगत् में कौन पूछता है ? किन्तु यदि किसी लेखक या रचनाकार की रचना में पागल की भूमिका का कोई पात्र आ जाय, तो वह युगों-युगों तक अमर हो जाता है।

छपने से, लोहे की कीलों में छप जाने से कोई चीज कला नहीं हो जाती—कोई चीज साहित्य नहीं हो जाती। हमारी रुचि जिस पर कुर्बान न हो उठे, और हमारी यादें, अपनी स्वाद की जीभ में जिसे पकड़ न पायें, वह कैसा साहित्य ?

रमणी, बेटी, माता—स्त्री के इन तीन रूपों में हम केवल रमणी-रूप के ही उपासक क्यों ?

साहित्य की कसमसाहट—कला-पिता, कला-माता, कला-पुत्र।

साहित्य निरुत्तर नहीं करता, मन में बैठा देता है।

हम तो अपना विज्ञापन करते हैं, गुण व्यक्त नहीं करते। तब हम कैसे गणेश-पूजक ? विज्ञापन उसे कहते हैं जिसमें जो गुण वस्तु में नहीं, उन्हीं का आरोप किया जाय और जो दुर्गुण हों, उन्हें छुपाया जाय।

सारी सृष्टि पर दृष्टि डालिये, तो स्थलीय आडम्बर क्षण मात्र में आपकी नजर से उतर जायगा। जगत् में या तो यूरोपियनों का देशों पर कब्जा है, या उन लोगों का अपने देशों पर कब्जा है जो यूरोपियन ढब-ढाँचे को अपने लिए अपना चुके हैं। जो परिवर्तन न कर सके, वे मिट गये।

गांधीजी की अहिंसा ने शासन पर अधिकार करके बता दिया कि आज का गणेशोत्सव सचमुच गणों के ईश का आराधन है। आज गांधीजी की अहिंसा देश का शासन देश के हाथ में बिना रक्तपात के सौंपने और इस तरह विश्व का नया इतिहास गढ़ने में सफल हुई है।

गण-देवता, गणाधिपति हमें चाहिए। हमारा कोई कार्य, कोई संकल्प, गणाधिपति की पूजा के बिना न हो सकेगा।

[संभवतः सन् 1948 या 1949 में लिखित]

इन्द्रियों की जूतियाँ

इन्द्रियों की जूतियाँ खाकर जब मेरे मन में एक भाव आया और उसने कहा : "मैं एक विचार हूँ" तब मैं हँस दिया। किन्तु थोड़ी देर ठहरकर जब उसने कहा : "मैं तुम्हारा मन हूँ।" तब मैं रो दिया।

पर्वत की एक गहरी दरी हो। उसमें कँटीले झाड़ हों। नजदीक ही एक बाघिन अपने बच्चे को सुहला रही हो। थोड़ी दूर पर एक साँप बाहर हवा ले रहा हो; और उसके पास ही उसी झाड़ी के निकट, खिला हो एक हजारा गुलाब, तो वह गुलाब का फूल हमें इतना सुन्दर मालूम होगा, जितना सुन्दर हमने विश्व में कभी कुछ न देखा हो। ऐसे ही सौन्दर्य के सम्मुख महाकवि माघ का 'क्षण-क्षण में नवीन' सौंदर्य बीमार दीख पड़ता है। सौंदर्य वह, जो खतरों की गोद में भी अछूता, सुन्दर, अडिग और अनोखा रह सके।

राजनीति ने साहित्य से कहा—"निकम्मा कहीं का!" साहित्य ने राजनीति से 'अकबर के शब्द' लेकर कहा—"उस्ताद जी!"

मन में आने वाले हर विचार को मैं अपना मत कहने लगूँ, तो फिर मेरा किसी विषय पर कोई मत नहीं।

यदि मैं किसी के मत की आलोचना करते समय, उसके व्यक्तित्व को अछूता छोड़ूँ, तो भोजन की पत्तलों तक को खा जाने वाले भोजन-भट्टों की उपमा मुझे मिलनी चाहिए।

क्या? गलती कभी-कभी हो जाती है? सैकड़ों, हजारों 'कभी-कभी' के समूह का नाम ही तो जीवन है।

प्यार को नष्ट करके आने वाली तेजस्विता हिंसकता है। और तेजस्विता को नष्ट करके आने वाला प्यार नपुंसकता।

सम्पूर्ण सत्य मेरे मत में है ही नहीं। सम्पूर्ण असत्य का वारिस भगवान् ने मेरे विरोधी को ही नहीं बनाया। ऐसी जिद, बुढ़ापे का घुटने के बल रेंगना है।

अत्याचारी यदि स्वयं भगवान् हो, तो भी मैं उसके खिलाफ खड़ा होऊँगा।

कुछ लोग ऐसा साहित्य लिखते हैं, जिसमें पाठक अपने को मिला दें, अपने को खो दें; कुछ लोग ऐसा साहित्य लिखते हैं जिसका पथिक, छुपे हुए अपने आपको पा ले। कुछ लोग ऐसा साहित्य लिखते हैं जिसमें न कोई अपने को खोता है, न कोई अपने को पाता है, पर वे जिद करते हैं कि उसे 'साहित्य' ही कहा जाए।

वे ऐसा साहित्य लिखना चाहते हैं, जहाँ लेखक पा ले—खुला हुआ जैसा-तैसा, बिलकुल नग्न, सारे दाग दीख पड़ते हों और वह उनमें अपनी सीमा को कूतने के बजाय, अपने बड़प्पन को सीमित देख रहा हो।

गंगा, जमुना और नर्मदा के तट पर जली हुई अपने पूर्वजों की चिताओं की राख घुलकर पानी में चली गई और उस जमीन पर घास और झाड़ियाँ उग आईं। परन्तु समय से पूर्वजों की स्मृति बिगाड़ना न आया। पानी धो न पाया, झाड़ मिटा न पाये। नदियों के किनारे तो वहीं हैं, और जमीन चाहे गूँगी हो चाहे उस राख का भी पता न हो, किन्तु तिस पर नदियों के तट हजारों बरस पुरानी बात मन की भाषा में बोल रहे हैं।

नवयुग वह है जिसकी गोद में पीढ़ियों का श्रम, भावी की जरूरत पर मुखातिब होकर बैठ जाता है, और अपनी अन्तिम तिथि पर, नवीन से नवीन विचारों पर अपने सुनहले हस्ताक्षर करता है। उतावले नवीनतावादी दिमाग की उस सुलझन को भूतकाल से बिल्कुल मुक्त एक वस्तु मानकर, नवीन विचारक और उसके पन्थियों कोसने लगते हैं। समय का मापदण्ड बन सकने वाली बुद्धि और श्रद्धा अपने पास न रखने ही के कारण हमारी यह क्षुद्रता प्रकट होती है।

जो शहराती अपने पड़ौसियों की, जीने पर चढ़ते या जीने से उतरते हुए की पदध्वनि सुनने के लिए स्मृति का अवकाश नहीं पाते, नहीं जिन्हें किसी के उन सीढ़ियों से लुढ़कने पर भी दौड़ने की नहीं, झाँकने की चाह का भी अवकाश नहीं, वे बेचारे आसमान से हृदय में आने वाले 'माधव' की पद-ध्वनि सुनने का अवकाश पायेंगे? वे बेचारों की पग-ध्वनि पर उनका स्वागत कर सकने की सावधानता पा सकेंगे?

और तुम भाई बाजारेश्वर :

शब्दों की गुरुता, अपने आपको तुम्हारी तराजू के बाँट बनाने के लिए प्रस्तुत नहीं। अपने जूते की गड़नेवाली कील को तुम चिन्तामणि के इन टुकड़ों से मत ठोंको। पत्थरों का कौन टोटा है। तुम्हारी दृष्टि खींचने वाली इनकी चमक ही गुनाह नहीं होना चाहिए। अपराधी तुम हो जो तम्बूरे का तार तोड़कर खटमल मारने के लिए उसमें अपनी लालटेन लटकाते हो। क्या यही माधुर्य का मूल्य है ? विज्ञापनबाजी में कविता का उपयोग करने वाले मित्र, तुमको कैसे समझावें ?

हिन्दी भाषा में कुछ विचित्र कमी है ! चारपाया देखकर स्त्रीलिंग ढूँढ़िये तो चारपाई दिखाई दे ! चौपाया से जो मिलाइये तो बेचारी चौपाई पर बीते, और तुलसीदास जी के गले पड़े ।

['युगारम्भ' 1947]

अनगढ़ को गढ़ते समय

—जीवन की बेईमानी किसे कहते हैं ? अधूरा काम करने या अधूरा काम करके छोड़ने की आदत को।

—साहित्यिक नियम के मानी ?—अपने पूर्ण सन्तोष की अन्तिम कलम चलने तक अपनी रचना को प्रकाशन या अखबारी बाजार न देने की दृढ़ता।

असफलता का जिम्मेदार कौन ? भाग्य ? स्वयं बेजोड़ काम ? वर्तमान समय ?—ना, हमारी काम न करने की आदत !

—किसी वस्तु के प्रकाशन में जल्दी ? जल्दी किसे पड़ी ? काम को ? आदर्श को ? युग को ? हरगिज नहीं, जल्दी हमारे छुपे पतन को पड़ी है, जो जीवन के ईमानदार पथ को ग्रहण न कर, सफलता के लिए, छपास की जुआखोरी करता है।

—मीठा क्या है ? प्रशंसकों की तालियाँ ! और हमारा उपयोग करते

जाने वालों का 'वाह-वाह' भी मीठा है। पर हैं ये दोनों जहरीले। कड़वा, किन्तु स्थायी है, अपना पथ न छोड़ना ! अपने काम पर, अपनी सेवा पर गालियों आदि उपहारों के बीच एकसाँ छाती तानकर खड़े रहना।

—हमारी असफलता, हमारे पराजय, हमारे छिछोरेपन, हमारी कलह-प्रवृत्ति ने किससे जन्म लिया ?—स्वयं अपने आप से। हमारे गन्दे वातावरण, गुनहगार चित्रण, धोखा देने की दौड़-धूप, और भाई-भाई के साथ शत्रुओं-जैसे व्यवहार ने हमारे हर प्रयत्न के पश्चात्, जनमत से हर 'सफलता' शब्द के पहिले चुपचाप 'अ' लिखवा लिया।

—जो भविष्य की छाया अपने अन्तर में अनुभव कर सके, उसी की भविष्यवाणियाँ विश्व के हृदयों में टिकती हैं।

—जो टूटने देने के पहले जोड़ ले जाते हैं और साधुओं-जैसी सरलता के साथ अपनी असफलता को सफलता में बदल ले जाते हैं, वे विश्व की उच्च गति के मापक चिह्न हैं।

...जो अपनी कलम पर काबू न रख सके और जिसके प्रकाशन-वक्तव्य लोगों के हृदय से उसकी बनी हुई उत्तम तस्वीर को बिगाड़ दें, वह समझदारी के कर्त्तव्य-जगत् में घुटनों के बल रेंगता हुआ बच्चा है।

—क्रोध से गाली देने की साध, तानेकशी की पतनोन्मुख इच्छा ही पूरी हो सकती है। क्रोध से योग्यता नहीं आ सकती।

—आलोचना वह, जो किसी व्यक्ति, उसकी रचना, उसके ग्रन्थ, उसकी सेवा पर अत्यधिक प्रेम करके इसलिए लिखी जाए कि आलोचक के दिखाए दोषों को हटाने के लिए आलोच्य का जी ललच पड़े, और दोष हटाने पर आलोच्य 'सत्यं शिवं सुन्दरम्' दीख पड़े। उस समय आलोचक के नाते, हम मस्तक झुका दें। वह आलोचना नहीं जब हम दाँव साधकर यह प्रण कर लें कि अमुक आदमी में, या उसकी सेवाओं में, हम कसम खाकर दोष निकालने की दुकानदारी खोलेंगे, और इस साहित्य और सेवा के कसाईखाने को कहेंगे—आलोचना-मन्दिर !

['साहित्यकार', इलाहाबाद; जून 1956]

नोट-बुक के पन्नों से

—जब हर बच्चा पैदा होने के पश्चात् थोड़े दिनों छुपाया जाता है तब हर विचार जो बच्चे की अपेक्षा अधिक दीर्घजीवी या अमर माना जावे, क्यों न छुपाया जाय ? लोगों की आँखों और उनकी कानों की ओट क्यों न रखा जाय ? उसे बार-बार नहला और सुहलाकर दृढ़ क्यों न बनाया जाय ? अनन्त विचारों की जननी प्रतिभा, उसे दूध पिलाकर परितुष्ट क्यों न कर ले ? जिन विचार-बालकों का 'गोपन-संगोपन' न हो, वे समय की बेदर्द दगड़-झगड़ में कैसे ठहरें ?

—कुछ विचार भी तो 'राजाओं के बेटों' जैसे होते हैं—वे बार-बार प्रदर्शन में कभी नहीं रखे जाते—उनके 'दर्शन' में पुण्य माना जाता है।

—'विचारों' के शत्रु क्षमा करना नहीं जानते, और विचारों के मित्र विचारों के रहन-सहन का हृदय में किला तो क्या, झोंपड़ी भी नहीं बना पाते, तब विचार-जननी विचार छुपाकर रखने को बाध्य क्यों न हो ?

—संगोपन के अभाव में विचार विकृत भी हो जाता है और वह अपने विकृत रूप में समाज के लिए हानिकारक हो जाता है।

—जब सीखने और विचारों को बलशाली बनाने के लिए नहीं, किन्तु एक-दूसरे को खोद बहाने के लिए दो विचारवानों में संग्राम हो जाता है, तब कहना चाहिए कि रण-निमन्त्रण, रण-गर्जना, रण घोषणा, रण-तैयारी और रण करने वाला व्यक्ति अपने युग की संस्कृति के खिलाफ रण करता है, वह अपने अस्तित्व की कब्र की ईंट-ईंट जोड़ता नजर आता है।

—जब किसी विचार का घातक-समूह, उसकी उत्तमता के रहते बड़ा दीखे, तब यह विश्वास करो कि विश्व में एक ऐसा विचार आया है जिसने तहलका मचा दिया है। यह भी विश्वास करो कि अपने प्रति विद्रोहियों की सेना खड़ी कर देने वाला विचार इतना सुदृढ़ है कि वह अपनी रक्षा आप कर ले जायेगा !

—जो कल्पनाशील आराधक आत्म-समर्पण की सुधा से ओत-प्रोत अपना जीवन-प्याला, अपने आराध्य के लिए उपस्थित रखता है, उसकी शक्ति महान् है। उसे रुपया-आना-पाई से मत नापो !

—राष्ट्र—जमीन, झोंपड़ियों, नदियों, टीलों-टेकड़ियों, खदानों, गुफाओं, खेतों-खलिहानों आदि से बना वह सिंहासन है जिस पर संस्कृति के गहने पहनकर, और साहित्य का राजदण्ड धारण कर, अस्तित्व का मुकुट सँवारे एक जाति की आत्मा-रूपी दुर्गा अधिष्ठित होती है।

—प्रजनन बेअख्तियार हो, माना, किन्तु विचार-प्रजनन में, हमारे सामने दो बातें हों : शरीर सुधरा-सशक्त हो, और समय पर वाचा फूट सके।

—जब नई विचार-जननी द्वारा प्रजनन आरम्भ होता है, तब जननी अपने प्रजनन का साहित्य, आदत, हलचल, सेहत और संस्कृति अपनी विचार-जननी से ले लिया करती है। प्रत्येक बच्चे के मुँह से पहला अर्थमय शब्द—चाहे तोतला ही क्यों न हो—माँ ही तो निकलवाती है। उसी के उद्योगों से पानी 'पापा' हो जाता है, जीजी, दीदी।

—जीवन कभी भी सम्पूर्ण आदर्श के साथ आगे नहीं बढ़े, जीवन का नन्हापन ज्ञानहीन, क्रियाहीन और उपयोगहीन होकर भी, जीवित-हृदया जननी के लिए 'अर्थहीन' नहीं होता।

—आदर्श रंगों-समेत ही नहीं, सम्पूर्ण रेखाओं-समेत भी हमारी आँखों में, आरम्भ में नहीं आता। एक रेखा रंग-चढ़ी-सी, एक रंगों वाली मिश्रण-रेखा या रेखाओं में उलझा-सा दीख पड़ता है, और हमारे संस्कार, हमारी संस्कृति, हमारा सहवास, हमारा रहन-सहन, हमारी चाह, हमारी बलि की तैयारी और हमारा निश्चय जब चिन्तनशील होता है, रेखाओं में घटाव-बढ़ाव किया करता है और जब कल्पनाशील होता है, रेखाओं में रंग भरता होता है। समय की, उम्र की, ठोकर से विचारक विश्व की गोद में जाता रहता है। यह सच है कि सदा ही रेखाओं और रंगों से चिन्तन में चित्र नहीं बनते, किन्तु जब बनते हैं तब बनते हैं। हम जितने ही 'दर्शन' में सफल होते हैं, उतने ही जीवित विचारों को जन्म दे पाते हैं।

—धनिकता धन की ही नहीं होती, ज्ञान की, विचारों की भी होती है। और गरीबी के राष्ट्र-निर्माण में इन दोनों ही धनिकताओं से सावधान रहना होता है।

—आदर्श बहुत थोड़ों की जागीर है, किन्तु जिनकी यह जागीर होती है,

जमाना उन्हीं के खिलाफ विद्रोह करता है, उन्हीं को असफल बनाना चाहता है। जो इस विद्रोह में ठहर जाता है, वह सुनहले दिन पर हरियाली और श्याम रात्रियों पर सुनहली लकीर बन जाया करता है।

—जो अस्तित्व, राष्ट्र या संस्कृति को अपनी आशाओं और अभिमान के अनुकूल निर्माण या संगोपन किया चाहते हैं, वे आदर्शवानों के चरणों में बैठकर आदर्श लेते हैं और उन्हें रक्त-बिन्दुओं, जन-समूहों और आदतों तथा आचरणों में फैलते हैं। यह पथ पुष्प-मालाओं का कम और अपमानों, उपेक्षाओं और आक्रमणों का ही अधिक होता है।

—सभ्यता हमारी जाति और चरित्र का सम्मिलित नाम है।

—हमारी सौन्दर्य-भावना, कल्पना, चिन्तन और क्रियाशीलता की इच्छा जितनी ही उज्ज्वल और अनुज्ज्वल होती है, उतना ही हमारा राष्ट्र उन्नत या पतित माना जाता है।

—यदि तरुण जमीन और आसमान के कुलाबे न मिलावें, तो उस तरुणाई पर बुढ़ापे को रोना चाहिए, और तरुणाई को लज्जित होना चाहिए।

—हमारे विचारों और मतों का संग्रह, हमारी संस्कृति की पहिचान-पुस्तिका है।

—भाव या विकार अलग वस्तु हैं, विचार अलग चीज। एक अचानक आया होता है, दूसरा निश्चित किया होता है।

चिन्तन वर्तमान से असन्तुष्ट र रहे, तो उसकी खोजपूर्ण दृष्टि इतिहास और भविष्य का लेखा लेने क्यों जावे, कैसे जावे ?

जो इतिहास के तथा भविष्य के जितने दूरवर्ती समय को छाती छेदकर देख सकता है, वह उतना ही दिव्य दर्शक और प्राण-प्रेरक होता है।

जो भूत या भविष्य के आर-पार देखने के अभ्यासी हैं, उनके एक हाथ में लिखने की गति और प्रगति के आकलन का इतिहास होता है, और दूसरे हाथ में आने वाले संकटों या परिस्थितियों का सामनाक रने के लिए बल, धीरज और

विजय का नुस्खा ।

भूतकाल का स्वभाव है निश्चितता से अनिश्चितता की ओर जाना---भविष्य का स्वभाव है अनिश्चितता की ओर आना ।

—जो जातियाँ निश्चितता की सीमा से अनिश्चितता की ओर जाते हुए, अपने भूतकाल को अपनी स्मृतियों के देव-मंदिरों में सिंगार कर नहीं रखतीं, उनका अस्तित्व विश्व की माप में नन्हा, घुटने के बल रेंगता हुआ होता है । शताब्दियों का बोझ लादे हुए होकर भी वह दूरबीन से भी मुश्किल से दीखने वाला ही अस्तित्व होता है ।

—भूतकाल अपनी गति, स्मृति और स्फूर्ति का मूल मंत्र होता है । भूतकाल का संचय, हमें भविष्य को मापने का माप, भविष्य को देखने की आँखें प्रदान करता है ।

—शासन, समाज और साहित्य क्रान्ति नाम की वस्तु ही को न जानें, यदि भूतकाल मानव-समाज के सामने उसके पापों और पुण्यों का लेख स्पष्ट रूप से न रख दे ।

—'स्व' महान् प्रेरणा है । पंडित माधवरावजी सप्रे ने जबलपुर के सातवें हिन्दी साहित्य सम्मेलन में कहा था कि हम 'स्व' को जान लें, उसे ग्रहण कर लें और फिर भविष्य से, उसमें क्या जोड़ना चाहिए, यह पूछें, तो अंगारों-जैसा साफ और दीपक जैसा सुलझा हुआ उत्तर देगा ।

—भूतकाल ने हमारी बेबसी का चित्रण कर, हमें 'स्व' प्रदान किया, 'स्व' की आत्मा जाति दी और यह देखिए, इन्हीं 20 वर्षों में हमारी भाषा, साहित्य, समाज, कला, तत्त्वज्ञान, विज्ञान, स्थापत्य और इतिहास में हमारा कदम बढ़ गया । राजनीति को प्रेरणा के रूप में भूतकाल की बेचैनी आई, किन्तु उसने राष्ट्र को जो गति दी, उसने यशस्वी अस्तित्व और आवश्यकता के सब अंगों में प्रेरणा दी ।

—जो हमें शक्तिहीन रखना चाहते थे, वे हमें खाने को रोटी, पीने को पानी, पहिनने को कपड़ा, देखने को तमाशे और रक्षा को पुलिस-फौज और न जाने क्या-क्या दे सकते थे । किन्तु वे हमें हमारा उज्ज्वल भूतकाल देने को तैयार न

थे। जिस दिन हमें भूतकाल छू गया, हमने खाने को दंड, पीने को आँसू, पहिनने को बेड़ियाँ, देखने को दुर्दिन और रक्षा के लिए खतरों और भगवान् को न्यौता, इसलिए कि हम सब-कुछ खो सकते थे, किन्तु इतिहास द्वारा सौंपा हुआ प्रेरणापूर्ण पुरुषार्थ नहीं।

—जब हमने 'सरकारी' तालीम से आत्म-विस्मृतिपूर्ण प्रेरणा पायी, तब पाये हुए ज्ञान के साँस-रहित होने पर भी हम उसमें अस्तित्व का आरोप करने लगे। उसमें मूल्य की कमी होते हुए भी उसकी बाढ़ पर हम मस्त होने लगे। ज्यों-ज्यों हम बाढ़ को ज्ञान मानने लगे, त्यों-त्यों-बालकों की बुद्धि की पीठ पर गुम-राह करने वाले ज्ञान का बोझ बढ़ाते गये।

—बड़प्पन, दुर्बलताओं की दूकानदारी का साइन-बोर्ड है।

—हमारा बल है, अपने पुण्यों और पापों के सम्बन्ध की यथार्थ जानकारी। हमारा प्राण है, उस जानकारी के बूते विश्व-प्राण बनकर रहना।

—चिन्तक वह जिसे 'मौन' भगवान् के आशीर्वाद की तरह मिला हो और 'वाचा' मस्तक व हृदय के संयुक्त वरदान की तरह मिली हो।

—विदेशी लोग अपने देश का कोना-कोना छान चुके हैं, दूसरे देशों का कोना-कोना छान चुके हैं, तब उनकी कलम और उनकी बुद्धिश्री की बहुरूपिन के सम्मुख हमारा अज्ञान मुठभेड़ में कैसे ठहरे? हमें तो यह भी पता नहीं कि हमारे गाँव की सीमा कहाँ तक है और हमारे घर के जीने में कितनी सीढ़ियाँ हैं।

भगवान् समय के विराट् स्वरूप में भूत भी वर्तमान है, भविष्य भी। अस्तित्व की साँसों की लम्बी रस्सी के वे दो सिरे हैं।

—मेरी सम्पूर्ण परिमितताओं के बीच में भी, मुझे अपने प्रकाश से अपने पथ को ढूँढ़ने को दिलबर, तुम्हारी आँखों के लालटेन, मेरे जीवन की रेलगाड़ी को, तुम्हारी इच्छा न रहते हुए भी कहीं डिरेल न कर दें।

हर देश के साथ उसका अपना प्रकाश होता है। वह संस्कृति—यानी लालटेन में रखा होता है, पुरुषार्थ के स्नेह से दमकता होता है, खोल की बत्ती उसमें लगी होती है और आदर्श की 'लौ' उस पर लगी होती है।

ऐक्य की विभिन्नता ईश्वरीय खिलवाड़ है, और विभिन्नता का ऐक्य ईश्वरीय संकेत।

निर्मल पुरुषार्थमयी, प्रेरणापूर्ण, हृदयवान, मजबूत और अपने बिन्दु को देख सकने वाली नित्य नवीनता ही का नाम कवि, सेनानी और अपने बिन्दु को देख सकने वाली नित्य नवीनता ही का नाम कवि, सेनानी और सन्त का अस्तित्व क्यों नहीं ?

नन्हें हम, भविष्य की ओर देखने में प्रवीण होते हैं; युवा हम, वर्तमान के गले में बाँहें डालकर जीवन की ताना-री-री छेड़ते हैं, और बूढ़े हम, आँसू डालकर या आँख निकाल कर भूतकाल को दुहराया करते हैं। हम इस तरह 'अमर' नहीं हुआ करते। अमर का तो त्रिकालज्ञ होना जरूरी है। सोतें हम भूत का लेखा लेते हों, जागते ही हम भविष्य का नक्शा बना रहे हों, और जागते हुए हम उद्दण्ड भविष्य को अमर वर्तमान बना रहे हों।

—सातों रंग मिलकर एक सफेद रंग देते हैं, सातों स्वरों का स्वर मिलकर संगीत बन जाता है। क्या भिन्नता की एकरसता में प्रभु छुपकर नहीं बैठता ?

—विविधता व्यवस्था है, विद्वेष नहीं।

—प्रेम की अधिकता में बेचारी समता ही बह जाती है, तब विषमता कौन-सा बल लेकर यहाँ आ सके ?

हमारी जिस भावना ने हमारे भाई ही को हमारी दृष्टि में अछूत करार कर दिया, उसी भावना ने समुद्र-यात्रा न करने, छुआ न खाने आदि के रूप में, विश्व को भी अछूत करार दिया। इस तरह हम सूरज की सौ-सौ किरणों के बीच भी अन्तःबाह्य अछूत हो गये। हमें स्वयं ज्ञान ने, निश्चय ने, पौरुष ने, उद्योग ने, कल्पना ने, हृदय ने—सबने हमें छूने से इन्कार कर दिया।

['क्षितिज', जुलाई 1956]

बूँद-बूँद...

पूर्णमदः ! सौ जहाजों में भरकर तुम्हारा रूप यहाँ आया है, किन्तु

खलासी कहते हैं कि जितना वे उठाकर लाए हैं, उससे कई सौ गुना, वहीं तुम्हारे पास ही, पड़ा रह गया है।

जी, ये टूटे सपनों और घायल आदर्शों की लाशें पड़ी हैं, जिन्हें न दुनिया में गाड़ने वाले मिलते हैं, न जलाने वाले।

बीते युगों को अनाथालय भेजकर हँस क्या रहे हो अनजान दोस्त ! कभी भुजाओं और मस्तक में सामर्थ्य टटोलकर न्यौता देना कि तुम उनको नये से नये बनवा दे रहे, या कम-से-कम उनका जीर्णोद्धार कर रहे हो। दीमक का भोजन बनती हुई पुरानी पोथियों के पन्नों में तो वे युग तुम्हारे अज्ञान की अनन्त कृपा से हैं ही।

भविष्य की डींग जोर-जोर से न हाँको राजा ! भविष्य की डींग इसीलिए जोर से हाँक पाते हो, क्योंकि उसको किसी ने देखा नहीं है। अतः तुम्हारे गर्व, तथा तुम्हारे अज्ञान तथा तुम्हारी सनक के सौ खून माफ हैं ! शायद तुम्हें भविष्य की डींग सुहाती हो, इसलिए, क्योंकि वर्तमान के सामने तुम अकर्मण्य और निकम्मे हो—और भूतकाल इतना स्पष्ट है कि अध्ययन और श्रद्धा के उस सत्य को 'अज्ञान' से भविष्य की डींग की तरह न छुपाया जा सकता है, न टाला जा सकता।

तुम्हें मनुष्यता देवी और देवताओं में बँटी दीखे ? कभी नहीं। तुमने कठिन भाषा ग्रहण कर ली है और ग्रंथों को, उनकी कथाओं को छोड़ दिया है।

जय-जयकारों और धिक्कारों के साथ तुम्हीं जाओ सुधारक ! वे तुम्हारी आत्मा के ही दो पंख हैं। कलम को तो जरा अकेले में समय के आर-पार सोचने दो। कलम के निर्णयों के लिए भूत और भविष्य में अन्तर करना, दो सगे बेटों में भेद पैदा करना होगा तपोधन ! उस दिन लेखनी के मुँह पर कालिख पुत जाने का डर है।

उसे विधाता ने पंख इसलिए नहीं दिए कि वह लेखनी लेकर धारणाओं के पिंजरे में बैठ जाए। उसे तो उड़ने के लिए, साध और सूझ के पंखों पर उड़ने के लिए जरा खुला आकाश चाहिए।

उपनिषद्, पुराण, बाइबिल, जिंदावेस्ता, कुरानशरीफ और वहाँ-वहाँ से

जब तुम्हारी प्रतिभा के पंख छू जायें तो घबड़ा न उठे राजा ! तुम्हारी सूझ ही वह उदार देवालय है जिसमें आकर इमली के बीजों की तरह नपा-तुला इतिहास और आकाश तारों की तरह बे-गिना प्राचीन साहित्य साथ-साथ खड़े हो पाते हैं और अपने अमृत-घट में से बूंद-बूंद रस पत्थर के देवता पर टपका-टपकाकर उसे साँस लेने वाला बना देते हैं।

जब सर जॉन मार्ले (उस समय लॉर्ड मार्ले) ग्लैडस्टन की जीवनी लिखने लगे तब आर्थर बालफोर ने उन्हें सलाह दी कि यह 'ब्रिटिश जीवन' है। लिखने के नाम पर तुम कहीं उसे श्रद्धा से या अश्रद्धा से बिगाड़कर मत रख देना ! तुम यदि साहसी और पक्षपात से रहित होकर लिख सको तो उस जीवन के पूजन के लिए कलम उठाओ।

वे जीवन-चरित्र, जो छोटी-छोटी बेगढ़ी जीवन-घटनाओं को ज्यों-का-त्यों देने का साहस नहीं दिखा सकते, कभी सफल नहीं हो सकते।

तुम्हारा लिखना, तुम्हारा ग्रंथ लिखना, 'इतिहास के चरण' की आहट बनने जा रहा है। इस तरफ हरगिज न देखो। चलो, लिखे चलो। और इस सौभाग्य कहे जाने वाले दुर्भाग्य को बहुत आहिस्ता सहे जाओ।

तुम्हारी रचना, छपी रचना, बिक चुकने पर कभी तुमने उसे पाने के लिए, पुनः पाने के लिए, पाठक को ओंठ चाटते देखा है ? यदि नहीं, तो, फिर अपना ही स्वाँग भरना लिखो, युग को अपमानित क्यों करते हो ?

नरक में रहो, कौन बुरी बात है ? गीता कहती है, 'अनुद्वेगकर' लिखो, अपने युग के लोग अपनी सुनें और उकसें नहीं। यह रोपट्रिक, यह भैंसे के सींगों से ऊँची रस्सी वाला खेल न साधो, नरक ही में रहना है न ? नरक और स्वर्ग के दो श्रीकृष्ण अलग-अलग नहीं हैं। किंतु लिखना ऐसा, जो उमस, उकस और आकर्षण दे।

युग जिसे प्राचीन न बना पाए और रूढ़ियाँ जिसे बेस्वाद न कर सकें, उसी को अमर साहित्य कहते हैं।

[राष्ट्र-वाणी, नवम्बर 1957; 'रंगों की बोली']

ललित निबन्ध

वर्षा की प्रथम बौछारें

सूरज तपकर अपनी सम्पूर्ण शक्ति दिखा रहा था। जवानों की जिन्दगी झुलसी-सी दीखती, बूढ़ों की 'हाय राम' कुहराम बनी रहती, बच्चे ऋतु को लात मारकर सड़कों पर लपटों में खेलते, तो लू लेकर लौटते। काम के घंटे उगलती आग ने बेकाम के घंटे बना दिये थे।—और बरसात आ गयी।

अखबारों में पढ़ रहे थे, वर्षा का मौसमी पानी लंका से चलकर, केरल प्रदेश से गुजरता हुआ, कालीकट होकर कोंकण तक आया है। कोंकण से बम्बई से तीन दिन, और बम्बई से यहाँ (खण्डवा) सात दिन यानी—तारीख 9-10 जून को वर्षा आयी समझो। जो जमीन के इतने विषैले समर्थक कि आसमान को देखना भ्रम समझें, वे भी दिन और रात आकाश में बादल के टुकड़े ढूंढ़ते। दोनों की समय की दूरी के लिए बिना ठहरे कल जोर की बरसात आ गई। "लोकल रेन है" विशेषज्ञता के बीमारों ने कहा। "पानी है ! बरसात है !" जन-जन ने कहा। वर्षा का स्वागत। वह जो ठेला-कुली जा रहा है वह चाहता है कि ठेले का माल न भीगे, किसी ओट की शरण ढूंढ़ रहा है ठेले के लिए। किन्तु स्वयं किस चाव से बरसती बूंदों में नहा रहा है। दो आने घंटे वाले साइकिल-सवार उड़ते वस्त्रों और उखड़ते पहियों सिनेमा के गीत इस मजे से गा-गाकर अंधड़ की उपेक्षा कर रहे हैं मानो बरसात पा ली, सब-कुछ पा लिया।

आँखों में फुहारें जा रही हैं, किन्तु ध्यानस्थ-से उन्हें मूंद कर, बूंद-बूंद बरसते वरदान का चाव से आगमन मनाया जा रहा है। आँखों को बिजली की चमक और कानों को बादल की कड़क, कैसी भा रही है, मानो वीणा-मृदंग किसी को इस शीतल स्वप्न के साकार होने के समय 'मदाखलत बेजा' करने का अधिकार नहीं है। बस यही गरज, यही घुमड़, यही टप-टप, यही ठहर-ठहर कर मचकियाँ-सा लेता अंधड़ और यह घर के वस्त्रों और वस्तुओं और नर-नारी के मन और विश्वासों को आनन्द-आभार और वर्षा के ज्वार से औंधा-सीधा करता व्यापार चाहिए। मुंह खुलता है कि कसी बुद्धि और बसी ज्ञान-राशि के पुण्य-कलेवर को

लाँघकर कुदकियाँ और किलकारियाँ मानो फूटकर निकल पड़ना चाहती हैं। वे सब चुहल, जिन्हें अपनाने वालों को हम चश्मा चढ़ाये, चश्मे के कुछ बाहर और कुछ भीतर से झाँकते—शोहदापन कहते थे, अब अपनी ही तबियत में बरबस उगे उठते हैं। कैसा प्यारा सुहाना है मौसम। कैसी नन्हीं-नन्हीं, पर विस्तृत सुकुमार विश्वासों-सी हैं बूँदें। गर्मी को बिदाई देने की याद ही नहीं रह रही, बरसात का स्वागत कौन करे, बेहोशी जो है!

यदि आकाश के बादलों के पृथ्वी की ओर होने वाली इसी बरसाती आकर्षण के कारण श्यामला भूमि को हरी-हरी कर डालने वाले लोगों ने 'कृषक' नाम पाया था, तो अनन्त 'आनन्द' के पुत्र ने भी इन्हीं बादलों से श्यामता क्यों न ली होगी। इन्हीं से रण-कौशल, इन्हीं से बरस पड़ना, इन्हीं से छा जाना, इन्हीं से उग उठना, इन्हीं से हरा-हरा कर डालना और फूलों से भर और फलों से लाद देना क्यों न सीखा होगा? और इसीलिए क्यों न इसी आकर्षण के अनुकरणशील साधक, उस बाँसुरी-वादक को, अग-जग ने कृष्ण कहकर मस्तक न झुका दिया होगा।

अहा, फिर फुहार आई, यह गरज, यह बरस! तड़प बेचारी बिजली के मधुर उत्पादों और बादल की हुंकारों में जा छुपी। और फिर पानी···पानी··· पानी··· ।

कैसी मनोमोहिनी परेशानी है, दुनिया गीली है, दुनिया तपन के बीचों-बीच थरथरा उठी है, किन्तु मस्तानी है!

बरसात! तुम्हारा स्वागत!

और लीजिए वे नाच उठे किलकारी-नरेश! नाच उठे? दौड़ना है, मटक कर चलना है, फुदकना है, छलाँग मारना है और इस सारी मेहनत की और उसकी थकन की चोरी करके, चोरा-चारी-सी, वह आ गई मुसकाहट, और वह छा गया आँखों से आवेगों तक, मानो एक तान पर—ये सब हाव-भाव उतरकर, आनन्द की थाप पर, आमोद के सम पर उतर-उतर रहे हों···जी···इसीलिए लगते हैं, बच्चे नाच उठे, नाच उठे, किसी की नन्हीं भुजाएँ ऊँची हैं, किसी की ऊपर झुकी हैं, किसी की दोनों भुजाएँ किसी के गले में, फिर भुभना है, भींजना है···। यह नाच नहीं उठे तो क्या कर उठे? माना, अहमदजान थिरकवा का तबला इन गीत-भरे कुतूहलों को नहीं बाँध सकता, क्योंकि इनके आनन्द की उँडेल का वह सौदागर आसमान बाबा है, जिसकी तान पर संसार के नृत्य-गान ठहरे हैं। सो ये नन्हें-नन्हें नारायण 'स्याम गौर किति कहौं बखानी' तो नाच ही उठे। कीच के बीच से हटकर मचलती हुई निकलती छोटी-छोटी पथ-गलियाँ बीहड़ प्रदेश को भी कुंज-गलियाँ बनाती बढ़ीं कि वह जोर का अर्राटा और वह गरज, वह बरस! और गलियों-कूचों की बाढ़ों में कितने आषाढ़ नहीं हो-हो उठे,

जब कीच पर कमल और कमल पर सूरज की तरह नन्हें-मुन्नों की फुलवारी उग उठी है और बरसात है कि काले बादलों, सुनहली बिजलियों, काले खेतों, पथरीली चट्टानों, हरे मैदानों के रूप में मानो वन अपनी रामायण के सब काण्ड आज ही लिखने बैठ गया है।

आखिर वर्षा आई है। आनन्द की, आकर्षण की, तारल्य की, राधा की, कृष्ण की, बरसाने की, वृन्दावन की, कामवन की, यमुना की, और ऊपर के आसमान की या नीचे की जमीन की--किस-किस की छवि देखें? भवानी बेटा[1] के शब्दों में कहें—

"बरसात आ गई रे!"
बरसात आ गई रे!"

[साप्ताहिक 'भारत', 30-6-1956; 'पाँव-पाँव']

मौसमी बादलों की प्रतीक्षा

लोगों ने सोचा था, मालव और महाकौशल में, वर्षा ता० 8 या 9 जुन को आ जायेगी। नागपुर के मराठी सहयोगी 'महाराष्ट्र' ने अन्दाज लगाया था कि वर्षा 10 जून तक नागपुर पहुँच जायेगी, यों जहाँ-तहाँ थोड़ी बूंदा-बूँदी हुई भी। खण्डवा से 36 मील की दूरी पर हरसूद में, शनिवार को 20 मिनटों में नाला बह गया। परन्तु मौसमी बादल अभी तक नहीं आए। सीलोन में मौसमी बादलों की खबर सुनकरर, सब लोगों ने अपने अन्दाज लगाये थे, किन्तु वे कोचीन, त्रावणकोर, मालाबार और कोंकण को निहाल करते हुए, हिसाब से अभी बम्बई नहीं पहुँचे। उन्हें ता० 31 मई को बम्बई पहुँचना था, किन्तु अब लोग 10, 11 जून तक उनके बम्बई पहुँचने का अन्दाज लगाते हैं। इस दशा में हमें आधे मध्य-प्रदेश में, उनके आगमन की तिथि 17 या 18 जून समझनी चाहिए, उसके पहिले जहाँ-तहाँ बूँदा-बूँदी होती रहेगी, कपास के जिलों के किसान तो ता० 14 जून तक, अपने सरिश्ते के अनुसार प्रतीक्षा करेंगे, और यदि फिर भी वर्षा न आयी, तो प्रायः सूखे खेतों में ही कपास बो देंगे, इस आशा से कि वर्षा का मौसमी क्रम वर्षारम्भ ही में गड़बड़ हो जाने से, लोग यह अनुमान लगाने लगे हैं, कि शायद इस वर्ष भी वर्षा ऊँची-नीची रहे⋯एक-सी न रहे। यह हुई अरब समुद्र के बादलों की बात। बंगाल समुद्र के बादल बाकायदा समय पर आ गये और बंगाल, बिहार, उड़ीसा में अपना काम करने लगे। बंगाल की खाड़ी के बादल महा-कौशल और मालवा में आधे अगस्त तक अक्सर पधारते हैं, तब तक हमारी

1. कविवर भवानीप्रसाद मिश्र।

और हमारे किसानों की रक्षा, अरब समुद्र के बादल किया करते हैं।

बम्बई में पानी न आने के कारण कैसी बेचैनी है, इसका उदाहरण अंग्रेजी दैनिक 'इवनिंग न्यूज' की इन पंक्तियों में देखिए—

"उसके (वर्षा के) आने में तो अभी भी कई दिन बाकी हैं, लोग कहते हैं, किसी समय बादल आवेंगे तो जरूर, परन्तु स्कूल जाने से जी चुराने वाले लड़के की तरह मौसमी वर्षा, अपने बँधने-बोरिये लेकर, शहर के किनारे तक आती है, और फिर सबको आश्चर्य में डालती हुई, अपने बादलों को सुरक्षित लौटा ले जाती है।"

हमारे किसान, तो बड़ी चाह से बादलों की ओर देख रहे हैं। उन्हें तो सर्वथा ईश्वर की इच्छा पर जीना है। वे कठोर प्रयत्न कर सकते हैं, सो वे कर रहे हैं। किन्तु उनका अन्नदाता, उनका मालिक, उनका 'साँवलिया' जिस दिन उनके ऊपर पानी-पानी होकर बरस पड़े, वही दिन धन्य है। वे सदा श्याम घनों के मुहताज, क्योंकि बादलों को माप-तौलकर बरसाना किसके हाथ में है ? पानी कम आवे तो किसान प्रार्थना करता नजर आवे, पानी अधिक आवे तो किसान प्रार्थना करता नजर आवे, पानी बिलकुल न आवे तो किसान प्रार्थना करता नजर आवे। किसान के सम्पूर्ण पुरुषार्थ का बदला, किसी ने नीले आसमान पर लटका दिया है। किन्तु जगत् का रक्षक किसान जानता है कि घनश्याम को बरस पड़ने की आदत हैं, और उसे समय पर, आसमान से जमीन पर आकर पुरुषार्थवान् किसान के खेतों और बागों को हरा-भरा करना ही होगा।

मालव-भूमि और महाकोशल में तो जून के दूसरे सप्ताह की लोग प्रतीक्षा करेंगे। किसान अपनी कम्बलों में पैबन्द लगाकर, घास और झाड़ों के पत्तों के छत्ते बनाकर लैस हो जायेंगे। टूटी-फूटी जूतियों में, कीचड़ से सटक न पड़ने के लिए गाँव के चमार से ऊपर से बन्दियाँ बँधवा लेंगे।

और गाय-बैल ! सरकारी सख्ती और चरोखर के अभाव में अधिकांश किसानों ने अपने गायों-बैलों को अपनी ही तरह अधपेटा रखा। पानी आ भी गया, तो पशु-धन के खाने लायक घास तुरन्त नहीं हो जाता। परन्तु जिस तरह ऊगी फसल को देखकर और यह बिना जाने कि उसे न जाने कौन-कौन से दानव छीन ले जायेंगे—फसल को देखकर ही, अधभूखे जीकर महीनों काट देता है—उसी तरह गायें, बछियाँ, बछड़े और बैल जमीन पर ऊगी हरियाली को देखकर ही अपनी भूख भुलाया करेंगे। तब कहीं वर्षा शुरू होने के एक महीने बाद उन्हें भर-पेट मुँह मारने को 'चारा' मिलेगा। तो भी वर्षा में, प्राणवान् पशु, बूँदों की ठंडक से बौखलायेंगे, एक जवानी, मस्ती, मर्दानगी का अनुभव करेंगे। गरज यह कि घनश्याम, काले बादल बरसकर जन-जन में, जीव-जीव में, हरियाली, जवानी बोवेंगे।

और सट्टे के सटोरे ?···वे तारीखों पर जुए के अंक लगाकर बादलों की तिथियों पर अपने मस्तक ठोंक रहे हैं, और अपने रुपये बरबाद कर रहे हैं। उनमें एक-दो हर्षित होंगे, बाकी मस्त हरियाली में आठ-आठ आँसू रोवेंगे।

नदियाँ तरुण हो उठेंगी, छोटे-छोटे नाले मर्यादा के बाँध तोड़ते नजर आवेंगे, मानो सम्पूर्ण भूमि का सिंचन वे नाले जानते हैं, परम्परा से विद्रोह के बिना कुछ नहीं होता। भूमि का कण-कण ऊग उठेगा···कौन भूमि के कण-कण में कुछ बो गया जो ऊग उठा और किसान मलार और किसानिनें कजलियाँ गा उठेंगी। साधु, प्रभु के आकाश से बरस पड़ने पर मार्ग चलना बन्द कर देंगे। "सुनते हैं भगवान् सोने दौड़ेंगे, बरसात के त्यौहारों के रूप में हरिजन हरिसेवक उन्हें जगाने का आयोजन करते रहेंगे। किसान कहेगा, चारों महीने घनश्याम जागेंगे; पंडित कहेंगे—चार महीने घनश्याम सोवेंगे। किसानों का घनश्याम न सोवे, बस, फिर चिन्ता की बात नहीं। वह वक्त पर आ जावे और झोंपड़ियों से निकालकर नन्हें-नन्हें बच्चे कुछ कपड़े फेंककर और कुछ पहिने-पहिने गा उठें—

"पानी दादा, आओ रे,
ककड़ी-भुट्टे लाओ रे !

['अमीर इरादे : गरीब इरादे']

मेरा सूटकेस

मेरे पास एक सूटकेस है। वह एकमात्र है, मेरे पास। उसके चमड़े पर यात्रा और व्यवहार की उथल-पुथल की दूरी के दाग पड़ गए हैं। कुछ लोग उन्हें चमड़े की कमजोरी के दाग कहते हैं, और कुछ उन्हें जीवन की घिसान के दाग कहते हैं।

परन्तु मैं नहीं चाहता कि मेरे सूटकेस पर घिसान के दाग दिखें। समय का चमार आता है और उस पर मजे की पालिश कर जाता है। उस समय मेरे सूटकेस के ढक्कन का चमड़ा, दर्पण से समता करने की कोशिश करता है। उसमें कितनी ही बार अपना मुँह देखने की कोशिश की है।

मुझे मेरा सूटकेस बहुत प्यारा है और गरीबी में जब वह मेरे पास एकमात्र है, तब मैं क्यों न उस पर कपड़ा चढ़ाकर रखूँ? उस कपड़े में सूटकेस के खुलने और बन्द होने के बटन क्यों न लगा दूँ?

मैं सूटकेस एक टेबल पर रखता हूँ। उस टेबल पर मैंने एक चार फुट लम्बा और ढाई फुट चौड़ा आईना लगा रखा है। वह आईना, मुझे यह दिखाया करता है कि मेरे पास मानो दो सूटकेस हैं। परन्तु पागल, मैं, अरे, पहला सूटकेस

खो जाये, तो दूसरा प्रतिबिम्ब तक में न रह जाय !

टेबल पर रखे हुए सूटकेस के पास खड़े होकर, जब मैं आईने में अपने आपको देखता हूँ तो मुझे न जाने क्या दीखने लगता है। मैं हँसता हूँ तो उस पर मुर्दनी छा जाती है। मानो मेरा दर्पण मेरे ही सम्मुख जगत् में साथियों का प्रतिनिधित्व करता है।

मात्र जब मैं पुकारता हूँ, तब उसमें से पुकार नहीं आती। यह प्रतिध्वनि-रहित आत्म-प्रदर्शन, इसे देखकर मैं कितना खुश होता हूँ? अपने गालों की झुर्रियाँ देखता हूँ। अपनी कृत्रिम मुसकान के पीछे छुपा हुआ आत्म-प्रवंचन देखता हूँ। मानो मेरे मुँह पर लगे हुए विधाता के आँक आईना लीलता जाता है, आँखें निकलती जाती हैं। मानो हृदय के अखबार के लिए ताजा मसाला भेजना हो।

मगर मैं कह रहा था सूटकेस की बातें। मैंने सूटकेस का बाहरी भाग चमकदार रखा है, उसे कपड़ा पहिना रखा है, तो भीतरी भाग भी सँवार रखा है। उसमें, उसकी तली में, लाहौर के भूतपूर्व राष्ट्रीय दैनिक 'पीपुल' के पेज लगे हैं, उस पर एक कोने में मेरी दवाइयाँ हैं। टिंचरआइडिन, दाद का मलहम, अमृत-धारा, सादा नमक, ग्लिसरीन, पोटेशियम परमेंगनेट, मेरे डाक्टर का बनाया एक मिक्चर, युक्लिप्टस तेल और फिनाइल, कुनाइन की शक्कर-लिपटी गोलियाँ, और चार-पाँच चीजें जो मेरी जिन्दगी की भाषा-टीका हैं। डिब्बे में उन शोशियों के कार्क जबरदस्ती निकालने का पेच है, जिसमें टाँका निकालने की चिमटी, पेंच-कस, सूजा-सूजी आदि हैं। निकट ही पट्टी बाँधने का कपड़ा, कैंची, चाकू और रुई हैं। दूसरे डिब्बे में तेल है, साबुन है, जरूरतमन्दों की हजामत का सामान है। तीसरे डिब्बे में दन्तमंजन, साबुन, ब्रुश, जीभी, नमक और छोटा रूमाल है।

यह तो सूटकेस ही ठहरा। एक ओर रिपोर्ट लेने को कोरे कागजों की नोटबुक है, दूसरी ओर मेरी हस्तलिखित नोटबुकें हैं, कुछ पूरी, कुछ अधूरी। पूरी लोगों में अपना कीर्ति-गायन स्वयं करने को काम देने के लिए और अधूरी अपने लोगों में अपनी सनकों का लेखा-जोखा दुरुस्त करने के लिए।

मेरा सूटकेस बहुत बड़ा नहीं तो बहुत छोटा भी नहीं। उसका एक कोना पुस्तकों के लिए बिलकुल खाली है। उसमें सबसे नीचे तुलसीकृत रामायण है, उससे ऊपर निकोलस रोरिक का 'फेयरी स्ट्रांगहोल्ड' नामक ग्रंथ और सबसे ऊपर जो जगह बच रही है, उस पर रेल में मेरे पैर गँदले न हो जायें, अत: मैंने अपने चप्पल पुराने 'यंग-इंडिया' में लपेटकर रख छोड़े हैं। जी हाँ, रामायण और रोरिक के सिर पर चप्पल, रामायण लोगों को सुनाने के लिए, चप्पल रामायण के परे नित्य के जीवन के उपयोग के लिए।

मेरे सूटकेस में बिस्किट हैं, सोयातुस्तीन नया पेय है, उसमें मेरे एक पंडित मित्र की दी हुई नीम की गोलियाँ भी हैं, एक थैली है जिसमें मेरे पतलून का चमड़े

का रबर-बेल्ट और मेरी तुलसी की मोटे गुरियों वाली माला, दोनों एक-दूसरे से लिपटकर रहने के लिए बन्द हैं।

उसी सूटकेस में, मेरे एक जोड़ी ताजे धुले हुए कपड़े भी हैं, जो जरूरत में तुरन्त काम आ सकें।

मैं अपना सूटकेस सजाकर बाहर गया। नौकर से टिकट लाने को कहा, और अपने दीवानखाने में जाकर टाइपिस्ट को जरूरी पत्रों के उत्तरों के मजमून लिखवाने लगा।

संध्या हो चली थी, कोई 4 बजे होंगे, मेरी गाड़ी 6 बजे शाम को जावेगी। पर मुझे चैन कहाँ। मैं जल्दी गया, एक बार अपने सूटकेस की सन्दरता को देखा और चट से उसका ढक्कन लगा दिया।

एक घण्टे पश्चात् मैं महादेवी की एक कविता दुहरा रहा था। टेबल के सारे कागज समेटकर टाइपिस्ट जा रहा था।—मेरी कौंसिल की उम्मेदवारी के प्रतिज्ञा-पत्र पर दस्तखत कराके कि इतने में कांग्रेस कमेटी के तरुण मित्र आ गए। उन्होंने गा दिया—

हम जो हैं, वह हैं नहीं नाथ,
जो नहीं, वही दिखलाते हैं।
ओठों पर जब वसन्त हँसता
पलकों पर सावन गाते हैं।

और जब समय नजदीक आ चला, मैं आईने के सामने खड़ा हुआ। जरा अपने को सँवारा, मित्र के गीत पर सिर डुलाया और कुछ अपनी ओर, कुछ आईने की ओर, कुछ सूटकेस की ओर देखते हुए मैंने सूटकेस में रखा हुआ, अपना शर्ट ज्यों ही सरकाया, त्योंही न जाने कैसे एक साँप ऊँचा फन करके उठा और जोर से फुफकार उठा। मैं सामने ही था, मेरे बिना देखे भी आईने में मेरा सूटकेस फन उठाये हुए साँप और उसके सामने अपराधी की तरह खड़ा हुआ मैं······हम तीनों दिखे।

उस समय मैंने अपने सूटकेस को फिर देखा। मैंने कहा, काश, यदि इस सूटकेस में साँस आने लगे, तो यह दर्पण से भी अधिक सच्चा मेरा साक्षात् स्वरूप बन जाये।

[1935 से पूर्व कभी; 'अमीर इरादे : गरीब इरादे']

विविधा

घातक कौन ?

यदि हम किसी का गुण सुनते हैं, तो उस गुण के आधार माँगते हैं, और दोष सुनते हैं, तो उन्हें तुरन्त मान लेते हैं। यह विरुद्ध गति हमारी पतन-प्रवृत्ति को स्थायी रखने की सूचना देती है।

कार्यशील व्यक्तियों की प्रसिद्धि और सेवा न सहकर, उन पर लांछन लगाने के षड्यन्त्र रचना, उनकी मृत्यु का प्रयत्न करना है, उनकी मृत्यु को नजदीक खींचने का पुरश्चरण करना है।

कार्यशीलों पर काम का बोझ अधिक रहता है। हृदय की लगन के साथ पूर्ण परिश्रम और देश-सेवा करने वाले लोगों के जीवन पर कलंक और शंकाओं द्वारा प्रहार करना, उनकी हत्या का यत्न करना है—फिर वह यत्न सफल हो या न हो।

हमारा स्वभाव इससे उल्टा होना चाहिए। गुणों की चर्चा आई कि हम एकदम मान लें। दोषों की चर्चा आई कि हम मानने से इन्कार कर दें और दोषों के प्रत्येक प्रमाण प्राप्त करें, संदेह की कसौटी पर बार-बार कसें। चित्त-शुद्धि का यह स्वाभाविक विधान है।

निषेधात्मक त्याग विधियुक्त त्याग के बिना लँगड़ा है।

['रंगों की बोली']

इस शराब को न पियो

तुम प्रसन्न हो ?

हाँ, वे बहुत भले हैं, मेरे गुणों की स्वीकृति से इन्कार नहीं करते।

यानी प्रशंसा करते हैं ?

हाँ, कुछ भले ही शब्द कहते हैं।

तुम्हारे जिस गुण की प्रशंसा हो रही है, ऐसा न हो कि वह अधिकांश में, अधिक लोगों में पाया जाता हो।

यानी ?

क्या जीवन को जीवन कहने के लिए किसी का प्रमाण-पत्र चाहिए ?

तो क्या वे वाणी के धनी नहीं ? क्या उनकी वाणी बंध्या है ?

कभी-कभी अपनी कमजोरियों का समर्थन, मनुष्य औरों की कमजोरियों की प्रशंसा करके करता है।

क्यों ?

इसलिए कि वह अपने पतन-पथ में भी अकेला न रहे।

तब क्या भले शब्दों के कुछ मानी नहीं ?

इस शराब को न पियो, इसकी टेव से, पीढ़ियों के अन्तःकरण नष्ट होते आए हैं।

यह हरियाली तो देखो, वर्षा में कैसी ऊग उठी है !

उस किसान को देखो, वह बेइख्तियार, बिना माँगे ऊगी हुई सारी हरियाली को उखाड़कर जड़ से नष्ट कर रहा है।

तो क्या यह आर्यत्व है ?

वह उन्हें खेत में हरियाने देगा, जिन्हें वह स्वयं रोपेगा।

और वह गुलाब देखो, काँटों पर कैसा लटक उठा है ! कितना प्रशंसनीय है !

और उस मालाकार को देखो, उसने गुलाब की सारी डालियाँ काट डालीं।

और यदि यह काट, यह उखाड़-पछाड़ न हो, खूब हरियाना, खूब बढ़ना ही रहे ?

तो विकास रुक जाए, बाढ़ चुक जाए, जीवन विकृत हो जाए।

तब उदाहरण ?

स्त्री-पुरुष, पिता-पुत्र, भाई-भाई, ये दूरी के ही दो नाम हैं। अपना अभिनय पूरा होते ही, इनमें से 'मैं' और 'तू' अपने-अपने मुँह का रंग पोंछकर, न जाने कब अपने घर चलते बनेंगे। साँसों के नटवर के सम्मुख, अस्तित्व के नट, बाध्य हैं कि अपना अर्थ, अपनी सीमा-रेखा न बिगड़ने देने के लिए, वे अपने चित्रकार की अंगुलियों के संकेत बनकर, दूर रहें, दूर-दूर। दूर के मानी पास हैं, बहुत पास और सजग तथा अस्तित्ववान पास के मानी हैं दूर, इतनी दूर, जहाँ अस्तित्व की अंगुलियाँ छूकर कलंकित न कर दें।

['रंगों की बोली']

अग्निहोत्रीजी का चिट्ठा

सम्पादक जी,

आप तो वहाँ फुरसत में बैठे-बैठे लिख दिया करते हैं—"अग्निहोत्रीजी, कुछ लिख भेजिए—अवश्य ही लिख भेजिए।" लेकिन आपको क्या खबर कि मेरे यहाँ क्या हो रहा है? यहाँ मची हुई है लड़ाई, बल्कि युद्ध और महायुद्ध, समझे! हम केवल दो भाई हैं, फिर भी एक-दूसरे के खून के प्यासे हो रहे हैं। भला आप सोचिए, ऐसी दशा में मैं अपने लड़ाकू भाई से लड़ूँ, उसका गला मरोड़ू, उस पर बोतलें फेंकूँ, उसके सिर पर छिपकर डण्डे मारूँ, या आपके पत्र के लिए कुछ लिख भेजूँ? कैसी जान की आफत है? आप भी ऐसे समय में कष्ट दिया करते हैं! यदि आप मुझे सालाना इनाम और खिताब न देते होते तो कभी का आपसे सम्बन्ध तोड़ बैठता, यह तृष्णा और मेरा पिंड नहीं छोड़ती।

हाँ, तो आज इस घण्टे भर की फुरसत में आपको लिखे देता हूँ कि इस साल से आप जो कुछ भी देना चाहें—नकद रुपया या कोई खिताब—वह कृपा करके मेरे भाई सलीमुद्दीन के नाम भेज दिया कीजिए। क्योंकि वह इन्हीं बातों के कारण मुझसे लड़ता-झगड़ता रहता है। कुछ लोग कहते हैं कि बाहरी आदमी उसे लड़ने के लिए सुझाया करते हैं। लेकिन मैं इन पोची बातों पर विश्वास नहीं करता। मेरा भाई और किसी के कहने-सुनने से मुझसे इस बुरी तरह लड़े?—नहीं; यह नहीं हो सकता! इसलिए अपनी आजन्म की कमाई का पट्टा होश-हवास में लिख दिया—कि सनद रहे और वक्त पर काम आवे। अब लड़ाई-झगड़े की कोई बात ही नहीं रह जाती। माना, आप कहेंगे कि अग्निहोत्रीजी आप यह क्या कर रहे हैं—दुनिया में कोई किसी का नहीं, ऐसा आप मुझे समझावेंगे, पर मैं अब समझ गया। मैं काफी समझता हूँ जब मैं आपके कहने में न लगूँगा, तब मेरा भाई भी आपकी या किसी गैर की कही-सुनी में आकर मुझसे लड़ने को तैयार न होगा।

मैं तो साधू बनकर ही अपना जीवन व्यतीत कर लूँगा। मैं लड़ाई-झगड़ा पसन्द नहीं करता फिर घरू झगड़ा तो मूर्खता की निशानी है भाई साहब! आप ही चार दिन के बाद मुझको ही—कुछ भला-बुरा कहते। इससे ऐसा सोना (स्वर्ण) छोड़ा, जिससे नाक-कान फटें। प्रश्न उठ सकता है मेरे उदर-पोषण का। उसके लिए मैंने भी खूब और बहुत पहले ही से सोच रखा है। कब से? आप नहीं जानते! बड़े आश्चर्य की बात है। जब मेरी गृहलक्ष्मी—मेरा साथ छोड़कर सात समुद्र पार चली गई थी, तब ही से मैंने अपने भविष्य को, कलह, ईर्ष्या, छल-कपट, आलस्य, घरू वैमनस्य, मूर्खता और जुझारूपन आदि उच्च उद्देश्यों को सामने रखकर सुधार लेने का सोच लिया। आज हुआ भी वही। भाई भी मेरे

खून का प्यासा हुआ सिर्फ दो पैसों के लिए और वह भी हमारे-आपके कहने पर। धिक् है ऐसे पैसे को। मैं भली भाँति जानता था कि "स्त्रीचरित्रम् पुरुषस्य भाग्यं दैवो न जानाति कुतो मनुष्य: !" अच्छा हुआ, वह सात समुद्र नहीं, आठ समुद्र पार चली जावे। जहाँ उसे सुख मिले, वहीं रहे। मैं पुरानी लकीर का फकीर नहीं।

मैं तो स्त्रियों को पूर्ण स्वतन्त्रता देना चाहता हूँ। चंचला जिसके पास चाहे उसके पास रहे। स्थिर पुरुष को उसके कार्य में हस्तक्षेप करने का क्या अधिकार ? मुझ कंगाल के यहाँ पड़ी लक्ष्मी कब तक दुख उठाती रहती ? हे लक्ष्मी ! महालक्ष्मी, तुम यहाँ मत आना—भूलकर भी मत ! क्योंकि भूखे के यहाँ तुम्हारी गुजर कैसे होगी ?—हाँ तो उसी दिन से, ठीक उसी क्षण से, मैंने दुनिया के रिश्ते को अच्छी तरह समझ लिया था और आज भी समझ रहा हूँ।

अभी मैं नहाने को जाने वाला ही था कि पोस्टमैन ने आकर 'कर्मवीर' दिया ! मैंने उसे खोला—पढ़ा। पहले ही पृष्ठ में मोटे-मोटे अक्षरों में लिखा हुआ था, "भारत में विलायती साँड आ गए, अब भारतीय गायों से उत्तम सन्तान उत्पन्न की जावेगी और देश की कृषि में उन्नति होगी।"

अब मेरी प्रसन्नता का ठिकाना नहीं था। विलायती साँड और भारतीय गाय ! शाबाश !!! सचमुच मैं बहुत ही आनन्दित हो रहा था। तत्क्षण विचार आया, उद्योगशील पुरुष न्यूनताओं की पूर्ति इस उत्तमता से करते हैं कि आश्चर्यान्वित होना पड़ता है। देखिए, अभी तक भारतीय फसलों के विलायती स्वाद, यहाँ के खेतों को सुधारने के लिए विलायती हल-बक्खर और देशी खेतों में बोने के लिए विलायती साग-भाजी ही आती थी। और यदि मैं भूलता नहीं हूँ तो देशी मदरसों में विदेशी पढ़ाई, देशी घरों में विलायती बिजली, विलायती नल, विलायती खाना, विलायती पीना, यानी सब कुछ विलायती ही था। कमी थी, क्या थी, हम नहीं जानते थे। आज हमारे समक्ष 'विलायती साँड' वाली बात ने बता दिया कि अभी हमें देशी से विदेशी बनने में बहुत कमी है, जब तक इन त्रुटियों की पूर्ति प्राण-पण से नहीं की जाती है तब तक हम विदेशी नहीं बन पायेंगे और जब हम विदेशी नहीं बन सकेंगे तब फिर सुख कैसा ? स्वतंत्रता कैसी ? आनन्द कैसा ?

देशी-विदेशी के मिश्रण से एक द्वि-देशी सन्तान की उत्पत्ति होगी। देखें, हमारे कृषि-भाग में कितनी उन्नति होती है। मैं तो समझता हूँ, बैलों से अधिक मजबूत घोड़े होते हैं इसलिए अरब से कुछ घोड़े बुला लिये जायें तो अच्छा हो। लेकिन इस स्कीम को भी तो देख लेना चाहिए, कितनी सफल होती है।

मेरे हाथ में गजट था और सामने था उसका वही प्रथम पृष्ठ ! मैं बहुत हँसा अपनी बुद्धि पर और शर्म आई पढ़ने पर। इसी समय घड़ी में साढ़े दस बजे। मैंने गजट फेंका और अपने दफ्तर की तैयारी करने लगा क्योंकि नौकरी ही से तो पेट लगा है।

[कर्मवीर, 23 जनवरी, 1937]

कला के मजार पर

बरसाती कलाकार !

स्वर्गीय नाथूराम शंकरजी ने अपने एक पद में लिखा है कि मैं कविता-कामिनी का भर्त्ता* हूँ। उनका जबसे स्वर्गवास हुआ है, कविता बेचारी का लोग रँडापा बिगाड़े दे रहे हैं।

इस श्रृंगारवादी जमाने में सौन्दर्य की उपासना सबसे परम धर्म है। फिर कला तो सौन्दर्य-स्वरूपा है। और इस बीसवीं सदी में 'शूटर्स' की क्या कमी ! बेचारी पर ऐसा धावा बोला गया कि बस भगवान् ही लाज-रखैया है। नक्कार-खाने में तूती की आवाज की तरह इन प्रेम-निवेदकों के हुल्लड़ में यह कोई सुनता ही नहीं है कि वह अपना पुर्नविवाह कराना भी चाहती या नही।

सुना है कि कहीं-कहीं 'लव-लेसंस' भी सिखाए जाते हैं। कोई प्रेमशास्त्री एक व्याख्यान बना देता है और कैंडीडेट तड़ाक-फड़ाक से उसे रट लेते हैं। जब सीधी तरह से पूछताछ न हुई तो कला के इण्टरव्यू में भी इन लोगों ने यही किया। इस पर समालोचक बिगड़ उठे।

भई वाह ! यह भी कोई बात है, यह भी नहीं, वह भी नहीं ? अगर आपको इधर-उधर से संकलित प्रेम निवेदन नहीं चाहिए, तो फिर हमारे बरसाती कलाकारों की अत्यन्त मौलिक 'टर्र-टर्र' का विरोध क्यों किया जाता है ?

हमारी समझ में तो एक बात नहीं आती कि इन समालोचकों को यह 'सैक्स-एजेन्सी' किसने दे दी कि दूर से ही नाम पूछते हैं। अगर बेकारी की समस्या 'कला-कोर्टशिप' से कुछ हल होती है, तो इनका पेट क्यों दुखता है ?

कला-निवास क्या हों ?

देखा है कि कभी-कभी लोग रूस के महान् और मजदूर कलाकार मैक्सिम गोर्की का नाम सुनकर नैतिक पतन के डर के मारे बगलें झाँकते हुए उसके पतन और पाप के संवेदन पर, धर्म की दुहाई दे-देकर छाती कूटते हैं, और मोपासाँ की कहानियों में गटर की दुर्गन्ध पाकर नाक-भौं सिकोड़ते हैं।

आखिर ऐसा सोचने से उसका क्या मतलब है ?

कला आत्म-प्रकटीकरण ही को कहते हैं न ? अनुभूति को छूकर, कल्पना सत्य के जिन-जिन मुँडेरों पर बैठती है और वातावरण की जिन वायु-तरंगों में से होकर तैरती है, वे और,

सत्य से आगे-आगे रहकर, सत्य की माता कल्पना, जहाँ-जहाँ उसका

* स्वामी

पथ-प्रदर्शन करती है, वही मार्ग, वे ही महल और खँडहर ही कला-निवास हैं न ?

आस्कर वाइल्ड ने कहा है कि कला 'पास्ट माडल' है। तो फिर पाप-पुण्य से गुण-विकार से परे इस वस्तु का निवास कहाँ है !

यदि कला ईश्वर-स्वरूपा है तो चिरकीन के सँडासों, मोपासाँ के व्यभिचारों और गोर्की के हत्यारों में देखने से क्यों झेंपते हो ?

मगर यह तो हमारे ऐटीकेट-प्राण साहित्य के ठेकेदारों का 'शक्कवाद' ही जाने !

—श्रीयुत जनाब आलू

[कर्मवीर, 25 सितम्बर, 1937]

वंदेमातरम् ? सौंदर्य और सामर्थ्य का गुण-गर्जन वन्दे मातरम् के आलोचकों से

एक—काशी में सन् 1905 में स्व० मान० गोखलेजी[1] की अध्यक्षता में राष्ट्रीय सभा का अधिवेशन हुआ। अधिवेशन की समाप्ति के समय उस जमाने के बंगाल के शेर बाबू सुरेंद्रनाथ बनर्जी ने यह निवेदन किया—"आपसे प्रार्थना करता हूँ कि सभापति जी का अन्तिम भाषण होने के पश्चात् आप एकदम चले न जायँ। श्रीमती दत्त चौधरानी और कुछ स्त्रियाँ वन्देमातरम गीत गाने वाली हैं।" यह प्रथम दिन था जब इस गीत ने राष्ट्रीय सभा में प्रवेश किया।

दो—सन् 1906 के अप्रैल का महीना। बारीसाल[2] की बात। बंगाल प्रान्तीय राजनैतिक परिषद् हो रही थी। अध्यक्ष थे बैरिस्टर रसूल। उनने अपने भाषण में कहा, "तरुण और पढ़े-लिखों ने जो यत्न किए, उन्हीं से बंगाल की स्वदेशी हलचल यशस्वी हुई। वे तरुण हलचल करते हुए देशभक्ति के उत्साह में 'वन्दे-मातरम्' जैसे देश-भक्ति-प्रद गीत गाते। इस कारण शासकों को गुस्सा आने लगा। मैं जानता हूँ ऐसे देश-भक्ति-पूर्ण गीत किसी भी देश में गुनाह नहीं माने जाते। किन्तु हमारे देश में तो शासकों का प्रत्येक शब्द कानून माना होता है।"

तीन—उसी साल यानी सन् 1906 में दिसम्बर के अन्तिम सप्ताह में राष्ट्रीय महासभा की बैठक हुई। भारत के पितामह दादाभाई नौरोजी सभापति

1. माननीय गोपालकृष्ण गोखले।
2. बंगाल का एक नगर।

थे। मालवीय जी महाराज उन दिनों गरम दल की नाक थे। राष्ट्रीय सभा में मालवीयजी ने 'वन्देमातरम्' गीत पर कहा : "वन्देमातरम् का उच्चारण अत्यन्त निरुपद्रवी है। उसका अर्थ होता है; स्वदेश-भूमि की विजय हो अथवा मैं मातृ-भूमि की बन्दगी करता हूँ। उसमें घातक और राजद्रोही कुछ भी नहीं है। ऐसे गीत पर कोई भी अंग्रेज क्षण-भर भी ऐतराज करेगा तो मुझे आश्चर्य होगा। क्योंकि अंग्रेज लोगों का साहित्य उदात्त है और उसी मानसिक भोजन पर उनका पालन हुआ है। लार्ड चेथम जब मरने लगे तब उनके मुँह से दो अन्तिम शब्द निकले, "स्वदेश, मेरे देश।" उसी चेथम का अंग्रेज लोग आदर करते हैं। लार्ड नेल्सन ने युद्ध के कठिन प्रसंग पर सैनिकों को अपना सन्देश अपनी मातृभूमि के नाम पर पहुँचाया। अंग्रेजों का उसके प्रति भी आदर है। शेक्सपीयर के साहित्य में जहाँ स्वदेश सम्बन्धी उद्‌गार आते हैं, पढ़कर अंग्रेज आनन्दित हो जाता है। संसार के समस्त साहित्य की यही अवस्था है। स्वदेश-भूमि के 'वन्देमातरम्' जैसे उल्लेख पर कोई ऐतराज नहीं करता। यही क्यों, अपने स्वदेश पर प्रेम करने में यदि किसी में कमी दीखे, तो सर वाल्टर स्काट जैसे लेखक उसका धिक्कार करते हैं। ऐसी स्थिति में मेरी समझ में नहीं आता कि विशुद्ध अंग्रेज वन्देमातरम् गीत पर ऐतराज क्यों करे। महासभा की यह बैठक 'वन्देमातरम्' गीत से प्रारम्भ हुई। और प्रत्येक वक्ता जब बोलने खड़ा हुआ तो 'वन्देमातरम्' शब्द से ही उसका स्वागत किया गया। इसी अधिवेशन से वन्देमातरम् गीत पर राष्ट्रीय सभा के लोगों ने खड़े होना प्रारम्भ किया। इस अधिवेशन में वजनदार मुसलमानों की अच्छी तादाद थी। उन्होंने गीत को स्वीकार किया, वे गीत में उठकर खड़े हुए।

चार—बंगाल के शेर सुरेन्द्रनाथ जी ने एक पुस्तक लिखी, अंग्रेजी में। नाम था—'ए नेशन इन मेकिंग'। उसमें उन्होंने लिखा, "लोक-सभा को बढ़ता मानकर उसे रोकने के लिए सरकार एक के बाद एक फरमान निकालने लगी। सरकारी उद्‌देश्य तो एक तरफ रह गया, फरमान से क्षोभ बढ़ा, संकट दूने हुए। ऐसे ही फरमानों में एक था 'वन्देमातरम्' के खिलाफ। उसे पूर्व बंगाल की सरकार ने प्रकाशित किया था। उस सरकारी पत्रक के अनुसार घर से बाहर सड़क पर 'वन्देमातरम्' की ध्वनि करना कानूनन दण्डनीय ठहराया गया था। एक अंग्रेज भी मुझे मिले थे। वे कहते थे कि 'वन्देमातरम्' के गीत में काली माता से कहा गया है कि तू भारतवासियों की पराधीनता का बदला अंग्रेजों से जरूर ले। 'वन्देमातरम्' गीत की प्रारंभिक पंक्तियाँ अपनी मातृभूमि के लिए प्रेम और भक्ति प्रकट करने वाली और उसके सौन्दर्य और सामर्थ्य का गुण-गर्जन करने वाली हैं। ऐसे निरुपद्रवी गीत पर सरकारी अधिकारियों ने दुष्ट अर्थों का बोझ लादा। मैंने इस विषय में कलकत्ते के प्रसिद्ध कानून-शास्त्री मिस्टर 'पा' की

सलाह ली। इन्होंने मेरे अनुकूल उस सरकारी पत्रक के खिलाफ अपनी राय दी। खैर, अब तो सरकार भी हमारे मत की हो गई है। महायुद्ध-काल में सेना-भरती के लिए बंगाल में जहाँ-तहाँ सभा होती थी। उत्तर बंगाल में एक सभा में मैं भी हाजिर था। मैंने देखा, सभा 'वन्देमातरम्' गीत से शुरू हुई और अंग्रेज अधिकारी उठ कर खड़े हुए हैं। यही क्यों, बंगाली पल्टन के सैनिकों से जब कोई बंगाली मिलने जाता, तो नमस्कार की जगह वे 'वन्देमातरम्' कहकर उसका स्वागत करते। जब बंगाली सैनिक अपने अफसरों द्वारा नियोजित सभाओं में भाषण करते तब वे कहते, "जर्मनी की खोदी हुई खाइयों में जब हम बंगाली हमला करने के लिए उतरते तब 'वन्देमातरम्' की ध्वनि के साथ टूट पड़ने में हमें अभिमान और आनन्द मालूम होता।" गरज यह कि 'वन्देमातरम्' अंग्रेजों तक को हजम हो गया था, और एक दिन सरकार के द्वारा कानूनन बन्द की जाने वाली यह गर्जना भारत के शान्त रण-क्षेत्रों तक अखिल भारत की राष्ट्रीय गर्जना बन गई है। किसी भी सार्वजनिक सभा में अपना देशाभिमान व्यक्त करने के लिए प्रत्येक सुशिक्षित भारतीय 'वन्देमातरम्' पुकार उठता है। और सरकारी अधिकारी भी अब उसमें शान्ति-भंग और राजद्रोह नहीं सूँघता।

बंकिमचन्द्र चटर्जी ने एक उपन्यास लिखा है। नाम 'आनन्दमठ' है। यह गीत उसी में है। गीत बंगाली भले ही हो किन्तु उसके अधिकांश शब्द संस्कृत होने के कारण वह हिन्दुस्तान के हर ठिकाने के भारतीयों की समझ में आता है। उसकी शैली भव्य है, देशाभिमान-युक्त है और फिर नाद-मधुर है। यह गीत अब राष्ट्र-गीत के स्थान पर पहुँच चुका है और राष्ट्रीय समारम्भों का मंगल-अवसान इस गीत के गान के साथ हुआ करता है। बंकिमचन्द्र जी ने जब इस गीत की रचना की, तब उन्हें कल्पना भी न होगी कि मातृभूमि की स्वदेशी हलचलों में उसका इतना अधिक उपयोग होगा। दान्ते को भी कहाँ पता था कि इटली की एकता पर लिखा गया उसका गीत मैजिनी और गेरीबाल्डी की राजनैतिक उत्क्रान्ति का साधन बन जाएगा। प्रतिभाशाली लोग अपनी कल्पनाओं को बखेर जाते हैं। लोकहृदय अवसर पाकर उनके लिए अनुकूल भूमि बनाता है और समय पोषण करने लगता है। उसमें हलचल के मस्त हरियाले पौधे आते हैं और उन पर भावी पीढ़ी का अनिर्वचनीय कल्याण फलता है।

पाँच—29 जनवरी 1908 की बात है। मध्यप्रदेश के अमरावती[1] शहर की। बाबू अरबिन्द घोष आये। भाषण हुआ। वे बोले, मुझे अत्यन्त आनन्द होता है जब मैं देखता हूँ कि 'वन्देमातरम्' गीत हिन्दुस्तान के हरएक भाग में लोकप्रिय हो गया है और गाया जाने लगा है। योरोपियन राष्ट्रों की परिभाषा में बोलकर

---

1. अब महाराष्ट्र में।

हम उसे राष्ट्रगीत कहते हैं किन्तु इससे आगे उसके रचयिता बंकिम बाबू प्रतिभा-वान ऋषि थे। उन्होंने वन्देमातरम् के रूप में प्रचण्ड सामर्थ का पवित्र मन्त्र ही हमें दिया है। मुझे ऐसा दीखता है कि हिन्दुस्थान में ऐसा समय शीघ्र आएगा कि गाँवों के कोनों तक का अखिल हिन्दुस्थान इस गीत से गूँज उठेगा। बंकिम के समय में यह गीत लोगों की समझ तक नहीं पहुँचा, क्योंकि गीत को समझनेवाला देशाभिमान ही नहीं पैदा हुआ था। उन दिनों पश्चिमीय राष्ट्रों के उत्कर्ष से भारतीयों की आँखें चौंधियाई हुई थीं, और वे हिन्दुस्थान को इंग्लैंड की रखैल मानकर सुख पाते थे। उस युग के देशभक्त हिन्दुस्थान के हित-चिन्तक भले रहे हों, किन्तु वे हिन्दुस्थान पर प्रेम करने वाले नहीं हो सकते। मातृभूमि का भक्त तो वह है जो उस पर प्रीति करता है, वह उसके दोष नहीं देखता, वह "जिद्दी है, अशिक्षित है, पिछड़ी हुई है, भोली है, पतित है," यह कहकर उसकी उपेक्षा नहीं करता।

वन्देमातरम् गीत के सम्बन्ध में मद्रास की धारासभा में एक मुसलमान धारासभावादी सज्जन ने इस गीत को हिन्दू गीत कहकर इस राष्ट्रीय गीत का अपमान किया है। पूना के मराठी केसरी ने अंगरेजी साप्ताहिक मराठा के आधार पर इस गीत का पूर्व इतिहास दिया है। उसी के आधार पर ये पंक्तियाँ कर्मवीर के पाठकों के लिए लिखी गई हैं।

क्या वन्देमातरम् गीत के भाग्य में यही लिखा है कि पहले उस पर विदेशी देश-घातक शासन-कर्ताओं का आक्रमण हो और उसमें विद्रोह सूँघ-सूँघ कर उसे रोका जाय और राष्ट्र उसे परास्त कर दे, तब साम्प्रदायिक देश-घातकों की टोली उठे और उसमें साम्पदायिकता ढूँढ़ने लगे ? ऐसा न हो कि किसी दिन राष्ट्रीय सभा में ईसाई अल्पमत ईश्वर नाम के लिए 'गॉड' शब्द की और मुसलमान अल्पतम अल्लाह शब्द की माँग करने लगें। तब तो पं० जवाहरलाल जी का यह नुखसा आजमाने वाले हिन्दू-मुसलमान देशभक्त अधिक बढ़ेंगे जो ईश्वर के नाम पर भाइयों-भाइयों में सिर फुटवाने वाले मजहब ही को राष्ट्रीय हलचलों से बिदाई दे दें।

[कर्मवीर, 16 अक्टूबर 1937]

विदेशों में 'वन्देमातरम्' का प्रभाव

भारतवर्ष की असली स्थिति जानने के लिए हमें भारत में नहीं, उसके बाहर जाना होगा। मैं इस दलील के कुछ उदाहरण देता हूँ। भारत की सीमा लाँघते ही प्रत्येक के मन में कुछ राष्ट्रीयता का भाव आपसे आप जागने लगता है। तब, केवल तब, वन्देमातरम् की आवश्यकता होने लगती है।

मुझे तेहरान की एक घटना याद आती है। लखनऊ का एक शिया मुसलमान तेहरान में जाकर धन-शून्य हो गया। अगर वह वहाँ के ब्रिटिश कौन्सल के पास जाता तो उसे अवश्य कुछ सहायता मिल जाती, किन्तु मैं नहीं कह सकता कि वह क्यों नहीं गया। तेहरान के व्यापारियों में प्रधानतः सिख, पारसी और हिन्दू हैं पर उनमें कुछ भारतीय मुसलमान भी हैं। इत्तिफाक की बात कि मुझे उसके साथ एक ही मकान में रहना पड़ा। उनके साथ मेरी बातचीत हुई। एक दिन शाम को एक बड़ा जुलूस रास्ते से जा रहा था और उसमें उनके अपने राष्ट्रीय नारे लगाये जा रहे थे। हम मकान की दूसरी मंजिल पर खड़े हो गये। मैं नहीं जानता, भारत के उस शिया मुसलमान के मन में क्या भाव आया कि वह जोर से 'वन्देमातरम्' चिल्लाने लगा। उस दिन तो मैंने उससे नहीं पूछा कि उसने 'वन्देमातरम्' क्यों कहा था। दो दिन बाद एक बड़े रेस्टोरेंट (रेस्तराँ) में उससे फिर मुलाकात हुई। तब जिज्ञासावश मैंने पूछा कि उस दिन 'वन्देमातरम्' चिल्लाने का क्या कारण था ? वह जरा खिन्न होकर बोला—"भारतीयों को ईरानी, तुर्की और अरब सब हृदय से घृणा करते हैं। ऐसी अवस्था में विपत्ति के अवसर पर यह प्रकट करने को कि अमुक आदमी भारतीय है, उसके पास कौन-सा नारा ऐसा है जिसे वह लगावे। हाँ, केवल एक शब्द है,—और वह है, 'वन्देमातरम्'। उसने आगे कहा, देखो बाबू, वे बड़े पेट के लोग चाहे वे हिन्दू हों, मुसलमान हों या पारसी, उनमें से कोई भी मजदूरों के हिताकांक्षी नहीं हैं। उनका अल्लाह केवल रुपया है। भूल से भी उन्हें वन्देमातरम् से कोई वास्ता नहीं। भारतीय मजदूर तो जहाँ भी जायेगा, 'वन्देमातरम' उसके साथ ही जायेगा।

बगदाद की बात है। एक दिन मैं बगदाद में साइकिल पर घूम रहा था। यकायक एक शब्द सुना, 'बाबू, इधर आओ !' साइकिल रोकी, वहाँ जाकर देखा कि एक सूरती मुसलमान मक्खन की दूकान लगा कर बैठा था। उस आदमी ने मुझसे पूछा, माखन खाओगे ? मैंने कहा, खायेंगे क्यों नहीं भाई, पहिले दाम तो सुन लूं। वह एकदम जोर से चिल्ला उठा 'वन्देमातरम्, वन्देमातरम्', तुमसे मैं दाम नहीं लूंगा। अरबों ने मेरा बायकाट किया है। तुम हिन्दुस्तानी हो और मैं भी हिन्दुस्तानी हूँ, तुमको मैं माखन खिलाऊँगा तो मुझे आनन्द होगा। मैंने माखन खाया और उसके बाद जब बिदा होने लगा तो उस मुसलमान दूकानदार ने वन्देमातरम् कहकर मुझे बिदा किया, सलाम वालेकुम कहकर नहीं, क्योंकि अरब के मुसलमान हिन्दुस्तानी मुसलमानों की जीविका नष्ट करने का प्रयास कर रहे हैं।

एक भारतीय मुसलमान स्त्री को कर्बला तीर्थ तक ले जाकर वापस लौटा लाने के लिए मुझे कर्बला जाना था। मगर रास्ते में उस स्त्री का देश-भाई मिल जाने से मैं उसे वहीं सौंप कर चला आया। रास्ते में जब मैं एक गाड़ी में बैठने लगा, उस समय कुछ भारतीय फकीर हमें हिन्दुस्तानी समझकर 'वन्देमातरम्'

कह कर भीख माँगने लगे। मैंने हरेक को कुछ-न-कुछ दिया। उन फकीरों का वन्देमातरम् बोलने का कारण यह है कि वे पहिले 'अली के वास्ते' कह कर भीख माँगते थे पर ईराक के मुसलमान हिन्दुस्तान के मुसलमानों से इतनी घृणा करते हैं कि वे उन्हें भीख तक नहीं देते। इससे इन फकीरों ने रुष्ट होकर वहाँ का रिवाज छोड़कर अपनी भारतीय रस्म अख्तियार की है।

अदाना तुर्की का एक बड़ा शहर है। देश के उस हिस्से में अरब और तुर्कों के बीच बड़ा भयानक झगड़ा है। तुर्क लोगों ने मुझे अरब समझ कर बहुत कष्ट दिये। जिस दिन से मैंने 'हिन्दूचा' कहना शुरू किया, उस दिन से मैं इन अरबों के संकट से मुक्त हुआ। 'हिन्दूचा' माने एक भारतीय।

वहाँ अदालत में करीब 50 मुसलमान हैं। उनमें एक बंगाली मुसलमान है। वह उन सबका सरदार है। उसने अपने भारतीय समाज में वन्देमातरम् को चालू किया। वहाँ भारतीयों की मस्जिद के बाहर तुर्की हरफों में 'वन्देमातरम्' लिखा हुआ है। छोटे-छोटे तुर्की लड़के उसको पढ़ते हैं और मस्जिद के सामने 'वन्देमातरम्' बोलकर चिल्लाते हैं। मस्जिद की चोटी पर भारत की राष्ट्रीय पताका फहराती है। हर शुक्रवार की सुबह उस राष्ट्रीय पताका की सफाई की जाती है और जुम्मे की प्रार्थना के समय वन्देमातरम् ध्वनि के साथ झण्डा फहराया जाता है। तब कहीं नमाज पढ़ते हैं। उसके पास ही एक छोटी अफगान पताका भी धीरे-धीरे आकाश में उड़ा करती है।

मैं वियेना गया। वहाँ मैं श्री अग्निहोत्री जी से मिला। उनसे मालूम हुआ कि वहाँ, एक 'इण्डो-अमेरिकन असोसिएशन' है। वहाँ मैंने एक भाषण दिया। भाषण के पश्चात् अमेरिकन लोग हिप-हिप-हुर्रे बोल उठे। भारतीय भी चुपचाप नहीं रह सके भी, वे 'वन्देमातरम्' चिल्ला उठे।

एक वृद्ध पंजाबी मुसलमान श्री अलादिया, जो अब अनतंग शहर में रहता है अपने मुल्क वापस आने को बहुत इच्छुक था, किन्तु वह स्वदेश नहीं आ सकता। कारण कि एक बार वह गदर पार्टी में सम्मिलित हो गया था। इस बुढ़ापे में जब यह बूढ़ा अपनी दूकान की तीसरी मंजिल से चीनियों का जुलूस देखता है तब पागल की तरह चिल्लाकर वन्देमातरम् बोलता है। मैंने उससे पूछा कि ऐसा क्यों करते हो। वह बोला—आप, मालूम होता है कभी किसी राजनैतिक संकट में नहीं फँसे हैं, हमारा देश हिन्दोस्तान है। मेरा हृदय चाहता है कि एक बार स्वदेश जाकर अपने हृदय का दुख दूर करूँ। मेरी जब देश जाने की इच्छा प्रबल हो उठती है तब मैं अधीर हो उठता हूँ। इसीलिए एकमात्र शान्तिदायक यह देव-वाणी 'वन्देमातरम्' चिल्ला उठता हूँ। टियेनसिन और अनातांग शहर के बृहद भूमि-खण्ड के बीच जितने भारतीय रहते हैं, उन्होंने वन्देमातरम् को अपना चिरसंगी बना रखा है। जब उन्हें अपने देश का स्वप्न पागल कर देता है उस समय 'वन्देमातरम्' उन्हें

शान्ति देता है। केवल वे वन्देमातरम् के महत्त्व को अनुभव कर सकते हैं जिन्होंने अपनी मातृभूमि के लिए थोड़ा भी त्याग किया है।

—श्री रामनाथ विश्वास

[कर्मवीर, 4 दिसम्बर 1937]

विदेशों में 'वन्देमातरम्' का प्रभाव

इस्तम्बूल में एक हिन्दुस्थान ही का व्यापारी है। उसके नजदीक बहुत से भारतीय एकत्र हो गए हैं। उनमें से कोई भी भारत वापस नहीं आ सकता। प्रत्येक रविवार को वे सब उक्त व्यापारी के घर इकट्ठा होते हैं। एक रविवार को मैं भी गया। ठीक 11 बजे वह हीरों का व्यापारी अपने घर के सामने भारत का राष्ट्रीय झण्डा फहराता है, तत्पश्चात् वन्देमातरम् के नारे बुलन्द होते हैं। उसके बाद वे दूकान के सामने बैठकर केक-बिस्कुट खाते हैं। तीन बार मुझे उस झण्डे के सामने अपनी टोपी उतारकर सिर झुकाना पड़ा। वास्तव में यों विदेश में अपने देश-भाई को पाकर प्राणों में एक स्पन्दन-सा अनुभव होता है। पताका फहराते समय तुर्की नर-नारी बहुत बड़ी भीड़ में वहाँ एकत्र हो जाते हैं। उस समय हिन्दुस्तानी लोग गर्व से फूलकर एक-दूसरे को देखने लगते हैं।

यथार्थ में इससे मुझे बहुत पीड़ा होती है जब मैं देखता हूँ कि कुछ अदूर-दर्शी भारतीय इन विदेशों के आधार पर भारतीय आत्मा की आवाज की अवहेलना करते हैं।

1935 के मध्य में लन्दन के केनिंग टाउन में एक बार बंगाली मुसलमान नाविक और अंग्रेज नाविकों में युद्ध हुआ। तब बंगाली मल्लाहों ने अंग्रेज नाविकों पर वन्देमातरम् की ध्वनि के साथ ऐसा जोर का हमला किया कि वे भाग खड़े हुए और उन्होंने पुलिस से रक्षा चाही।

मैं कुछ दिन को नानकिंग में था। वहाँ मैंने देखा कि हिन्दुस्तानियों का चीनी नौकर एक दूसरे को 'वन्देमातरम्' बोलकर नमस्कार करता है। प्रत्येक रविवार को सुबह हिन्दू, मुसलमान, सिक्ख और भारतीय यहूदी एक लाइन में खड़े होकर एक साथ वन्देमातरम् का उच्चारण करते हैं। उस समय नानकिंग के स्त्री-पुरुष उस स्थान पर भारतीयों के इस आर्त निनाद को सुनने झपटकर आ जुटते हैं। मैं उसे आर्तनिनाद इस वास्ते कहता हूँ कि वह ध्वनि उनका अन्तःकरण चीरकर बाहर फूट पड़ती है। वे भारत वापस नहीं आ सकते, क्योंकि वे गदर

पार्टी के सदस्य रहे थे। वे लोग जो अपना कुछ खोकर बैठे हैं, वे इस वन्देमातरम् ध्वनि में उसे पाया हुआ-सा अनुभव करते हैं।

मैं सिर्फ तीन दिन के लिए हैको में था। एक शराबी लड़खड़ाता हुआ हमारे सामने आया और जब उसने हम में से हरएक को 'वन्देमातरम्' से सम्बोंधित किया, तब हम लोगों में यह सवाल उठा कि ऐसे पवित्र शब्द इसके मुंह में से निकलना कहाँ तक उचित है। मैं बोला, यह आदमी शराबी नहीं है, यह मरने को है। अतएव मरने के पहिले उसे वन्देमातरम् कह लेने दो।

बगदाद में एक ही हिन्दुस्थानी होटल था। पंजाबी, सिक्ख, मुसलमान और दक्खिन के गोआ-निवासी सब मिलकर होटल चला रहे थे। जब उन्हें मालूम हुआ कि इराक की सरकार भारतीयों को वहाँ से निकाल बाहर करना चाहती है तब गोआनी और सिक्ख उससे अलग हो गए। और पंजाबी मुसलमान, जो साफा बाँधा करता था, तुर्की टोपी पहिनने लगा और होटल चला रहा था। एक दिन मैं वहाँ गया, बहुत परिवर्तन देखा, तब कारण पूछा? वह बोला कि अब इस मुल्क में हिन्दुस्तानी नहीं रह सकेंगे, क्योंकि अब इस मुल्क के लोग उनसे घृणा करने लगे हैं। बोलो वन्देमातरम्! पहले वे 'या अल्लाह' कहते थे, अब उसको छोड़कर अपने मुल्क का' 'वन्देमातरम्' कहने लगे हैं।

—विश्व-भ्रमणकारी श्री रामनाथ विश्वास

[कर्मवीर, 11 दिसम्बर 1937]

मराठी साहित्य सम्मेलन

गत ता० 15-4-38 को बम्बई में महाराष्ट्र साहित्य सम्मेलन का बाईसवाँ अधिवेशन हो गया। हिन्दी भाषा में, हमें यह शिकायत रहती है कि हम साहित्य का काम भी साहित्यिकों के हाथ में नहीं रहने देते। किन्तु सच बात तो यह है कि साहित्य की भिन्न-भिन्न दिशाओं पर यदि विशुद्ध साहित्यिक अपने विचार प्रकट कर सकता है, तो भाषा के प्रभुत्व, प्रभाव, महत्त्व और प्रचार पर, एक विस्तृत दृष्टिकोण का व्यक्ति अधिक ध्यान दे सकता है। यही कारण है कि मराठी साहित्य सम्मेलन के स्वागताध्यक्ष यदि संघीय न्यायालय के न्यायमूर्ति प्रसिद्ध राजनीतिज्ञ श्रीयुत एम० आर० जयकर थे, तो सम्मेलन के सभापति थे देशभक्त विनायकराव जी सावरकर। हम उन लोगों में से हैं जिन्हें इस युग के सावरकरजी की राजनीति टिकाऊ और अनुकूल नहीं मालूम होती। हमें तो उसमें विष-भरी साम्प्रदायिकता के भी दर्शन होते हैं। किन्तु साहित्यिक सावरकर

जी वर्तमान राजनैतिक सावरकरजी से अधिक विमल-दृष्टि और राष्ट्रीय तेज से पूर्ण हैं। माननीय जयकर जी तो केवल यही बात कहकर रह गए कि साहित्य को सर्वस्पर्शी होना चाहिए, किन्तु सावरकरजी ने साहित्य पर अपने विचार खूब परिपक्वता के साथ पेश किए हैं।

मातृभाषा में अन्य भाषा के शब्दों का समावेश कहाँ तक उचित, है इस पर सावरकर जी कहते हैं :

1. हमारी भाषा में जिन अर्थों के शब्द थे, हैं अथवा उनका उद्‌गम होना सुसाध्य है, ऐसे अर्थों के पराये शब्दों का हम उपयोग न करें, फिर वे चाहे पुराने हों या नये। जिन लोगों ने अपनी भाषा के शब्दों को मारकर पुराने शब्दों को प्रश्रय दिया, उन्होंने अपनी भाषा की आय-वृद्धि नहीं की।

2. किन्तु जिन अर्थों के शब्द अथवा वे वस्तुएँ ही हमारे यहाँ न थीं, अत: उनको व्यक्त करने वाले शब्द हमारे यहाँ स्वभावत: ही नहीं हैं अथवा जिनका हमारे यहाँ होना दुर्घट है, ऐसे पराये शब्दों के सहयोग में रुकावट नहीं। ऐसे पराये शब्दों से हमारी शब्द-सम्पत्ति कुछ अंशों में बढ़ेगी ही। जैसे कोट, बूट, गुलाब, जाकिट, पेंसिल आदि।

हमारे विचार से पहिले भाग में रूढ़ हो चुकने वाले शब्दों तक को हटाने की ओर जो इशारा किया गया है, वह क्रियाहीन साबित होगा। क्योंकि शब्दों की गढ़न का स्थान केवल साहित्यिकों का मुँह या उनकी कलम ही नहीं है, किन्तु उनकी गढ़न का स्थान जन-समाज की रोजमर्रा की जरूरत है और जनता में पहुँचाये जाने वाले साहित्य के निर्माण में, साहित्यिक निरंकुश शब्द-सम्राट् बन कर अपने नियमों और शब्दों की हुकूमत लोगों पर नहीं चला सकता। उसे उपदेश के आसपास से उतरकर व्यवहार की जमीन पर उतरना होता है। जहाँ वह जनता की भाषा में प्रयुक्त या व्यवहृत और रूढ़ शब्दों का उपयोग करने के लिए बाध्य है और जब पहिले नियम में यह संशोधन मिला लिया जाये तो नियम दूसरा ऐसा मालूम होता है मानो हवाई जहाज के युग में कोई पैदल चलने के कानून बना रहा हो। अत: भाषा-शुद्धि के विषय में हमें ऐसे ही कदम उठाने चाहिए जिससे भाषा यदि एक तरफ हमारे पुराने ग्रन्थों से बहुत दूर न चली जाये तो दूसरी ओर वह समाज के नित्य के व्यवहार और उसकी समझ के लिए स्वप्न-लोक की वस्तु न बनी रहे।

देशभक्त सावरकर जी ने मराठी के क्रिया-पद-दारिद्र्य की ओर इशारा किया है और उस सिलसिले में लिखा है कि—"अपनी मराठी ही में नहीं, किन्तु बंगाली, हिन्दी, गुजराती आदि हमारी समस्त प्राकृत भाषाओं में क्रियापदों का दारिद्र्य पद-पद पर अनुभव करना होता है। इन भाषाओं में देना, लेना, होना, करना आदि कुछ गिने-चुने क्रियापद तो स्वतन्त्र रूप ही से व्यवहार में आते हैं

किन्तु शेष बैठे हुए सैकड़ों क्रिया-पदों के कार्य इन्हीं गिने-चुने क्रिया-पदों के आगे-पीछे भिन्न-भिन्न संज्ञाएँ तथा अन्य शब्द लगाकर पूरे करने होते हैं। परिणामतः उबा देने वाली पुनरुक्ति की भाषा में भरमार हो जाती है।"

लिपि-शुद्धि पर सावरकरजी के विचार प्रायः सब लोग जानते हैं, वे देव-नागरी लिपि चाहते हैं और उसमें गहरे परिवर्तन चाहते हैं। हमारा तो ख्याल है कि देवनागरी लिपि में यदि हमने संशोधन स्वीकार न किए और हम अपनी भावनाओं में कट्टर रहे तो हमारी यह कट्टरता रोमन लिपि को हमारा न्योता बनेगी।

देशभक्त सावरकरजी ने 'संस्कृतजन्य हिन्दी' को ही देश की राष्ट्रभाषा माना है। किन्तु हिन्दी और मराठी के नाम से देश में जो भाषाएँ प्रचलित हैं, यदि विद्वान् सावरकरजी गिनती लगावें तो आज भी इन दोनों भाषाओं में काफी बड़ी 'फीसदी' उर्दू और फारसी शब्दों का लेखा मिलेगा। हम अपनी भाषा को फारसी शब्दों से लदी देखना बर्दाश्त नहीं करेंगे, किन्तु जन-समाज में भाषा बढ़ाने के लिए हमें संस्कृत का कठोर मोह भी छोडना पड़ेगा।

विद्वान् सावरकरजी ने माँग की है कि अब साहित्यिक नहीं चाहिए, सैनिक चाहिए। प्रत्येक भाषा में साहित्यिक कभी तलवार छूते नहीं डरते। इस देश की तलवार तो छीनी गई है, साहित्यिकों ने उसे छोड़ नहीं दिया है। अतः तलवार उठाने के ये मानी तो नहीं होने चाहिए कि हम ग्रन्थों को तिलांजलि देकर तलवार ढूंढ़ते फिरें। इसके सिवा तलवार तो साहस ही का प्रतीक है अतः हमें साहसी साहित्य चाहिए, पैरों में घुँघरू बनता साहित्य नहीं। हम भाषा को अमर और जिन्दा मानते और रखते हुए सावरकरजी की इस भावना का प्रेम से स्वागत करते हैं।

[कर्मवीर, 23 अप्रैल, 1938]

गद्दार और तपस्वी कवि : अरविन्द

भारत का अँग्रेजी शासन, तपस्वी घोष में, षड्यंत्र ही सूँघता रहा और उनका पांडुचेरी-निवास, उनके मातृभूमि-प्रेम के कारण होने वाला निर्वासन ही था। कुछ लोग श्री अरविन्दजी में केवल तपस्या देखते हैं। ऐसे लोगों में यूरोप, अमरीका, फ्रांस आदि सब देशों और हिन्दू, मुसलमान, ईसाई, बौद्ध आदि सब धर्मों के लोग हैं। किन्तु बहुत कम लोग हैं जो यह जानते हैं कि तपस्वी और क्रांति-ज्वाल अरविन्द बाबू कोमलतर कवि भी हैं। जरा उनकी एक कविता का मेरे द्वारा बिगाड़ा हुआ गद्य-अनुवाद देखिए—

"प्रेम—जरा से तुम अपने हाथों को ढीला कर दो,

"जिससे मेरी अन्तरात्मा में निवास करने वाली अँधेरी रात, जरा फैल ले—

"और तुम आसमान के गोल चक्कर, जरा दूधिया गुलाब की सी अपनी किरनीली सुन्दरता पर पर्दा डाल लो—उसके नजदीक सिर पर लटकते केश-पाश जैसे पड़ोसी अँधेरे का।

"और प्रिय, यह तुम्हारे चुम्बन किस समय? किस जगह? किस उदारता से?—

"जबकि चुम्बन को अनुभव करने वाला स्वादीला मन विचारों के चढ़ाव-उतार से परेशान है।

"जलाने वाली नजरो, बस अब वहीं तक रहो, आगे न बढ़ो—

"और प्रेम के उन दोनों काले कुँओं पर, जिनमें पानी ही पानी भरा रहता है, उन काल-कूपों पर भी, आओ कोई, जरा पलकों के ढक्कन लगा दो!

"और पुराने लहरीले इतिहासकार समुद्र,

"और उसी की लहरों पर चढ़कर, मजे से ठण्डे-ठण्डे आने वाले समीरण—

"चुप भी रहो,

"अरे, तुम यही तो कहने आते हो न, कि सुख के बरसों पर चढ़े बरस, दुखी हृदय के आँसुओं की एक सतत बहने वाली धारा ही हैं।"

—श्री प्रजापति पाण्डेय

[कर्मवीर, 11 नवम्बर 1939]

दो पंखों से उड़ चला

तब इतनी सुन्दर कविता पर तपस्या विजयिनी कैसे हुई? 'गुड-बुक्स' के एक लेखक के० डी० एस० के शब्दों में उसका कारण यह है—

"कला का प्रवाह, और उसकी पहुँच श्री अरविन्द की मंजिल साबित नहीं हुई। काव्य की जगदीश्वरी उनके आकर्षण का स्रोत न रह सकी, उनके मन को खींच लिया एक अनहोने से, अन्तरिक्ष के सुन्दरतर निर्माण ने, जिसके काव्य-खण्डों के शब्द, भाव-खण्डों से नहीं, विश्व-खण्डों से बनते थे। उनकी बेचैनी की असफलता—जिसने काव्य की आशा, प्रेम और विश्व के परिश्रम में, वह न पाया जिस पर सन्त अरविन्द का मन ठहर कर विश्राम कर सके—विद्रोह कर कह उठी, और इस जगत् के सम्पूर्ण सौंदर्य और सत्य को लेकर चल पड़ी, उस ओर, जिसे वह अपनी पहुँच का प्यारा समझती थी।"

हम तो, अत्युच्च पहुँच कर उड़ने वाले अरविंद की आत्मा में—जो मुक्ति के लिए जागरण-शीला है—दो पंख लगे पाते हैं, एक कविता, दूसरा क्रान्तिप्राणता —

—श्री प्रजापति पाण्डेय

[कर्मवीर, 11 नवम्बर, 1939]

अरे, कोई अच्छा वक्ता ढूँढ़ो !

जार्ज बर्नार्ड शा, इंग्लैण्ड की आजाद-खयाली के ईमानदार कलाकार प्रतिनिधि हैं। इंग्लैण्ड की 'फेबियन सोसाइटी' ने 'युद्ध के उद्देश्यों' पर एक बैठक की। शा ने लिख भेजा बताते हैं कि "यारो, इंग्लैण्ड में अंग्रेजी नीति का नियन्त्रण करने वाली एक समिति बनाओ, और इंग्लैण्ड में एक प्रभावशाली वक्ता ढूँढ़ो जो हिटलर, मोलोटोव और स्टालिन के बहुत योग्यतापूर्ण भाषणों का जवाब, बहुत सोचे और सधे हुए शब्दों में अखबारों को, रेडियो वालों को, और पब्लिक व्याख्यान-मंचों पर दे सके। समिति का कर्त्तव्य होना चाहिए कि वह मि० चेम्बरलेन के भाषण को काटे-छाँटे और उन्हें समझावे उस समय, जब वे कोई भाषण करें"

वह देश धन्य है, जहाँ कलाकारों को, अपने देश के प्रति रहने वाली जागरूकता पर व्यस्त करने के लिए, प्रधानमन्त्री तक की यों नुक्ताचीभी करना और समस्त इंग्लैण्ड की एक महान् कमजोरी को यों युद्ध-युग में बताना साध्य है। नहीं तो हमारे 'प्रान्तीय परमेश्वरों' की बरसाती फसल की 'जन-प्रिय' कहलाने वाली पल्टन थी, जो ऊँचे आसन पर बैठकर बदला भँजाने में बाजारू ग्रामसिंहो को मात करती थी ! —

—श्री प्रजापति पाण्डेय

[कर्मवीर, 11 नवम्बर 1939]

दो बोलों का आमना-सामना

'लीडर' के मजाकिया कालम में एक बात यों छपी है, "वे लोग बड़े बुरे हैं, जो किसी सवाल के जवाब में दूसरा सवाल ही कर देते हैं। बात के श्रोता ने कहा इसके क्या मानी ? किन्तु उससे भी बड़ी एक बात 'अमृत बाजार पत्रिका' में देखते हैं। वह जिस जाति का सिर हो, उसके लिए उसी मेल की

पनही ढूंढ़ती है। थोड़े दिन हुए, बंगाल के प्रधानमन्त्री माननीय हक साहब ने, इस बात का गर्व किया था कि वे बदनसीब भारतवर्ष के निवासी नहीं, किन्तु फारिस और तुर्किस्तान की सन्तान हैं, साथ ही यह भी कि "मुसलमान शेरों और भेड़ियों के बच्चे हैं।" समय का कुम्हार, मानो बंगाल में बजते हुए, अपने इस घड़े की आवाज घड़ी लगाकर सुन रहा था। महीनों का चक्कर लगा होगा कि लन्दन में भारतीयों ने दशहरा मनाया। उस अवसर पर, भारत के सहकारी हाई कमिश्नर सर फीरोज खाँ नून बोले। नून साहब के मुसलमान होने पर भला भारत में कौन शक कर सकता है! वे दशहरे के जलसे में बोले—"यद्यपि मैं मुसलमान धर्म का पालन करता हूँ, किन्तु मैं भारतीय हूँ। सौ फी-सदी भारतीय। मुझे अपने बाप-दादों का यानी पुरखों का गर्व है, जो हिन्दू थे, राजपूत थे।" यों तो जिनके पुरखे न राजपूत हों, न हिन्दू हों, न मुसलमान हों—ऐसे देशों में भी बलिदानों से स्वतन्त्रता मिलती ही है, किन्तु 'पत्रिका' को माननीय हक और सर नून के कथन को, इस तरह आमने-सामने खड़ा नहीं करना था। साहित्य में इसे क्या कहेंगे—कुछ सूझ नहीं पड़ता!

—श्री प्रजापति पाण्डेय

[कर्मवीर, 11 नवम्बर 1939]

ये पौरुष के भाई पुरुष !!!

स्वर्गीय त्यागमूर्ति मोतीलाल जी नेहरू की पुत्री, राष्ट्र-प्राण पण्डित जवाहरलाल नेहरू की बहिन, त्यागपत्र-दाता युक्तप्रान्तीय कांग्रेसी मंत्रिमण्डल में स्थानीय स्वराज-विभाग की मन्त्री, और कई बड़े-छोटे बच्चों की माँ, श्रीमती विजयलक्ष्मी पण्डित का अंग्रेजी दैनिक पत्रों में एक लेख प्रकाशित हुआ है, जिसमें उन्होंने, मंत्रियों के नाते, उनके नाम पर आई हुई चिट्ठियों के अवतरण दिये हैं। वह लेख जहाँ उनकी साहसपूर्ण उज्ज्वलता के सुबूत हैं, तहाँ इस बात के भी प्रमाण हैं कि युक्तप्रान्तीय शासन में श्रीमती विजयलक्ष्मी पण्डित के दर्शन से, कितने ही जरूरतमन्द, शासन की कृपा पाने के लिए, गद्य-काव्यों के निर्माता हो गये। पौरुष के भाई 'पुरुष' कहलाने वाले, कुछ कापुरुषों के पत्रों को जरा पढ़िये—

(क)

देवी— मैं सौन्दर्य की वेदिका पर आपकी आराधना करता हूँ। जिन्दगी भर मैं उस प्रतिभा की खोज में रहा जिसमें रूप, साहस, मस्तिष्क और शील का समन्वय हो। आप में इन सबका एकत्र समावेश है। मेरी विनम्र सेवाएँ और

उपासना स्वीकार कीजिये। आप जिस संदेश की वाहिका हैं उसकी गूँज मेरे इस गरीब दिल में जगह पा गयी है।"

(ख)

"प्यारी बहन, मैं तुम्हें एक ऐसे दिल का प्यार और आदर भेंट कर रहा हूँ जिसकी बहुत कड़ी परीक्षा ली गई है। मगर फिर भी वह नई आशा से धड़क रहा है, इसलिए कि उसने तुम्हारी वाणी का संगीत सुन लिया है।"

(ख)

"महिमामयी देवी !

इस पत्र के द्वारा मैं आपको बताना चाहता हूँ कि आपके व्यक्तित्व के जादू ने उस अन्धकार को छेद डाला है जो मेरे जीवन को चारों ओर से लपेटे हुए है। मैंने आपके दर्शन सिर्फ एक बार किये हैं—दूर से। किन्तु मेरे में एक नई रूह पैदा हो गई है। सुन्दरी, मुझे आज्ञा दीजिये कि मैं आपके चरणों में अपनी श्रद्धा निवेदन करूँ। और विश्वास कीजिये कि मैं आपका ताबेदार हूँ—"

(घ)

"सम्मानशीला देवी, पृथ्वी पर खड़े होकर आकाश जितनी ऊँची आप तक पहुँचने की जो धृष्टता मैं कर रहा हूँ उसे क्षमा कीजिये—मैंने बहुत से पत्रों में आपके लेख पढ़े और बहुतेरी मासिक पत्रिकाओं आदि के पृष्ठों के भीतर से झाँकती हुई आपकी तस्वीर देखी। मैं यह लिखने को मजबूर हो गया हूँ कि जबसे मैंने आपकी आँखों के भीतर देखा, तब से मेरे जीवन का अर्थ ही बदल गया है। मैं अब उस दिन के लिए जी रहा हूँ जब कि मैं आपकी खिदमत कर सकूँ—चाहे जिस छोटी हैसियत से ही क्यों न हो। काश हम लोग अतीत युग के प्राणी होते, मैंने स्वेच्छापूर्वक अपनी जिन्दगी आपकी खिदमत में सौंप दी होती। मगर आज तो वैसा अवसर नहीं आ सकता। ताहम मेरा जीवन आपका है ही। क्या मैं उम्मीद करूँ कि आप यह तुच्छ भेंट स्वीकार करेंगी ?"

और इस पर, श्रीमती पण्डित, इतना ही लिखकर रह गईं—

"भारतीय मनोभावना भावुकतापूर्ण पंक्तियाँ लिखने में कमाल करती है। सुन्दर अलंकारों और उपमाओं के सागर जिसने पार न किये हों, उसके लिए यह समझना भी मुश्किल हो जाता है कि आखिर लेखक की मंशा क्या है।"

हमारे विचार से, ऐसे लोग साबित करते हैं कि उपमा अलंकार और मीठे शब्दों से भरा ललित साहित्य उन्हें हजम नहीं हुआ। इसके बजाय, कालेजों में, ऐसे खूबसूरत दिमागों पर, विज्ञान और उसके परिणाम की मशीनें लादी जानी चाहिए।

—श्री प्रजापति पाण्डेय

[कर्मवीर, 11 नवम्बर 1939]

कलाकार से

हिन्दी काव्य के युग-निर्माता कविवर बाबू मैथिलीशरण जी गुप्त ने 'सुधा' के विशेषांक में उक्त शीर्षक से एक कविता लिखी है। उसमें कला को जीवन से बहुत दूर खड़ी देखकर अपनी बेचैनी को उन्होंने इस तरह व्यक्त किया है :

"तेरी मुरली कूक रही है,
किन्तु ताल-सा चूक रही है,
कौन राग यह हूक रही है
करके स्वर-विस्तार ?

फूंक इधर भी एक लगा दे
इस चूल्हे की आग जगा दे,
भूख और हड़कम्प भगा दे
गा फिर देस, मलार।"

कला जीवन से दूर होकर जब केवल विनोद या मनस्तोष रह जाती है, तब यह वेदना स्वाभाविक है। कविवर रवीन्द्रनाथ ठाकुर ने एक बार महात्मा गांधी के कथन की आलोचना करते हुए लिखा था, "वीणा बजाते हुए कलाकार से यह नहीं कहा जा सकता कि जब तक वीणा नहीं मिलती, तब तक लो, यह पाटिया ही बजाओ।" कलाकार से यह माँग तो सर्वथा उचित है कि जब वह चले तो युग को, जमाने को, अपने साथ लेता चले। किन्तु जीवन के हर प्रतिभा-हीन क्षेत्र में, कलाकार जीवन के पीछे-पीछे पालतू कुत्ते की तरह भागा-भागा नहीं फिर सकता। अतः श्रद्धास्पद गुप्तजी के कथन में हम केवल यही बात समझते हैं कि वे कलाकार का शून्य में विचरण करना नहीं चाहते; वे कलाकार से चाहते हैं कि वह जीवन की प्रेरक वाणी, क्रियामयी साधना बनकर, विश्व में चले। हमारे विचार से गुप्तजी ने दिमागी लचलचेपन और अस्तित्व का अर्थ खोती हुई कलाकारिता के प्रति अपनी बेचैनी जाहिर की है।

[कर्मवीर, 21-9-40, सम्पादकीय टिप्पणी]

पतन-गीता

साम्राज्य किस वस्तु का होता है ?
अधमता का।
उसका लालच क्यों होता है ? वह टिका क्यों रहता है ?

उसके टिकाए रखने के लिए ईमानदारी को कौशलपूर्वक अपने साथ रखना होता है।

सत्य क्या है ?

दिखाऊपन ।

जीवन-युद्ध में उसका कौन-सा स्थान है ?

अभेद्य और फौलाद से भी कड़े कवच का ।

उस कवच में निवास करने वाला कौन भाग्यवान है ?

मानव-दुष्टता ।

स्वच्छ, शांत, खुले में रहते हो, तुम डाकू तो नहीं हो ?

डाकू ! हाँ, डाकू ही हूँ । डाकू वह नहीं जो भागे-भागे फिरें। सच्चे डाकू वे हैं, जो लोगों का सर्वस्व हड़पकर ईमानदार नागरिक के रूप में रह सकें ।

यह तुम पर रहने वाले विशुद्ध कपड़े क्या हैं ?

मेरी अपने ही व्यक्तियों को धोखा दे-देकर मरी हुई आत्मा के ये स्वच्छ विशुद्ध कफन हैं ।

तब सुख कहाँ रहता है ?

संसार-भर को बुरे से बुरा समझने और सदैव स्वार्थ-पंक में नीचे की ही ओर फिसलते जाने में।

स्वर्ग तो लोग ऊपर को कहते हैं ?

स्वर्ग एक तो वह है जो कुछ है ही नहीं। ईश्वर भूखों के बिगड़ैल मन का खिलौना है। यदि स्वर्ग है ही, तो बहुत बोझीला है, इसलिए कि वह ऊपर है।

तब तुम्हारे सुख का साधन क्या रहा, केवल जनता का आदर ?

जनता का आदर वह बिच्छुओं का दंशन है, परन्तु मैं उसे सहते जाना ही जीवन समझता हूँ ।

संसार किसे कहते हैं ?

पेट में दुर्गन्ध रखकर, ऊपर से मीठा बोलने को ।

योग किसे कहते हैं ?

जो कुछ नहीं है, वह दिखाते रहने और जो कुछ है, उसे छुपाए रखने के विषम जीवन व्यतीत करने को ।

जीवन किसे कहते हैं ?

बाहर की कुशलता रखकर भीतर जलते रहने को। बाहर मुस्कुराकर भीतर दाँत पीसते रहने को। जीवन छुरी से अधिक तीखी और चट्टान से अधिक बोझीली वस्तु है।

सद्गुण किसे कहते हैं ?

घृणा करने योग्य वस्तु को—उतनी ही घृणा करने योग्य वस्तु को,

जितनी घृणा करने योग्य वह स्त्री होती है, जो पति द्वारा बच्चे पैदा करती चली जाए, किन्तु बुढ़ापे तक परपुरुषगामिनी होना न छोड़े।

तबीयत किसे कहते हैं?

उसे जबकि मैं किसी का उत्कर्ष देखकर दाँतों-तले अँगुलियाँ दबाऊँ, तब विधि के विधान पर प्रसन्न होने के बजाय, स्वभाव से अपनी ही अँगुलियाँ खुद काट खाऊँ।

स्वभाव क्या है?

सर्वथा जाली जीवन व्यतीत करते जाना और उससे होने वाले कठोर कष्टों को कभी प्रकट न होने देना, शैतानी जाल रचते हुए, हर बात में, यूनिवर्सिटियों की डिगरियों की दुहाई देना, तर्क का नाम लेकर अपने पर विश्वास करने वालों के लिए नरक का निर्माण करते जाना—सोचना और, कहना कुछ और, करना सर्वथा कुछ और। स्वभाव वह कलम है, जिसमें स्याही का अटूट भंडार भरा हो, और उसे कभी बाहर से न लाना पड़े। किंतु अपनी उस कालिमा से अपना काला हृदय चित्रित न करना, किंतु अपनी ईमानदारी तथा औरों की कालिमा प्रकट करते रहना, दुम हिलाते रहना, किंतु लोगों पर छाप जमाना कि बहादुर यही है। लोगों पर गंदे आक्रमण इसलिए करना, जिससे वे अपने पर होने वाले प्रहारों में उलझकर हमारे पाप को देखने का अवसर ही न पा सकें। जिस दिन चोरी की हो उस दिन दो भले आदमियों को ढूँढ़कर चोर कहना, डाका मारा हो, उस दिन सन्त तुकाराम तक को डाकू सिद्ध करना और अपनी स्त्री परपुरुषगामिनी हो गई हो, तब औरों की बहिन-बेटियों पर प्रहार कर, एक कृत्रिम चर्चा की धूम उठाना और अपने पर प्रहार करने का यदि भूलकर भी कोई स्वप्न देखे तो उसे मौका न देना, घातकों से पिस जाना, पर अपने 'रूप' को छुपाए रखने में सदा चौकन्ना रहना। निंदा करना, परन्तु कहते यह जाना कि यह तो मैं सत्य को प्रकट करने के लिए कहता हूँ। किसी की निंदा करते समय भोला स्वरूप धारण कर लेना।

'पतन-गीता' पर संगम 1950 के तरुण संपादक की टिप्पणी और लेखक से बातचीत।

"पतन-गीता अपने ढंग की अकेली व्यंग्यात्मक कृति है। इसमें वही व्यंग-बिब और कठोर से कठोर बात को सरल से सरल ढंग से कह डालने की शैली है जो मेकियावली में मिलती है।

इस गद्य-खण्ड के विषय में माखनलालजी का कहना है, "व्यक्ति, वस्तु, परिस्थितियों को देखकर उसमें डूब जाता हूँ। कभी-कभी उनकी बिल्कुल डार्क साइड सामने आ जाती है : ऐसी ही मन.स्थिति में ऐसी चीज लिख डालता हूँ।"

" 'राजनैतिक आत्म-दर्शन इसका नाम रक्खो ।" वे बोले, " 'पतन-गीता' ज्यादा पैना और तीखा नाम है ।" मैं आग्रह से बोला, "ऐसा, तो 'पतन-गीता' ही ठीक है ।"

'पतन-गीता' नाम इसलिए भी अधिक सार्थक है कि जैसे गीता अर्जुन और और कृष्ण की सम्वाद-शैली में लिखी गई है, वैसी ही यह भी सम्वाद-शैली में है…।

[संगम, चतुर्वेदी-विशेषांक, अप्रैल 1950, 'रंगों की बोली']

विविध मनोदशा के व्यक्ति

समाज के कमजोर अंग हमारे देश में ही नहीं, विश्व-व्याप्त रहे हैं।

एक है अभावों में रो उठनेवाला अंश ।

दूसरा है परिवर्तन चाहने की नन्हीं और बचकानी मनोदशा रखनेवाला अंश, जिसे परिणाम की परवाह किए बिना परिवर्तन चाहिए, जो परिवर्तन के समय सबसे आगे भले ही हो, किंतु परिवर्तन के परिणाम भोगते समय या तो वह दुनिया में न होगा, या वह विवेकी बनकर बूढ़ों में शामिल हो जाएगा ।

तीसरा है, जिसे हर बात में 'एकार्डिग टू द प्लैन' करने का अभ्यास पड़ गया है, जो हर बात, हर चीज भौतिक भाषा में सोचता है और एक निरंकुश शासक की तरह वह और केवल वह ही व्यवस्था चलने देना चाहता है, जो उसकी मरजी की हो ।

चौथा है वह अंधा उत्साही, जिसे आन्दोलनों, हलचलों और सामाजिक उथल-पुथल में शहीद बनने का मौका भर मिलना चाहिए। वह अपने उत्साह से इतना पराजित है कि समाज के भविष्य को सोच सकने का स्वप्न ही वह कभी देख नहीं सकता, जो शहादत के लिए शहादत में विश्वास करता है ।

पाँचवाँ है वह अंश, जिसके अपने कोई विश्वास न कभी रहे हैं, न कभी रहेंगे। वह निर्णय पर पहुँचने से घबड़ाता है और अपनी एकछत्र आज्ञा सब पर चलाने का मोह छोड़ नहीं पाता ।

क्रान्ति, क्रांतिवाद की चर्चा करने वाले दुनिया को स्वर्ग बना डालने के भ्रम के स्वर्ग में विचरण करते हैं । उन्हें आदत है—'हर एक को नीचे गिराओ, हर वस्तु को नष्ट कर दो, हर जगह उलट-पुलट से अव्यवस्था बनाओ, समाज के हर अंग में एक प्रकार का लकवा-सा मार दो—निर्माण फिर होता रहेगा।'

जो लोग विश्वास की जड़ों को उखाड़ फेंकने का पेशा करते हैं और उसे क्रांति कहते हैं, वे अपने निर्मित उपकरणों से स्वयं मारे जाते हैं और समाज को

अव्यवस्थित छोड़ जाते हैं।

जिस समाज ने अपने में, अपने परिवारों में, अपने सुहृदों में, अपनी सांस्कृतिक परम्पराओं में और सबसे अधिक अपने मत-निश्चय, मत-प्रकाशन और मतानुकूल-वर्तन में विश्वास खो दिया, उसका कैसा देश, उसका कौन-सा साहित्य ? जो राम, ईसा, मुहम्मद और बुद्ध को उखाड़कर फेंकेगा, वह क्या अपने जीते-जी डेमोक्रेसी (प्रजातन्त्र) में भी विश्वास जमा पावेगा ? यदि हम किसी मशीन के सब कील-काँटे उखाड़कर फेंक दें, तो मशीन चलाने का काम हम कर चुके !

[पाँव-पाँव]

मूल निवासियों के गीत (अनुवाद)

(फादर एल्विन)

मध्यप्रान्त के पूर्वीय अंचल के मूल निवासियों अर्थात् 'भूमि-जन' नामक जातियों के संगीत कभी भी ठीक ढंग से लिपि-बद्ध नहीं किए गए। ये अधिकांश गीत नृत्य से घना सम्पर्क रखते हैं, और अब चूँकि 'ग्रामोद्धारकों' की काली छाया पड़ने से ये निर्दोष नृत्य बन्द होने लगे हैं, अतः यह भय है कि इन संगीतों का अधिक भाग विस्मृत न हो जाए। वे गीत और कविताएँ सुरक्षित रखी जाने योग्य हैं। बर्ड्सवर्थ के कथनानुसार ये कविताएँ—जैसा कि प्रत्येक कविता को होना चाहिए—"सरल, वासनामूलक और आवेशमयी हैं।" एक जीवित कविता का नमूना लीजिए, जो कि कभी कलमबन्द नहीं की गई, किंतु जो अपने गायकों में नित नई आनन्द की लहरें भरती है, और जिसे चन्द्रमा की प्रकाशमय किरणों में या जलती हुई लकड़ी के उजियाले में, नगाड़ों की ठमक पर, पाँवों की मीठी हलचलों के साथ गाते हैं।

कई अन्य प्रकार के संगीत भी हैं। सबसे मशहूर गीत वह है जो करमा नृत्य के साथ गाया जाता है। इनमें से कई-एक गीत तो स्त्रियों ने ही बनाए हैं। डण्डों के नाच पर, मर्द अक्सर शैला या डाँडर गीत गाते हैं। 'रीना' स्त्रियों का नाच है, उसके साथ गाया जाने वाला गीत भी स्त्रियों के ही गाए जाने योग्य है। 'जरपथ' गीत को लड़के-लड़कियाँ दोनों गाते हैं।

छत्तीसगढ़ में ददरिया या साल्हो के नाम से मशहूर गीत सही मायने में वन-भजन या वन-संगीत है। बैगा नाम की पहाड़ी जातियों में ये गीत प्रचलित हैं। जंगल में काम करने जाते समय जवान प्रेमी और प्रेमिकाएँ इन गीतों में परस्पर प्रेमालाप करते हैं। इन संगीतों में तरह-तरह के प्रस्ताव और निकल

चलने की योजनाएँ छन्दोबद्ध की गई हैं। ददरिया गीत सुनने में बड़ा आनन्द आता है। जंगल की गहराई से, ताजगी और स्फूर्ति लानेवाले संगीत की ध्वनि सुन पड़ती है, जिसकी स्वर-लहरी, आनन्द और आवेश कभी बासे नहीं पड़ते।

गोंडों में 'सजनी' नामक एक व्यंग्यात्मक गीत प्रचलित है, जिसे गा-गा कर वे अपने ही जीवन की आलोचना करते हैं और हँसते हैं।

किंतु अधिकांश गीत प्रेम-गीत हैं। कुछ तो ऐसे हैं जिन्हें छापा नहीं जा सकता, परन्तु ज्यादातर ऐसे गीत हैं जिनमें प्रेम की कलात्मक अभिव्यक्ति है। विशेषकर ठुकराए हुए प्रेम की पीड़ा का गम्भीर अन्तर्दृष्टि रखकर किया गया वर्णन इनमें पाया जाता है।

यह न समझा जाए कि गोंडकवि केवल प्रेम के गीत ही गाते हैं। गाँव और कस्बे के घरेलू जीवन का सूक्ष्म और मीठा विवरण भी उनकी रचनाओं में मिलता है। ददरिया इसका उदाहरण है। दो पंक्तियों की छोटी कविताओं में अक्सर आप पायेंगे कि प्रथम पंक्ति में कहा गया है कि दीवाल पर बेलें चढ़ रही हैं, आम की छाया है, हाँडी में चावल पक रहे हैं, और कृषक दिन-भर खेतों में काम करके थका-माँदा घर लौट रहा है।

भूमिजन अपने छोटे गाँवों और आस-पास फैले हुए जंगलों को बहुत मुहब्बत करता है—

एक गीत की पहली कड़ी सुनिये—

"तुम्हें, यह गाँव चाँद-जैसा प्यारा लगता है।"

और उसके बाद—

"किस हरे झाड़ को तुम प्यार करते हो ?"
"किस फूल से सारा जंगल गुलाबी बना हुआ है ?"
"पहाड़ी पर के वृक्ष हरे होते हैं और वे मुझे बहुत प्रिय हैं।"
"सेमर का फूल लाल होता है।"

गाँवों की अत्यन्त करुणापूर्ण तस्वीर खींचने की प्रथा-सी है। अतएव बालाघाट के 'गोंडी सजनी' गीत में गाँवों का यह भिन्न रुख का वर्णन पाठकों को दिलचस्प लगेगा—

"दुनिया भर में गाँव ही सुख का स्थान है।"
"हरएक घर में हल और बैल मौजूद हैं।"
"और हर आदमी खेत जोतने जाता है।"
"जब ग्राम के निवासी खेतों में काम करते हैं,—
तब त्यौहार जैसा लगता है।
"कोई ददरिया गाता है, कोई सालिया नृत्य करता है,
"जो गाय-बैल चराते हैं, वे बाँस की वंशी बजाते हैं।

"जोतने के बाद खेतों में गाढ़ा कीचड़ हो जाता है,
"धान बोते समय लोग उस पर नाचते हैं।
"दोस्त आपस में कीचड़ फेंककर खेलते हैं।
"सारी दुनिया में गाँव ही सुख का घर है।"

दूसरी ओर वे गीत भी हैं जिनमें सन् 1896 और 1908 के दुष्कालों के दुःखों की याद गाई गयी है।

सड़क मरम्मत करने वालों का एक गीत सुनिये—

"हम भूखे और प्यासे, धूप में उन पत्थरों को तोड़ते हैं।
"इस यातना से हमारा मांस घुल जाता है, सिर्फ हड्डियाँ बच जाती हैं।"

अनेकों गीत इसी प्रकार की पीड़ाओं की करुणा से भरे पड़े हैं—

"पीड़ा की गहराई आँसुओं से नहीं नापी जाती।
"पर्वत और पहाड़ियाँ मिट जाएँगी।
"पूर आई हुई नदी की भाँति आँसुओं की धार चाहे बह चले,
"किन्तु भाग्य ने जो दिया है, उसे तुम्हें लेना ही पड़ेगा।
"भाई, अगर मैं आँसू की एक बूंद होता, तो पानी की बाढ़ की तरह बह जाता।
"दुःख के आँसुओं की गहराई की थाह भला अब तक किसी ने पाई है ?"

हम लोगों से अक्सर कहा जाता है कि पौर्वात्य जातियों का दुख-प्रकाश रस्म-अदाई के लिए होता है। उनका चीख-चीखकर रोना महज दिखाऊ और बेमानी मतलब का होता है। किन्तु भूमिजनों के विषय में मेरा अनुभव ऐसा नहीं है। खास कर बच्चों के मर जाने पर जो दुःख वे प्रकट करते हैं, वह बहुत सच्चा होता है। एक बार एक परधान जाति की स्त्री को मैंने अपने बच्चे के लिए रोते सुना। वह रो-रोकर कुछ इस प्रकार गा रही थी—

"उन्होंने तुझे कहाँ छिपा दिया,
मेरे छोटे बच्चे ?
"उन लोगों ने क्या तुझे अनाज की बखार में छिपाया है ?
"क्या जंगल में ले जाकर उन्होंने तुझे पत्तों से ढाँक रक्खा है ?
"क्या गेहूँ के खेत में तुझे छिपा दिया है ?
"मेरे बच्चे, कहाँ छिपाया है उन्होंने तुझको ?"

एक बार एक दूसरी स्त्री इस प्रकार रो रही थी—

"बेटा, लोग कहते थे कि मैं कुरूपा हूँ, तुझ जैसी सन्तान पैदा करने लायक मैं न थी।

"मगर, तू आया तो मैं रानी बन गई,

"तू मेरे हृदय के सिंहासन पर बैठता था; आज मैं तुझे शीतल धरती में छिपा रही हूँ !"

यों ही कविताएँ अद्‌भुत होती हैं—वेदना और आनन्द के भीतर से उन लोगों में जो सरल और प्रेममय जीवन बिताते हैं। एक गोंडी पहेली में नाचने जाने वाली लड़की के पाँवों का वर्णन इस प्रकार किया गया—

"एक पंछी खूबसूरत झाड़ पर बैठती है, वह पंछी बोलती नहीं। वृक्ष को जरा झिंझोड़ दो कि बस, पछी जग जाएगी और गाने लगेगी।"

इस प्रकार ये आदिम जातियाँ जागकर गा उठती हैं, जब इनका जीवन-वृक्ष अनुभव के झकोरों से कँपा दिया जाता है।

('गुडबुक्स' से यह लेख 'रीडर्स डाइजेस्ट' ने लिया और उससे हमने।)[1]

[कर्मवीर, 18 नवम्बर, 1929]

---

1. यह लेख माखनलालजी की अनुवाद-शक्ति को प्रकट करता है। नपी-तुली, सधी, सुललित भाषा में मूल के रस को सुरक्षित रख ले जाने में उन्हें कोई असुविधा नहीं हुई। (संपा०)

भूमिकाएँ

भूमिकाएँ : अपनी पुस्तकों की

कविता : जी में उतरकर

(आत्म-निवेदन)

दृष्टि का काम बाहर को देखना भी है और भीतर को भी। जब वह बाहर को देखती है, तब रचनाओं पर समय के पैरों के निशान पड़े बिना नहीं रहते। जब वह भीतर को देखती है, तब मनोभावनाओं के ऐसे चित्रण कलम पर आ जाते हैं जिन्हें समय के द्वारा शीघ्र पोंछा नहीं जा सकता···यदि मनोभावनाओं की सतह ऐसी हो जिसमें अगणितों का उल्लास और उनकी भावना प्रतिबिंबित हो उठी हो, और जिनकी कहानी, अपने अवतरण में, दुहराहटों के दाग से बची रह सकी हो। यही कारण है कि नेत्र से दीखने वाले सब-कुछ की ओर से आँखें मूँद लेने पर उसका पता नहीं लगता, किन्तु भीतर दीखने वाली दुनिया आँखें मूँद लेने के बाद भी दीखती और सूझती रहती है, इसलिए वह समय के हाथों मिटाये नहीं मिटती, इसलिए, समय के निशानों वाली वस्तु, समय बदलते ही अपना अस्तित्व खोने लगती है, और समय के नियन्त्रण या 'संस्कृत' के नाम से पुकारी जाती रही है। युग का लेखक, न तो खुली आँखों से देखकर, उलट-पुलट होते जगत् पर अपना श्रमदान करने से चूक सकता है, न मुँदी आँखों की दुनिया में महामहिम मानव की कोमलतर और प्रखरतर मनोभावनाओं की पहुँच तक जाने से ही रुक सकाता है।

प्रश्नोपनिषद् में कहा है—

"यहाँ यह ईश्वर, यह मन, अपने सपने में फिर-फिर अनुभव करता है—जो देखता है उसे, जिसे नहीं देख पाता है उसे; जो सुनायी देता है उसे, और जो सुनायी नहीं देता है उसे; जहाँ तक अनुभूति पहुँच पायी उसे और जहाँ तक अनुभूतियाँ नहीं पहुँच पायीं उसे भी, उस तक भी जो है, और उस तक भी जो 'नहीं है—इस सब-कुछ को वह देखता है।"

महोपनिषद् का यह कथन भी मानो कवि के ही लिए लिखा-सा लगता है, "अपने परम अस्तित्व तक ऊँचे उठकर रह सकना मुक्ति है। युग का आकर्षण, अपने परम तत्त्व से अस्तित्व का पतन है।" यह यदि कवि के युग-मोह पर नुक्ता-

चीनी है, तो अवतारवाद पर इसे कड़वी आलोचना कहना पड़ेगा। किन्तु युग का गायक, युग के परिवर्तनों से आँखें मूंदकर अपनी कला को पुरुषार्थमयी नहीं रख सकता। अस्तु, इसी तरह हृदय को वेदों में अनन्त धाराओं को छोड़ सकने वाले समुद्र का स्वामी कहा है।

वस्तुओं में उनके रूप, स्वाद और उनकी उम्र की तरह घटते-बढ़ते रहने वाले, तथा उनके अस्तित्व के कारण की तरह छुपकर अमर होकर बैठने वाले तत्त्व को कौन-सा नाम दिया जाये ? मानव मनोभावनाओं के विकार मानव-निर्माण के दिन से भले ही सुसंस्कृत होते हों, किन्तु उनके स्रोत हैं गिने-चुने ही। तत्त्वज्ञ उनके मूल स्रोतों तक मन को पहुँचाने में यत्नशील रहा, कवि उन स्रोतों को उज्ज्वल रूप और बेदाग वाणी प्रदान करने के अपने स्वप्नों में जागरूक रहा। यही कारण है कि कवि मानव की, मानवी की, नदी की, पर्वत की, पत्थर की, पानी की, झरने की, किस-किस की ओर से नहीं बोला ? उसकी बोली उसकी अनुभूति और आकलन का अनोखा आविष्कार बनकर आती रही। वह खुली आँखों के कौशल को भी रूप, रस और वाणी दान करता रहा और सूझ के पैरों अनुभूतियों तक पहुँचने के अपने मूक वैभव को भी; शायद उसकी इसी बात के समर्थन में, अनंत युगों के ऐसे पुराने लोग, जिनकी वाणी पुरानी नहीं हो पायी, कह गये हैं—

"यदि मानव की महत्ता है जानना और सोचना, तो इन दोनों पक्षियों की उड़ान का प्राण है याद ! और याद के इतिहास को पीछे खींचो, तो उसी दिन से मानव निर्मित होता चला आ रहा है।"

इसलिए यादों के संग्रह की और याद रखने जैसी दिशाओं की कामना और सूझ की सम्मिलित मनोभावना—स्वामिनी को कौन-सा नाम दिया जाय ? कविता ? यह नाम न जाने क्यों जरा छोटा पड़ता-सा नजर आता है; इस शब्द में से त्रिकालज्ञता का बोध जो नहीं निकलता। 'सूझ' तो समय के तीनों टुकड़ों के अन्तःकरण में से गुजर कर उन्हें छेदता हुआ, नित्य नवीनता के साथ बढ़ता जाने वाला मानवता का वह डोरा है, जिस पर सम्पूर्ण विश्व के जड़-चेतन का भान ठहरा हुआ है। इसीलिए सूझ के स्वामी एक युग बनाते हैं, दूसरे युग का पालन करते हैं और तीसरे युग को उखाड़कर फेंकते जाते हैं। सूझ मानो मस्तिष्क के मौसम का संकेत और हृदय के हाथ-पाँवों का दिशा-दर्शन और पथ-संचालन है। सूझ विकास की साँस, विवेक की धड़कन और अस्तित्व का संवेदनशील परस कौशल है। जब सूझ खुली-आँखों युग के शस्त्रों पर जंग चढ़ते हुए देखती है, तब 'युगध्वंस' में से वह मानव का 'प्रयंकर' और 'शंकर' भाव ढूंढ़ निकालती है; और उस दिशा में युग की वाणी बन जाती है। जब सूझ मानव मनोभावनाओं के नये डोरे बनाने, और अस्तित्व पर कामना, अनुभूति और समर्पण के कसीदे से काढ़ने लगती है, तब लोग उसकी युगों-युगों तक रक्षा करने के लिए, अपनी यादों

की तहों में, अन्तःकरण के परदों में, और विकास की अमर अँगुलियों की उन खिलवाड़ों में छुपाकर रखते हैं, जिन्हें उन्होंने समय के बीते सिरे के रूप में इतिहास नाम भले ही दिया हो, किन्तु जिस मनोभाव, जिस दुःख, जिस अनुभूति, जिस कल्पना को मानव समझता है कि भावों के युगों को उकसाने, दुलराने और दिशा-दर्शन करने में काम आती रहेंगी।

साँस और सूझ जिस तरह एक-दूसरे के विद्रोही नहीं, उसी तरह एक तरफ विश्व के प्रलयंकर और कोमल परिवर्तन, तथा युग का निर्माण तथा दूसरी तरफ हृदयोन्मेष तथा विश्व के विकास के वैभवशील कौशल, दोनों में कहीं विद्रोह नहीं दीख पड़ता। क्योंकि एक कवि के रक्त की पहचान और सिर का दान माँगती है, और दूसरी वस्तु में समा सकने के कोमलतर क्षणों के उच्चतर समर्पण का सुबूत चाहती है। एक कवि का निश्चय और दूसरी कवि की अनुभूति बनकर रहना चाहती है, इनमें विषमता कहाँ ? क्षण-क्षण बदलने का स्थायी स्वभाव रखने वाले, सम्मुख के जगत् में और उसकी परिस्थितियों में कवि चाहे जैसा विद्रोह और संघर्ष उपस्थित कर दे, किन्तु हृदय और मस्तक की आँखों पर प्रतिबिम्बित होते प्रकट और अप्रकट कौशल में आपस का विद्रोह कैसा ?

['हिमकिरीटिनी' की भूमिका, 1943, 'अमीर इरादे : गरीब इरादे']

दो शब्द

मेरे जीवन का कुछ 'कभी-कभी' यह संग्रह बन कर, पाठकों के हाथों में जा रहा है। इसे निर्माल्य जानकर, युग-रुचि के चरणों में काँटा-सा कुछ गड़ न जाये, अतः इसे बरसों रोक रखा। इनमें से एक-दो तुकबन्दियाँ, बीस बरस पहले जब एक सामयिक में छप गई थीं, तब एक सज्जन ने मेरी लिखास और युग की धारणा की दूरी को इन शब्दों में मुझे लिखा था—"आदमी बड़े भले हो। नाम भी अच्छा, काम भी अच्छे। परन्तु तुम्हारे काव्य को तो यार तुम्हीं लिखो, तुम्हीं पढ़ो। बुरा न मानना।···अमेरिका से लौट कर, मैंने यह नई बीमारी तुममें देखी।···" बंगाली होकर भी ये भलेमानस हिन्दी खूब पढ़ते हैं। किन्तु इन तिलों में तेल कहाँ था। मैं तो लिखता ही गया !

तब मैं लिखता क्यों गया ? मेरे निकट तो ये 'परम सत्य' हैं। आज भी वे क्षण, वे उतार-चढ़ाव, वे आँसू, वे उल्लास, वे जीवित मरण मेरे निकट खड़े-से हैं। यही क्षण थे, जब मैं युग से हाथ जोड़ कर मन ही मन कहता था—कभी-कभी मुझे अपना भी रहने दो।

कविता की धर्मशाला में, जहाँ कुछ लोग कमरे पा गये थे, कुछ फर्श पर

बिस्तर डाले थे, कुछ सम्पूर्ण धर्मशाला पर एकाधिकार किये थे, कुछ सम्पूर्ण धर्मशाला की लम्बी दीवार पर अपने ही हाथ की खरिया मिट्टी से लिख रहे थे, "यहाँ सबसे सुरक्षित और श्रेष्ठ स्थान मेरा है"—वहाँ धर्मशाला से घबड़ाने और भीड़ से परेशान होने की भीरु वृत्ति लिये मैं अलग ही खड़ा रहा था; अलग ही खड़ा रहना चाहता रहा, मराठी कवि गोविन्दाग्रज के विनोदी नाम 'बालक राम' का यह नोटिस बनकर, "इस धर्मशाला के द्वार पर, बिस्तरे-पेटी लादे खड़े रहने वाले कवि-मित्रो, इसमें जगह नहीं है !" जो सूझों की गंगा सिर पर लिए थे, वे लोक-श्रद्धा के देव-मन्दिरों में पहुँच गये, किन्तु इस धर्मशाला के द्वार पर उन्हें उपेक्षित, प्रताड़ित और वायु-भक्षी रहने का वरदान मिला। किन्तु इस पथ का पंथी, साँस की रेल-सड़क पर चलते-चलते जैसे वाहन से सवार बन जाता है, वैसे मैं भी कवि कहलाने लगा, और तुकबन्दियाँ छपने लगीं।

समय की लम्बी यात्रा में, जीवन के अर्थ और भावों के आरोप इतने बदले कि इन पंक्तियों को छपने भेजते समय, मेरे पास कहने को कुछ नहीं रह गया। यह जीवन की पराजय है, जो साँस की तरह अपनी होती है, उस पर हिस्सा-बाँट कम ही लोगों का हो पाता है। एकान्त के ये क्षण जीवन की तरह दुलराते हुए पुरुषार्थ को सदा कँपकँपी आई। सन्त विनोबा ने एक बार कहा कि प्रार्थना पुरुषार्थ को उद्दण्ड होने से रोकती है, और श्रद्धा को कायर होने से। पता नहीं, ये तुकबन्दियाँ किसे क्या होने से रोकेंगी ?

हसन की गाड़ी
हुसैन के बैल
और बन्दे की ललकार

इस तरह 'अव्यापारेषु व्यापार:' के तीन साझीदारों की तरह, यह संग्रह छापे तक पहुँच ही तब पाया, जब मित्रों ने रद्दी कागजों में से रचनाएँ खोजने से लगाकर 'प्रूफ' देखने तक की क्रियाओं में साथ दिया। इस तरह बिना जुड़े द्रव्यों को जोड़-जोड़कर मेरे इस बेजोड़ 'यश' का निर्माण हुआ।

एक सज्जन 'ग्रामसिंह' से बेतरह नाराज थे। सेवा का व्रती वह प्राणी उन्हें जैसे दुश्मन दिखे। एक दिन, एक मेले में से उनके बच्चे उसी जानवर की सूरत का एक खिलौना ले आये। आखिर उन सज्जन पुरुष ने उसकी दुम इस आशा से घिस-घिसकर छोटी कर दी कि वह कुत्ता बिल्ली दीखने लगे। किन्तु परिणाम तृतीय पुरुषत्व को प्राप्त हो गया। वह कुत्ता रहा नहीं और बिल्ली दीख सका नहीं। 'पूजा-गीत' कहे जाने की 'उम्मीदवार' इन तुकबन्दियों की भी यही दुर्गति हुई। ये गीत पूजा रहे नहीं, प्रेम बने नहीं, अत: यह निर्माल्य शिखर की ऊँचाई से भागते हुए, निम्नगा हो गये और 'हिम-तरंगिनी' नाम पा गये। प्रलय की आग होती तो ऊपर को सुलग कर भड़कती, 'पानी' थे कि ढालू जमीन ढूँढ़ते

चल पड़े नीचे स्तर की ओर।

इनकी भूमिका थी 'चुप रहना', सो सुहृद् वाचस्पति पाठक के आग्रह से वह सधी नहीं, अतः ये दो शब्द।

कागज और स्याही से डरकर काम लेने वाला सुस्त मैं, महीनों में आज ये पंक्तियाँ लिख पाया। मुझे नोटिस तो मिल गया था कि यदि तुम भूमिका लिखकर नहीं भेजते हो, तो पुस्तक बिना भूमिका छप जायेगी। और यह पंक्तियाँ भूमिका हैं भी नहीं। किन्तु गाड़ी के लेट होने की आशा का मारा यात्री, कभी-कभी स्टेशन तक दौड़ लगाकर देख लेता है। सो मैं भी इन पंक्तियों को लिखकर भिजवा रहा हूँ। छप गईं तो गनीमत, नहीं तो फिर कभी।

['हिमतरंगिनी', प्रथम संस्करण, सं० 2005]

'माता' काव्य-संग्रह की भूमिका

'हिमकिरीटिनी' (1942) और 'हिमतरंगिनी' (1949) के पश्चात् मेरी तुकबन्दियों का यह तीसरा संग्रह प्रकाशित हो रहा है। इसका जो क्रम है वह चिरंजीवी श्री धर्मवीर भारती का दिया हुआ है। इसे मेरे घर के लिखे, छपे, फूटे-टूटे कूड़े में से छाँटकर कुछ तुकबन्दियों की छपने-योग्य कापी बना देना—इसमें मेरे कितने ही तरुण मित्रों ने श्रम उठाया है। इसके लिए भारती-भंडार का द्वार खुलाकर, बार-बार खण्डवा पहुँचकर मुझसे काम ले लेने का श्रेय भाई वाचस्पतिजी पाठक की सहृदयता को है।

इस संग्रह को हिन्दी जगत् के सम्मुख रखते समय मेरे मन में एक कष्ट हैं, इस बात को मुझे तीस बरस पहिले व्यक्त कर देना चाहिए था, किन्तु उन दिनों व्यक्त करता तो मेरा पिस्तौलों का परिवार मुझे क्षमा न करता; क्योंकि मेरी 'कहास' का दण्ड उन दिनों जाने किन-किन को भोगना पड़ता। आज भी मैं उसे पूरी तरह व्यक्त कर सकूँगा—सन्देह ही है, किन्तु जीवन के प्रभात में जो बात न कह पाया, युग के अंगारों-भरे प्रभात में तो उस बात का कुछ संकेत करके देखूं।

जीवन का काम साहित्य बनाना और गा-बजाकर जिन्दगी बिताना, मुझे कभी स्वीकार नहीं था। मैं कला और सृजन का सदैव हामी, प्राणों के मूल्य भी; किन्तु जो वैषम्य मैंने आसपास की दृष्टियों में देखा, भोगा और चुपचाप स्वीकार किया, वह बहुत ही कड़वा था। मैंने देखा, 'भोजन की वस्तुओं के निर्माता' को अत्यन्त दुःखी और उपेक्षित और भोजन के परोसने वाले को अधिक परिपुष्ट, प्रसन्न और प्रभुता-सम्पन्न भी। मैंने तालियाँ देखीं, सिर हिलते देखे, किन्तु मुझे

लगा, जैसे मानव का मूल्य कूतने वालों का टोटा पड़ गया हो। पहिचान, प्रभुता और पुरानापन बिकता—बलि और सूझ दोनों साथ रहकर दंड पाते रहते। जब बलि का यह मूल्य था तब मुझे अपनी तुकबन्दियाँ जाने कैसी उपेक्षा के योग्य लगती रहतीं। कला-यात्रा बोझीली और बलि-यात्रा साहित्य में क्षण-जीवी मालूम होती रहती।

जो लोग 'गान' गाते है, शुभ हैं। जो लोग 'जीवन का गान' गाते हैं, और भी शुभ है। किन्तु जो लोग जीवन की मार, जीवन के प्रहार, प्रलय के बीच न्यौतते हैं और फिर सध न सकने वाले आवेगों में गाने का प्रयास भी करते हैं, उनका भाग्य? उनका भाग्य हमारे बीच सदैव दुर्भाग्य बन गया। मदनलाल ढींगरा, गोपीनाथ साहा, चन्द्रशेखर आजाद, भगतसिंह और जाने कौन-कौन सब मर लिये। हमने उनके मरण, अपने राष्ट्रीय सुख और मन के सुख के लिए 'वरण' कर लिये। परन्तु गायक उनकी अदा गा न सके; और बलिपंथियों में कोई गायक हो न सका। बलि में गायन को अवकाश कहाँ? जी हाँ, और गायन में बलि के लिए इच्छा भी कहाँ? ठीक ही तो है? किन्तु जो अभागे ऐसे पैदा हुए, जो जिन्दगी से चलने को कहते हैं और कलेजे से गाने को, उन्हें न हमने बलि की कीमत में कूता, न गायन की जाज्वल्य ज्वाला के मूल्य में। यह हमने सोचा ही नहीं कि बलि और गीत ये युग की बीहड़ भूमि पर एक-दूसरे के पूरक पंथी हैं। हमने सोचा ही नहीं कि दोनों की मधुराइयों अथवा खतरों के बीच कोई कैसे जी ले जाता है। स्वर्गीय चि० सुभद्राकुमारी चौहान से लोग 'वीरों का वसन्त' और 'झाँसी की रानी' सुनने को कहते, किन्तु यह कोई न पूछता कि देश-सेवा में उन पर क्या बीती, उन्हें राजनीति का खेल खेलकर म ण बरसाने वालों के द्वारा, कौन-कौन से अपमान सहन करने पड़े। और वह 'वीरों का वसन्त' और 'झाँसी की रानी' लिखे जा रही हैं, वह कहाँ स्वयं सुभद्रा पर बीती घटनाएँ हा रही हों, 'भाँसी की रानी' की छाया में खड़ी होकर 'वाचा-दान' नहीं माँग रही हैं? यदि स्वयं सुभद्रा पर बीती का गाढ़ा रंग न होता, तो क्या उन रचनाओं के प्राणों तक कोई पहुँच पाता? किन्तु मैं और मेरे बन्धु—हमने जीवन के काँटे देखे ही नहीं—हमने अक्षरों और शब्दों से जोश और ज्वाला तोल दी और बस! जो रामचरितमानस गोस्वामी तुलसीदास ने लिखी, उसे यदि ज्ञान के वेश्यागारों में बैठकर किसी पान-वाली के यहाँ पान खाते हुए जिन्दगी बिताने वाले किसी नगण्य ने लिखा होता, तो क्या उसका मूल्य 'रामचरितमानस' होता? कभी प्रणय, कभी छायावाद, कभी प्रगति और भविष्य में कभी कुछ और कभी कुछ इन सबके गोरखधन्धों में मन तो बहलाया जा सकता है किन्तु क्या शाश्वत मानव, कभी अपने इन धन्धों से पकड़ में आ सकता है? इसमें सराबोर होकर जब हम आँखें मूँद उठते और मस्तक डुला उठते हैं, तब कभी हमें यह भी याद आता है कि प्रणय के सौ-सौ

आरोपों के बावजूद भी 'नवीन' अपनी प्रत्येक कोमल कल्पना और मनोहर भाव-माधुरी में रो उठता है; इसलिए नहीं कि उस उसने परम माधुर्य का सृजन जेल के कठोर जीवन से किया है, किन्तु इसलिए कि जेल की तस्वीर से काव्य के माधुर्य तक सीधी खड़ी रेखा खींच सकने वाली पाठक की आँखें इस समय तक भी उस मनस्वी को मिलीं ही नहीं। आलोचक भी आँखों और आवेगों के आकर्षण अथवा अपनी गुरुता के बोझ में ऐसा भूला कि सूली पर झूला और कष्टों की तस्वीरें, गीतों पर मत बनाते समय उसे दीखीं ही नहीं। मैंने प्रतीक की तरह ये दो नाम दिए हैं। मैं अज्ञेय-समेत उन सब मस्तानों को श्रद्धांजलि चढ़ाता हूँ, जिनके जीवनपंथी होने के कारण (जिन्हें) अक्षरों के आकार में अनिवार्य अपमानित जीना और मरना पड़ा। माना, वह रमणीयता है जो क्षण-क्षण में नवीन हो; कालिदास कह गए हैं।[1] किन्तु खतरों की भयंकरता में माधुर्य का स्मरण करने में काँपते मानव के सम्मुख भयंकर खतरों के बीच पुरुषार्थ और माधुर्य का सृजन क्या कुछ नहीं होता ?

यदि चौंसठ वर्ष पहले मैं पैदा हुआ तो अपनी पर आते न आते सोलह-सत्रह वर्ष की उमर में जीवन जागा। धर्म पूजा की वस्तु था; कला दुलार और सराहना की। जीवन को जगह कहाँ थी ? बलि जब धर्म कहलाती थी, वे शताब्दियाँ बीत गईं—युद्ध करते थे, मारे जाते थे, पूजे जाते थे। बलि जब कला कहला सकेगी, वे युग जाने कितनी दूर हैं ! केवल शब्दों की जादूगरी का जीवन-रहित चमत्कार और उसपर हमारा मत, यह मूलधन है जो हमारे युग में हमारी पीढ़ी को हमने दिया है। कृष्ण, बुद्ध और ईसा मसीह ही नहीं, गांधी और विनोबा के जीवनों में से भी सीधा अपने पास हम कुछ नहीं आने देते। लिखे हुए की यात्रा, और वर्णन की मात्रा हमारे आनन्द, इतिहास और ज्ञान के साधन हैं। श्री वियोगी हरिजी ने एक बार कलम फेंक दी कि इससे जीवन क्यों नहीं आता है ? क्यों जीवन से विपरीत-सा आ रहा है ? यह घटना युग का भूकम्प हो सकती थी, किन्तु युग-काव्य का मैं तो अपना चेहरा जब दर्पण में देखता, तब उसे कालेज में पढ़ती-सी प्रेयसी दीखती थी, वह कब वियोगी हरि के जीवन की कसक को पहिचानता ? आज मैं इतनी ही विनय करना चाहता हूँ कि जिन्होंने जीवन और गायन दोनों के खतरों-भरे पंथ का बोझ ढोया है, यदि हम उन्हें कभी पहिचान पाते ! मेरे उल्लेख अधूरे हैं, क्योंकि वे ग्रन्थ या ग्रन्थों के विषय हैं, किन्तु मेरी बात अत्यन्त लाचारी से कही गई है। तो भी वह पूरी बात है। 'दिनकर' का 'हिमालय' और 'दिल्ली' मानो लिखे भी बे-लिखे ही रख दिए हमने ! यदि शीघ्र से शीघ्र हम जीवन और कला का मरण-वरण[1] साथ-साथ चलने वालों को

---

1. क्षणे-क्षणे यन्नवेतामुपैति तदेव रूपं रमणीयतायाः ।—माघ

पहिचान न पाए तो नाचने-कूदने का कौशल हमारा मन बहला लेगा, किन्तु नृत्य-संगीत, काव्य, मूर्ति, चित्र, कहानी; और कष्ट, घमासान, गोलियाँ और मानवता तथा शान्ति पर हमारे समर्पण, कारागार, सूलियाँ और अपमान—कला के ये सिक्के कोई साथ-साथ न रख पावेगा। हम अपनी कला को नीचे पर न उतरने देंगे, किन्तु हमारे आकलन को सत्य से दूर इतना नन्हा, इतना विकृत, इतना जड़ कितने दिन रहने देंगे? फिर देश, विश्व और कला में क्या इतनी दूरी सही जा सकेगी? कोई कैसे फिर प्रणय-गीत में से प्रलय के क्षणों को पहचान पावेगा?

मेरी तुकबन्दियों की इस पुस्तक का नाम है 'माता'। मेरे उल्लेख का मेरी तुकबन्दियों में प्रायः कभी कुछ नहीं होता। मेरी 'माता' शीर्षक तुकबन्दी भी इसी में दी गई है। इस संग्रह की कितनी ही तुकबन्दियाँ, घटनाएँ बनकर, मेरे सामने खड़ी हैं। तुकबन्दियाँ तो नगण्य हैं, मुझ में उज्ज्वल पूजा-भावना कहाँ? किन्तु घटनाओं को मैं क्या जवाब दूँ? चवालीस (44) बरस हिन्दी जगत् में काम करने का आडम्बर करने के बाद भी मैं, बीते बरसों की लिखी-बेलिखी बीती घटनाओं के सामने ईमानदारी से लिख सकने में निरुत्तर रहा हूँ। अंग्रेजी गद्य में भले ही चौसर से कोई युग कूते, मेरे घर तो कल का साहित्य-सरस्वती काशीप्रसाद जायसवाल और परसों का देवत्व रामतीर्थ भी खँडहर होकर रह गए। अतः अपने जीते-जी अपने बोलों की समाधियों पर लिखी इन पंक्तियों को कौन-सी भूमिका का नाम दूँ? पृथ्वी के फूलों को तो आसमान के तारों की समाधियों के क्षणों में ही फूलने की आदत है। और अब ये तुकबन्दियाँ, जो छपने जा रही हैं, मान लूँ कि समय के चरणों में जैसे निर्माल्य चढ़ा रहा हूँ। किससे कहूँ कि वह कभी समय के दोनों सिरों को जोड़कर घटनाओं की कल्पना करे! खैर, उतरकर भी अपनों के चरणों में अनन्त निवास मिलता है—यह कौन छोटी प्राप्ति है?

[कबीर-जयन्ती, 2008 ; 27.6.51]

'अमीर इरादे : गरीब इरादे'

इन पंक्तियों के लिखते समय कुछ नहीं के चित्र बनाने और उन्हें कुछ बताने जैसा मन होता है। घटनाएँ कभी चाह, कभी कष्ट, कभी उत्तरदायित्व और कभी सहज आकर्षण बनकर इस तरह डावाँडोल करती आयी हैं कि डावाँडोल होना मानो मीठा-सा स्वभाव-धर्म बन गया। इतिहास, तर्क, राजनीति, समाज, घटनाचक्र, निर्णय, असन्तोष, आग्रह, लाचारी आदि जीवन की हर कमी जब-जब दुख उठी है, कह उठी है, "मैं सत्य हूँ, तू असत्य है!" उस समय दीख पड़नेवाले

और दुःख उठनेवाले, प्रकृति, परिस्थिति और तिथि के लिए मानो ठहरना ही नहीं जानते; मानो जो कि लाचारी है और सब को सिर पर लेकर चलना उस लाचारी का अभिशाप है।

कभी-कभी कुछ ऐसा-सा दीख पड़ता है जो बहुत सुन्दर, मोहक, शक्ति-वर्धक होता है, किन्तु यह जानना अत्यन्त कठिन होता है कि वह क्या होता है। कितनी ही पुरानी, कितनी ही दूर की, कहीं बीती हुई घटना पास आकर इस तरह ठोकर खाती है, मानो घटना और जीवन का सम्बन्ध किसी पुण्य-पुरुष ने बहुत निकट का गढ़ दिया हो। लगता है, ऊँचे पर चढ़कर बोलने का किसी गायक को अधिकार नहीं है और नीचे पर उतरने की विश्व-रुचि इजाजत नहीं देती। तब अधर पर टँगे ऐसे बोलों के मोल कूतने की नादानी कौन करे? मानव बहुत प्राचीन काल से भव्य छन्दों और बन्दों के आभरण और आभूषण पहिनकर आता रहा। किन्तु लगता है अठारहवीं शताब्दी के बाद कला और विलास ने उस सत्य का मुँह रोटियों की जंजीरों से जकड़ दिया है। माना कि सूखी चीज कला के कलेवर में हरी-हरी हो उठती है, किन्तु उसके पश्चात्? यह एक प्रश्न है और शायद प्रश्न ही रहेगा।

कभी-कभी कुछ इतिहास-सा, कुछ भूगोल-सा, कुछ मनोविश्लेषण-सा जो कुछ दीख पड़ता है वह केवल इन वस्तुओं से छू जाना मात्र है। न वह इन वस्तुओं का जेवर है, न कलेवर है। यही एक पथ है जहाँ पढ़ना कभी भी लिखना नहीं होता। जहाँ बुद्धि की धनिकता की दूकानदारी नहीं सजायी जा सकती। जहाँ इरादे न ऐसे अमीर हो सकते हैं कि जमीन पर पैर ही न रखें और न ऐसे गरीब ही कि वे मसोस को बाजार में लेकर खड़े हो जाएँ। कुछ ऐसा लगता है कि दिये हुए शीर्षक और कही हुई बात के पीछे कोई खड़ा है जो अपनी बोली, चुहुल, आँसुओं और उसासों के लिए शीर्षक और कथानक माँग रहा है। जमाना मानो हँस-सा रहा है। व्यंग्य में? उपहास में? उल्लास में? यह देखना बहुत जरूरी है कि जहाँ तुम खड़े हो, वहाँ पैरों के नीचे जमीन है? हवा चल रही है, वृक्ष उठ रहा है और फल गिर रहे हैं? राष्ट्रकवि मैथिलीशरणजी के कथनानुसार सूरज जुगनू-सा तो नजर नहीं आता? कथन छोटा, कथन मँझला, कथन बड़ा— कैसे जूते के-से नाप हैं? और ये सब-के-सब हैं बुद्धि पर ठीक बैठने के लिए। उस दिन किसी माँ का बेटा नहीं रहा और मराठी के सिद्ध कवि गोविन्दाग्रज ने गाया—

'राजहंस माझा निजला!'

मेरा राजहंस सो गया! दुर्दैव के नगाधिराज के शिखर पर दुःखी विधवा माँ यही पुकार उठी। किन्तु माँ की पछाड़ों पर जरा भी जाग्रत न होने वाला जगत्, कवि की वाणी को सहस्र-सहस्र बार दुहराने लगा। यहाँ लगता है, मानो

जीवन की अपेक्षा कला के साथ विधाता का कितना मधुर पक्षपात है ? किन्तु जब डग-डग, पग-पग विनोबा के रूप में कविता डोलती हुई बोलती है, अथवा कविता बोलती हुई डोलती है, तब जब वाणी को कहन की कसमसाहट नहीं होती, तभी ऐसा लगता है कि मधुराई के जुए के दाँव पर कोई कला का अन्तः-करण बेंच रहा है। पानी नीचे को और पानी पाकर ऊगा हुआ वृक्ष ऊपर को, कैसा षड्यन्त्र है ? एक ही वस्तु के कैसे दो विचित्र स्वभाव हैं ? आसमान पर रहेंगे, तो नीचे उतरने को ललचेंगे; और लाट साहब नीचे आ जाएँगे, तो हरे-हरे होकर आसमान की तरफ दौड़ेंगे। उल्लास में एक चाँटा मारने की तबीयत होती है, इस शरारत को देखकर—किन्तु वह शरारत के गाल पर पड़ने के बजाय अपने ही गाल पर पड़ता है और प्राण चीख उठता है—घुटनों के बल रेंगता-सा वह भावों का अत्याचारी, जिसकी मसोस की लाचारी को कविता कहते हैं। इन्द्र-धनुष, रिमझिम, भक्ति और मानव, आप कौन हैं जो कविता को यहीं तक ठहरा लेंगे ? कविता विज्ञापन बनेगी नहीं, किन्तु यदि बाजार में कोई बूढ़ी कुँजड़िन अपनी साग-तरकारी न बिकने पर शाम को घर लौटने के थोड़ी देर पहले अपने चेहरे पर पौने नौ बजाकर चिन्ता में डूब गई है कि अब बच्चों का पालन-पोषण कैसे होगा, तो क्या कवि यह कहे जायेगा कि कविता में तुम्हारा प्रवेश-निषेध है ? और जन-जीवन के काम-काम में पहुँचने का पागलपन लिये वह ऐसी कोई कैद मानेगा भी कैसे ? हाँ, एक बात है। शताब्दियाँ हुईं, पीढ़ियाँ कविता के पीछे-पीछे चली आ रही हैं। अब कवि कहने लगा है कि मेरे पीछे-पीछे न आओ। क्यों ? क्या वह मानव अपने उत्तरदायित्वों के बोझ में ऊब उठा है ? क्या कुछ शताब्दी पहले ही इतिहास लिखने वाले थे जिन्हें गान लिखने वाले मिल गये।

और आज क्या समर्पण और विश्व-संचालन के पैने में शक्ति का दिवाला पिट गया जो इतिहास नहीं बन रहा है और गान नहीं लिखे जा सकते ? यहीं आकर लगता है जैसे हम शरीर ले आये, और आँखें अपनी प्रतिभाहीनता के मनो-भवन में भूल आये। अब हमसे बिना दीखे जो लिखाया जा सके, सो लिखा ले। कल तक हम भारत के एक मौसम की एक चीज लिखते थे। आज समस्त दुनिया और समस्त विश्व की मानवता की प्रखरता और कोमलता को न्यौता है कि आओ, जरा हमारे साथ बैठो ! क्या यही क्षण है कि आप कह देंगे कि उपमा, अलंकार, तर्क, उसकी कहावतें सब-कुछ हमारे पास तो बासे, उतरे हुए हैं—इसलिए मध्यकाल की कुल-वधू की तरह हम तो घूँघट में ही रहेंगे, उसमें हमारी बदसूरती तो न दीखेगी। साथ ही भावना के हम गहरे सौदागर हैं। कल्पना के भी बड़े व्यापारी। इसलिए कि हमें अनुभव के कष्टों से मिचली आती है और अध्ययन मानो हमारे बूते का रोग नहीं है। तब क्या सम्पूर्ण अज्ञान को मधुर रूप दे-देकर ही जीवन का बोझ ढो लिया जायेगा ? जहाँ धर्म तर्क का और प्रतिभा

अध्ययन का सामना न कर सके, वहाँ सूझों का दुर्भिक्ष, संकल्पों का मरण और पौरुष को भय के सिवा और हो ही क्या सकता है ? संकेत से अँगुली तक एक रेखा खींचनी तो होगी, उस पर क्षण सोचता और क्षण घबड़ाता युग बैठाना तो होगा ही। वाल्मीकि और शेक्सपियर ही क्या, रवीन्द्रनाथ और कविता-कामिनी-कान्त नाथूराम शंकर शर्माजी तो अभी या कभी लौटने से रहे ! अब तुम्हारे जलते हुए दिये से नयी पीढ़ी के नन्हें जलते हुए दीपकों को जलाना होगा और तुम आरती उतारो, वे प्रलय मचावेंगे और पीढ़ियाँ हैं कि अपने अध्ययन में दोनों युगों के बीच सम्बन्ध ढूँढ़ती चली जायँगी।

मुझे तो लगता है कि कबीर, तुलसी, सूर और मीरा के बाद हमें कुछ सूझ नहीं पड़ रहा। जीवन और कथन को हम कितनी दूरी पर रखने लगे हैं ? निश्चय तो सूझ की ससुराल है। उसे तो अपने घर जाना ही होगा। अत: आवेग, अध्ययन और अर्थ तीनों—बहुत दूरी पर नहीं रखे जा सकते। ऐसा न हो कि हम लिखें और वस्तु मुहाफिजखानों के बस्तों में बाँधकर रख दी जाये ! हम कभी अपने गर्व को भी तो देख लिया करें। हमारे गाँव-गँवई के लोग हमें जानते नहीं हैं और दावा है कि राष्ट्र जानता है। यह दूरी नहीं है। यह जीवन के प्रति हमारे ईमान का अभाव है। इस अभाव की पूर्ति हमारा उत्तदायित्व है। फिर चाहे हम पिछली 19वीं शती-की-सी कविता लिखें या 21वीं शती की-सी डींग हाँकें। पृथ्वी के जन्तु, पृथ्वी पर बैठकर विस्तृत पृथ्वी के लिए लिखना है, रचना के एक उदाहरण में से अनेक पीढ़ियों में झाँक लेना है। मधुराई की मसोस पर अपने से पूछ बैठना है कि जिनपर ऐसी बीती हो, वे क्या करें ?

['समर्पण' काव्य-संग्रह की भूमिका 1955-56;
'अमीर इरादे : गरीब इरादे']

सृजनात्मक आनन्दिनी : कला

भौतिक धरातल की तरह ही अन्तर के धरातल में विनोबाजी का यह कथन सर्वथा सत्य है कि मौसम और किसानों को किसी वस्तु की जल्दी नहीं पड़ी है। उसी तरह कला को भी किसी बात की जल्दी नहीं पड़ी है। हम सोचने, रुक-कर पुन: सोचने और सोचते-सोचते पुन: सोचने के आनन्द-भरे प्रवाह में वर्षा की तरह झरें, बादलों की तरह गरजें, वृक्षों की तरह ऊँचे उठें, फूलों की तरह महकें, फलों की तरह रस-भरे हों और फिर सब-के-सब मिलकर अपनी मातृ-भूमि की गोद में कभी पुकार होने पर और कभी बिना पुकारे बिखर पड़ें। कला का यही तो छोटा-सा इतिहास है ! नकारात्मकताओं से नित्यप्रति झगड़ने के कुतूहल

को भी जब हम कला ही कहने लगते हैं, तब तो कला की अति-व्याप्ति हो जाती है। शताब्दियों के कुछ पन्ने पीछे पलटें, तो हम कला चित्रों को कहते थे, मूत्तियों को कहते थे, भवन-निर्माण को कहते थे। उन दिनों मानो कला और जीवन प्रेमी-प्रेयसी की तरह मिलकर बैठने की वस्तु न थे, जीवन की भावना की अपेक्षा कला सुरक्षा और सजावट की भावना में पर्दानशीन बनकर रहती थी। अब वह अन्तर के अविनाशी को आँखों तक लाती है, गालों पर उसे चमकाती है और कभी जब हृदय से जरा ऊँचे उठकर और कभी मस्तिष्क से ज़रा नीचे पर आकर कण्ठ पर उतरती, कलम पर खेलती और रस की वाणी में बोलती है, तब हम जीवन में उसे ढूँढ़ते रहते हैं। अनुकूलता में या प्रतिकूलतामें, मरण में या जीवन में, संघर्ष में या शान्ति में, कलह में या केलि में, महान् में या लघु में, सर्वनाश में या सर्वप्राण में दो ही ऐसे तन्तु हैं जो एक-से जीते रहते हैं : एक है कला या रस, और दूसरा है जीवन। यदि वे मिलकर बैठते हैं तो बड़े कलह-प्रिय, बिगड़ कर उठते हैं तो बड़े षड्यन्त्रकारी, यदि स्पर्धा करते हैं तो बड़े छुआ-छूत-पसन्द और आत्म-संकीर्तन करते हैं तो शास्त्रियों और प्रचारकों को एक साथ मात देते हैं। किन्तु जब ये एक-दूसरे पर समर्पित होते हैं, तब इनकी लाचारी भी जीवन बन जाती है। इनकी आवश्यकता भी कला बन जाती है। यदि हम जरा अनुभव कर सकें तो देखें कि जब जीवन और कला दोनों अन्धकार के गहरे में उतरने लगते हैं, तभी अस्तित्व और संस्कृति की शामत आती है, ये तो खेलते ही भले लगते हैं। कला तो हमारी सृजनात्मक आनन्दिनी का अभिषेक किया जाने वाला नाम है। उसे मन भी नहीं कह सकते, क्योंकि रस का तो अपना अलग तर्क हुआ करता है; उस बदनसीब को जीवन भी तो नहीं कह सकते, क्योंकि जहाँ से जीवन का संघर्ष शुरू होता है वहीं से जालिम कला का हर्ष प्रारम्भ होता है। जीवन जब उतरता है तब कला चढ़ती है। ये एक-दूसरे के बिना नहीं रह सकते, एक-दूसरे का सजाव-शृंगार भी यही करेंगे, किन्तु एक दूसरे के अस्तित्व से ऋषियों की तरह बेवास्ता-से रहकर।

लोग कहते हैं—आज का कलाकार और कल का कलाकार। जिस तरह समय के तीन टुकड़े हमने अपनी आवश्यकता पर बना लिये, उसी तरह कला के दो टुकड़े भी हम अपनी आवश्यकता पर बना रहे हैं। सच पूछिये तो नई वस्तु की माँग हमारी अत्यन्त बूढ़ी आदत का ही दूसरा नाम है। यह माँग हमारी कला में से नहीं, हमारे दर्शन में से आती है। दर्शन में से आती है, किन्तु लगता है कि जैसे किसी बाढ़ में से आई है, किसी बाढ़ में ठहरी हुई है, किसी बाढ़ की तरह ही इसे लौट जाना है। यह एक थी और विविधता से एक हो जाने की ओर ही इसकी दौड़-धूप है। पुराण-पुरुष ने लिखा है : "पूर्णस्य पूर्णमादाय पूर्णमेवावशिष्यते !" उपनिषद् की इसी वाणी को दुहराकर आज कहा जा सकता है कि, "सौ जहाजों में भरकर तुम्हारा रूप यहाँ आया है; किन्तु खलासी कहते हैं कि जितना वे उठा-

कर लाये हैं, उससे कई सौ-गुना वहीं तुम्हारे पास ही पड़ा रह गया है।" हमारे मनोविज्ञान, स्वभाव, अनुभव, अधिकार और हमारी सहने की शक्ति जो कुछ हम में जाग्रत करती है, उससे हममें एक बौद्धिक सामञ्जस्य जाग्रत होता है, इस मनो-दशा से जब हमारी तरल वैष्णव प्रेम-भावना, शाक्त की शक्ति-भावना तथा जगत् की कोमलतर भावनाएँ मिल जाती हैं, तब यदि उन क्षणों में आनन्द जीवित रह जाये, तो कला का उदय होता है। समय के चिह्नों से घबड़ाये बिना, जो शूलों के प्रहार सहते हुए 'फूलना' और 'भूलना' साध पावें, उन्हीं में दर्शन कला के साथ बन्धुत्व स्थापित करता है।

लोगों को यह शिकायत रहती है कि छन्दों में, प्रबन्धों में, रस में, रीति में, रचना में, इस युग में लोग कुछ ऐसा अनगढ़ लिखने लगे हैं कि उसे कला या कविता नहीं कहा जा सकता। यदि अपने इस कथन को हम तराजू के एक पलड़े पर रख लें और पिछले सौ वर्षों के कम-से-कम कला और कविता पर लगाये जाने वाले सन्देश-चिह्नों को एकत्रित करें, तो हमारे इस कथन से मिलते-जुलते कथन हमें पीढ़ी-दर-पीढ़ी मिलते चले जायँगे। यों वैदिक युग में भी हम सदा छन्द ही नहीं लिखते थे। गायत्री, उष्णिक्, त्रिष्टुप् आदि छन्दों से भिन्न भी हमारे पूर्वज सूत्र लिखा करते थे। हम आज तक उन्हें मानते हैं, उनका गुण-गान करते हैं किन्तु सूत्रों और छन्दों की रचना के अन्तर से क्या हम इन्कार कर सकते हैं? जिस तरह चौपाई का पुल्लिग बनाने से चौपाया बनता है और चारपाई का पुल्लिग बनाओ तो चारपाया हाथ लगता है, उसी तरह काव्य और कलाओं के नाम पर जो हाट में आ जाय या बाट में पड़ जाय, वह सब तो काव्य और कला नहीं हो सकता, नहीं कहा जा सकता। हर रुआँस या हुलास छपास नहीं बन सकती; किन्तु नवीन और प्राचीन के पथ-संचालन का अन्तर तो न कभी मिटाया जा सका है और न कभी मिटाया जा सकेगा। फिर यह शिकायत अकेले हिन्दी कवियों की नहीं है, अकेले भारतवर्ष की नहीं है, कला के पथ-संचालन और नब साँस लेने की यह विश्वव्याप्त बीमारी है; अतः हम 'छन्दों में कला' और 'कला में छन्द' खोजने का प्रयास कभी-कभी रोक सकें और 'कला के समय कला' और 'छन्द के समय छन्द' देखें, तो न हम ही गाली देने में स्वच्छन्द हो जायेंगे और न कला के नवीन पथ-संचालन को ही उद्दण्ड कहने लगेंगे। मैं यहाँ ईमानदारी से स्वीकार करूँ कि वादों में मेरी आस्था न कभी थी, न आज है। छाया, रहस्य, प्रगति, प्रयोग, प्रतीक और रीति—इन वादों में से किसी वाद पर ठहरने की मैंने कभी आवश्यकता अनुभव नहीं की। प्रकार तो आकारों की तरह और रस के पद-विन्यास की तरह कला और पुरुषार्थ में आकर लौट जाने वाले अतिथि मात्र हुआ करते हैं। वे आते हैं तब बड़े प्यारे लगते हैं; ठहरते हैं, तब वे अपने ही रंग में रहते हैं; और जब जाते हैं, तब उनका पीछा नहीं किया जाता।

कला और दर्शन के बाद जीवन ! क्या जीवन से भी बढ़ कर 'क्षणे-क्षणे यन्नवतामुपैति···' नाम की कोई वस्तु है ? एक बार क्रान्ति के बीहड़ दिनों में होशंगाबाद के नर्मदा घाट से बुधनी गाँव होकर कोई सत्रह मील विन्ध्या के जंगलों में, एक पहाड़ी नाले के किनारे बबूल के दरख्त के नीचे मैं लेटा था, मन में कुछ ध्रुपद-सा उठ रहा था। मैं तालियाँ बजाकर उसे गुनगुना रहा था। दाहिनी तरफ ऊँचे उठे आकाश से बातें करता पहाड़ और रास्ता न देने वाले घने जंगल, और मैंने जरा बाँयें देखा, एक बहुत गहरा गड्ढा। उसमें एक गुलबाँस फूल रहा था, झरना झर-झर बहता जा रहा था और एक नाग-नागिन का जोड़ा आपस में खिलवाड़ कर रहा था। झरने के रूप में जीवन और नागों के रूप में मरण, गुल-बाँस के फूलों के पास कितने पास-पास बैठे थे ? मैं ध्रुपद की चौकड़ी भूल गया, मन में यही बोला—"सम्पूर्ण जीवन को कितने सुन्दर रूप में यहाँ आकर देखा है ?" खतरों पर जो खेल न सके, वह भी क्या कोई सौन्दर्य है ? किन्तु दर्शन पर कला के निवास का, सौन्दर्य का, 'कालीमर्दन' का आधार सधे ! यह आवश्यकता बिलकुल नहीं कि या तो हम आवश्यकता से अधिक पढ़ें, या बिलकुल ही न पढ़ें। पढ़ने-न पढ़ने की यह उलझन या सुलझन तो कला के क्षेत्र में साँसों की वायु के सहारे अपने-आप ही हुआ करती है। कला को केवल बल मानकर छोड़ देने से तो काम नहीं चलेगा। वह तो बोलती भी है, बल भी है, किन्तु बलि भी है; क्योंकि वह संकटों की शत-शत तहों के बीच उत्थान के अतिरेक और पतन के प्रारम्भ के बीच की झीनी रेखा की तरह अत्यन्त उल्लासमयी सुकोमलता का आविष्कार है।

['युग-चरण' काव्य-संग्रह की भूमिका, 12 अप्रैल 1956;
'अमीर इरादे : गरीब इरादे']

आमुख

'साहित्य-देवता' (1943) के पश्चात् यह मेरे गद्य-खंडों का दूसरा संग्रह है। इसे एकत्रित करते समय मैंने यह सावधानी, गलत या सही, ले ली है कि गद्य-खंड सूझ और समझ के बीच बहुत बड़ी दूरी पैदा न करे। इसीलिए कठिन गद्य-खंडों में केवल 'पत्थर की लिखावट' को इसमें सम्मिलित किया है। इन्हें लिखते समय और 'साहित्य-देवता' वाले निबंधों को लिखते समय भी उन बीते वर्षों में मुझे ऐसा भय-सा लगता रहा कि मानो मैं गद्य के क्षेत्र में कोई अपराध-सा कर रहा हूँ और मुझे इन खंडों को प्रकाशित नहीं करना चाहिए। मेरी इस भीरुता पर कठिन प्रहार किया संत विनोबा ने। जब उन्होंने मेरी उपस्थिति में वर्धा में अपने एक प्रवचन में यह कहा कि, "साहित्यिक कृतियों को अपने तक रोककर

रखना अपनी निर्माण की हुई वस्तुओं का स्वयं अपने उपभोग करने के समान है। मैंने उनका प्रवचन 'कर्मवीर' में प्रकाशित किया था, जिसका शीर्षक था, 'साहित्य की पूजा या पूजा का साहित्य'।

आज भी गद्य के क्षेत्र में कदाचित् भारतीय भाषाओं में और हमारी अपनी भाषा में हम जो कुछ देख रहे हैं, उससे घबराहट हुए बिना नहीं रहती। लोग यह समझते हैं कि हमने दुनिया के साहित्य को, विशेषत: पश्चिम के साहित्य को, रस-ग्रहण के रूप में इतना नहीं अपनाया है कि हमारा गद्य कल्पना, भावना, उपमा, वस्तु-द्रव्य और प्राचीन खोज तथा भविष्य के शोध में एक-सा सबल सिद्ध हो सके। मेरे नम्र विचार से यदि भारतीय मन को एक वृक्ष मानें तो उसके नीचे हमने शब्दों का, वाक्य-विन्यास का, चुराई हुई कल्पनाओं का तथा और भी कितनी ही बातों का इतना विदेशी खाद भर दिया है कि यह मन भारतीय मिट्टी से रस ग्रहण ही नहीं कर पाता। ठेठ प्राइमरी कक्षा की पाठ्य-पुस्तकों से लेकर ऊपर तक जो ज्ञान हम अपने बच्चों को देते हैं, उससे उनकी इस धारणा को बलवान बनाते हैं कि सब-कुछ पश्चिम में है और वहीं से आवेगा— हमारे घर और एशिया में कुछ नहीं है। भारत और एशिया का गुणगान भी हम पश्चिम के लहजे और मुहावरों में करते हैं।

सन् 1922 की गया-कांग्रेस के समय मित्रों से मिलते हुए कदाचित् श्री इंद्र विद्यावाचस्पतिजी की धर्मपत्नी महोदया ने बात-चीत करने वाले मित्रों पर यह शर्त रखी थी कि अपने वाक्यों को बोलते समय जो सज्जन अंग्रेजी के शब्दों का उच्चारण करें, उन पर प्रति शब्द एक आना दंड किया जाए। किन्तु सुल्तान महमूद गजनवी भाषा के क्षेत्र में ऐसे जीवित हुए कि भारतीय गौरव की परंपरा में 'पचास क्या पाँच सौ उजड़े गाँव' दहेज में देने की भी कहावत हो गयी। उधर वाल्मीकि और कालिदास हमारी समझ के क्षेत्र में इसलिए घुल-मिल नहीं पाए कि हमने दोनों को मिलाकर कला का एक आधार नहीं माना, एक को हमने धर्म का आधार बताया और दूसरे को साहित्य का। अब हमारी स्थिति यह है कि हमारे विचारों में ही पश्चिम नहीं घूम रहा—हमारे देश की बोली बोलने वाले 'सड़क-छाप' लोग तक बिना अंग्रेजी शब्द मिलाये अपनी बात कह पाने में असमर्थ हैं। इसका उपाय न पश्चिम के बहिष्कार में है, न पूर्व की तर्करहित डींग हाँकने में। यह तो क्षेत्र में ज्ञान के तंतुओं द्वारा ही जीता जा सकता है। हम अपने भारतीय ज्ञान को सँवारकर देखें कि वह हमारी आज की और कल की आवश्यकताओं को कहाँ तक पूरा करता है। उसके पश्चात् हम विश्व के ज्ञान से रस ग्रहण करें। तब हम ऐसी चीज दे सकेंगे जो अंतर्राष्ट्रीय दृष्टिकोण के लिए भी नवीन हो सकेगी।

मेरे कहने का मतलब यह है कि मनं के वृक्ष को रस तो अपनी ही जमीन से, अपनी ही मातृभूमि से खींचना चाहिए, क्रिन्तु प्रकाश सूर्य-किरणों से लेना चाहिए, जिन पर स्वदेशी और विदेशी का आरोप नहीं किया जा सकता। इसके साथ ही भारतीय प्रतिभा को हमें कुछ खुलकर खेलने देना चाहिए। उनकी कल्पना के संचार के लिए एकमुखी रास्ते बनाना सर्वथा अनुचित है। इस देश में भौतिक बहुमुखी योजनाएँ ही आवश्यक नहीं हैं, आध्यात्मिकता और प्रतिभा की बहुमुखी प्रवृत्तियाँ भी अत्यन्त आवश्यक हैं। बँधी हुई गली में से गुजरने के बजाय हमें विश्व की संघर्षमयी सड़कों और उनके चौराहों पर अपने देश की तरुण प्रतिभा को विचरण करने देना चाहिए। देश के विश्वविद्यालयों ने इन दिशाओं में ऐसा लगता है मानो अपनी 'दूकानें बंद कर दी हों और दीवाले के विज्ञापन लगा दिये हों, किन्तु देश के एक महान् विद्वान् के इस कथन की तरह मैं निराश नहीं हूँ और मुझे तो लगता है कि यदि हम भारतीय विचार और भारतीय कल्पना को अपने साहित्य में बाप-दादों की जागीर की तरह ग्रहण करेंगे, तो विश्व को समझने में हमें बल मिलेगा। मैं पश्चिम और पूर्व के साहित्य का मिला घोल बनाकर उससे किसी शुभ्र द्रव्य के बनने की आशा नहीं करता। क्योंकि पूर्व के साहित्य का इस देश की सब शिक्षण-संस्थाओं में लगातार साढ़े तीन सौ वर्षों से अधिक असम्मान किया गया है और पश्चिम की धारणाएँ हम पर बलपूर्वक लादी गयी हैं। अतः मिश्रण बनाकर प्राप्त की जाने वाली बात में मिश्रण के अधिक विजातीय, विदेशीय और विषमय होने का भय है।

मैं तो यह मानता हूँ कि धारणाओं के पौधों को यदि भारतीय जमीन पर रोपा जाये तो वे पश्चिमी घटना-चक्रों, प्रणालियों, कलाओं और साहित्यों का अत्यन्त नवीन और मौलिक ढंग से उपयोग कर सकेंगे। अभी तो पश्चिमी धारणाएँ हमारे जीवन की आँतों पर लदी पड़ी हैं और विचारों के क्षेत्र में हम उस उड़ने वाली पतंग की तरह हो गए हैं जिसका डोरा उड़ाने वाले के हाथ से छूट गया हो। सच तो यह है कि वे धारणाएँ हमें हजम ही नहीं हुई हैं। अपना निज का शरीर बन पाया हो, तभी न कोई धारणाएँ हजम हों!

इस युग के कल्पनाशील लेखक की जब यह कठिनाई हो, तब गद्य में या तो भूतकाल की सुगन्ध को गूँथा जा सकता है या भूतकाल की धारणाओं को गूँथा जा सकता है और उन जन्म-जन्मांतर की पुरानी वस्तुओं को नये नाम, नये शीर्षक और नये साज-शृंगार से बहलाया जा सकता है जिनको कि हर हालत में पुराण-वस्तु-संग्रहालय में रहना है, अथवा पराये घर की जूठन परोस-परोसकर उत्सव और त्यौहार मनाने का स्वाँग भरते रहना है।

प्रभु से प्रार्थी हूँ कि कल्पना के महान गगन-मंडल में धारणा के ऐसे नक्षत्रों के दर्शन हों कि भावनाओं पर शोभित होकर आने वाला उनका प्रभाव और प्रकाश इस भू-मंडल के वृक्षों और लताओं पर, रस और रूप पर, वाणी और विद्या पर, प्रतिभा और प्रभुता पर सीधा पड़ सके। स्वामी रामतीर्थ के शब्दों में, और उन्मेषों में, विशेषत: यह प्रकाश मुझे स्पष्ट दिखाई देता है।

हमें एक खतरे से तो बचना ही होगा कि कल्पना में हम चाहे जितने ऊँचे जावें, किन्तु हम सदैव सावधान रहें कि उपमा तर्क नहीं है, भावना मशीन नहीं है, कल्पना के बाजार नहीं लगाए जा सकते। उधार लिये गए विचारों के स्वर्ग को निर्माण करने की जिस प्रवृत्ति को हमने इस युग में जन्म दिया है, उसने हमारी पीढ़ी के मस्तिष्क में से सूझ, भुजदंडों में से बल, पैरों में से गति, हृदय में से साहस और समय के तीनों टुकड़ों—भूत, वर्तमान, भविष्यत्—के आर-पार झाँकने की शक्ति में से हमारी शक्ति का अपहरण किया है। इसीलिए हम गद्य की ओर लौटे और भूतकाल में से लहराते हुए, वर्तमान काल में काम आते हुए तथा भविष्य की समस्याओं को सुलझाते हुए गद्य का आकलन, अनुभव, चिंतन और निर्माण कर सकें।

उस दिन प्रतिभा के भूत और वर्तमान के दोनों पंखों पर उड़ने वाले हमारे तरुण को अधिक ज्ञान देने के झूठे प्रलोभन में रोककर नहीं रखा जा सकेगा। वह संस्कृति देश की वर्तमान भाषाओं और उनके पश्चात् विश्व के ज्ञान से दिमागी ऐयाशी की नहीं, बल की अभ्यर्थना करेगा और कार्य का, उत्तरदायित्वों का बोझ अपने सिर पर लेकर खड़ा हो जावेगा।

जैसा कि मैं कहता आया हूँ, मेरे विवेचन का मेरे नगण्य साहित्य में कुछ भी नहीं है। अत: मेरी सनक के सूखे पत्तों को तो एक झिझक के साथ ही अपनी पीढ़ी के चरणों में रखा जा सकता है।

[सभवत: 1957, 'रंगों की बोली']

भूमिका

मेरे एक मित्र ने जाने किस चीज को मेरी कमजोरी बता दिया! मेरी कमजोरी है गद्य और पद्य इन भाई-बहिनों में किसी को बड़ा और किसी को छोटा न कर पाना। जहाजों से गोदियों में माल उतारने वाले कुलियों की तरह जो

सामने आता है, मैं तो उसे ही कागज पर उतार दिया करता हूँ। कैसे कहूँ कि यह मैं उचित करता हूँ या अनुचित! अभी तो बहुतों की बहुत उधारी मुझ पर है। क्या लिखूँ; क्या न लिखूँ? लगता है, साँस भले ही चुक जाये, बात नहीं चुकेगी। भवभूति बिचारा ठीक ही लिख गया—

"अविदितगतियामा रात्रिरेव व्यरंसीत्।"

लगता है 'अमीर इरादे : गरीब इरादे' में मैं अपनी असफलताएँ लिख गया हूँ। नहीं जानता, वह भी मुझसे लिखते आया कि नहीं आया। सूरज की किरणों के गट्ठे बना-बनाकर प्रकृति को जमीन पर फेंकते रोज देखता हूँ किन्तु यह भी देखता हूँ कि रात को किरणों के पैरों के कोई निशान बाकी नहीं रहते। हम मानवों को जीवन-रूपी बरफ की चट्टानों पर जाने क्या-क्या लिख डालने का मोह हो जाता है। यह हम नहीं जान पाते कि देखते-देखते यह यह लिखावट अपने इरादों-समेत पानी में मिल जायेगी।

लिखावट 'बुद्धि की धनिकता' का दूसरा नाम न हो कि भर पाये। धनिकताएँ तो सब बुरी ही होती हैं। वे लहर-बहर पर चलती हैं और सर्वप्राण बनने का स्वाँग रचकर सर्वनाश किया करती हैं।

इस पुस्तक के शीर्षकों को लिखकर अपराधी की तरह चुप बैठने के सिवाय और किया ही क्या जा सकता है?

['अमीर इरादे : गरीब इरादे', 23-4-60]

भूमिकाएँ : अन्य पुस्तकों की

ठण्डे छींटे : प्रस्तावना

पत्थर में भी प्रभु को ढूढ़ने वाली हमारी आर्य भावना, सदियाँ हुईं, शायद मर-सी गई। मूर्ति-निर्माण और आराधना के पीछे रहने वाली हमारी कल्पना, दृष्टि, निश्चय, बुद्धि और इच्छा इस समय समाज के पास नहीं। बुद्धि में जड़ता है, निश्चय में मलिनता, दृष्टि में संकुचितता और प्रेरणा का हममें अभाव है। ऐसे समय समाज के नाते हम पत्थर ही पूज सकते हैं, पत्थर के पीछे निवास करने वाली आर्य भावना की पूजा हमसे नहीं होती। हम कहते हैं, यह हमारा प्राचीनता का प्रेम है जो हम प्राचीन बातों को नहीं छोड़ते। क्या यह सचमुच प्रेम है? यदि मैं चाहूँ कि मेरी परम्परा की अट्टालिका में मेरी पीढ़ियाँ भी निवास करें, तो क्या मैं उस अट्टालिका के कुछ हिस्सों को समय की ठोकर से टूट जाने दूँगा? क्या इस अन्टालिका को बीते हुए वर्षों का खयाल न रखकर, और ऋतुओं की जरूरत को महसूस कर मैं मरम्मत नहीं करूँगा? और यदि इस इमारत का कोई भाग बिलकुल सड़-गल गया है तो मैं अकर्मण्य बना देखते-देखते मर जाऊँगा, उस पर नई वस्तु निर्माण करके न जाऊँगा? जो ऐसे निर्माण का, ऐसे सुधार का विरोध करते हैं, वे तो समाज के अस्तित्व पर ही कुठार चलने दे रहे हैं। उनका आस्तिकता का, सनातनता का और रक्षा का दावा कैसा? अपने दावे को रखते हुए उन्होंने करोड़ों को राम और कृष्ण के विश्वास से ढुलमुल हो जाने दिया और करोड़ों को अब अपनी आराधना के क्षेत्र से दूर फेंककर वे समाज की प्रतिमा भंग कर रहे हैं। वे विराट् प्रभु के पाँव तोड़ चुके हैं, अन्य अंगों को भी क्रियात्मक रूप से खंडित कर चुके हैं, केवल अस्तित्व की अक्षुण्णता का आडम्बर ही बाकी रह गया है। 'ठंडे छींटे' उस आडम्बर से, अस्तित्व की नम्रतर अपील है।

हम चितेरे से एक मूर्ति बनवाते हैं, और गाजे-बाजे से उसे मन्दिर में रखकर, प्रभु से उसमें दीख पड़ने की मनुहार करते हैं। किन्तु जिस हरिजन की मूर्ति का, माता के गर्भ में बैठकर, स्वयं प्रभु ने निर्माण किया है, उस मूर्ति—सजीव मूर्ति—को हम भगवान् की पाषाण-मूर्ति के पास तक नहीं आने देते। मानव-

रचना की यह पूजा, और प्रभु-रचना, सजीव प्रभु-रचना का यह अपमान हमारी कैसी आस्तिकता है ? हमारी कैसी जीव-दया है ? हमारी इसी जड़ता को पानी-पानी कर देने के लिए 'ठंडे छींटे' बेचैन हृदय के आँसू बनकर मनुहार कर रहे हैं।

गीता माता ने हमें विश्व-प्रेम पढ़ाया। उसने पण्डित और चाण्डाल पर समान प्यार करने की बात कही। किन्तु मैं अपने पाखाने की दीवालें तो रोज छू सकता हूँ किन्तु किसी दूसरे धर्म वाले के देवालय, या खुदा के मकान को अपवित्र मानता हूँ। मेरी इस आराधना पर मेरा दावा होता है कि प्रभु के दर्शन हों। कैसे प्रभु का प्रेम ? इस तरह बँटवारे की वस्तु बनाकर, हम अपने प्रभु की भी, अपनी ही जैसी दूषित कल्पना करते हैं। जिस प्रभु का हम इस तरह निर्माण करते हों, वह हमारा उद्धार कैसे करेगा ? यदि ऐसे प्रभु से उद्धार हो जाये तो कोष में 'उद्धार' शब्द के मानी ही बदल जायेंगे। 'ठंडे छींटे' के व्याकुल हृदय की वेदना प्रभु-मन्दिर का यथार्थ पता देती है—वह बता रही है कि विश्व-विमोहन मोहन आज कहाँ घूम रहा है। और देवालयों के द्वारों पर ताले लगाकर हमने प्रभु का ही देवालयों में घुसना किस तरह रोक रखा है। श्री वियोगी हरि की पंक्तियाँ प्रताड़ितों के हृदय से निकलने वाली प्रभु की आकाश-वाणी को सुनने की जहाँ धार्मिकों से मनुहार करती हैं, वहाँ बलि के मतवालों, प्राणों को बाजी पर चढ़ाने के लिए तैयार तरुणों को आमंत्रित भी कर रही हैं कि वे प्रभु की भुजा बनकर परम्परा और आडम्बर के नीचे कुचले जाते हुए प्रभु का सन्देश लिखें, जो पथराये हुए दिलों पर पत्थर की लकीर बन सके। किन्तु वह भुजा दीन-बन्धु से पहले दीन के चरणों को धोकर, उसके घावों पर मरहम-पट्टी करके, उसके मल को धोकर पवित्र हो चुकी हो।

वैदिक युग में प्रभु का ठीका ज्ञानियों के पास था। उन दिनों वह क्षीरसागर में रहता और केवल ज्ञानियों के हृदय में विचरता था। किन्तु भक्त ने प्रभु को ग्रन्थों की जटिलता और मानव-धर्म की कुटिलता में गड़ नहीं जाने दिया। भक्त गरीब थे, तब भगवान् को भी राम होकर जंगल की खाक छाननी पड़ी, बुद्ध होकर जंगलों में सेवा करते घूमना पड़ा, कृष्ण होकर गरीब सुदामा के तन्दुल चबाने पड़े, और गाँवों की गँवार ब्रजवासिनियों की अंगुलियों की चुटकियों पर कदम उठाने पड़े। हमने ज्ञान और प्रभु में टेढ़ उत्पन्न कर रखी है। विद्या अधिक देने से बढ़ेगी, उसके बढ़ने से मनुष्य देवता हो जायगा, किन्तु यदि प्रभु को कोई अछूत देख ले तो स्वयं देवता छू जाएगा, अपवित्र हो जायगा। ऐसे विचार के भाइयों के पास, ये 'ठंडे छींटे' कराह हैं, जिसके प्रभु ज्ञान, सूर्य किरण और गंगा के जल की तरह जाति-पाति नहीं, कराह में केवल हूक है—अपनी बैचेनी की टीसों को अपनी तड़प की सिसकियों को ज्यों-का-त्यों प्रकट कर देने की। इन पंक्तियों की मनुहारों, दुलारों और ललकारों—सबमें आत्म-दर्शन होते हैं, उस समय हमें एक

आत्म-निवेदन होता है, उस समय हमें एक प्रेरक झाँकी-सी दीख पड़ती है। 'इलहाम' कहकर हम इस वेदना की हँसी भी उड़ा सकते हैं। किन्तु यह वह इलहाम है, जो, कष्टभोगियों में जाइए, आपको सतत सुनायी पड़ेगा। गौरांग-सेवा के इस युग में हमें श्यामलों और मैले-कुचैले लोगों में प्रभु नहीं दीखते। श्यामघन दीखता काला ही है, परन्तु जब कृषकों के आकर्षण से अपना कृष्णत्व पानी-पानी कर, वह विश्व पर बरसता है, तब उन बिन्दुओं में कालिमा नहीं होती। विश्व की तपन पाकर, वह पड़ने वाला घनश्याम, कालिमा को धो देता है, विश्व पर उसके तरल चरण पहुँचते ही, उन चरणों से, विश्व के कोने-कोने से, कितनी गंगाएँ नहीं बह निकलतीं ? और जब वह काला बादल, अपना अन्तःकरण छोड़कर फेंकता है, तब ओलों के रूप में काले पत्थर नहीं, चमकीले धवल मोती विश्व पर बरस पड़ते हैं। उस समय हमें दीख पड़ता है कि श्यामघन में मलिनता-कालिमा देखने में हमारी काली पुतलियों द्वारा प्रतिबिम्बित हमारा काला हृदय ही अधिक जिम्मेदार है। हरिजी के प्राणों का जो पानी इन 'ठंडे छींटों' में दीख पड़ता है, उसमें भी हम अपने जीवन की लीनता के दर्शन कर सकते हैं। किन्तु यथार्थ में तो, ये छींटे हरिजी ने प्रभु के चरणों की सेवा तक जाने, और व्याकुल विश्व को अपने साथ ले जाने की ही वेदना से प्रेरित होकर लिखे हैं। इन्हें पढ़ते समय, मैं उसी आर्य-भावना को आमंत्रित करता हूँ जो पत्थर में भी प्रभु को देख लेती है।

साहित्य में 'ठंडे छींटे' क्या हैं ?

अवसरों के आँगन में, मानवीय इच्छाओं को हमने द्वेष, भय और आडम्बर की शराब पिला-पिलाकर दौड़ाया है। और इस बेहिसाब दौड़ के हिसाब में उलझकर हम विश्व का नियमन करने वाले गोपाल का हिसाब लगाना ही भूल गये हैं। मैं उस वाणी को वाणी नहीं मानता, जो प्रभु को गर्भ में लिये हुलसी बनकर न घूम रही हो। मेरे विचार से 'ठंडे छींटे' साहित्य हैं, मुझे श्रीहरिजी के ये वेदना-चित्र केवल कल्पना-चित्र नहीं मालूम होते। ये तो उद्दण्ड आशा के कल्पना चित्र हैं। यदि ये चित्र झूठे हों, तो विश्व, अपने वस्त्रों को रँगकर संन्यास ग्रहण करने वालों का अखाड़ा कहा जायगा। किन्तु मुझे इन चित्रों में सत्य की कल्पना दीखती है, और यदि यह कल्पकता का सत्य है, तो ऐसा है, जो निर्मित दुनिया की वेदना बनकर, राष्ट्र की वाणी बन रहा है। फिर वह साहित्य क्यों न होगा ? भावों का विलास और कल्पनाओं का व्यभिचार इन छींटों में नहीं है। और वेदनाओं का यह विनोद, विद्वानों का समय खर्च करने के लिए नहीं लिखा गया। इसीलिए मैं उसे ऐसा साहित्य नहीं मानता, जिसपर हमारे मनोविकारों की मक्खियाँ भिनभिनावें। मैं तो उसे ऐसा साहित्य मानता हूँ, जो नम्र होकर भी, तीर-सा तीखा है, और बाँसुरी-सा करुणा-गीत गाता हुआ होकर भी पतन के फोड़े पर नश्तर-सा लगता दीख पड़ता है। साहित्य से यदि ऐसी संजीवता दूर

रखी जाय, तो फिर या तो साहित्य कल्पना की तस्वीरों की मिट्टी होगा, या प्राणहीन कल्पनाओं की मिट्टी की तसवीर। मुझे तो ये विचार कवि के ही लिखे दीखते हैं, कविता ही दीख पड़ते हैं। इन वाक्यों में निवास करने वाली प्रीति, प्रभु-प्रीति और गरीबों के प्रति रहने वाली प्रीति प्रत्यक्ष ही नहीं, खूब अप्रत्यक्ष होकर भी बोल रही है। क्रोध में, आवेश में और समर्पण में सब जगह वह जाकर होठों पर थरथराती-सी, गालों पर तपन की लाली लाती-सी और फिर आँखों में तरंगित होती-सी दीख पड़ती है। यदि मेरे पेट में, किसी वाणी के पहुँचने के मार्ग ही में दुर्गन्ध हो, तो इन पंक्तियों की मनुहार का कोई दोष नहीं। किन्तु यदि मन की गुफा साँप की बाँबी की तरह ओढ़ी-टेढ़ी नहीं, तो पंक्तियाँ सीधी हृदय के पास जाकर पहुँचेंगी। मैं इन पंक्तियों को कविता इसलिए कहता हूँ क्योंकि इनमें अन्तरतर को ऊँचाई की ओर ले जाकर परिस्थितियों के बीच ऊँचा मस्तक कर खड़े रहने देने का बल है। मैं इन्हें कविता इसलिए कहता हूँ, क्योंकि इनमें सत्य का अन्तःकरण बनकर, अन्तःकरण का सत्य गुँथा हुआ है, क्योंकि इनमें उद्दण्ड तर्क नहीं, तर्क का सन्तोष कोमलतर बनने को यत्नशील है। मैं इसे काव्य इसलिए कहता हूँ, क्योंकि इनमें व्यभिचार की छलकन के बजाय हृदय की पुरुषार्थमयी उभाड़ की छलक है। ऐसे पुरुषार्थ से गर्भित, जो यदि क्रूरता के पास नहीं खड़ा होना चाहता तो कायरता से भी संग्राम किये बिना नहीं मानता। मैं उसे कविता इसलिए भी कहता हूँ यदि कविता में मनोविकार आवश्यक हैं, तो इन पंक्तियों में मुझे मनोविकारों का प्राणघातक नहीं, वरन् प्राणपूरक स्वरूप दिखाई देता है। हाँ, यह कविता अपने विषय का 'स्वरूप-दर्शन' करनेवाली है; एक ही कराह को अनेक स्वरों में गूँथने की इसमें चेष्टा है, सर्वरूपदर्शन करने वाली उत्थान या पतन दोनों की वकालत, सर्वतोमुखी प्रतिभा के नाते पूरी-पूरी करनेवाली नहीं हाँ, इन पंक्तियों में छन्द की दाब और उभाड़ की गर्मी से शब्द, कोयले-से हीरे बनने की क्रिया के समान, काव्य के हीरक नहीं बन गये, यह शिकायत कुछ भाई कर सकते हैं। किन्तु काव्य की न्यायाधीश रुचि इन पंक्तियों में विद्यमान है। हाँ, हृदय की उभाड़ और विश्व का सत्य यहाँ बन्धन-रहित अवश्य है। परन्तु इन पंक्तियों की रचना ही शास्त्रीय विवेचन के लिए नहीं। यह तो गरीबों की वेदना और बलिदान की मनुहार है। हम इसे इसी दृष्टि से क्यों न पढ़ें? श्रीहरिजी अपने इन विचारों को व्यवहार में उतारने के अभ्यासी हैं, इसीलिए सन्तवर विनोबा के नियम से, उनकी वाणी में स्वाद है। सुख तो तब हो, जब यह वाणी गरीबों के लिए, सेवा के पथ में खड़ी होने वाली तरुण दुनिया के निर्माण में सफल हो सके।

[11 दिसम्बर, 1932]

दो शब्द

सन् 1930 का मई महीना। 29 अप्रैल की रात। राजनीति में काम करते हुए कुछ आदमी कैदी हो गए : पण्डित रविशंकर शुक्ल, बाबू गोविन्ददास, पण्डित द्वारकाप्रसाद मिश्र और मैं भी।

छिन्दवाड़ा से इस राजद्रोह के मुकद्दमे के लिए विशेष रूप से नियुक्त आई० सी० एस० श्री लिली की अदालत है। अदालत यानी जेल का एक कमरा। पहरा है, कैदी हैं, सींखचे हैं, दीवारें हैं, मुकद्दमा सुनने के लिए मुश्किल से घुस पाए लोगों का छोटा-सा समूह भी हैं।

दाहिनी ओर कभी उदास और महत्त्व का बनने का रूप धरते-से 'न्याय-देवता' (?) की तरफ और कभी ब्रिटिश न्यायदान के निश्चित परिणाम को पहिले ही से जानने वाले कैदियों की तरफ देखता हुआ कोई मुस्करा-मुस्कराकर मुकद्दमे के नोट ले रहा है, यह कौन है ? देखने वालों में, राजनीतिक वातावरण से प्रभावित आँखें यदि कैदियों की तरफ उनकी काना फूसियों की तरफ आकृष्ट थीं तो फलों में स्वाद का, फ़ूलों में सुगन्ध का और प्राप्ति में लाभ का मूल्य आँकने वाली, चिन्तना की गिनी-चुनी आँखें तरुण रिपोर्टर की तरफ आकृष्ट होती थीं।

कैसा मस्ताना है यह आदमी ! स्वयं गिरफ्तार नहीं है, किन्तु कैदियों से अधिक उल्लसित है, इसपर न वादी के नाते, न प्रतिवादी के नाते, न न्यायाधीश के नाते, न ही साक्षी के नाते इस अभियोग का कोई उत्तरदायित्व है, किन्तु यह अपने नोटों के लिखने में कितना व्यस्त है ? मैंने पण्डित द्वारकाप्रसाद मिश्र से पूछा—यह कौन है ?—"ये हैं पं० रमाशंकर शुक्ल, 'लोकमत' के मेरे सहायक, क्या आपने इन्हें कभी नहीं देखा ? इनकी कलम में प्रतिभा का चमत्कार है।"

जेल से छूटकर एक दिन मैंने उज्जैन में श्री अम्बाप्रसाद जी तिवारी के यहाँ देखा—जेल का वही मुस्कराता हुआ चेहरा।

"आप यहाँ कहाँ ?"

"जी, 'लोकमत' बन्द होने के बाद मैं यहाँ माधव कालेज में प्रोफ़ेसर होकर आ रहा हूँ।"

मैंने जाना, रमाशंकर कवि हैं, जीवन और विन्ध्या-सतपुड़ा और राजनीति के उतार-चढ़ाव के बाद प्रभु का आशीर्वाद मिल गया। उस दिन मैंने, पहिली बार जाना कि 'हृदय' यह है—उनका काव्य सुनकर।

हृदय से मैं निकट से परिचित कभी न हो पाया। जो वर्तमान में जीवन धारण कर छुपकर रहने में सदा भूतकाल बना रहे, ऐसे व्यक्ति को पकड़ने के लिए जितना बचपन, जितना निर्मल अपनत्व चाहिए, वह अवसर 'हृदय' के छुपे

रहने वाले स्वभाव के कारण मिल ही न पाया। उज्जैन और खण्डवा की दूरी बनारस और टोकियो की-सी दूरी हो गई। 'हृदय के हृदयत्व' से परिचय कराया हृदय के काव्य ने और उस काव्य की प्रेरणा बनकर आए हुए चिरंजीवी प्रभाग[1] ने। 'शैवाल' सन् 1937 में प्रकाशित होने को थी। और मैं ही उस पर कुछ लिखने को था। किन्तु प्रेस-कापी बनकर 'शैवाल' रखा रहा और इसके शाश्वत गायक की झिझक शैवाल को उस समय प्रकाशन का अवसर न दे सकी।

परिचय की कलम प्राणों की साँस से लिखती है। अपनी स्मृतियों को कोमल कवि की एकान्त आराधिका ने, जिनका नाम विन्ध्यावासिनीदेवी है, यों लिखा है—

"अब सोचती हूँ, स्वप्न में सौभाग्य और जागरण में वैधव्य कैसा विचित्र विधान है! पहले मैं इस विचित्र विधान से इतना डरती थी जितना कि मृत्यु से भी नहीं। 'उनकी' मृत्यु से इतना डरती थी कि किसी की विधवा बहिन के शांत स्वरूप को देखकर काँप उठती थी। भगवान् से मनाया करती थी कि मेरा स्वप्न भंग न हो। उन चरणों में मेरा अन्त हो जाए यही कामना थी। इस अन्तिम सुख को छोड़ तो मैंने सभी पा लिया था।

"अब मुझे अच्छी तरह समझ में आ गया है कि मेरे देव क्यों कहा करते थे कि स्मृति-धन सबसे बड़ा धन है। वह मानव-जीवन की ऐसी निधि है जो स्थायी होती है और जिसे कोई बाहरी शक्ति छीन नहीं सकती।"

'याद' की याददिहानी होकर भी, वैधव्य के संकेत-मात्र से भयभीत होने वाले कोमलतर हृदय पर जो बीती होगी, जो बीत रही होगी, वे अनुभूतियाँ जो सान्निध्य व्यक्त करती हैं, उनके सत्य के वैभव का एक कण भी साहित्यिकता में कहाँ हो सकता है?

उनके आत्म-जीवन का उज्ज्वलतर अंतरंग, काव्य, संगोपन, मार्ग-दर्शन और स्नेह जिसे प्राप्त था, उसकी कलम से निकला—

"जब कभी हर दिन क्षीणतर हो रही अपनी दुर्बल साँसों के बीच वे बोल उठते थे तो ऐसा आभास होता मानो उन्होंने अखिल सृष्टि की पुष्पमयी पीड़ा का कण्ठ उधार ले लिया हो।

"उनके व्यक्ति की मोहकता, कई जगह उनकी कविता से अधिक आकर्षक हो गई थी।"

"मधुर एकांत के उनके मौन में ही घंटों मैंने साँसों की खटपट को सुना है, समझा है।"

"वह सारा वातावरण, मेरे मन-प्राण में भिद गया है।"

---

1. स्व० श्री प्रभागचन्द्र शर्मा।

प्रभाग की इन पंक्तियों में हृदय बहुत निकट से दीखने लगते हैं और उस समय लिखने की इच्छा को अनुराग की अपेक्षा विराग प्यारा मालूम होने लगता है। किन्तु कला और कलम का यह दुर्भाग्य रहा है कि उल्लास यदि आँखों पर आता है तो उसाँसें उसी स्थान पर अनन्त गुने वेग से आए बिना नहीं रहतीं। कलम तो मानो लिखने वाले का कलेजा ही है, जो कुछ नीला-पीला उसे सूझे, वह काला करके कागज पर रख देने को लाचार हो जाती है।

जिन दिनों 'करुणा-कण' आई, छपकर, बेनीपुरी मेरे पास दौड़े। चट्टान-से निश्चय के आदमी की आँखों पर हरा-भरा विन्ध्या झूल उठा।

वे पढ़ चले, मैं सुन चला।

'शैवाल' की पढ़कर यह विचार आए बिना नहीं रहता कि साहित्य की जगदीश्वरी के मन्दिर में अपना अत्युच्च प्रसाद चढ़ाते समय भी कवि, देवता की उच्चता का वर्णन करने की अपेक्षा अपने प्रसाद को नगण्यतर कहने के लिए कितना सजग है। यदि हृदय की ये पंक्तियाँ शैवाल हैं, तो लिखास के खेतों में जो मनों घास हिन्दी-साहित्य की जमीन पर ही नहीं, आकाश तक पर ऊगा हुआ है और जिसने अपने लिए अच्छे से अच्छे नाम चुन रखे हैं, उसे क्या कहा जाए? भक्त की शोभा उसकी पूजा में तो है, किन्तु प्रभु के समर्पण में सहे हुए कष्टों और उपस्थित की हुई पूजा के सर्वथा भूल जाने में ही नहीं, किन्तु स्नेह की मस्ती के बीच उन कष्टों के याद तक न रहने में जो आनन्द है उसी की कलम सौभाग्य-शीला है। 'हृदय' की पंक्तियाँ पढ़ते हुए, बार-बार तरलाई के संचय का यह स्वभाव याद आए बिना नहीं रहता कि जितना आगे बढ़ो, उतना गहरा। इस छुपे रहने वाले कवि की पंक्तियाँ कहती हैं कि रचना का बोझ नहीं, मुझे अपनी सीमा याद रहने दो। मेरे व्यंजनों में ऐसा न हो कि मैं किसी और का व्यंजन अपना कह कर परोस दूँ। मेरे नैवेद्य में कहीं ऐसी बात न हो कि किसी पर चढ़ाकर मैं फिर उसी को अपने अभिमत पर चढ़ा रहा होऊँ। इसलिए इस काव्य में ऊबड़-खाबड़ शब्द-योजना नहीं मिलेगी, जहाँ शब्दों को बाँधने पर सौन्दर्य, और सौन्दर्य को बाँधने पर शब्द गायब हो-हो जाते हों।

काव्य का स्वभाव ही इतना कोमल है कि जब हम रसों पर शस्त्र-क्रिया करके काले-काले, पीले-पीले, श्वेत-श्वेत कहकर रंगों की अनुराग-भरी दुनिया को अलग-अलग करके बाँधने लगते हैं, तब हमारी इस नाकेबन्दी में से रस ही विलीन नहीं हो जाता, बेचारा अर्थ तक भाग खड़ा होता है। इसीलिए अन्तर के मधुर-तम के प्रति ईमानदार रहने वाला कवि विश्व के बाजार की दर देख-देखकर अपने माधुर्य का मैदान नहीं बदलने पाता; क्योंकि जिसे लम्बी-सी कहानी अदृश्य बनाकर निराश हो जाती है, उसे मदभरी दो पंक्तियाँ यों उतारकर रख देती हैं—

प्राणों के श्वासों में भरकर
श्वासों के स्वर में उतारकर;
मेरी करुणा दूर देश में
चली गई री, क्षितिज पार कर !

और भी—

तुम गाओ, मैं गूंजूं होकर
मधुर तुम्हारे स्वर का सरगम !

रसों, रंगों और उमंगों भरी रचना पृथ्वी के एक ही जीवधारी से सधी —मनुष्य से ! मानो चित्र में, मूर्तियों में, गायन में, नृत्य में, काव्य में, साहित्य में, शोध में, विनोद में, कुछ 'छू जाना सा' है कि सिहर उठा और कोई पीछे खड़ा है कि जिसने धकेल कर कलम पर ला दिया। इस तरह हृदय के आँगन में खेलने वाली सूझों के आनन्द की लाचारियों के सुकोमल आविष्कार कहने, सहने और रम रहने की वस्तु बन गए। इसलिए तो जब-जब कलम, कूची या छेनी लेकर, जब-जब अपने ही अंगों के टुकड़े तोड़कर कलाइयाँ घूमी हैं, सूझें झूमी हैं, तब-तब अन्तर ही नहीं, जमीन निहाल हो उठी है; जीभें नहीं, कागज बोल उठे हैं, जिज्ञासा नहीं, दीवारें ब्रह्माण्ड बन उठी हैं; और उसाँसों से नहीं, पत्थरों पर चढ़कर सूझों ने अनन्त इतिहास से आज तक विश्व-कोमलता को चुनौती दी है।

रचनाकार है कि उसे कौन-कौन सी परिस्थिति गड़ नहीं उठी ? और जगत् के किस कोने पर उसकी अंगुलियाँ पहुँच नहीं उठीं ? कौन-कौन से व्यक्ति 'दूख' नहीं उठे ? और किन कोटि-कोटि की भावधारा उसकी काली स्याही में हिलोरें नहीं मारने लगी ? यदि एक आदमी की आप तस्वीर बनायें, जिसमें रोटियों का एक बड़ा-सा पहाड़ बनायें, और उसके शिखर पर उस आदमी को बैठा दें, तो चाहे, रोटियों के उस बड़े समूह को देखकर वह स्वयं बेहोश हो जाय, किन्तु सत्य की गिनती यह है कि वह जीवन-भर में उन सब को अकेला खा गया। कितनी ही बार मनुष्य जिसे कर ले जाता है उसे सुनना तक बर्दाश्त नहीं करता। चलिए, अब एक कवि की तस्वीर बनायें। रचना है कि वह सांख्य की सुगन्ध आई, वह दर्शन झाँक उठा, 'कमला'[1] के इतिहास ने कहा—'मैं हूँ'। पूजा-भाव भरी विन्ध्याजी कहती होंगी कि रचना में उनके आवेग प्रतिबिम्बित थे और रचना के सहस्र-सहस्र पाठक कहेंगे कि कवि ने उनके कोटि-कोटि कोमल क्षणों को छीनकर कलमबन्द कर दिया है।

किन्तु ऊपर की कहानी की रोटियों की तरह रचनाकार की तरह कोटि-कोटि मनोभावनाओं को उसकी रचनाओं के रूप में एकत्रित करके देखें, तो लगे

1. श्री 'हृदय' की एक कृति।

कि अनन्त-विश्व की मूर्ति निर्माण करने वाला शिल्पी, यथार्थ में अपनी ही मूर्ति का निर्माण करने में सफल हुआ है। उसकी रचना मानो उसके ही अन्तर पर तरंगायमान देश का लेखा-जोखा है। कोटि-कोटि समष्टियों का सामंजस्य उस कोमल देश के विधाता की एक अपनी साँस है।

सूझ का यह गर्व तो शोभता ही नहीं, कि प्रशंसा में या आलोचना में हम किसी को अकेला कहकर फेंक दें। श्रावण आया और बेटियों को श्रवण की याद आ गई। गेरू का लाल रंग बना। दरवाजों पर सफेद पृष्ठ-भूमि पर काँवड़ काँधे पर रक्खे अपने अन्धे माँ-बाप को बैठाये, उसमें यात्रा कराते हुए श्रवण के चित्र बन गए।

और वधुओं ने अपने तरुण कर-पल्लव से श्रवण के मुँह पर घी-शक्कर लगाकर उसकी पूजा कर दी। कवि, नारी पर यह इलजाम क्यों रखे, वह क्यों ऐसी ही बात करे कि विषय-सुख की लगातार खोज का नाम ही नारी है? क्या श्रवण की तसवीर बनाने में नारी में श्रवण-जैसा बेटा पाने की इच्छा छुपी हुई नहीं है? कला-यात्रा के इस दर्शन में कवि क्यों भूले कि श्रवण के चित्र की बेबढ़ी रेखाओं से लगाकर अजन्ता और एलौरा तक आर्यों की कलम का जो विश्व चित्रित है, उसकी रचना का वैषम्य चाहे जो हो, किन्तु कला की एकतानता का और इतिहास की आराधनात्मक सृजनशीलता का उनके बीच का डोरा एक ही है। इसीलिए रचना का गायक उस अनन्त काल का सन्देश-वाहक है जिसमें लगातार सजंक श्रम करते और समर्पित होते चले आ रहे हैं, और जिसके हर चढ़ाव, हर उतार और हर घुमाव का नाम एक नया कलाकार हुआ करता है।

सत्य तो सत्य है, यह माना। किन्तु वह चाहे जितना रुचि पर चढ़कर या प्रेरणा पर उतरकर आया हो, विष-भरे या स्नेह-सने अभिमत को अंगुलियों पर आसानी से उतार लाने के लिए, जीवन और श्रम में से बार-बार कला को निखारना होगा। गीता की वाणी में इसे 'अभ्यास' कहा है। लिखने में आग्रह है, साहस है, आकर्षण का जादू है, किन्तु निखरी हुई कला की तीव्रता इतनी तीक्ष्ण हो कि वह अपने सहस्र-सहस्र 'बार-बार' को सदैव नया 'एक बार' मानने की मानिनी हो। 'हृदय' की कला में अनुराग की यह दौड़ इतनी स्वाभाविक हो उठी है कि मानो अभिव्यक्ति की अनन्त प्रतीक्षा में शब्द पहिले ही से सूझ के हवाई अड्डे पर यात्री बने खड़े रहते हैं—

अब कैसी मधु की बातें, जब
सब समेट बैठीं पाँखें ये?
क्षण भर यही देखना, कोई
क्या कर लाई थीं आँखें ये।

अपनी आशाओं की मूर्च्छना के ये क्षण, कितने मीठे, कितने कटु, कितने सच्चे हैं ? इनकी विशालता है कि दर्शन का निगूढ़ तत्त्व कलाकार-शिल्पी की शिथिल होती साँसों के साथ, स्वाभाविकता से, बहुत थोड़े में उतर आया है। कहने वाले की आह-भरी वाणी हो और सुनने वाले के कान न हों, कैसा निष्ठुर सत्य !

मुझे कहाँ अधिकार मिल सका
जो कह लेता दर्द कहानी।
तुम्हें कसक भी मिली कहाँ वह
जो भरती आँखों में पानी ?

विचार, राग, अनुराग, आदर्श, कितने अच्छे-अच्छे नाम हैं ? जितने ही ये अनोखे, अनहोने, अटल और अनिवार्य होते हैं, उतने जोर से ये अपने अवतरण का माध्यम ढूँढ़ने कलम, कंठ या कृतिशीलता की ओर दौड़ उठते हैं। उस समय कोई शाश्वत वाणी में कह उठता है—

धूल भरा शृंगार, धूल भी
आखिर क्यों न सँभाल सकी !
फूट पड़ी क्यों, आह,
पत्थरों से क्यों हाहाकार हुआ !

और भी—

प्रेम हँस रहा है, ना जाने
किसका बिछुड़ा प्यार पड़ा
पीड़ा रो आई, ना जाने
किस दुनिया का भार पड़ा
हूक हूकती है, ना जाने
कौन प्राण देकर आया
द्रोह खींच आया, ना जाने
किसके सिर अविचार पड़ा

इन सरल पंक्तियों में जो कराह है, निर्मल पुकार है, युगों के उतार-चढ़ावों में उसे पुराना नहीं बनाया जा सकता।

काव्य और साहित्य है तो कला ही, किन्तु इनकी कुछ लाचारियाँ हैं। कला में चित्र और मूर्त्ति अनुवाद की मोहताज नहीं। देशकाल से परे ये जिस ओर बढ़ीं, सूझने और रीझने वाले ढूँढ़ लिये। नृत्य और संगीत देशों की सीमा लाँघकर पढ़े जाने की क्षमता तो नहीं रखते, किन्तु जहाँ तक एक सभ्यता, एक भौगोलिक और सांस्कृतिक इकाई है, वहाँ तक वे इस तरह देखे-समझे जाते हैं मानो किसी देश की सभ्यता की वे पहिचान हों। किन्तु काव्य और साहित्य एक भाषा में

आबद्ध होकर रह जाते हैं। कण्ठ का सहारा, आँखों का आश्रय, कानों का उन्माद कुछ भी उन्हें तब तक प्राप्त नहीं, जब तक रस को उसी भाषा में समझने वाले बैठे हों। तिस पर उस काव्य का लेखक यदि छुपने के तप का अभ्यासी हो तो, 'करुणा-कण और 'शैवाल' की ओर लोक-रुचि का पहुँचना कठिन क्यों न हो जाय ? किन्तु कला के चित्र और मूर्ति, नृत्य और संगीत आनन्द तो हैं। वे अपने में 'गीत' नहीं हैं और काव्य और साहित्य आनन्द के ओतप्रोत रूप में विश्व की महान् गति भी हैं। अतः तीर्थयात्रियों की तरह खैयाम और कालिदास और उन-जैसे हृदय के देश में शताब्दियों से अलख जगाये, अनुराग और विराग के, जीवन और मरण के मधुक्षणों को जाग्रत कर मानवता को जीवन-दान देते चले आ रहे हैं।

हृदय ने इस आनन्द को अपने मरने के अमर क्षण तक नहीं छोड़ा। काव्य का वह आग्रह जो अन्तिम साँसों तक हरा रहे, अपने में ही एक बहुत बड़ी वस्तु है, और 'राग' देश के शोधकों के लिए, सुवर्ण-पथ का आमन्त्रण है कि वे देखें कि मधुर साँसों की यह सड़क युग को किस तीर्थ की ओर खींचे लिये जा रही है।

मेरे निकट तो 'हृदय' मानो मेरे ही कमरे में बैठे हैं, और अपनी मुस्कराहट और अपने कहकहे के साथ कह रहे हैं—

कौन कहे उस दिन इसके सँग थे कितने अरमान चले ?
जीवन और जगत के शाश्वत थे कितने वरदान चले ?
चले न वे—उस दिन जो कहते थे कि हमें भी है चलना
पर न साथ देने वाले थे उस दिन बे-सामान चले !

मुझे तो केवल एक ही बात का दुख है कि श्री रमाशंकर जी इतने शीघ्र चल दिये कि उनका 'वायुमण्डल' जान ही न पाया कि वे कब चले गये।

[स्वर्गीय श्री रमाशंकर जी शुक्ल 'हृदय' के कविता-संग्रह 'शैवाल' की भूमिका। 'हरिद्वार-सम्मेलन' में सम्पन्न माखनलालजी के तुलादान से प्राप्त राशि से निर्मित निधि के अन्तर्गत हिन्दी साहित्य सम्मेलन प्रयाग द्वारा संवत् 2004 (सौर 17 कार्तिक) में प्रकाशित काव्य-संग्रह (1947)]

'अंजलि'

स्वर्गीय श्री विनयकुमार भारती का यह कविता-संग्रह, मध्यप्रान्तीय हिन्दी साहित्य सम्मेलन की ओर से प्रकाशित हो रहा है। मर्यादा से शील, स्नेह से भरे हुए, सादगी अभिशाप की तरह मिली सी, आँसुओं की बूंदों और स्नेही मित्रों

की कृपा को अपना 'बैंक-बैलेन्स' समझने वाले, गरीबी का गौरव ही नहीं, अदम्य अभिमान करने वाले, और स्वभाव से क्षण रूठता और क्षण मनता, भक्तों की परम्परा पर नतमस्तक कोई भावुक तरुण आपको देखने को मिले, तो आप—वह 'आप' जिन्होंने विनयकुमार को नहीं देखा—विनयकुमार की कल्पना कर सकते हैं। जिसका गर्व, जिसका स्नेह-भाव, जिसका पागलपन, जिसके गीत, जिसका गुस्सा और जिसकी अपनों तक पर बिगड़ उठने वाली बेकाबू जिन्दगी और माला के इन सब दानों पर सुमेरु-बनता-सा, जिसका आराध्य के चरणों में आत्म-समर्पण, सब-कुछ बहुत प्यार करने की वस्तु रहा। हुस्न से 'बे-बाक' इश्क के बादशाह की तरह अपने गीतों के उड़नखटोलों पर बैठकर जब वह सतपुड़ा के जंगलों में, आमों, जामुनों, हर्रों और सागौनों के वृक्षों के नीचे, कलेजे में नाच कर कलम पर उतर उठता, तब अपने ही गीतों की गंध के आनन्द से वह इतना भर उठता कि लोग उसके काव्य सुनाने को उसकी बीमारी समझने लगते। किन्तु जिनकी आँखों में उसके आँसू तसवीर बनकर दीख सकते, वे जानते थे कि वह जीवन तक को, एक लाचारी, एक बीमारी से अधिक कीमत देने के लिए तैयार नहीं है। उसकी सरलता, उसका मूलधन थी। भाई दीपचन्दजी गोठी, सहृय साधु वियोगी हरिजी, श्रद्धेय टंडनजी, कलम के धनी और जीवन की भाषा के व्याकरण-कार काका कालेलकर और स्वयं महात्मा गांधी भी, इस मस्ताने गरीब कवि से बड़े चाव से, बड़े भाव से मिलते। 'हरिजी' से तो 'विनय' ने अद्‌भुत प्रेरणा पायी थी। प्रभु, प्रेयसी और पूज्यवरण—इन तीनों दिशाओं में, विनयकुमार के गीतों का संचार होता। अपनी जीवन-संगिनी को काव्य-पुरुष चढ़ाते समय भी उसे न जाने कौन-सा पुण्य-भाव प्रेरित करता। बैरागी वह जब रागमयी वाणी में, अनुराग-रंजित स्वर उमेठ कर अपने प्रभु के लिए अपनी बिना तारों वाली उर की वीणा झंकारता, तब जाने वह कैसा हो जाता। कभी-कभी मुझे भ्रम होता, कहीं वह पागल तो नहीं हो जायेगा। किन्तु उसके गीत और उसकी भर्त्सना, बहुतों के बड़प्पन का ज्वार उतार दिया करते।

स्वर्गीय विनयकुमार की पत्नी और उसका एक बालक इटारसी में बहुत गरीबी में जीवन बिताते हैं। जब विनयकुमार के गीतों का परम स्वर याद आता है, तब मेरी आँखें इन दोनों की ओर जाती हैं। यदि हम इन दोनों को सुखी रख सकें, तो विनयकुमार की याद का स्वर अपमान से बचा रहे। मैं यह भी चाहता हूँ कि बैतूल में जो उसकी ऊबड़-खाबड़ समाधि है, वह ढंग से बन जाये। मैं अपनी ओर से, स्वर्गीय विनयकुमार के विषय में क्या कहूँ ? जो मैं कहना चाहता हूँ, वह उसके गीतों में से ध्वनित हो रहा है और जो शेष रह जाता है, वह उसका युग जानता है। अतः जब प्रभु के चरणों में उतावला होकर वह चला गया, उस प्रभु के चरणों में मस्तक झुकाने के सिवा मेरे पास कुछ भी नहीं है।

विनयकुमार ने अपने मित्रों में ऐसे मनस्वी युग-तरुण पाये हैं, कि वे विनय की कीर्ति के रक्षक और गायक रह सकेंगे, ऐसी मुझे आशा है।

[स्वर्गीय श्री 'विनयकुमार के गीत' कविता-संग्रह के प्रथम संस्करण से;
मध्यप्रान्त-विदर्भ हिन्दी साहित्य सम्मेलन, अकोला से प्रकाशित—
[वसन्त-पंचमी, सं० 2005]

'कैकेयी'

यह जानकर प्रसन्नता हुई कि श्रीयुत नरदेवजी शास्त्री ने 'कैकेयी' नामक नाटक लिखा है :कैकेयी' पर 'झमँली महारानी' नामक एक कृति आ० सद्गुरु-शरणजी अवस्थी लिख चुके हैं वह मैंने भी देखी है। महारानी कैकेयी को मैं वैसा पात्र नहीं मानता जैसा कि कुछ लेखक समझते हैं। यहाँ तक कि वाल्मीकीय रामायण में कहलाया गया है कि अयोध्या से दूतों द्वारा दशरथ के मरण की खबर पाने के बाद यह स्वाभाविक था कि भरतजी अपने परिवार की कुशल-मंगल पूछें। उसका जो जवाब दिया है, उसमें राम के वनवास का कारण भरतजी को भी समझा गया है, इसीलिए न दूत-जैसे छोटे आदमी की हिम्मत पड़ती है कि वह भरतजी जैसे रामजी के भाई से तथा दशरथ के बेटे और अयोध्या के भावी उत्तराधिकारी से कहे कि—

"कुशलास्ते महाबाहो येषां कुशलमिच्छसि।"

भरत वैसी चीज नहीं थे। मैं विनोबाजी के इस कथन से सर्वथा सहमत हूँ कि भरतजी तुलसीदासजी के ध्यान-मूर्ति थे। मेरे शब्दों में वे ज्ञान-गुरु भी थे। उनके रामचरितमानस से स्पष्ट होता है कि वे तुलसीदासजी के ज्ञानगुरु भी थे। अत: तुलसीदासजी ने बहुत ही शालीनता से इस बात का उत्तर बता दिया है कि दूतों को अपने राजाओं को किस तरह जवाब देना चाहिए। यह दो समयों का अन्तर ही नहीं है, दो व्यक्तियों का अन्तर भी है।

मैं तो कैकेयी को रामजी की देश-व्यापी पैदल यात्रा के कारण और रावण से युद्ध करने के कारण भी भरत को राष्ट्र-निर्माता मानता हूँ। उन्होंने मोह नहीं किया और जो स्त्री दशरथ के रथ का, युद्ध में, जैसा कि कहा है, चक्के का आखा अपनी कोमल कलाइयों को बना सकती है, वह स्त्री उतनी पुत्र की पर्वाह नहीं कर सकती है जितनी दशरथ के युद्ध में जीतने की पर्वाह कर सकती है। अत: सारा रामचरितमानस एकतरफ और मेरे लिए कैकेयी का चरित्र दूसरी तरफ। इस

देश में यदि कैकेयी-जैसी नारियाँ न होतीं, तो रामचरितमानस दूसरे ही तरह से लिखा जाता। इस राष्ट्र का कोई कर्ता-धर्ता-विधाता न रहता। अत: मैं तो महारानी कैकेयी की सेवा को यह नहीं मानता कि वह महज श्रृंगार से भरी औरत मात्र थी, मैं उन्हें इससे कुछ अधिक मानता हूँ।

मैं बिस्तरे पर पड़ा हूँ, इससे अधिक क्या लिखूं ?

[दूसरे कुंआर की कृष्ण-द्वादशी, संवत् 2020]

चयन : कुछ संदेश

राज्य-आयोग के प्रतिवेदन पर ठण्डे दिल से विचार किया जाये

राज्य पुनर्गठन आयोग के प्रतिवेदन की कड़वी-मीठी जैसी भी आलोचनाएँ हो रही हैं, वे आयोग की शुभ प्रतिक्रि याएँ हैं। भारतीय राष्ट्र ने एक दिन अंग्रेज-सरकार द्वारा किए गए बंग-भंग को स्वीकार नहीं किया था और फिर एक दिन पाकिस्तान के रूप में देश के विभाजन को स्वीकार कर लिया गया। राज्य पुनर्गठन आयोग ने तो देश का विभाजन नहीं किया है, प्रत्युत उसने देश के आर्थिक, सांस्कृतिक, सामाजिक और भाषा-विषयक सीमा-संगठन को सुदृढ़ बनाना चाहा है। यदि हम इस मनोवृत्ति का परित्याग कर सकें कि "सारी श्रेष्ठता मेरे ही मत में है" और "सारी मूर्खता मेरे विरोधी के मत में है", तो हम इस विषय पर ठण्डे मस्तिष्क से विचार करने का मनोबल प्राप्त कर सकते हैं।

देश की एकता

हम इस बात का अनुभव करें कि पाकिस्तान बँटवारे के समय हम ही थे जो देश के टुकड़े-टुकड़े नहीं होने देना चाहते थे, तो आज भी देश के अधिक टुकड़े करने की अपनी मनोवृत्ति पर हमें क्षोभ होगा। यदि हम अनुभव करें कि हमें भारतीय स्वतन्त्रता अथवा स्वतन्त्र भारत को सुदृढ़ एवं शक्तिशाली बनाये रखना है, तो भिन्न-भिन्न राज्यों के अन्तर्गत रहने वाले हम लोगों को इस बात पर विचार करना होगा कि देश की एकता के लिए अपनी सीमाओं में रहते हुए हम कौन से बलिदान कर सकते हैं। मैं उन मित्रों की मनोदशा समझ सकने में असमर्थ हूँ, जो उस समय भी दुःखी होते हैं, जब राष्ट्र की जनता किसी राष्ट्रीय निर्णय पर उदासीन रहती है और कुछ बोलती नहीं; और उस समय भी दुःखी हुए बिना नहीं रहते, जब जनता अपना स्पष्ट मत देकर किसी निर्णय में भाग लेती है। तब क्या वे यह चाहते हैं कि प्रजातंत्र में भी राष्ट्र की जनता का उसी प्रकार विचार-नियंत्रण हो, जैसा कि कम्युनिस्ट देशों में हुआ करता है और जहाँ कहा जाता है कि केन्द्र का जो भी निर्णय हो, उसे सारे राष्ट्र को मान लेना चाहिए?

"जिन्दा खून है, तो वह बहेगा ही, जिन्दा राष्ट्र है, तो वह बोलेगा ही।' हाँ, अपनी बात कह चुकने के पश्चात् वह बहुमत के निर्णय को शिरोधार्य करेगा ही। यही होता आया है और राज्य पुनर्गठन आयोग के प्रतिवेदन के विषय में भी यही होगा। इनमें तनिक भी संदेह नहीं। इसमें निराश केवल वे ही व्यक्ति होंगे, जिन्होंने दुर्भाग्य से शासन अथवा कांग्रेस का विरोध करना व्यवसाय की तरह स्वीकार कर लिया है। आयोग की नियुक्ति जरा जल्दी कर दी गयी, किन्तु

आन्ध्रानिर्माण के प्रसंग में जो कटुता उत्पन्न हो गयी थी, उसे एक लम्बी अवधि तक बनाये रखना कदाचित् देश के लिए श्रेयस्कर नहीं होता।

प्रस्तावित मध्यप्रदेश

"विदर्भ के निर्माण के पश्चात् आयोग के सदस्यों ने मध्यप्रदेश का जो स्वरूप निश्चित किया है, उसकी पूर्णता और सफलता अकेले महाकोशल मध्य-भारत, विन्ध्यप्रदेश अथवा भोपाल पर अवलम्बित नहीं। इस विषय में दूर के बिछड़े भाइयों को गले लगाने की भावना हममें जितनी ही अधिक जाग्रत होगी, उतना ही बड़ा सफल राज्य हम स्थापित कर सकेंगे। इस राज्य की राजधानी के सम्बन्ध में कतिपय मित्र जो उतावली दिखा रहे हैं, उसे मैं बहुत प्रसन्नता की बात नहीं मानता। नवीन मध्यप्रदेश राज्य विशाल होगा, किन्तु इसमें नर्मदा के उत्तर और दक्षिण के हमारे उत्तरदायित्व और समस्या-क्षेत्र हमारे हर्ष से कई गुना बढ़ जाएँगे।

"चावल, गेहूँ, कपास की उपज, मेंगनीज, पन्ना, कच्चा लोहा, फौलाद, कोयला और संगमरमर की खानें, कपड़ा मिलें, बुन्देली, मालवी व निमाड़ी-जैसी बोलियाँ तथा पंचमेल स्वभाव, कुछ वर्ष पूर्व मालवा और विन्ध्यप्रदेश में 25-50 मील पर विद्यमान छोटी-छोटी शासन-व्यवस्थाएँ और उनकी बहुमुखी मनो-वृत्तियों में बँटे हुए जन-स्वार्थ और जन-जीवन, कल तक के चार राज्यों के चार मंत्रिमंडल और अपने स्वार्थों का बलिदान कर भविष्य के मध्यप्रदेश के लिए एक मंत्रिमंडल का निर्माण, चम्बल, बेतवा, नर्मदा और महानदी की वर्तमान एवं भावी नदी-घाटी योजनाएँ और इन सबसे परे इन राज्यों की नौकरियों एवं सेवाओं का एक-दूसरे पर हावी हुए बिना सन्तुलित विभाजन तथा राज्य-कर का ऐसा सन्तुलित विभाजन कि राज्य की दैनंदिन समस्याएँ यदि गणित के जोड़ की शक्ति से बढ़ें, तो उन्हें गणित की गुणित से सुलझाया जा सके—ये ही सब वे उत्तरदायित्व हैं, जिन्हें साधकर हम नगाधिप, विन्ध्य और सतपुड़ा के स्नेह का सम्पादन कर सकते हैं और नर्मदा, ताप्ती, बेतवा, चम्बल, महानदी आदि की अनन्त जल-धारा के सम्मिलित बल से वैभव का निर्माण कर हम भविष्य के मध्य-प्रदेश को इस देश का वैभव-सम्पन्न तीर्थ-स्थल सिद्ध कर सकते हैं।"

"हम प्रत्येक क्षण यह अनुभव करें कि जिस प्रकार जल-बिन्दुओं के एकत्र होने में शक्तिशाली समुद्रत्व है तथा उनके बिन्दु- बिन्दु हो जाने में असहाय अल्पत्व है, उसी प्रकार हमारी सांस्कृतिक श्रेष्ठता इस बात में है कि हम विभाजन की अपेक्षा देशवासियों के स्नेह-भाजन बनने की भाषा में सोचें।'

[21-10-1855 को नवभारत टाइम्स (बम्बई)
व समस्त भारत के पत्रों में प्रकाशित]

राष्ट्रभाषा हिन्दी और हमारा उत्तरदायित्व

मैं हिन्दी के भविष्य के बारे में निराश नहीं हूँ। इस बात को मानता हूँ कि इस देश के भिन्न-भिन्न राज्यों की भाषाओं के उन्नयन से हिन्दी को लाभ ही पहुँचेगा, और लाभ ही पहुँचा है। नई अभिव्यक्ति के लिए शब्दों का चयन, अभिव्यक्ति का नया प्रकार, मुहावरों का उपयोग, छोटी कहानियों और उपमाओं का प्रयोग, वर्ण्य-वस्तु तथा वर्णन के प्रकार द्वारा समय की समस्याओं का सुलझाव तथा लोकजीवन के साहित्य तथा सदैव रहने वाले साहित्य के विषय में भारतवर्ष की प्रत्येक भाषा, यदि किसी भाषा से कुछ लेती है, तो कुछ देती भी है। यह कौन नहीं जानता कि कुछ वर्ष पहले उत्तर भारत की भाषाएँ बँगला भाषा के बंकिम, रवीन्द्र, शरत और अन्य लेखकों की रचनाओं से सदैव बहुत कुछ लिया करती थीं। अब हमारी जानकारी ने दक्षिण की भाषाओं के भी द्वार खोल दिये हैं और सम्पूर्ण देश की भाषाएँ एक दूसरे को कुछ प्रदान करने में, थोड़ा जानकर और अधिक बिना जाने ही, बहुत कुछ-समर्थ हो सकेंगी।

हिन्दी को राष्ट्रभाषा के नाते देश की अन्य भाषाओं से बहुत कम भय है, या यों कहूँ कि प्रायः नहीं है। राष्ट्रभाषा का होना ही देश की आवश्यकता नहीं है वह तो प्रत्येक देश में समस्त देश की आवश्यकता हुआ करती है। अतः देश अपनी ही आवश्यकता के खिलाफ जायेगा यह आरोप मैं नहीं कर सकता, न ऐसे आरोपों पर विश्वास कर सकता हूँ। ब्रिटिश जमाने में इस देश में ब्रिटिश राज्य के 200 वर्षों के प्रयत्नों के बावजूद अंग्रेजी भाषा 1.57 फी सदी लोगों की भाषा हो सकी। 200 वर्षों में ही क्यों न हो, किन्तु इतना प्रयत्न कर ले जाने की ब्रिटिश राज्य की क्षमता कोई छोटी बात नहीं। जिस दिन ब्रिटिश राज्य ने अँग्रेजी भाषा का विस्तार प्रारम्भ किया, उस दिन वह भाषा इस देश में शून्य फी-सदी बोली जाती थी, किन्तु आज जो राज्य अपनी भाषा-नीति तय कर चुका है वह भाषा यानी हिन्दी, कहते हैं कि 60 फी-सदी बोली जाती है। वे कौन लोग हैं जो इस देश को इतना तर्करहित मानते हैं कि इतनी फी-सदी बोली जाने वालों की भाषा देश में नहीं फैल सकेगी।

मुझे तो हिन्दी के विस्तार में हिन्दी-भाषियों से ही कभी-कभी भय मालूम होता है। ये भाषा के प्रश्न पर हिन्दी-भाषी राज्यों के रूप में एक-दूसरे से टूट गये हैं। यदि हम हिन्दी को हिन्दी-भाषी प्रान्तों में जोड़कर रख सकें तो भी, हम इस देशी की बहुत बड़ी सेवा करेंगे।

हाँ, देश भाषाओं के समान स्तर पर आने मे सब भाषाओं के तरह हिन्दी के लेखकों के सम्मुख भी एक चुनौती-सी आ गई है और वह आवे भी क्यों नहीं? आप राष्ट्र-भाषा कहकर प्रतिभा और रचना-कौशल में अपने आपको पीछे कैसे

रख सकते हैं और पीछे रहने के लिए कोई राष्ट्रभाषा ही क्यों चाहिए ? अतः हम अनुभव करें कि इस देश की राष्ट्रभाषा को संसार की भाषाओं के सम्मुख अगली श्रेणी में रखने का काम कौन करेगा ? वह केवल राष्ट्रभाषा पुकारने से तो नहीं हो सकता।

हमारे देश के साहित्य-शिल्पियों को, विशेषकर हिन्दी के प्रेमी साहित्य-शिल्पियों को विभिन्न देशों, एशिया और योरोप के विभिन्न देशों की ओर झुकना चाहिए और भाषाओं के अध्ययन के क्षेत्र में भाषा-विज्ञान और साहित्य-साधना दोनों दृष्टियों से आगे बढ़ना चाहिए।

हमने जिन भारतीय भाषाओं को शहराती जबानें बनाकर रख छोड़ा है, इस (उनके) 'अव्यापारेषु व्यापार:' को हम शीघ्र बन्द कर दें। हम गाँवों की ओर जावें, प्रचारकर्त्ता होकर नहीं, गाँवों की भाषा-क्षमता का आकलन करने। भाषा के जिन गुणों को हमने छोड़ दिया है वह लचक, पहुँच, बात को संक्षिप्त कहने की आदत, उपमा और उत्प्रेक्षा में भोंडी से भोंडी बात अच्छे प्रकार से कहने का स्वभाव, ताने, विनोद, उक्ति, छोटी कहामियाँ और छोटे-बड़े मुहावरे अभी भी गाँवों की भाषा में खेल रहे हैं और अमर हैं। भाषा के गर्व को शहरों में लिये बैठने वाले हम ज़रा अपनी मातृभाषा की क्षमता को गाँवों में जाकर देखें तो !

कला से भाषा का जो तोड़ हम लगा बैठे हैं, इसे जोड़ बनाना आवश्यक है। संगीत अभी भी जहाँ-तहाँ बिखरा हुआ भाषा बोलता है, भाषा ही में फैलता है किन्तु हम हैं कि संगीत में प्रयुक्त भाषा को भाषा ही नहीं मानते, यद्यपि संगीत से सम्बद्ध भाषा, बोली जाने वाली भाषा की तरह ही बूढ़ी है। मूर्त्ति-कला के उपाख्यानों के प्रति हम इतने उदासीन हैं मानो मूर्त्तियों से भाषा को कुछ लेना-देना ही न हो। हम इन आख्यानों को पुस्तकों में पढ़कर डाक्टरेट तो पा लेते हैं किन्तु मूर्त्तियों के इतिहास की जड़ तक पहुँचने के लिए गाँवों जंगलों, पहाड़ों और तीर्थों की खाक नहीं छानते। आज का नेतृत्व कहता है कि नये तीर्थों की ओर ध्यान दो; किन्तु हमारा भाषाविद् ऐसा है कि वह बिना जाने ही शून्य की पूजा करता है। पुराने तीर्थ देखे नहीं, नये तीर्थों को जाना नहीं, अतः उसका शून्य उस कुंठा के द्वारा व्यक्त होता है जो आज के साहित्य में भारतवर्ष भर में दिखाई दे रही है। भावुकता, तथ्य, इतिहास, गति और मौलिकता इन सबकी माँग है कि हम सत्य से घबड़ाकर भागें नहीं, वरम् उसका विश्लेषण करें, सामना करें। चित्र और मूर्त्ति सारे विश्व की वस्तु हैं, वे विश्व भर में जायेंगी। अतः हमारे वर्णन में भी विश्व में उनका अर्थ लगा देने की क्षमता होनी चाहिए। संगीत और नृत्य देश के कोने-कोने में जायेंगे। अब हमारी कलम को सांस्कृतिक जीवन के प्रति ईमानदार रहना पड़ेगा। केवल काव्य अथवा साहित्य ही ऐसा अभागा है जो प्रतिक्षण

अनुवाद का मुहताज है। अतः जगत् से उदासीन रहकर और कला के उपकरणों से उदासीन रहकर हम किसी भाषा को अमर नहीं रख सकते। सन्तों की तरह हम भाषा लेकर चलें और सारे देशवासियों के पास पहुँचें। हमारी साँसों की यात्रा, साहित्य और समाज के अध्ययनशील यात्रियों के लिए तीर्थ-यात्रा बन कर रहे।

कुछ लोग विद्वद्वर नेता श्री राजगोपालाचारीजी से बहुत नाराज हैं कि वे हिन्दी का विरोध करते हैं। मुझे श्री राजगोपालाचार्य का विरोध हिन्दी का विरोध नहीं मालूम होता। वे जब प्रथम बार मद्रास के मुख्यमन्त्री हुए, तब उनके शासनकाल में हिन्दी का विरोध करने वालों को जेलखाने भेजा गया था, यद्यपि हिन्दी-भाषी ही यह नहीं चाहते थे। जब वे भारतवर्ष के गवर्नर-जनरल थे, तब हिन्दी भाषा के खिलाफ उन्होंने कोई वक्तव्य नहीं दिया। जब भारत के विधान में हिन्दी को राष्ट्रभाषा स्वीकृत किया गया, तब भी मान्य राजाजी ने कोई विरोध नहीं किया। अतः आज के उनके विरोध को भी मैं हिन्दी का विरोध नहीं मानता। लगता है कि वे दिल्ली का विरोध कर रहे हैं और हिन्दी को कारण बनाने के लिए बाध्य हो गये हैं। किन्तु हमारा हिन्दी का पक्ष-समर्थन भी गोरक्षा के आन्दोलन में गोरक्षण के समर्थन जैसा है। घर में जो गाय है, उसे घास नहीं देंगे और गोरक्षा-आन्दोलन में सबसे आगे रहेंगे। अतः इस अवसर पर मेरी प्रार्थना है कि हिन्दी भाषा का कलममन्द यह अनुभव करे कि भारत को स्वाधीनता मिलने के पश्चात् राष्ट्रभाषा का प्रश्न उतना ही गम्भीर है जितना हिन्दी भाषा और देश की अन्य भाषाओं को विश्व की भाषाओं की बराबरी में खड़ा करने का प्रश्न। अतः हम राजनीतिज्ञों के दाँव-पेचों को देखकर भाषा-शास्त्र की दृष्टि से तथा साहित्य-रचना के दृष्टि-कोण से भी अपना मार्ग नहीं बदलें। सन् 1910 से 1947 तक हमने राष्ट्रभाषा का आन्दोलन भले ही किया हो, किन्तु अब हमें हिन्दी के उन्नयन में लगना है, यह हमारी सबसे बड़ी आवश्यकता है। राष्ट्रभाषा के प्रश्न को धारासभावादियों, राज्यपालों, मन्त्री महाशयों, प्रधानमन्त्री महोदय और राष्ट्रपति के हाथों में छोड़ देना चाहिए।

राज्यकर्त्ताओं का अन्धा समर्थन या अन्धा विरोध साहित्य का लक्ष्य नहीं होना चाहिए। कहते हैं कालिदास राजदूत थे, किन्तु उनके साहित्य में राजदूत होने का चिह्न नहीं मिलता। इसी तरह आज के राजनीतिज्ञ को यह अधिकार नहीं कि वह साहित्य पर इस तरफ या उस तरफ से छाने का प्रयत्न करे। समय से बँधकर भी समय के तीनों टुकड़ों में से साहित्यिक को बराबर झाँकना चाहिए और अपनी कलम के मार्ग में भय, भूख, लालच और इच्छाओं की गुलामी में पड़ कर साहित्य के पथ को तोड़ने या जोड़ने का हमें अधिकार नहीं होना चाहिए।

प्रभु करें, ऐसी पीढ़ियाँ और ऐसे साहित्यिक हमारे देश में उत्तरोत्तर पैदा

होते रहें, जिनके प्रयत्नों से देश की एकता कभी डावाँडोल न हो और साहित्य की गरिमा को विश्व की या देश की हाट-बाट में कहीं धक्का न लगे।

['जन', जुलाई 1958]

राष्ट्रभाषा-प्रचार सम्मेलन के प्रति प्रतिक्रिया

" इस बार दिल्ली का अधिवेशन आपकी सफलता में गौरव-वृद्धि करता है। दिल्ली पहुँचकर और राष्ट्रभाषा सम्मेलन को इस प्रतिष्ठा से दिल्ली के क्षेत्रों में पहुँचाकर आपने गौरवपूर्ण कार्य किया है। अब हमें यह सोचना चाहिए कि राष्ट्र-भाषा ने अपने बल में से क्या खोया, क्या पाया। पूज्यवर काका साहब का गौरव उचित हुआ। उस अधिवेशन के भाषण बहुत अच्छे हुए हैं। पूज्यवर राजर्षि टण्डनजी को 25 हजार[1] रुपये की थैली देना सर्वथा उचित हुआ। उनका उसे राष्ट्रभाषा कार्य के लिए लौटा देना भी उनके त्यागमय व्यक्तित्व के योग्य ही हुआ। इस लौटा देने की बात को हिन्दी संसार का सम्पूर्ण क्षेत्र ही नहीं जानता था, वे लोग भी जानते थे जो देश में श्रद्धेय टण्डनजी को जानते हैं। देश के प्रधानमन्त्री महोदय का भाषण बहुत सामयिक हुआ। वे हिन्दी धारणा में थोड़े-से आगे बढ़े हैं। अभी दूरी हटाने का काम तो राष्ट्रभाषा-प्रचार सम्मेलन को किए ही जाना है। इस अवसर पर मुझे राष्ट्रपति राजेन्द्र बाबू के मौन व्यक्तित्व का प्रभाव देहली की सफलताओं में स्पष्ट दिखायी देता है। मेरा निवेदन है कि राष्ट्रभाषा के उन्नायक इस समय हृदय-मन्थन भी करें। राष्ट्र-भाषा में क्रम रखा जाना चाहिए कि आधे पृष्ठ हिन्दी आन्दोलन के लिए सुरक्षित रहें, किन्तु आधे पृष्ठों में बारी-बारी से, क्रम साधकर उत्तर, दक्षिण, पूरब और पश्चिम की भाषाओं की वस्तु दी जाती रहे और उन प्रदेशों अथवा अंचलों में होने वाले कार्यों का भी लेखा-जोखा रहे। इस बात की अहर्निश सावधानी रहे कि राष्ट्रभाषा प्रचार "सरकारी कृपा-पात्र" मात्र बनकर न रह जाये। वह लोगों के मस्तक में स्थान ग्रहण करने की धुन में लोगों के हृदय तक पहुँचने का प्रयास शिथिल न कर दे। वह दोनों सिरों को योग्य मल्लाह की तरह सँभाले रहे, इस कथन को देखकर—

नरपति-हितकर्त्ता त्यज्यताम् याति लोके
जनपद-हित-कर्त्ता त्यज्यते पार्थिवेन।

---

1. पच्चीस हजार एक रुपये।

इति महति विरोधे विद्यमाने समाने
नृपति-जनपदानाम् दुर्लभः कार्यकर्त्ता ।।

"आप अब मराठी-भाषी क्षेत्र में अपना कार्यालय रखते हैं और आपकी परीक्षाओं में बैठनेवालों तथा आपके पूर्ण उन्नायकों में मराठी-भाषी मित्रों का अधिक सहयोग है। आप और वे सब मिलकर उस विद्रोह को कभी शिथिल न होने दें, जिसकी दिशा भावी पीढ़ियों के उन्नयन की ओर रहती है, जो विद्रोह के नाम पर हर कील-काँटे की उखाड़ फेंकने के लिए जल्दबाजी नहीं करता, किन्तु जिसकी भुजाओं में निर्माण का बल और भविष्य की इच्छा साथ-साथ खेलते रहते हैं।

प्रभु करे, राष्ट्रभाषा-सम्मेलन[1] की जीवन-यात्रा मंगलमय हो !"

उपर्युक्त सम्मेलन में पं० नेहरू ने कहा था—

"एक बात से तो मैं बड़ा हैरान होता हूँ, मद्रास के बहुत-से भाई हिन्दी का विरोध करते हैं, पर जब मैं वहाँ जाता हूँ तो बहुत-से भाई मुझे हिन्दी सीखते दिखाई पड़ते हैं। अभी तो नहीं, पर 15-20 वर्षों बाद आप देखेंगे कि हिन्दी-क्षेत्र में लोग हिन्दी में कम दिलचस्पी रखने वाले होंगे और गर्व में आलसी बनकर पीछे रह जायँगे, पर अहिन्दी-भाषी क्षेत्रों में इसकी बहुत उन्नति होगी—वहाँ के लोग हिन्दी से इतना प्रेम करेंगे कि आपको नतमस्तक हो जाना पड़ेगा।"

[इसे पढ़कर माखनलालजी ने कहा था, "जवाहरलाल भविष्य को देख रहे हैं।"—सं०]

उद्‌बोधन

इसमें कौन-सी तुक है कि हम विश्राम की बात सोचें। सच बात तो यह है कि जिन देशों को स्वतन्त्रता मिलती है, उन्हें सदा चौकन्ना रहना पड़ता है। रूस, अमेरिका, इंग्लैंड, जापान—कौन ऐसा देश है जो स्वतन्त्र होकर चौकन्ना नहीं है ? फिर हमने 15 वर्ष बिता लिये, यही कौन कम हैं ? इस बीच में हमको फ्रेंच लोगों से पाण्डुचेरी, माही और चन्द्रनगर मिले। तभी इस स्वाधीन देश के चौकन्ना रहने की कल्पना पंडित जवाहरलाल नेहरू ने हमें दी थी। उसके पश्चात् गत वर्ष हमने गोआ, दमन और द्यू पाए। हमारी दृढ़ता और पोर्तुगीजों की

1. राष्ट्रभाषा-प्रचार सम्मेलन। मोहनलाल भट्ट द्वारा संकलित वक्तव्य। उद्घाटक तत्कालीन प्रधानमन्त्री पं० जवाहरलाल नेहरू। नवभारत टाइम्स, (27 जून, 1959)

नम्रता और उनके शील में हमें वे मिल जाने थे। हमने तो पंडित नेहरू को बिल्कुल अकेला छोड़ दिया। मानो सब कार्य उनके सिर पर हैं और हमारा कोई उत्तरदायित्व नहीं है। हर्ष की बात है कि मौका आने पर एक व्यक्ति की तरह हम ऐसे मिले कि जैसे उत्तरदायित्व समझने वाले राष्ट्र मिला करते हैं। यह हमें गाँठ बाँध लेनी चाहिए कि हमें सदा ही चौकन्ना रहना है। स्वाधीन जातियों के भाग्य में विश्राम नहीं लिखा होता। विश्राम अर्थात् पराधीनता—विश्राम अर्थात् मरण! हम सब इसी भाषा में सोचें, विचारें और कार्य करें।

इस दिशा में हमारे राष्ट्र ने बहुत काम किया। राष्ट्रीय रक्षा-कोष में रुपया दिया है, सोना दिया है। यह हम क्यों भूल जाएँ कि देश ने ही वे बहादुर सिपाही भी हमें दिए हैं जिनकी सामर्थ्य विदेशियों के छक्के छुड़ा देने की है और जिनके बल का हमें गर्व है। हम यह सोचें कि राष्ट्र ने सुवर्ण-कोष में सोना ही नहीं लगाया है, उन्होंने अपनी संपूर्ण इज्जत और संपूर्ण बल पंडित जवाहरलाल नेहरू के हाथों सौंप दिया है।

ऐसे समय साहित्यकार क्या कर रहा है? जिस समय जर्मनी के एक साहित्यकार गेटे से फ्रांस के अधिकारियों ने यह कहा था कि आपको हमारे साथ रहना चाहिए, हम ही आपको यथार्थ गौरव दे सकते हैं। उस समय उसने कहा था, "मुझे ऐसा साहित्य लिखना चाहिए जो आपकी और फ्रांस की जड़ें हिला सके। मैं जर्मनी को असुरक्षित नहीं मानता।" और गेटे ने वैसा ही साहित्य लिखा। भारत का साहित्यकार क्या कर रहा है? कहानी, कविता, निबन्ध और कला में उसकी लेखनी से जो पैदा हो, उससे एक तरफ जहाँ खेतों, खलिहानों और कारखानों को बल मिलना चाहिए। जहाँ प्राण देते हुए सिपाही को गर्व करने का अवसर मिलना चाहिए, वहीं जन-जीवन में गहरी उथल-पुथल करने के लिए इस देश के साहित्यकार की कला को अपने उपन्यासों, कहानियों में ही नहीं, साहित्य के समस्त क्षेत्रों में ऐसी वाणी बोलनी चाहिए जो इतिहास की तरह मस्तक पर आरूढ़ हो सके और जिस वाणी को पढ़ और सुनकर जन-जीवन और सिपाहियों में इतना जोश बढ़े कि देश के सारे प्रयत्नों में साहित्यकारों का प्रयत्न बेजोड़ हो सके। संसार के देशों में साहित्यिकों ने यही किया है।

इस समय भारत-सरकार की आलोचना करना हमारा काम नहीं है। हमें तो उसे इतना बल देना चाहिए कि प्रान्तीय धारासभाएँ और देश की संसद हमारे बल का गर्व कर सके। यह तभी हो सकता है जब हम अपने विषय में बहुत सोचना छोड़ दें। एक व्यक्ति का, चाहे वह कितना ही बड़ा हो, मरना और जीना क्या?

गौतम ऋषि की बात कौन जानता है? किन्तु शिला हो चुकने वाली अहल्या को सभी जानते हैं। तुलसीदास युगों-युगों के लिए वह कर गए हैं कि

उनका रावण आज भी लक्ष्मण से बात करता नजर आता है—उस युद्ध का वर्णन करते हुए वाल्मीकि को लिखना पड़ा है कि 'राम-रावण युद्ध' राम-रावण युद्ध के समान ही हुआ। उसकी कोई दूसरी तुलना नहीं है।

तब चीन देश की यह लड़ाई तुलना में ठीक कैसे बैठेगी? क्यों न हम ऐसी आग फूंकें कि जिसमें हमसे युद्ध करने वाले ही जलकर भस्म न हो जाएँ? शिव का तीसरा नेत्र खुलने पर मानो हमसे लड़ने वाला भस्मासुर की तरह भस्म होकर रह जाए और उसके द्वारा बनने या बिगड़ने वाला हिमालय बनने-बिगड़ने का स्वाँग छोड़कर हमारे साथ हो और उसके हमें पुकारने पर हम सिर से कफन बाँधकर (उसकी) रक्षा कर सकें। गंगा-जमना और सरजू अकेली छोड़ देने के लिए नहीं हैं। क्या दर्शनार्थियों की सहस्रों की तादाद में इनकी ओर बढ़ने के केवल यही अर्थ थे कि हम नाच-कूद में तो चाहे जितना समय बिता दें, किन्तु इनकी रक्षा करने के समय हमें अपना कर्तव्य न सूझे? सच बात तो यह है कि हमारे पास देने को 44 करोड़ मस्तक हैं किन्तु हिमालय का मस्तक एक है और वह सदा ऊँचा रहेगा। गंगा, जमना और सरजू और हिमालय की, सभी की धाक सदा बनी रहेगी। तीर्थयात्री सिर लेकर बराबर आते रहेंगे और जरूरत पर सिर देते रहेंगे और हम चौकन्ने रहकर विश्व भर की चुनौती बर्दाश्त करेंगे। केन्द्र का शासन पाकर स्वतन्त्रता में हमने यही पाया है कि हमारी पीढ़ियाँ आजाद रहें और उनका मस्तक ऊँचा रहे और जरूरत पड़ने पर हम करोड़ों को अर्पित कर सकें; जिससे चीनियों तथा संसार को पता चल जाए कि हम अपनी बात के कैसे धनी हैं। हमारी विजय निश्चित है!

[1962 में आकाशवाणी इन्दौर के लिए।
संदर्भ—चीन का भारत पर आक्रमण]

आभार-वक्तव्य

"मैं बहुत अशक्त हूँ और अधिक बोल सकने में असमर्थ हूँ। यों भी मैं इस समय क्या कहूँ। मैं अपने आपको उस बागबान की तरह पाता हूँ जो यद्यपि बगीचे के पेड़-पौधों को उगाता है, धूप-पानी से रक्षा करता है और खतरों से बचाता है किन्तु जरूरत के वक्त उन्हीं दरख्तों की छाया में संरक्षण प्राप्त करता है। महामहिम पाटस्करजी[1], माननीय मिश्रजी[2] तथा और भी अनेक उदार

---

1. माननीय एच० व्ही० पाटस्कर (तत्कालीन राज्यपाल)।
2. पं० द्वारकाप्रसाद मिश्र (तत्कालीन मुख्यमन्त्री म. प्र.)।

सहृदय जन जब मुझमें किसी बड़प्पन की छाया देखते हैं, तो उस छाया में मुझे उन्हीं का बड़प्पन दिखाई दे जाता है जिसके सम्मुख मैं स्वतः ही नतमस्तक हो जाता हूँ। इधर मैं दो-ढाई वर्षों से अपने को बहुत थका हुआ पाता हूँ। मेरे जीवन के इस उतार में राज्यपाल पाटस्करजी, मुख्यमन्त्री श्री मिश्रजी, भूतपूर्व मुख्यमन्त्री श्री भगवन्तरावजी मण्डलोई तथा और भी बहुत-से महानुभाव मेरे प्रति सचेत व उपकारी रहे हैं। यह उपकार मैं कभी नहीं भूल सकता। जीवन-भर मैंने एक अस्वस्थ का जीवन व्यतीत किया और मैं जो भी जीवन में करना चाहता था और कर पाता वह मुझसे कुछ नहीं सधा। मुझ से तो निरी असफलताएँ ही सधी हैं। यह आप सबों का बड़प्पन है कि मेरी नगण्यताओं को भी आपने गणनीय माना है और पुष्पहारों में अपना स्नेह दिया है। अन्यथा मैं तो अपने जीवन के बारे में भी वही बात कहना चाहता हूँ जो वर्षों पूर्व कहीं मैंने अपने साहित्य-जीवन के बारे में कही थी। मैंने कहा था, "मैं तो साहित्य की इमारत का वह पत्थर हूँ जिसे शिल्पियों ने अयोग्य समझकर दूर रख दिया था। किन्तु सच्चे पत्थरों के दुष्काल में जिसे उसी इमारत के सुन्दरतम कोण पर लगाये जाने का सौभाग्य प्राप्त हो गया।" मैं मानता हूँ कि मैं आज निमित्त हूँ। राष्ट्रभाषा हिन्दी और तरुणाई से भरी हुई नई कलमों का सम्मान ही मेरा सम्मान है। जहाँ कहीं मनुष्य का अपने अभिमत के प्रति समर्पण है, जहाँ कहीं जीवन की कर्म से आराधना है, जहाँ कहीं उत्सर्ग और बलिदान के मोमदीप अन्धकार को अपनी बलि दे रहे हैं, जहाँ कहीं नगण्यता गण्यमान्यता को चुनौती दे रही है, जहाँ कहीं हिमालय की रक्षा में सिरों को हथेलियों पर लेकर मरण-त्यौहार मनाने वाली जवानियाँ हैं और जहाँ कहीं पसीना ही नगीना बना हुआ है, वहीं पर, केवल वहीं पर, आपका माखनलाल दीखते हुए या न दीखते हुए भी, उपस्थित रहना चाहता है। आज जो कुछ भी हूँ या मेरा शेष है, उसे यह सब शक्ति दें, यही मेरी सबसे बड़ी अभिलाषा है। मैं एक बार फिर आप सबके अभिनंदन और अभिवादन में अपना सिर झुकाता हूँ।"

[कर्मवीर, 16 जनवरी, सन् 1965]
(सम्मान-समारोह में पण्डित माखनलाल चतुर्वेदी का टेप-रेकार्डेड वक्तव्य)

"हिन्दी हर साँस लेने वाले की साँस है"

इस वर्ष जैसे फीके और उदास बरस कम गये होंगे। राष्ट्रनायक पण्डित जवाहरलाल नेहरू और राष्ट्रकवि मैथिलीशरण गुप्त को खोकर सारा राष्ट्र बहुत दुःखी है। निराशा मेरा स्वभाव नहीं है पर मुझे लगता है मैं अकेला पड़ गया

हूँ, पर मुझे यह सुख भी है कि जवाहरलालजी के बाद वाले संकटों को राष्ट्र ने बहुत हिम्मत से सहा है। प्रधानमंत्री लालबहादुर शास्त्री के धीर और सौम्य नेतृत्व में हम सब बढ़ते रहे हैं।

भारतवर्ष के लिए, और संभवतः सारी दुनिया के लिए, आगे आने वाले मौसम आग-पानी के मौसम रहेंगे। चीन का खतरा मुझे मेरे सोचने से भी बहुत बड़ा लगता है, जब हमला हुआ था 62 की दीवाली के समय, तब जो आग भीतर से आई थी वह क्या फिर भीतर ही लौट गई है ? वह आग जहाँ दब गई, वहाँ-वहाँ ही देश-घातकता ने सिर उठा लिया। भाषा के झगड़े हो गए, विधान बदलने की बातें होने लगीं, गोआ कहाँ मिले या न मिले, इसी पर लड़ाई की बातें शुरू हो गईं, गरज यह कि जो सबको मिलाने वाली सीमा है, उसको कुछ लोग भूलने लगे और बाहर के खतरे को भीतर से भी हथेलियाँ देने लगे।

मैं हिन्दी के भविष्य के बारे में कभी निराश नहीं रहा, आज भी नहीं हूँ। वे सब लोग, जो हिन्दी का काम चाहते हैं, हिन्दी का काम करते रहे। एक दिन आयेगा कि हिन्दी के बिना रहना दक्षिण या पूर्व को भी सहन नहीं होगा। अंग्रेजों ने अंग्रेजी के लिए कब शोर मचाया था पर अंग्रेजी को इतनी बड़ी जरूरत बना दिया कि 150 बरस में ही वह हमारे गले का हार हो गई। हिन्दी को यह स्थिति 15 बरस में मिल गई होती यदि बिना शोर-संघर्ष के काम होता रहता। आगे का रास्ता विधानसभा बदलने या शोर-शराबे का नहीं है, चुपचाप काम किए जाने का है। लोग समझेंगे कि हिन्दी नौकरी नहीं छीनती, नौकरी देती है और बाद में यह समझेंगे कि हिन्दी हर साँस लेने वाले की साँस है।

हिन्दी और उर्दू का संघर्ष मुझे बहुत व्यर्थ लगता है। ये दोनों भाषाएँ अपने अतिरेक को छोड़ देने पर बहुत नजदीक आ जाती हैं। हिन्दी यदि इस देश के चालीस प्रतिशत की भाषा है, जैसा कि कुछ लोग कहते हैं, तो यह शक्ति भी कम नहीं है। इस सम्बन्ध में संत विनोबा का रास्ता अपना कर बहुत-कुछ किया जा सकता है।

इसके साथ ही मैं पूरी दृढ़ता के साथ यह भी कहना चाहता हूँ कि हमें दक्षिण को या दक्षिण की भाषाओं को अलोकप्रिय बनाने का कतई अधिकार नहीं। जिस धागे में फूल गुँथे होते हैं वह कभी किसी फूल की निन्दा नहीं करता। उसकी शोभा सभी फूलों से है। मैंने सन् 61 में इस सम्बन्ध में कहा था कि हिन्दी के समस्त लेखकों को हिन्दी साहित्य के उन्नयन में लग जाना चाहिए और धीरे-धीरे विश्व के महान् क्षेत्रों में इस देश की भाषा तथा भाषाओं को पहुँचाते रहना चाहिए।

अतः भाषा के इस महान् यज्ञ में समस्त देश, समस्त महान् एशिया और समस्त विश्व को मैं आमन्त्रित करता हूँ तथा जिनकी भुजाएँ और कलमें कभी

स्फूर्ति से प्रेरित होकर और कभी श्रम से अभिभूत होकर विश्व को उठाने के काम में लगी हुई हैं, हमारी पीढ़ियाँ उनका साथ दें।

आज मैं और भी अधिक सामर्थ्य से अपने उपर्युक्त कथन को दुहराना चाहता हूँ। गत कुछ वर्षों में हिन्दी की रचनात्मक शक्तियाँ मेरी अपेक्षानुसार व्यक्त नहीं हुई हैं। मैं चाहता हूँ, विकास के पंथ रुद्ध न दीखें। हमें यह नहीं भूलना चाहिए कि हमें आगे बढ़ना है और तेजी से भागते हुए व्योम-यात्री का मुकाबला करना है।

मैं हिन्दी साहित्य सम्मेलन को सृजन और संरक्षण की बड़ी संस्था के रूप में काम करते हुए देखना चाहता हूँ। कहते हैं सूफी धर्म का प्रचार इस देश में महज इसलिए हो सका कि उसमें विरोध के लिए स्थान नहीं था। हिन्दी साहित्य सम्मेलन का रास्ता भी विरोधरहित निर्माण का रास्ता ही हो सकता है।

बहुत बड़ा और अनन्त भविष्य हमारे सामने है, कला में और साहित्य में, राजनीति में और समाजनीति में, शांति में और मौका आ जाए तो युद्ध में भी। राष्ट्र की विविध और चतुर्मुखी प्रगति में हमारा वर्तमान कभी छोटा न दिखाई पड़े—हमारी पीढ़ियाँ कभी पराजित न दिखाई पड़ें और हमारे लक्ष्य कभी धुंधले न पड़ें—इस कामना के साथ मैं समस्त जन-जीवन का अभिनन्दन करता हूँ।

'नवभारत' भोपाल 4 अप्रैल, 1965

76वीं वर्षगाँठ पर दिया गया सन्देश

प्रकीर्णक

पाँच गीत ब्रज भाषा के 1904-10 के मध्य

श्याम लोचन

(तिलक कामोद—19 मात्रा)

श्याम लोचन मन बसि गयो री !
मधुर बैन कर सैन नैन से,
छीन लीन्ह मन चपल ऐन से,
कछु न सुहावत सुधि न रैन से
जब हरि हँसि गयो री
श्याम लोचन मन बसि गयो री !
अति कारे, प्यारे, अनियारे,
कजरारे किमि जायँ निहारे।
उरग समान दो अलक सँवारे,
सोइ मेरो हियो डँसि गयो री।
श्याम लोचन मन बस गयो री !
नागर नट पनघट तक आयो
अँखियाँ निरखि घूँघट सरकायो।
मैं तन-मन की सुधि बिसरानी
मानो प्रान निकसि गयो री।
श्याम लोचन मन बसि गयो री !
कल न परत मोहे आठों याम सखि,
कछु न सुहावत धन औ' धाम सखि,
रूठ्यो 'माखन'-चोर श्याम सखि—
मन पर बसि गयो री।
श्याम लोचन मन बसि गयो री ![1] [1904-05]

1, इस गीत के तीन रूप प्रचलित हैं। प्रथम काव्य-खण्ड (एक) का प्रथम गीत है। द्वितीय यह है और तृतीय में "बस गया री", "बस गये री" है। (सं०)

अँखियन में कुटिल काँकरी-सी

(राग देश, तीन ताल)

तुव सुधि रमन गरत अँखियन में कुटिल काँकरी-सी !
मैं देखूं तो तू नहि दीखे, तुव देखत मैं नायँ,
ये साँसन बन गईं अभागिन गली साँकरी-सी।
तुव सुधि रमन गरत अँखियन में कुटिल काँकरी-सी !

बैठत, उठत, खुलत मुंदि जावत चलत न पग दृग डोर,
मेरे मधुर सहारे बन तू तनिक लाकरी-सी।
तुव सुधि रमन गरत अँखियन में कुटिल काँकरी-सी !

साँस लेति बनवास लेति जनु, परसन दरसन लेति,
बनी जिंदगानी मोहन की एक चाकरी-सी।
तुम सुधि रमन गरत अँखियन में कुटिल काँकरी सी ॥

[1910 से पूर्व]

रंग लै श्री रंग

(राग काफी, ताल धमार)

देखहुँ यौ मधुर मधु जंग !
अँगनन में फाग खेले, रंग लै श्री रंग।

करन लै पिचकारि मारत, ललकि औचक अंग
भंग ह्वै-ह्वै जाति सोभा, ललित लाल त्रिभंग !
देखहुँ यौ मधुर मधु जंग !

कर थके मनुहार बारहि बार हा-हा खाय, री सखि,
पुष्प बीथी कंटकन ज्यों, लटपटाये 'भृंग' !
देखहुँ यौ मधुर मधु जंग !

फागहू के भाग जागे, राग जागे अंग, सुनु सखि,
ग्वाल-ग्वालिनि रंग खेलें श्याम-श्यामा संग।
देखहुँ यौ मधुर मधु जंग !

फाग नवीन किशोरी

(राग काफी, ताल दीपचंदी)

खेलत फाग नवीन किशोरी
नन्द किसोर मनावत खेलहुँ होरी !

दोउ रीझत अनुहारत, मारत
दोउ भरि-भरि पिचकारी,
दोउ खीझत, दोउ बलि-बलि जावत
वे छलिया ये भोरी
बनी बानिक यह जोरी
खेलत फाग नवीन किशोरी !

कछु अँखियन की, कछु सखियन की
भीर भई चहुँ ओरी ।
इनने छीनि लई पिचकारी
उन कीन्ही बर-जोरी ।
छीन लई झटकि कमोरी ।
खेलत फाग नवीन किशोरी !

अति रँग-रूप चरन-पंकज लखि
मन-मन चोरा-चोरी ।
देखत झुकत लुकत फिरि आवत
कहि जय जयति किशोरी ।
श्याम श्यामा की जोरी
खेलत फाग नवीन किशोरी !

[1904-05[

गीत

सखि, चलो, सजन के देस
जोगन बन के धूनी डालेंगे

नयनों के बँगले में उन्हें
सैनों से बुला लेंगे।
पलकों की चिक डाल
पिया को पुतली में सुला लेंगे।
सखि, चलो, सजन के देस...

सहस कमल दल बिछा, सेज
सखि, मन की सजा लेंगे।
चारि पदारथ चतुर चोरि कै
चित से चुरा लेंगे
सखि, चलो, सजन के देस...

वह बहुमति, हम भले एक मति
सुमति सँभालेंगे।
ग्वालिनि ग्वाल गँवार गीत
सब गोविन्द के गावेंगे।
सखि, चलो, सजन के देस...

मनहर हास, विलास,
रास कौ रस बरसा देंगे।
छलछन्दी वा नंद नँदन कों
पल में पा लेंगे।
माखन नित आनन्द-कंद को
'माखन' पा लेंगे।
सखि, चलो, सजन के देस
जोगन बन के धूनी डालेंगे।

[1910 से पूर्व]

एक विरल अभिनंदन-पत्र आदरणीय मैथिलीशरणजी गुप्त के चरणों में

टिप्पणी :—शाश्वत गान-रथी, राष्ट्र-कवि, वरद लेखनी के धनिक श्री मैथिलीशरण गुप्त का यह अभिनंदन-पत्र स्वयं पं० माखनलाल चतुर्वेदी द्वारा लिखित है। सन् 1950 में कानपुर के विख्यात बी० एन० एस० डी० महाविद्यालय ने माखनलालजी के अभिनन्दन की बृहद् योजना बनायी थी । एक असाधारण आयोजन सम्पन्न होने को था। अनेक गण्यमान्य व्यक्ति उपस्थित थे । गुप्त जी भी थे । माखनलालजी ने गुप्त जी को सदा ही अपना गुरु स्वीकार किया था, अत: उस दिन भी उन्होंने कहा, "पहले गुप्तजी का अभिनन्दन हो तो मैं अपनी बाबत सोचूं ।" काफी उलझन पैदा हो गई। किसी ने कहा, "गुप्तजी का अभिनंदन-पत्र इतने शीघ्र कौन लिख सकता है ?' "मैं लिख सकता हूँ," माखनलालजी कहा और बी० एन० एस० डी० कालेज की तरफ से उन्होंने यह अभिनंदन-पत्र देखते-देखते लिखकर दे दिया। तब फिर पहले गुप्तजी का अभिनन्दन हुआ और बाद में माखनलालजी चतुर्वेदी का। इस घटना पर स्व० बालकृष्ण शर्मा 'नवीन' का कथन था कि "माखनलालजी ने जिस शील का परिचय दिया है, उसकी हिन्दी को उर्दू से ज्यादा जरूरत है। उर्दू में उस्ताद के सम्मान की परम्परा आज भी वैसी ही गहन है। वहाँ उस्ताद की उपेक्षा न सत्ता कर सकती है, न श्रोता कर सकते हैं। हिन्दी में यह परंपरा है तो, पर माखनलालजी ने यह बताया है कि इसका किस ऊँचाई पर पर निर्वाह होते रहना चाहिए ।" (संपादक)

अमर कलाकार !

यह जानकर भी कि आप समूहों, समारोहों और सम्मान से संबंध नहीं रखना चाहते, हम आपको आपकी अनिच्छा रहते हुए भी अपने आग्रह के बन्दीखाने में पकड़कर आज आपका स्वागत कर रहे हैं। इसके लिए आप हमें क्षमा करें! भगवान् राम की जिस पूजा में आपकी लेखनी धन्य होती है, कौन कह सकता है कि आपके प्रति रहने वाली हमारी इस पूजा में भगवान् राम की प्रेरणा नहीं। हमें ऐसा लगता है कि आपके शील और सौजन्य के महान् न्यायालय में सम्मान करके हमने चाहे जो अपराध किया हो; किन्तु यमुना के इस पार अवधी और बैसवाड़ी के घेरे में खींच कर हमने राम की पावन जलवायु के सन्निकट आपका पूजन करके कदाचित् आपके द्वारा भगवान् राम को ही प्रसन्न किया है। प्रभु करें, आज गंगा के इस तट पर इस प्यार में अत्याचार के बदले आपके अभिशाप हमारे और हिन्दी जगत् के वरदान बनकर अमर रहें।

बन्दनीय !

राष्ट्र-भारती के मन्दिर में जिस समय तीन कोलाहल उस महान् वाणी के बल का अपहरण कर रहे थे, उस समय हिन्दी के युग-निर्माता स्वर्गीय महावीरप्रसाद जी द्विवेदी ने श्री "मैथिलीशरण गुप्त उदार वृत्त:" का श्लोक लिखकर हिन्दी के क्षेत्र में आपका आह्वान किया था। ब्रिटिश युग का सारा पुरुषार्थ जब सिसकियाँ भर रहा था, रीति-काल-युग का मारा हुआ हिन्दी-काव्य जब रीतिविलास के कुम्भीपाक नरकों का सुख-भोग कर रहा था और नित्य खड़ी बोली बोलता हुआ हिन्दी जगत् जब अपने संपूर्ण काव्य को ब्रजभाषा, अवधी, बैसवाड़ी, बुन्देली, भोजपुरी, राजस्थानी, बंगाली आदि विभिन्नता में व्यक्त करने के लिए बाध्य हो रहा था और जब केवल प्रतिभापुरुष पं० नाथूराम शंकर शर्मा को छोड़कर कोई विशुद्ध हिन्दी में अपनी 'संपूर्ण काव्य-धारा' प्रवाहित नहीं कर रहा था, तब आपने त्रिवेणी त्रिधारा के त्रिगुणात्मक पुरुषार्थ मार्ग पर अकेले अपने चरण बढ़ाये। इस तरह गद्य की तरह पद्य की भी संपूर्ण हिन्दी-जगत् में साहसपूर्वक एक और केवल एक भाषा आपने प्रदान की, जिससे काव्य की प्राचीन भाषाओं का गौरव भी सुरक्षित रहा और देश ने हिन्दी के नाम पर सर्वव्यापिनी एक भाषा पायी। नये युग के निर्माण का संकटों और आलोचनाओं-भरा सम्पूर्ण दायित्व अपने कन्धों पर लेकर आपकी लेखनी ने अनवरत तपस्या का पथ ग्रहण किया और वह लेखनी जब-जब हिन्दी जगत् द्वारा पूजी जाने लगी, जब-जब राष्ट्रभाषा के महान पद आपको दिये जाने लगे, आपने अत्यन्त नम्रता से उन पदों को अस्वीकार कर दिया। अत: आपके सम्मान को आपसे झगड़कर और कुछ षड्यन्त्र रचकर ही किया जा सकता है। सो हमारी आज की इस समारोह-रचना

के लिए आपकी अनुरुचि के साथ भी हम आपके आशीर्वाद के अभिलाषी हैं।

युग-संस्कृति के गायक नायक !

जहाँ राजनीतिज्ञों के भाषणों की पहुँच नहीं, वहाँ कोटि-कोटि लोगों के हृदयों में आपके तेजस्वी काव्य ने प्रवेश किया। भारत की संस्कृति ने जिस दिन युग में जीवन भरने के लिए वैज्ञानिक आधुनिकता माँगी, उस दिन आपकी लेखनी ने अन्धकार में पड़े हुए ऐतिहासिक पुरुषों, जनभ्रान्ति में घिरे हुए ऋषि-मुनियों, रूढ़ि और प्रमाद में ग्रसे हुए संस्कृत महाकाव्यों के पात्रों, असामान्य परिस्थितियों में टूटी-सी साँसें लेते हुए उपनिषदों के अर्धमानवों और परम्परा की बार-बार विकृत होने वाली किन्तु कभी भी न छुटनेवाली पगडण्डियों में आबद्ध सांस्कृतिक यात्रियों को भारतीय रुचि, विश्वास, प्रसाद और पुरुषार्थ के रूप में पुनर्जीवित करके नवीन सांस्कृतिक भारत का निर्माण किया। इसलिए आप पर आपका युग गर्वित है कि अर्वाचीनता के इस प्रकाश में आपकी लेखनी से इतिहास अक्षुण्ण और अमर रह गया है। उपनिषदों के तत्त्व बने रहे, काव्यों के नायकों के स्वरूप विकृत नहीं हुए, भारतवर्ष की काव्य -परम्परा के वन्दन को बल मिला, भारतीयता रक्षित रही, तथा हमारी संस्कृति को नया प्रकाश, नयी चमक मिली। हमारे सांस्कृतिक आदर्शों और युग की नवीन प्रेरणाओं, दोनों को आपने सम्भावनाओं के जगमग मुकुट पहिनाये। हम आपको अपने बीच श्रद्धा के पुष्प अर्पित करते हैं—आपका नत-मस्तक स्वागत करते हैं।

वरद लेखनी के धनिक !

जब-जब आपकी लेखनी चलती है भूतकाल में से संस्कृति के अमर तन्तुओं को एकत्रित कर भविष्य की पीढ़ियों के लिए भारतीयता को एक सामंजस्यपूर्ण स्नेह-बंधन प्रदान करती है। पौराणिक कथानक आपके बुलाये मानो दौड़े चले आ रहे हैं, उपनिषदों के दृष्टान्त आपके चिन्तन पर उतरकर बाहर आने को छटपटाते हैं, महाभारत, रामायण, बौद्धयुग और प्राचीन भारत के कथा-प्रसंग मानो आपको ढूंढ़ते से आपके निकट आये हैं—यहाँ तक कि प्राचीनता में चलती और पलती हुई कहानियाँ, कथोपकथन, किम्वदंतियाँ और लोकोक्तियाँ— आप हैं कि आपके पास वाणी में उतरने के लिए दौड़ी आ रही हैं और तुलसी की तीर्थमयी वाणी को सिद्ध कर रही हैं कि

"सरल कबित कीरति बिमल, सोइ आदरहिं सुजान !"

इतिहास और बीता युग किस सजधज से संस्कृति को नया रूप देते हुए नई कला और नई पीढ़ी के लिए पुकारते ही आपकी लेखनी पर उतर आये हैं। अपनी संस्कृति के प्रति यह आसक्ति, यह मूल्यांकन और नादब्रह्म से संस्कृति के

स्वर झंकृत कर देने के लिए यह तन्मयता इस युग में केवल आपकी अपनी वस्तु है।

शाश्वत गानरथी !

हिन्दी कविता ने जिस दिन प्राचीन पथ छोड़ा, उस दिन यह चिन्ता थी कि गद्य की भाषा पद्य के प्राणों का बोझ वहन न कर सके। यह भी सन्देह छोटा न था कि हमारी शाश्वत परम्परा की कल्याणमयी वाणी को काव्य-वाणी का रूप धारण करने के लिए जाने कितने वस्त्राभरण बार-बार उतार कर नये-नये पहिनने पड़ेंगे। और कदाचित् अन्य भाषाओं के उधार-उपहार इस वाणी का बल-वर्धन करने के लिए अपेक्षित होंगे। किन्तु आपने जिस सरल वाणी का उपयोग किया, वाणी की वेदी उसी पृष्ठभूमि को लेकर काव्यगायकों, प्रतिभाशीलों, विद्रोहियों और भावुकों की पीढ़ी ने अपने नन्हे-नन्हे नन्दनों का निर्माण किया और आपने उन्हें अपनी साठवीं वर्ष-गाँठ पर यह कहकर वरदान दिया कि "जो पीछे आ रहे, उन्हीं का मैं आगे का जय-जयकार" गाँवों में ग्रीर्वाण के गर्व, जिस तरह महात्मा गांधी की पवित्र पुकारें नेतृत्व का कोलाहल और निनाद त्याग कर जन-जागरण में भारत को शान्त-क्रान्ति के लिए अग्रसर करके घर-घर में शांति सेना के सैनिक बनाने में समर्थ हुईं—आपकी सरल वाणी ने भी जन-मन के घर-घर पहुँचने के लिए बापू का सरल पथ ग्रहण किया। यदि समस्त हिन्दी संसार में किसी की लेखनी गाँवों तक पहुँच सकी और इस तरह वह सच्चे अर्थों में राष्ट्रीय कहला सकी, तो वह लेखनी हिन्दी-जगत् में प्रभु ने आपको ही प्रदान की है। अतः राष्ट्र के पुरुषार्थ और बल के अमर, अथक और अभिनन्दनीय गायक ! हम श्रद्धा से आपका वन्दन करते हैं, अभिनन्दन करते हैं।

"नमः परम ऋषिभ्यो, नमो परम ऋषिभ्यः ! !

—हम हैं आपके
सदस्य, हिन्दी साहित्य परिषद्
बी० एन० एस० डी० काजिज,
कानपुर

कार्तिक कृष्ण ६, सं० २००७

तीन निबन्ध : एक टिप्पणी

युग-परिवर्तनकारी साहित्य की आवश्यकता

देहली में इस सप्ताह अखिल भारतवर्षीय हिन्दी साहित्य सम्मेलन होने जा रहा है। देहली के मित्रों ने योग्य और विश्वासपात्र सज्जनों को हिन्दी-भाषी क्षेत्रों और प्रान्तों में भेजकर तथा अपने पत्रकों और समाचार-पत्रों के आन्दोलन से बाहर के हिंदी-भाषियों तक यह बात पहुँचाई है कि हिन्दी साहित्य सम्मेलन का अस्तित्व आज भी मूल्यवान और वजनदार है। भाषा वह वाहन है जिस पर किसी भी राष्ट्र की प्रेरणाएँ और बलिदान उतरकर आ जाते हैं। भाषा में वह बल है कि वह भविष्य को गणित के अंकों जैसा नपा-तुला और वर्तमान को दीपक के प्रकाश की तरह स्पष्ट निर्माण करती चली जाती है। असंगठित भाषा किसी भी राष्ट्र की विकृत वाणी है। यद्यपि हिन्दी भाषा का विस्तार-क्षेत्र बहुत बड़ा है, तो भी विस्तार के अनुपात से कहीं नीचे हमारी भाषा का बल है। हम तो अभी अपनी भाषा में छोटे-मोटे प्रबन्ध लिखकर उनके बेजोड़ संग्रहों को पुस्तक का रूप देकर और कविता की कुछ तुकी-बेतुकी पंक्तियाँ लिखकर अपनी भाषा की सत्ता और महत्ता का बचपन दिखा रहे हैं। इस पर गर्व किया जा सकता है कि हमारे साहित्यिकों का ध्यान अनुवादों से उठकर अपनी बातों की ओर जाने लगा, और इतिहास, प्रवास, उपन्यास और ललित साहित्य के क्षेत्र में हम कुछ करने से लगे। किन्तु यह हमारे लिए कम दुर्भाग्य की बात नहीं कि सिवा श्री पं० रामनारायण जी के, जिन्हें श्री पं० बनारसीदास जी ने 'श्रीयुत भूगोल' के नाम से संबोधित किया है, तथा कुछ गिने-चुने मित्रों को और छोड़कर हिन्दी जगत् के ऐतिहासिक क्षेत्रों की ओर हमारे साहित्यिकों ने कदम नहीं बढ़ाये। बुन्देलखण्ड का सारा इतिहास हमारी उपेक्षा के पत्थरों के नीचे दबा, सिसक रहा है, और अब तो वे दिन भी आ गये हैं जब हिन्दी संसार की ही नहीं, वरन् बुन्देलखण्ड की जनता भी अपने विगत वैभव की स्मृति तक को खोती जा रही है। 'त्याग-भूमि' मारवाड़ में व्यक्ति तो उत्पन्न हुए, किन्तु ऐतिहासिक खण्डहरों को ही क्यों, ऐतिहासिक कागज-पत्रों को समझने के लिए भी वृद्धवर गौरीशंकर जी के सिवा न किसी ने

समय पाया, न किसी ने धीरज पाया और न शायद हृदय ही पाया। हम अपनी ऊल-जलूल रचनाओं के पन्ने गिन रहे हैं और चाहते हैं कि पीढ़ियाँ भी उन्हीं को गिनती रहें। साहित्यिक दल-बन्दी में साहित्यिकों पर आक्रमण करने में दुगन्धित नरक से भी अधिक साहित्य का भी निर्माण कर सकते हैं, किन्तु न तो हम अपने साहित्य-शिल्पियों को वर्ष-भर का कोई कार्यक्रम देते हैं और न उनके इतिहास की ओर दुर्लक्ष्य करने पर उनसे कैफियत ही लेते हैं।

अभी भी हमें साहित्यिक क्षेत्र में राजनैतिकता और अराजनैतिकता की बू आती है। ऐसे लोगों के दिमाग ये हविस क्यूँ करने लगे कि भारतीय संघ-शासन का सभापति बारह करोड़ से अधिक आबादी रखने वाली हिन्दी जनता का कोई प्रेमी होगा और हिन्दी में ऐसा साहित्य होगा जिसके बल पर शासन के अधिकार और सेक्रेटेरिएट चलाने वाले लोगों को उचित सहायता और बल मिल सके। इस दिशा में प्रो० दयाशंकर दुबे और श्री भगवानदास केला, चटक-मटक पर मतवाले साहित्यिकों के बीच वैसे ही उपेक्षित हैं, जिस तरह सुगन्धि में नंदन कानन को मात करने वाले विलासियों के बागों में बेचारे तुलसी के झाड़ की उपेक्षा की जाती है। जीवन की गहराई की तरह देखें और पत्र-पत्रिकाओं तथा पुस्तकों के डाह-पूर्ण आक्रमणों पर ध्यान दें तो मालूम होता है कि जब हम किसी के दोष सुनते हैं तो उन पर धर्माज्ञा की तरह विश्वास करते हैं और अपना साहित्य बेचने के लिए अपने विश्वास को अधिक से अधिक कीमत मिलने के लिए बाजार में नीलाम पर चढ़ाते हैं, और शब्दों के व्यभिचार की ईमानदार दुकानदारी को चलती कर देने के लिए सब कुछ करने लगते हैं। उस समय हम शालिग्राम की शिला की तौल से गोमांस बेचने का रोजगार करते से नजर आते हैं। किन्तु जो हम अपने साहित्यिकों के दोषों को प्रमाण की अपेक्षा न कर धर्माज्ञा की तरह मानते हैं, वही हम अपने शिल्पियों के गुणों को मानने के लिए प्रमाणों की अपेक्षा करते हैं। सरकार पर हमारा इल्जाम है कि उसने साहित्य और पत्रों पर तरह-तरह के बंधन लगाकर साहित्य की साख को बरबाद किया और परिणामस्वरूप उच्च मस्तिष्क के देशवासियों ने साहित्यिक बनने की खतरे की जिन्दगी बिताने से इन्कार किया, किन्तु यदि हम अपने कालिमा पोतने के पुण्यकार्य में इसी तरह लगे रहे तो उच्च जीवन के तथा व्यक्तित्व के विकास पर विश्वास करने वाले उन्नतमना लोगों का साहित्य में आना रोक देंगे और अपनी भावी पीढ़ियों का भाग्य हल्के दरजे के लोगों के हाथों में सौंपकर, साहित्य के सारे गौरव को रौरव-निवास प्रदान करेंगे। अनेक बाजुओं में एक बाजू और है। जब हम हिन्दुस्तान के ही नक्शे को देखने का अवसर न पाते हों, तब अखबारों के खुले और बँधे सैंकड़ों पन्ने पलटने के पश्चात् भी दुनिया के नक्शे को देखने का समय ही कहाँ पाते होंगे। हम हिन्दी साहित्य सम्मेलन कर रहे हैं किन्तु हमें पता ही नहीं कि संघर्षण के लिए तुले हुए

महाशक्तियों के देशों में इंग्लैण्ड, जापान, अमेरिका और रूस में कितने हिन्दी-भाषी हैं और भावी महायुद्ध में उनका कौन-सा स्थान होगा और उनमें से कितने हिन्दी साहित्य से ताल्लुक रखते हैं। तथा सुदूर देशों में पड़े हुए हिन्दी-भाषियों की वाचा फोड़ने के लिए उनकी आवाज संगठित करने के लिए तथा विभिन्न देशों में रहने वाले हिन्दी साहित्यिकों से कुछ लिखवा लेने के लिए हमने कितना उद्योग किया है। हमारे ये साहित्यिक समारोह तो विश्व के साहित्यिकों में ऐसा दीखते हैं मानो हम गाड़ी-बैल लेकर दुनिया के हवाई-जहाजों का तमाशा देखने निकले हैं। ऐसे समय यह आशा करना कि हमारे कुछ साहित्य-शिल्पी विदेशों में जाकर अपने अनुभवों से कुछ युग-परिवर्तक साहित्य का निर्माण करेंगे, महायुद्ध के बाद सोलह वर्ष बीत जाने पर भी अभी तक, केवल एक मीठा स्वप्न ही है। ऐसी ही और कितनी बातें हैं जो हृदय को दुःख देती रहती हैं और हम 'रंकनाथ' रगनाथ बन-कर करतल-ध्वनि को भी इतिहास की स्थायी चीज मानकर उसकी आवाज में अपनी दिशा भूले हुए हैं।

सम्मेलन की भीतरी बातों की ओर पं० बनारसीदास जी चतुर्वेदी ने बार-बार गालियाँ खाकर भी अपनी आदत से लाचार, एक टिप्पणी लिखी है। हमारा उस टिप्पणी पर हार्दिक समर्थन है, किंतु हम तो हिंदी साहित्य की खामियों में से एक बहुत बड़ी खामी यह मानते हैं कि हिन्दी साहित्यिक विद्वानों में ऐसे दृष्टिकोण का अभाव है जो एक तो समस्त हिन्दी प्रान्तव्यापी हो और दूसरे हिन्दी भाषा की उन्नति को महात्मा गांधी के समान महान् राष्ट्रीय सेवा मानता हो। कुछ दिन पहले सम्मेलन के कुछ "आचार्यों" ने मद्रास के हिन्दी प्रचार को अपनी छाया से बाहर होने देने की जिद की थी और महात्मा गांधी को नालिश करने की धमकियाँ तक दीं थीं, किन्तु ईश्वर की दया से दक्षिण के स्वतन्त्र हिन्दी-प्रचार ने हिन्दी-प्रेमियों की जो शीलवान और निष्ठावान श्रेणी उत्पन्न की है उसे देखकर यह कहा जा सकता है कि सम्मेलन की सेवा के महान् कार्यों में दो ही पर्वत-शिखरों की तरह ऊँचे और उपयोगी दीख रहे हैं, और वे हैं—मद्रास का हिन्दी-प्रचार और साहित्य सम्मेलन की परीक्षा। सम्मेलन किसी व्यक्ति का नाम नहीं, अतः उसकी कमी के जिम्मेवार हम सब हिन्दी-भाषी हैं। साथ ही हम यह भी कह देना चाहते हैं कि भारतवर्ष में जो भी साहित्यिक संगठन हैं उनमें हिन्दी साहित्य सम्मेलन का महत्त्वपूर्ण स्थान है। किन्तु बंगाल, मद्रास और महाराष्ट्र के व्यक्तियों तक ने अपने को, अपनी भाषा की जीवित संस्था मानकर, जितनी दूर तक अपनी भाषा और अपने भाषा-भाषियों को पहुँचाया, हमारे विस्तार के अनुपात से उतनी दूर तक तो दूर, हम अपने व्यक्तियों और अपनी भाषा को न पहुँचा सके। कोई मराठी-भाषी देशी राज्य अपनी भाषा से उदासीन नहीं और कोई भी हिन्दी-भाषी देशी राज्य अपनी भाषा के प्रति कर्त्तव्योन्मुख नहीं दीख पड़ता। मराठी और बंगाली

भाषियों में जन-नायक और लेखक में शब्द समानार्थी बना डाले गये हैं, किन्तु हमारे यहाँ ऐसी बात नहीं। हम आशावादी हैं और सम्मेलन के पिछले इतिहास को उसी तरह आदर से देखते हैं जिस तरह अगला जमाना पिछले जमाने के प्रति श्रद्धा का भाव रखता है। किन्तु हम उतरे हुए आमों की तरह, उतरे हुए युग को वर्तमान जमाने के गले में नहीं उतार सकते, इसलिए हमें अपने आसपास देखकर साहित्य का निर्माण करना चाहिए।

कविता में हम छाया और माया के झगड़ों से परे हों और हृदयों को युग पर और युग को हृदयों पर उतारने वाली उस अनुभूति को लिखें, जिसमें प्रेरणा प्राण बनकर और हृदय साक्षात् प्रेम बनकर इस भारत-रूपी गोवर्धन पर कभी खेल रहा हो और कभी उसे अपनी छिंगुनी पर उठा रहा हो। हम दिल्ली के मित्रों को हृदय से धन्यवाद देते हैं कि, उन्होंने सफलता के लिए दौड़-धूप ही नहीं की, किन्तु महाराजा सयाजीराव गायकवाड़ को अपने सम्मान-क्षेत्र का बंदी कर लिया और अपनी गरीबी का बड़े से बड़ा आदर उनके सम्मुख रखकर यह साबित किया कि महाराज गायकवाड़ ने अपने राज्य में हिन्दी को राजभाषा बनाने की जो कृपा की है उसके गौरव-भार को और उसके प्रति रहने वाली सेवा की ज़िम्मेवारी को हिन्दी साहित्य सम्मेलन अनुभव करता है। हम साहित्यिक सम्मान को धनिकों या राजाओं को खैरात में बाँटने की चीज नहीं समझते, किन्तु तिस पर भी उस आदर को ठोस कार्य के निर्णय के चरणों में बैठकर युग की जरूरत को महसूस करने वाला जरूर मानते हैं। हम तो सम्मेलन के भविष्य पर विश्वास करते हैं और चाहते हैं कि हिन्दी संसार का वह विश्वास सम्मेलन के प्रस्तावों के संकेत बनें और दृढ़, विस्तृत तथा विभिन्न विभागों में वर्ष भर तक की जाने वाली सेवा, यह साबित करे कि हम देहली में शुद्ध हृदय लेकर एकत्रित हुए थे और अपने संकेतों को हमने ईमान की क्रियाशील कसौटी पर अपनी सेवाओं के द्वारा सच्चा साबित किया।

—एक भारतीय

[24 मार्च,1934]

क्रान्ति-ज्ञान देवता का आह्वान

जब हम शताब्दिक भाषा से वस्तुस्थिति व्यक्त करने की कोशिश में होते हैं तो सदा ही "अयथार्थ" अथवा "अपूर्ण" हमारे पल्ले पड़ता है। इसके दो कारण हैं, एक तो शब्दों से अर्थ लेने की हमारी असावधान आदत और दूसरे जीवन की कार्यशीलता से दूर होते जाकर शब्दों में चमत्कार पर मुग्ध हो उठने की हमारी

दिन-दिन बढ़ रही कर्महीनता। इसे बुद्धि के विकास की दिशा का वरदान (?) भी समझा जाता है और इसकी छाया में पल रही पीढ़ी को प्रगतिशील जीवन का पाप भी। भारतीय पुनरूत्थान की सर्वतोमुखी क्रान्ति का हमारा निर्माणरथ खूब तेजी से चलकर आज उस चौराहे पर आ खड़ा हुआ है जहाँ उसे क्रान्ति की, परिभाषा में न सीधी राह कहा जा सकता है न भेंट की, कुर्बानी की राह का पथिक समझा जा सकता है। तब भी पहिले की अपेक्षा दूसरा अनुमान उसके अधिक समीप है। हम देश की कुर्बानी और त्याग के बल पर कांग्रेस के रूप में क्रान्ति का कलेजा चीरकर असम्भव सफलताओं तक को चरण चूमने पर बाध्य कर सकते हैं, निश्चित नहीं। और तब हमारी सारी क्रांति की रूपरेखा कहीं निष्प्राण-निर्जीव सिद्ध न हो जाय। पूर्ण स्वाधीनता के मूल अधिकारों में हमने बोलने और लिखने के हकों का स्वप्न सार्थक होते देखा, साधारण स्वशासन की सुविधाएँ भी हमें मिलीं, साहस, आत्मनिर्भरता, और खतरों से खेलने की प्रवृत्ति भी जागृत हुई, राजनीतिक सुरुचि का अभाव भी भरा-पूरा-सा दिख रहा है, किन्तु दो भयानक खाइयाँ मौजूदा भारतीय राजनीतिक जीवन का घुन बनकर क्रान्ति के उपासकों को अनजाने ही कुरेदने में संलग्न है। इसका पता भी शायद हमें महसूस हो सका है। हम व्यक्तिगत स्वार्थ में ऐसे लिपटे कि सामूहिक स्वार्थों का अनजाने ही गला घुट चला और बाहरी विजय की लीला ने स्थूल तथा थोथे तरीकों से हमारी स्फूर्ति बाँधकर ध्येय की ईमानदारी से हमें दूर फेंक दिया। इसका मूल कारण हमारे देश की निरक्षरता थी। "राजा प्रभु का उत्तराधिकारी" के भाव को राजनीति के धरातल से निर्मूल कर देने वाला महर्षि कार्ल मार्क्स अपने सिद्धान्तों और क्रान्ति के अन्य उपकरणों के साथ खुद दिन-रात ज्ञान संचय की भीषण साधना के द्वारा जमाने पर ज्ञान की महत्ता का स्वरूप छोड़ गया। विचारों, सिद्धान्तों और साधना में दो कदम आगे रखकर मार्क्स के उत्तराधिकारी महात्मा लेनिन ने भी पहले से घोषित किया कि बिना जनता को साक्षर किये "क्रान्ति सफल हो ही नहीं सकती।" "महाकाय जंगली, मूढ़ देश रूस को आज का उन्नत्तम राष्ट्र की अवस्था में ला छोड़ने के लेनिन के प्रयत्नों के भीतर स्वाध्याय-मण्डलों की स्थापना, संघों के गश्ती पुस्तकालयों की स्थापना, वाद-विवाद आयोजन ने ही घर-घर, देहात-देहात, अपने अँगुली पर गिने साथियों को लेकर निरीह, पशु रूपी जनता के हृदय और मस्तिष्क की वाचा फोड़ने का शुभकर्म किया था। उसी में से क्रान्ति के वास्तविक कर्ण उड़े और उसी ने जार-शाही के धुर्रे उड़ाकर आज की स्वर्गीय नवसृष्टि की रूस में स्थापना की। कमाल अता की राष्ट्रीय क्रान्ति, आयरलैण्ड के डी-वेलरा के प्रयत्न, भित्ति अब्राहम लिंकन की पुजारी पीढ़ी की सतत साधना, जर्मनी में हिटलर के तूफानी प्रयत्न, इटली में मुसोलिनी की प्रारम्भिक साक्षरता योजनाएँ पूरी की पूरी शिक्षा-संस्कार ही

की भित्ति पर खड़ी हैं। इनमें से अधिकांश राष्ट्रों की स्थिति गुलाम अवस्था ही में साक्षरता की सतह पर पहले पहुँचाई गई थी। यों, हमारी गुलामी से उनकी गुलामी नि:संदेह सर्वथा भिन्न रही है, किन्तु फिर भी सल्तनत उलटने का कार्यक्रम तो उन्हें भी हाथ में लेना ही पड़ा था। आज जापान में जाने पर वहाँ का कुली इतना शिक्षित देखा जाता है, जो स्टेशन से उत्तर जाने पर मुसाफिर का सारा ऊपरी लिखा-पढ़ी का काम खुद कर देता है, और दुनिया का यह सारा का सारा परिवर्तन हमारे देश के मुकाबले पलक मारते हो गया सा पाते हैं। रूस की दो बार की पंचवर्षीय योजना ने ज्ञान-देवता को कल्याणकारी रूप देकर देश में उतार दिया। फ्रान्स की राज्य-क्रान्ति के बाद 20 वर्ष ही में वहाँ की काया पलट हो गई। टर्की को पूरा एक युग भी नहीं लगा। परन्तु हमारे देश में मेकाले साहब की भारतीय प्रतिभा-शीलता को "क्लर्क बनाने" की दुर्भावना ने डेढ़ सौ वर्ष में भी 9 फी सदी से अधिक साक्षरता न बढ़ने दी। खैर जो हो।

आज कांग्रेस 8 प्रान्तों में शासना रूढ़ है। युक्त प्रान्त को छोड़कर कौन-सा ऐसा प्रान्त है जो इस बात का दावा पेश कर सकता है कि उसने क्रान्ति की अगवानी में उसके वाहकों की वाणी और मन-प्राण ज्ञान के दिव्य प्रकाश से जग मग कर दिये हैं? क्या हम कभी यह सोचने को ठहरे हैं कि पद का प्यार और लम्बी अधिकार-हीनता की बुभुक्षा में व्यक्तिगत स्वार्थों की प्यास के बावजूद भी सामूहिक स्वार्थ, सुख, और कल्याण को बे-कलेजे कभी भी किसी भी कीमत पर न पहले कभी चूसा जा सका है और न आगे फिर चूसा जा सकेगा?

[1937]

ज्ञान को सोने नहीं दिया जा सकता

देश को स्वतन्त्र हुए बारह वर्ष हो गए। इस देश की तरुणाई को अब गठित होना है। यदि इस देश के हाथ-पाँव सोते पड़े नहीं रह सकते तो ज्ञान और त्याग कैसे सोते पड़े रहने दिए जा सकते हैं। यह अनुभव करने का दिन आया है कि सब कार्य हमें पण्डित जवाहरलाल नेहरू और विनोबा भावे पर नहीं छोड़ना चाहिए। इस दिशा में कुछ वर्ष देने वालों से लगाकर जीवन दे देने वाले व्यक्तियों की जरूरत है; किन्तु ऐसे व्यक्ति होने चाहिए प्रतिभा-सम्पन्न जो विदेशों में जाकर भारतवर्ष की नाक ऊंची करें।

हमें यह मालूम ही नहीं है कि संसार के किस देश में कौन घटनाएँ इतिहास बना रही हैं; कौन घटनाएँ नहीं घटनी चाहिए, किन-किन घटनाओं में भारतवर्ष का जिक्र हो रहा है और किन-किन घटनाओं में भारतीय भाषाओं और

संस्कृतियों का उल्लेख है। इस दिशा में हमारे देश में भिन्न-भिन्न देशों के लोग काम कर रहे हैं अथवा भिन्न-भिन्न देशों में हमारे वहाँ के जो लोग काम कर रहे हैं क्या हम उनकी ओर लक्ष्य न करेंगे इसलिए कि बाबा आदम के जमाने से हम 'ट' पर 'ट' और 'ठ' पर 'ठ' लिखते चले आ रहे हैं। फिर इस देश में यदि आत्म-संकीर्तन की ध्वनि अधिक सुनाई पड़े और उच्चतर जानकारी और योग्यता का अभाव हो जाय तो इस विषय में हमें आश्चर्य क्यों होना चाहिए? समस्त एशिया तो हमारे सामने पड़ा ही हुआ है किन्तु समस्त विश्व खुली पुस्तक की तरह उघारा पड़ा हुआ है। हमारे देश में एक व्यक्ति ऐसा पैदा हुआ जिसने भारतीय भौगोलिक महत्ता के बल पर हमारे इतिहास और आवश्यकता को जीवित किया। उसने लोक लोक में हमारे स्वर को पहुँचाया और लोक लोक के स्वर हमारे घर लाया। सन्निकट की रोटियाँ और सुदूर की महत्त्वाकाँक्षाएँ और हमारा मुनाफा क्या हमें ऐसी शक्तियों के विरोध के लिए प्रेरित करेगा? हमारे विरोध में भी मौलिकता और सक्रियता होनी चाहिए। हमारा जो तरुण बाहर जाकर काम करे या काम कर रहा है हम उसके विषय में जानकारी क्यों न प्राप्त करें? हम क्यों न अनुभव करें कि इस देश में हिन्दू धर्म के सिवाय मुसलमान, ईसाई, जैन और बौद्ध धर्म भी हैं। उनमें से किसी-किसी की मनुष्य-संख्या चाहे जितनी कम हो, किन्तु उनमें व्यक्त हुए साहित्य की तौल यदि किसी एक से बढ़ कर नहीं है तो कम भी नहीं होगी। क्यों न हम उस संपूर्ण को भारतवर्ष ही के विचारों की उपज मानें? क्यों न हम उस भारतीय तरुणा को जानें जिस का जीवन काम करते हुए भारत के बाहर के देशों में गुजरा है? उसके माता-पिता, उसकी विदेशों में सीखी हुई भाषा, उसका धर्म, उसकी आयु, गरज यह कि उसके संपूर्ण प्रयत्नों से हमें कौन वंचित कर सकता है और क्यों?

इस देश के विश्वविद्यालय काफी बड़ी मर्दुम शुमारी को उपाधियाँ प्रदान करते हैं। क्या इन उपाधि पाने वाले लड़के-लड़कियों में कुछ के मस्तक पर यह नहीं लिखा है कि वे विदेशों में जाकर छात्रवृत्तियाँ प्राप्त करेंगे, भिन्न-भिन्न देशों की भाषाओं में उनकी रुचि बढ़ेगी और संसार की सभ्यता पर वह शोध करेंगे? भारतवर्ष में जो लड़का तिन्नेवली, जालन्धर, बनारस, पेण, नदियाद और काठियावाड़ में काम कर रहा है तथा देश के अन्य स्थानों में जो लोग काम कर रहे हैं क्या उन्हें पता है कि उनके देश में किन-किन देशों से लोग आकर काम कर रहे हैं? अभी परसों कोई कह रहा था कि रूस में भारत के अमुक कवि और प्रमुख लेखक का ही जिक्र होता है यानी जिसका जिक्र होना चाहिए उसका जिक्र नहीं होता। इसी विषय में क्यों न हमारे देश का तरुण अपनी जिम्मेवारी अनुभव करे? अज्ञेय और प्रभाकर माचवे और उन जैसे लोग जिस तरह हिन्दी के उत्तर-दायित्व को निबाहते रहे हैं उस तरह के क्यों न हमारे यहाँ के लड़के और

लड़कियाँ भिन्न-भिन्न देशों में जाकर अपने कार्यों को उठा लें। आबादी के अनुपात से देखें तो हिन्दी-भाषी लड़के और लड़कियाँ विदेशों में जाकर बहुत कम काम करते होंगे। इस विषय में क्यों न हम एक पत्र निकालें ? उसके संपादक क्यों न सरदार पनिक्कर हों ? भले ही वह पत्र त्रैमासिक हो।

सृष्टि के दो भयंकर महायुद्ध हम देख चुके हैं। तीसरा महायुद्ध न हो पाए इसके लिए विश्व की कोशिशें जारी हैं; किन्तु उन कोशिशों से ज्ञान और जानकारी में बल आएगा। ज्ञान और जानकारी तो प्रार्थना की कड़ियों की तरह पवित्र हैं। वे जीने के द्वारा मरने का मूल्य नहीं बिगड़ने देंगी। वे संस्कृति को घटनाओं के द्वारा पराजित भी नहीं होने देंगी। क्यों न हम यह मानें कि विश्व में जिन देशों में ज्ञान प्राप्त किया जा रहा है उसे अपनी भाषाओं में व्यक्त किया जा रहा है—सूर्य और चन्द्र की किरणों की तरह उन पर जगत भर का अधिकार है और हमें भान रहे कि आज का आविष्कार कल का साहित्य बन जाने वाला है। एशिया मानों भारतीय सज्जनता को मानकर भी हमें पुकार-सा रहा है। क्या हम घर में ही बैठे रहेंगे और छोटी-मोटी बातों पर ध्यान देते रहेंगे ?

विदेश जाने के लिए और विदेश का धन नहीं ज्ञान अपने देश में लाने के लिए उम्र की प्रतीक्षा ? किस उम्र की प्रतीक्षा ? किसी उम्र की प्रतीक्षा क्यों ? यदि हमारे जीवन में जागरण न कर सके तो विश्वविद्यालयों की उपाधियाँ व्याधियों से बढ़कर और क्या हैं ? जिस प्रकार हमने कंकण उतार घड़ी बाँधना प्रारम्भ कर दिया है उसी तरह उपाधियों का बोझ ढोने लगे हैं। यह शृंगार ठीक तो है, उपयोगी भी है क्या ? जाने कहाँ-कहाँ के लोग वाराणसी आते हैं और-संस्कृति सीखकर जाते हैं क्या हम भी लंदन, मास्को या पेरिस इस तरह जाते हैं और जो गए हैं उनका हिसाब रखते हैं ? फ्रांस के एक ईसाई तरुण युवक ने हमें बताया कि रामायण का सीता नामक पात्र एशिया के किन-किन देशों में किन-किन रूपों में प्रचलित है। एक विदेशी विद्वान ने हमें बताया कि हमारा गणेश नामक देवता किन-किन देशों में किन-किन रूपों में प्रचलित है। मस्तक रखने वाले हम क्यों न अनुभव करें कि हम पर जगत् के या जगत् पर हमारे जो प्रभाव पड़े हैं उनका लेखा-जोखा प्रस्तुत करना है। इसी के बल पर देशों-देशों के भिन्न-भिन्न कौमों के विश्वास बने हैं। यों करने को इस देश में या विश्व में काम बहुत हैं, किन्तु नींव के पत्थर के मन में भवन के नीचे गड़ जाने में झिझक क्यों होनी चाहिए ? उसे इस बात पर गर्व क्यों नहीं करना चाहिए कि लोगों की आँखों से दूर रह कर भी जब तक वह भवन विश्व में है तब तक उस पर चढ़ने वाला हर आदमी अपने अन्तःकरण से नींव के पत्थर को नहीं भूल सकता।

विश्व के ज्ञान के संग्रह को यदि हम इस देश में शीघ्र नहीं लाएँगे तो इस देश के विचार-दारिद्र्य के बल पर हम मूर्खता की डाक्टरेट भले ही पा लें—

विश्व की विद्वत्ता की वायु से हमारा कोई संपर्क स्थापित नहीं हो सकेगा। जिन दिनों लोग चन्द्रलोक पर जाने की तैयारी कर रहे हैं और भिन्न-भिन्न ग्रहों की खोजबीन कर रहे हैं उन दिनों हमारा मनस्वी तरुण भारत में रुकते नहीं शोभता। उसे तो संसार के विश्वविद्यालयों की उपाधियाँ प्राप्त करना चाहिए। वहाँ की भाषाओं के अध्ययन में निष्णात् होकर रुचि प्राप्त करना चाहिए। वहां की छात्रवृत्ति और उपाधियाँ लेकर अपनी योग्यता सिद्ध करनी चाहिए और अपने आविष्कारों द्वारा अपने गहनतर भारतीय स्वाद को व्यक्त करना चाहिए। भले ही लोकरुचि संस्कृत, हिन्दी या देश की अन्य भाषाओं के प्रति बढ़ी हो किन्तु संसार के इन निश्चयों में हमारे देश के लड़के लड़कियों का हिस्सा बहुत कम नहीं शोभता। संसार के देशों में भिन्न-भिन्न विषयों को पढ़ाने के लिए हमारे देश के लड़के लड़कियाँ कम क्यों दिखाई पड़ते हैं और क्यों उनके विषय में हम जानकारी नहीं रखते? हम क्यों भूलें कि भविष्य में कौन-सा भूमिखंड संसार के लिए अधिक महत्त्व का साबित होगा—इसे जाने और इसकी जानकारी अपने देश और शासनों को दें। ऐसे लड़के लड़कियाँ क्यों न देश के विश्वविद्यालयों द्वारा सम्मानित किए जाएँ? क्यों न इस देश के विश्वविद्यालयों में उनकी सम्मति की पूजा हो? क्यों न वे इस देश के महत्त्वपूर्ण पदों पर रहें? हमें यह केवल एशिया की ही दृष्टि से नहीं देखना—किन्तु एशिया और दक्षिण-पश्चिम एशिया की बिना उपेक्षा किए पूर्व एशिया और पश्चिम एशिया पर एक-सा ध्यान देते हुए विश्व की जानकारी की खैरात विश्व को बाँटनी चाहिए। आस्ट्रेलिया, न्यूजीलैंड और कनाडा की तरह हमारे देश में भी तो अंग्रेजी भाषा फैली किन्तु हम न उनके काम के हो सके जो अंग्रेजी भाषा नहीं जानते और न उनके काम के जो अंग्रेजी भाषा बहुत जानते हैं और दक्षिण या उत्तर के लड़के-लड़की यह न भूलें कि उन्हें अपने संपूर्ण देश में घूम-घूम कर जानकारी प्राप्त करना है क्योंकि विदेशों में इस देश के किसी भी प्रान्त और किसी भी जाति के विषय में उनसे पूछा जाएगा। वहाँ वह अपना न तो यह अज्ञान व्यक्त करने पायेंगे कि समस्त देश की जानकारी उनके पास नहीं है और न इस तरह लज्जित होते उनकी शोभा बढ़ेगी कि वे विश्व-विद्यालयों में अमुक विषयों में ही शिक्षा ग्रहण करते रहे। विदेशों में रहने वाला भारत के प्रति अज्ञान चाहे जिसने फैलाया हो किन्तु आज यदि वह दूर नहीं होता तो उसका उत्तरदायित्व आज के जमाने के लड़के-लड़कियों को अपने सर पर लेना चाहिए। उनकी निर्मलता, जानकारी और दृढ़ता पर इस देश का भविष्य निर्भर है। यदि हम सब सोते रहें तो हमारे देश के प्रान्तीय और केन्द्रीय शासन क्या कर सकेंगे?

विश्वविद्यालयों के भिन्न-भिन्न देश के लोगों के शोधकों की फेहरिस्त उठाकर देखिए, आपको भारतीयों के नाम बहुत थोड़े मिलेंगे। जीवनवृत्ति हमारी

कुछ ऐसी आवश्यकता बनती चली जा रही है कि जीवनकृति को उसका गुलाम होना ही पड़ रहा है। हमारे देश में भी पी-एच० डी० है और डी० लिट्के भी किन्तु इसी देश के अधिक। ज्ञान के वैदेशिक क्षेत्रों को हम क्यों छोड़ें ? शताब्दियाँ हमारे उद्योग की प्रतीक्षा कर रही हैं। इस देश के लड़के-लड़कियों को पवित्रता का ढोंग छोड़कर न खुद मरना चाहिए न इस देश के निवासियों को मरने देना चाहिए और विदेशों के भिन्न-भिन्न क्षेत्रों में जाकर जगत्, जीवन और भारतवर्ष की सेवा करनी चाहिए।

हमें विश्व के कर्मक्षेत्रों, शोधों और विश्वविद्यालयों की भाषाओं में बोलना सीखना चाहिए। आज विश्व के देशों के दरवाजे जितने भारतवर्ष के सामने खुले हैं उतने किसी देश के सामने खुले नहीं। इस समय हम मास्को, वाशिंगटन, लंदन,पेरिस, कुस्तुनतुनियाँ,काहिरा, काबुल,तेहरान,दिल्ली, कलकत्ता, बम्बई, मद्रास, रंगून, सिंगापुर, पेकिंग और टोकियो की सेवा समान रूप से कर सकते हैं। संयुक्त राष्ट्र संघ और जगत् के राजनैतिक विश्वासों के बीच की कड़ी हम ही हैं। हमारे देश के लड़के-लड़कियों को अपने इस उत्तरदायित्व का भान होना चाहिए।

आज से चालीस वर्ष पहले 'बलिदान' शीर्षक से एक छोटी-सी तुकबन्दी लिखी गई थी। उसमें जापान कोरिया युद्ध के समय वहाँ के सेना के संचालन का वर्णन इस तरह से किया गया था—

बिगुल बज गया चली सब सैन्य धरा भी होने लगी अधीर।
खाइयाँ खोदीं रिपु ने हाय पार हों कैसे सैनिक वीर ?
पूर दें इनको मेरे शूर शरीरों से—दे दिए शरीर।
उधर यों सेनापति ने कहा इधर दब गए सहस्रों वीर ।।
समय पर किया शत्रु का नाश देश ने आहा पाया त्राण।
शेष वीरों ने छेड़ी तान अहा बलिदान-धन्य बलिदान !

किन्तु यह तुकबन्दी तो चालीस वर्ष पुरानी है। आज तो प्रतिभा और पुरुषार्थ के ऐसे संकल्प और कृत्य सामने आने चाहिए जिससे इस देश का मस्तक ऊँचा हो।

[29 सितम्बर, 60]

आशापर्व की भूमिका से[1]

खेतों, खलिहानों, कारखानों और सड़क के गरीबों के भी कलेजा होता

1. सुश्री सुमित्राकुमारी सिन्हा की काव्यकृति

है, जी होता है, चाह होती है और मस्ती होती है । जब हमारा साहित्य शहराती से ग्रामीण-जन-साहित्य होने की ओर झुकेगा, तब मुझे आशा है, युग की घटनाएँ कवि की वाणियों में जागृत हुए बिना व रहेंगी । किन्तु वे वाणियाँ, राजनैतिक प्रचार, देशभक्तों में नाम लिखाने की दरख्वास्त और शहीदों से होड़ लेने का तमाशा न हों । वे वाणियाँ हों जिनमें युग की साँसों से कहकहाता और कराहता स्वर अपनी स्वाभाविक सरलता और गतिशीलता लेकर अपनी खोज, नवीनता और प्रतिभामयता से, विश्व की हाट में, उच्चत्व से होड़ लेती हुई सूझों के साथ सुनाई पड़ता रहे । गद्य को तुकों में या तुकहीनता में गा देना······काव्य का वह युग समाप्त हो गया ।

अनुवादित काव्यांश : गोविन्दाग्रज की कविता का

माखनलाल जी ने रामगणेश गडकरी—'गोविन्दाग्रज' की प्रसिद्ध कविता—'राजहंस माझा निजला' पढ़ी। 1957 की बात है। कविता को मूल रूप में पढ़ते हुए वे करुणा से ढँक गये, करुणा—अनुप्राणित दादा अपने कमरे में घूमते जाते थे और मूल मराठी के करुण बोल हिन्दी में उतारते जाते थे। सहसा वे बोल उठे—'बहुत करुणा है, इसे हम सह नहीं सकते'। मूल मराठी कविता एकटक देखते रहे, हिन्दी में बोलना रुक गया। मूल लम्बी कविता मराठी के करुण के बोलों में प्रेरणामयी बनकर हिन्दी में फिर न आ सकी। रामगणेश गडकरी मराठी साहित्य का क्रान्ति-पुरुष है, जो कुल 34 वर्ष जिया। इस अल्पायु में उसने साहित्य को सत्यवाणी दी और साहस के अक्षर दिये। गोविन्दाग्रज नाम से वे काव्य-साहित्य में अमर हुए। मेरा राजहंस सो गया है (राजहंस माझा निजला) गोविन्दाग्रज की साकार करुणा है। एक नवयुवती विधवा हुई है और कुछ ही समय पति-निधन के पश्चात् उस गरीबनी का मात्र सहारा और लाडला नन्हा मुन्ना चल बसता है। ऐसे दुख की दरिया में कौन नहीं डूबेगा ? मूल मराठी पूरी कविता लम्बी है। फिर भी यहाँ कुछ हिस्से में दी जाती है कि काश कोई दर्दी उसको आत्मसात् कर सकता। दादा के बोल जितने आँसुओं में डूब पाये वे गीले शब्द भी यहाँ इस तरह हैं—

(1) अनुवादित कविता

जो चाहे सो बोले
मेरा राजहंस तो सो गया है।
दुर्दैव—पर्बत के शिखर पर

वह बैठी है न ?
नव विधवा है ।
कहते हैं, वह माँ है,
माँ का हृदय कैसा होता है—
क्या बतलाऊँ ?

तुमसे कैसे कहूँ—
जो आनंद में भी आँसू ढाल देती हो
उसके दुख के आँसुओं का क्या कहना ।
मैं कौन हूँ—
और तू कौन है ?
मैं क्यों कह रही हूँ यह सब ?
मजा तो तब आता—
जब माँ कहती और बेटा सुनता,
अथवा
बेटा कहता और माँ सुनती ।
आओ चलो, चलें
कहाँ खड़े हो गए ?
प्रेम के गाँव चलें ।
वहाँ माँ नाम की कोकिला
एक ही वाणी बोलती है—
'मेरा राजहंस सो गया है' ।
उस गोदी से माँ क्या कहे
जिस गोदी में बच्चा मर गया ।
बच्चा मरा गोदी में
धक्का लगा कलेजे में ।

रेखा गणित वाले क्या जानें
कि लकीरें किस-किस तरह खिचती हैं ?
शोक का कलश लेकर
भ्रम का राक्षस सर पर चढ़ा ही—
आ रहा है,
शोक—बेटे, तुम्हारे भुलाये अब कोई
भूलेगा नहीं ।

माँ रूपी वृक्ष में जो फल आया था
गोद में वही तो कुम्हला गया है।
और रास्ता ?
भीड़ से भरा हुआ रास्ता भी कितना सुन्न है
मेरा राजहंस सो गया है न ?
ये चार आदमी आ गए
कौन गिने इनको ?
इनके हाथों में कुदालियाँ क्यों हैं ?
अरे···ये मेरी गोद सूनी करने आए हैं।
समय, इतना अविश्वास मनुष्य पर ?
यादें पुष्प-कलिकाएँ बनती आई थीं
आज ये चाकू और कैंची कैसे बन गईं ?
जब माँ ने इसे जन्म दिया
तब भी दुख तो हुआ था
पर दोनों दुख कितनी दूर-दूर हैं ?
मानों दोनों में कोई रिश्ता ही न हो।
क्यों न हो
एक चित्र है, दूसरा चित्त है।
री अभागन चित्र तो आँखों से देख ले
चित्त क्यों दीखने लगा ?
आँखों की पुतलियाँ उलटते बनें तब न ?
छाती पीटती हूँ मगर एक ही आवाज
निकलती है
'मेरा राजहंस सो गया है'।
अरे यहाँ हल्ला करने क्यों आ गए रे—
चार-पाँच आदमी।
मेरा बच्चा जिस तरह है
उसे नींद भी तो कहते थे कल तक,
जब वो नींद नहीं लेता था
और ऊधम करता था
तब मैं विनय करती थी, एक नींद ले ले,
परन्तु उसे फुर्सत नहीं थी
जिस तरह वायु पत्तों को अग जग
हिलाती है

वह हिलता ही रहता था,
वायु ने मुझे बड़े बेमौके दगा दिया
मेरा हल्का फूल सो रहा है—
अपने पाँव न बजाओ
वो थोड़ी-सी आवाज से जग जाता है।
ये बिना हवा की नींद कहाँ से आ गई
'मेरा राजहंस सो गया है' ।

मूल कविता की कुछ पंक्तियाँ

'राजहंस माझा निजला'

हें कोण बोलें बोला ?
राजहंस माझा निजला ।
दुर्दैवनगाच्या शिखरी । नवविधवा दुःखी आई ।
तें हृदय कसं आईचें मी उगाच सांगत नहीं,
जें आनंदेंहि रडतें । दुःखांत कसें तें होई—
हें कुणीं कुणां सांगावें ।
आइच्या बाला टावें ।
प्रमाच्या गांवा जावें—
मग ऐकावें या बोला । राजहंस माझा निजला ।

कुछ भेंटें : स्वयं माखनलाल जी चतुर्वेदी द्वारा

महात्मा भगवानदीन जी के कारागार में पुण्य-दर्शन

ता० 7 अप्रेल की रात को सिवनी से तार से सूचना मिली है कि महात्मा भगवानदीनजी को 18 मास का सपरिश्रम कारागार मिला है और वे जबलपुर में जेल में भेजे गए हैं। दिल कुछ इसलिए दहला वे भूखे हैं, और अधिकारी उन्हें उनके देश भाइयों का भोजन नहीं पहुँचने देते। सिवनी-निवासियों ने तो गवर्नर महोदय तक को लिखा, किन्तु उसका कुछ परिणाम नहीं हुआ। ता० 3-4-21 को उनकी बहिन श्रीमती रामदेई जी संचालिका, देहली विधवा विद्यालय, में आईं। उन्होंने चाहा कि वे अपने कारागार में बन्द भाई से मिल लें, किन्तु अधिकारियों ने उन्हें निराश लौटा दिया !

ता० 3-4-21 को सबेरे श्रीयुत मि० ताजुद्दीन, श्रीयुत ज्ञानचन्द्र वर्मा, श्रीयुत राजबहादुर भार्गव और पण्डित माखनलाल चतुर्वेदी महात्मा भगवानदीन जी से मिलने जेल में गए। वहाँ मि० वर्मा जेल सुपरिन्टेण्डेण्ट से मिले थे, तब उन्हें भरोसा दिलाया गया था कि मिलने दिया जाएगा। खैर सब लोग जेल सुपरिन्टेण्डेण्ट के बंगले पर पहुँचे। उन्होंने बड़े मधुर शब्दों में इन्कार कर दिया ! सुपरिन्टेण्डेण्ट साहब किसी भी प्रकार और किसी भी शर्त पर राजी न हुए कि वे महात्मा जी से मिल लें। खैर, हम लोग जिलाधीश के पास पहुँचे। उन्होंने वर्तमान परिस्थिति पर बहुत-सी बातें करते हुए, इस बात पर मिलने देना मन्जूर कर लिया कि वे महात्मा जी से अनुरोध करेंगे कि वे भोजन करें। हम लोग भी यह अनुरोध करना चाहते थे, हमने स्वीकृत कर लिया। उनकी चिट्ठी लेकर हम जेल सुपरिन्टेण्डेण्ट के पास आये। वे हमारी मोटर पर बैठकर जेल को रवाना हुए। जेल में पहुँचकर, जेल सुपरिन्टेण्डेण्ट अन्दर गए, और हम लोग बाहर रहे। जेल की दीवार में एक तारों की जाली लगी हुई थी और लोहे के सींकचे लगी हुई एक खिड़की थी, उसके दरवाजे पर हम खड़े हो गए। हम अपने मन ही मन यह सोच रहे थे कि राष्ट्रीय भावों का वह

प्यारा और मस्त तपस्वी जिस समय कैदी के वेश में हमें दीखेगा उस समय हमारा हृदय क्या कहेगा। सोचने लगे—हम उस महात्मा से क्या कहेंगे—हृदय ने कहा, कुछ नहीं पुण्य दर्शन करेंगे और उसकी मूर्ति को अपने अन्तःकरण में शीघ्रता से खचित कर लेंगे। जो बोला—उनके हृदय के लिपटने की इच्छा को कैसे दाबोगे? अपने आप उत्तर दे लिया—लोहे के सींकचों और लकड़ी की टिकटी पर सर पटक के किसी प्रकार मन से कहेंगे—सह जाओ और जी भर के उस तरह मिल लेंगे जिस तरह उपासक अपने देवता से मिल लेता है।

हम—महाराज (भोजन की हड़ताल) हंगर स्ट्राइक से आपके शरीर को कष्ट होगा, और आप अधिक दिनों न जी सकेंगे।

महात्माजी—मैं हंगर स्ट्राइक नहीं कर रहा हूँ। मैं हंगर स्ट्राइक से आत्महत्या करना पाप समझता हूँ। मैं तो भोजन लेना चाहता हूँ, परन्तु जब सरकार मुझे लेने दे! यदि मुझे सरकार जीने देना चाहती है तो वह मुझे मेरे देश का भोजन, मेरे देश के आदमियों द्वारा पकाया हुआ भोजन लेने दे, और यदि वह मार डालना चाहती है, तो मैं मरने से डरता नहीं हूँ।

हम—स्वराज्य की प्राप्ति में आपके जीने की जरूरत है। लोग आपके कष्टों से दुखी हैं।

महात्माजी—नहीं यह गलती है, मैं जीने की अपेक्षा मर कर देश को स्वाधीन बनाने में ज्यादा कामयाब हो सकता हूँ। परन्तु शर्त यह है कि मैं अत्याचारियों द्वारा मारा जाऊँ मैं खुद नहीं मर रहा हूँ।

हम—आपकी बहिन श्रीमती रामदेईजी कल आपसे मिलने आई थीं। उन्हें मिलने को इजाजत नहीं मिली। वे कल लौट गईं।

महात्माजी—अच्छा हुआ, (अंग्रेजी में) वह बड़ी कोमलहृदया है, यहाँ आकर वह अपने हृदय की कमजोरी प्रकट करेगी। दुख पावेगी।

हम—नागपुर के तथा यहाँ के आश्रम के बच्चे भी आपके दर्शन करना चाहते थे। (बीच ही में जेल सुपरिन्टेण्डेण्ड ने कहा—मैं बच्चों को यह दृश्य न देखने दूँगा।)

महात्माजी—कोई जरूरत नहीं। उन्हें कह दो कि वे काम करें और अपने मिशन को शान्ति और अहिंसापूर्वक पूरा करें।

हम—आपका भोजन करना जरूरी है।

महात्माजी—मैं भी जीने के लिए भोजन जरूरी समझता हूँ, किन्तु सिद्धान्त के साथ जीना चाहता हूँ।

हम—भाई सुन्दरलालजी भी आये होते, वे ऑल इण्डिया कांग्रेस कमेटी में—

महात्माजी—हाँ, बैजवाड़ा गए होंगे, उनका जाना जरूरी था।

हम—आपके कष्टों की कल्पना दुखी करती है। हालाँकि हम यह बात जानते हैं कि जेल सुपरिन्टेण्डेण्ड एक भले आदमी हैं।

म०—दुखी होने की जरूरत नहीं। जेल सुपरिन्टेण्डेण्ड को मैं अपने पिता के समान महात्मा क्राइस्ट के समान अपने लिए समझता हूँ। वे मुझे बिछाने और ओढ़ने के लिए कम्बल देते हैं, परन्तु वे सरकार की चीजें हैं, यह समझकर मैं उन्हें नहीं ओढ़ता, खुला पड़ा रहता हूँ। मैं सरकार की चीजों का उपयोग कैसे कर सकता हूँ ?

हम—यह 18 महीनों का कठोर कारागार इस तरह कैसे पूरा होगा ?

दूर से एक कैदी और उसके आस पास जेल के कुछ ड्रेसवाले आदमी दीखे। वे उस कैदी के कपड़ों को कसते हुए चले आ रहे थे। ज्यों-ज्यों मूर्ति नजदीक होती जाती थी त्यों-त्यों भ्रम होता था, वेश उनका सा नजर न आता था। जब वे हमारे सामने आये तब पहिचानने के बाद हमने जाना कि यह वही महात्मा हैं, जिनके 20 दिन प्रथम बिलासपुर जिला परिषद् में दर्शन किए थे और जिनकी मनुष्यता को शान्ति और अहिंसकता का सन्देश देने वाली बातें मंत्र-मुग्ध की तरह सुनी थीं। हम क्यों न पहिचान सके ! दुर्बल शरीर था, किसी कैदी का पहना हुआ आधा जाँघिया, आधे हाथों वाली कुरती और एक काली कुर्ती उनके शरीर पर थी। उनकी डाढ़ी मूँड़ डाली गई थी। दूर से आने वाले, इस स्वतन्त्र कैदी को हम परतन्त्र स्वाधीनों ने देखा ! हमें बीच की काली कोठरी का अन्तर कठिन हो रहा था किन्तु पीछे हमें मालूम हुआ कि काली कोठरी के अन्तर की तो बात दूर है, हम लोगों को महात्माजी से हजारों मील दूर रखने वाली ताकत भी हमारे हृदय की बात महात्माजी तक पहुँचाने और महात्माजी की स्फूर्तिमयी शक्ति हमारे हृदय में आने को नहीं रोक सकती। उस समय उनकी मुद्रा ध्यानमग्न थी, दीख पड़ता था कि वे समाधिस्थ से हैं। जबर्दस्ती खींचकर लाए हुए से दीख पड़ते हैं। उनका शरीर हमें दर्शन दे रहा था किन्तु उनकी निस्पृह ढंग से की जाने वाली बातें दिखाती थीं कि वे इस समय इस लोक में नहीं किन्तु किसी अंतरतम पवित्र लोक में विचरण कर रहे हैं। दाहिनी तरफ के व्यक्ति का प्रणाम शब्द सुनते ही उन्होंने बायीं तरफ हाथ उठाकर प्रणाम किया। इसके बाद जेल सुपरिन्टेण्डेण्ट ने (अंग्रेजी में) कहा—भगवानदीन, तुम्हारे दोस्त आए हैं, क्या तुम बातचीत करना चाहते हो ?

महात्माजी—मैंने तो ख्वाहिश जाहिर नहीं की, मुझे जरूरत भी नहीं दीखती, किन्तु आप आज्ञा देते हैं तो मुझे कुछ बोलने में कोई उज्र नहीं।

जेल सुपरिन्टेण्डेण्ट—हाँ, मैं इजाजत देता हूँ, तुम बात करो। वे भोजन करने का कहते हैं उनकी बातें मानो।

महात्माजी—कैसे मानूँ ?

हम—लोगों ने वन्दे मातरम्, प्रणाम कहा—थोड़ी देर सन्नाटा! बोलते क्या, हृदय जब साथ देता! बातें हमारी यों हुईं—

हम—महाराज हम, लोग आपसे निवेदन करते हैं आप भोजन करें।

महात्माजी—तो क्या आप मुझे आज्ञा देंगे कि मैं अपना व्रत भंग कर दूं! मेरा विश्वास है कि भारतवर्ष शीघ्र स्वराज्य प्राप्त करेगा। अंग्रेजों की सरकार ने मुझे कैद किया है, और हिन्दुस्तानियों की सरकार, तुम्हारी सरकार मुझे मुक्त करेगी। आओ, वन्दे मातरम्।

हम—देश को हम आपका क्या संदेश पहुँचा दें?

महात्माजी—स्वराज्य-प्राप्ति में प्रयत्न खर्च करो। असहयोग को विजयी बनाओ। वह धर्म है, जो करो, अहिंसा और शान्तिपूर्वक करो। नहीं तो मुझे और महात्माजी को (महात्मा गांधी को) कष्ट होगा।

हमारा मस्तयोगी, अपने कारागार मन्दिर की ओर लौट पड़ा। हम देखते रहे, वह गया! उस बरांडे से, हमारी, हमारे स्नेह की, कुछ भी परवाह न कर, वह सबल आत्मा देखते-देखते कारागार के कमरों में ओझल हो गया।

जेल का जीवन—अपनी बीती
श्रीयुत अर्जुनलालजी सेठी[1] से भेंट

श्री अर्जुनलालजी सेठी से यह भेंट स्वयं माखनलालजी ने ली थी। पत्रकारिता की दृष्टि से उन्होंने और भी भेंटें ली थीं जिनमें नमक सत्याग्रह में गुजरात (भड़ौंच) जाकर ली गई महात्मा गांधी की भेंट व चिपूर आष्टी के बंदियों से ली गई भेंटें उल्लेखनीय हैं।

—संपादक

मैं भी सेठीजी के दर्शन की अपनी उत्कण्ठा पूरी करने के लिए सेवा में पहुंचा, और भेंट होने पर उनसे पूछा—

प्र०—आप गीता का उपदेश करते हैं, आप तो जैनी हैं न?

उ०—हाँ, मैं जैनी हूँ, परन्तु गीता, दर्शनशास्त्र और हिन्दूधर्म पर मेरी श्रद्धा बहुत है।

प्र०—आप ब्राह्मण हैं?

उ०—हाँ।

---

1. श्री सेठी अपने समय के प्रभावशाली व्यक्तित्व थे। राष्ट्रीय चेतना, आध्यात्मिक मूल्यों और एक आदर्श शिक्षा-प्रणाली में आपकी आस्था थी।

प्र०—क्या देश को ब्राह्मणों की जरूरत है ?

उ०—हाँ, ब्राह्मणों के बिना भारत मां का कल्याण नहीं होगा, किन्तु आवश्यकता है लोकमान्य तिलक, महर्षि मालवीय, ईश्वरचन्द्र विद्यासागर जैसे ब्राह्मणों की।

प्र०—देश के सभी ब्राह्मण तो ऐसे नहीं हैं ?

उ०—प्रयत्न करने पर सभी हो सकते हैं।

प्र०—क्या देश में गीता के प्रचार की आवश्यकता है ?

उ०—बहुत आवश्यकता है, देश का बच्चा-बच्चा जब तक गीता के सिद्धांतों को नहीं समझ लेता, तब तक देश का उद्धार सम्भव नहीं।

इसके पश्चात् आपने गीता रहस्य का हिन्दी में अनुवाद करने के लिए श्रीयुत पं० माधवरावजी सप्रे की बहुत कुछ प्रशंसा करते हुए कहा, कि महाराष्ट्र होते हुए भी आपने हिन्दी की इतनी सेवा की, इसके लिए हिंदी संसार उनका सदैव कृतज्ञ रहेगा। जेल जाने के संबंध में निम्नलिखित प्रश्नोत्तर—

प्र०—सुनते हैं, राजनैतिक बातों में आप भाग नहीं लेते थे, फिर भी आप सरकार की कोपाग्नि में पड़ गये, इसका क्या कारण ?

उ०—राजनैतिक विषयों से मेरा कोई संबंध नहीं था, मैं केवल शिक्षा का प्रसार करना चाहता था। इन्दौर में हिन्दू मिशनरी खुलवाने का प्रयत्न कर रहा था, कि इतने ही में गिरफ्तार कर लिया गया, और यह कहकर कि "तुम पर कोई अपराध नहीं है" छोड़ दिया गया। किन्तु दो ही दिन बाद फिर गिरफ्तार कर लिया गया, और कई दिन हवालात में रक्खा गया।

प्र०—न्याय पाने के लिए आपने प्रयत्न किया ही होगा ?

उ०—मैंने और मेरे मित्रों ने बहुत कुछ उद्योग किया, कि खुली अदालत में मुझ पर लगाये हुए दोषों पर विचार हो, किन्तु कुछ सुनवाई नहीं हुई, और एक आफीसर की देख-रेख में मैं जयपुर भेज दिया गया।

प्र०—क्या अदालत से आप छूट जाते ?

उ०—न्याय होता तो अवश्य ही छूट जाता, किन्तु यदि न भी छूटता, तो मुझे मेरा अपराध मालूम हो जाता।

प्र०—आपको अपना अपराध भी मालूम नहीं ?

उ०—बिल्कुल नहीं !

प्र०—जयपुर में आपके साथ कैसा बर्ताव हुआ ?

उ०—मैं एक काल कोठरी में बंद कर दिया गया। सर्दी-गर्मी सब केवल एक कम्बल पर व्यतीत करनी पड़ी। मुझ पर आठ जवानों का सख्त पहरा था, और किसी से मिलने की सख्त मनाई थी।

प्र०—सुनते हैं आपको कुछ दिन भूखा भी रहना पड़ा ?

उ०—हाँ, जब तक मैं अपने इष्ट देव की मूर्ति के दर्शन नहीं कर लेता, भोजन नहीं करता था। वहाँ पर मुझे आरम्भ में नौ दिन तक दर्शन नहीं हुए, तब तक मैं भूखा ही रहा।

प्र०—जेल में आप अपना समय कैसे बिताते थे ?

उ०—पूजा आदि नैतिक कर्म के पश्चात् भोजन करता था। भोजन से जो बच रहता, वह दीन, दु:खी, बीमार कैदियों को बाँट देता, और भारत माता के गीत गाता और दूसरों से गवाता रहता था।

प्र०—जेल के अधिकारियों के अत्याचारों का आप विरोध भी करते होंगे ?

उ०—हाँ, महाराज जयपुर और वाइसराय को लिख भेजता था।

प्र०—जयपुर जेल से आपको किस तरह अलग किया ?

उ०—तीन वर्ष तक मैं जयपुर ही रहा, फिर उसके बाद एक दिन रात को करीब 11 या 12 बजे के एक अंग्रेज और जेलर मेरे पास आये और मुझसे कहा, कि तुम्हें महाराज के पास ले चलना है। मैं उनके साथ हो लिया। रास्ते में एक बंद मोटर में बैठाकर हाथ में हथकड़ी डालकर स्टेशन पर और वहाँ से रेल में बैठाकर वेलोर के जेल में भेज दिया गया।

प्र०—क्या रेल में भी हथकड़ी से जकड़े रहे ?

उ०—नहीं, साथ में जो अंग्रेज सोलजर था वह बड़ा भला आदमी था। उसने मुझसे पूछा, कि क्या हथकड़ी खोल दें ? मैंने कहा, आपकी इच्छा ! उसने हथकड़ी खोल दी, और भोजन करने को भी कहा। किन्तु मैं बिना पूजा किये कर नहीं सकता था। तब उसने दूध पीने का आग्रह किया, किन्तु मैं उसे भी स्वीकार न कर सका।

प्र०—वैलोर में भी आपको कुछ कष्ट हुए ?

उ०—वहाँ पहुँचते ही मैं बड़ा घबराया। जिस कोठरी में मैं बन्द था उसमें खटमल, मच्छर आदि चैन नहीं लेने देते थे। सौभाग्यावश इसी जेल में "स्वराज्य" के सम्पादक भी थे, उनसे मिलकर बड़ा हर्ष हुआ।

प्र०—यहाँ आपको भूखा तो नहीं रहना पड़ा ?

उ०—क्यों नहीं, पूरे 56 दिन तक एकादशी मनाई। इसके बाद मूर्ति आई, तब पूजा कर भोजन किये। जेलर जबरदस्ती कुछ दूध पिला जाया करता था।

प्र०—आपसे कोई मिलने पाता था या नहीं ?

उ०—मेरे पुत्र के सिवाय और कोई नहीं। मैं उसी को नित्य दो घण्टे गीता पढ़ाया करता था।

प्र०—क्या आपको पढ़ने-लिखने के लिए पुस्तकादि मिल गईं थीं ?

उ०—बड़ी कठिनता से, दो-चार दिन भोजन न करने के बाद।

प्र०—आप अपने पुत्र से भी कुछ मँगवा लेते होंगे ?

उ०—बिलकुल नहीं। मच्छरों ने बहुत सताया, तब अपने ही दाम से एक मच्छरदानी मँगवाई थी, किन्तु अधिकारियों की कृपा से लौटा देनी पड़ी।

प्र०—यहाँ भी आप गीत गाते रहते थे ?

उ०—हाँ, गीता और भारतमाता के गीत गाकर जेल को गुंजाया करता था।

प्र०—आपके साथ व्यहार कैसा होता था ?

उ०—खून करने वाले अपराधियों से भी बदतर।

अन्त में आपने कहा, कि जेल में ही भगवान श्रीकृष्ण ने जन्म लिया, जेल में ही लोकमान्य तिलक ने गीता-रहस्य लिखा और उसीके आदेशानुसार मैंने भी जेल ही में गीता का अध्ययन किया और कृष्ण भगवान की कृपा से आपके सम्मुख उपस्थित हूँ। वैलोर की जेल में हमारे छः पंजाबी भाई और दुःख पा रहे हैं, उनके छुटकारे के लिए प्रयत्न करना चाहिये। इसके पश्चात् उनसे आज्ञा लेकर मैं विदा हुआ। और दूसरे दिन सेठीजी वर्धा चले गये।

[16 अप्रैल, 1981]

एक निबन्ध : एक आकलन : उन दिनों

यह आज (8.4.83) से चौवन वर्ष पूर्व लिखा गया लेख है। यह चतुर्वेदीजी के शब्दों में "साहित्यिकों की अध्ययनपूर्वक चर्चा नहीं है ···आज तो मैंने चलते-चलते चर्चा कर दी······ये पंक्तियाँ नागपुर के रेलवे स्टेशन पर बैठा-बैठा लिख रहा हूँ कि हमारी साहित्यिक दुनिया की उपेक्षा का अपराध किये जाने में आज के राष्ट्रीय काम करने वाले निपुण हो रहे हैं और इस अवस्था का बदलना अत्यन्त आवश्यक है···मध्यप्रान्तीय राजनीति का रुख साहित्य के प्रति बेईमान न रह कर ईमानदार का होना चाहिये···हम अपने साहित्य का सर्वनाश कर तथा साहित्यिकों को ठुकरा कर कहाँ रहेंगे ?

['मध्यप्रान्त का साहित्यिक जीवन से']

मध्यप्रान्त (1929) का साहित्यिक जीवन

पं० विष्णुदत शुक्ल और पं० माधवराव सप्रे की मृत्यु इस प्रान्त के सार्वजनिक जीवन की मृत्यु थी। क्योंकि सार्वजनिक जीवन के जागृत रहने के लिए, बुद्धिवाद की परम आवश्यकता होती है और बुद्धिवाद के उड़ने के पंख मजबूत रखने के लिए इस बात की आवश्यकता है कि हम प्रान्त के सामाजिक और साहित्यिक जीवन को उज्ज्वल रखें। किन्तु, यदि आप ध्यान देने का अवकाश पाते हों तो आप देख सकते हैं कि, हमने राजनैतिक अधःपात से भी तेज गति से साहित्यिक अधःपात होने दिया है। जो साधारण प्रगति हो रही है, वह, देश-व्यापी उत्थान की लहर के कारण हो रही है, नहीं तो अब प्रान्त में विष्णुदत्त जी और पं० माधवराव जी की तरह कोई ऐसा पूज्य मार्ग-दर्शक और मित्र नहीं दीख पड़ता जिसके बल पर प्रान्त के साहित्यिक वातावरण की सुध ली जा सके। बंगाल का हर राजनीतिज्ञ साहित्यिक आधार रखता है, और बंगाल के बढ़ने के साथ-साथ बंगाली बढ़ती है। तमिल साहित्य सेवियों के साहित्य प्रेम को आप देखें, तो एक "भारती" नामक कविता पुस्तक के जब्त होते ही देशव्यापी

आन्दोलन उठ खड़ा होता है। किंतु श्री० गुप्त जी की "भारत-भारती" के मध्यप्रदेश में जब्त होने पर कौन्सिली नाच-कूद में निपुण भाई राघवेन्द्रराव जी को पता भी नहीं चलता कि कौन पुस्तक कहाँ जब्त हो गई और उसका क्या दरजा था। हाँ, भाई गोलवलकर जी तथा भाई गोकुलचन्द जी सिंगई ने जरूर पूछताछ की और गोलवलकर जी ने यहाँ तक आग्रह किया था कि मैं चिरगाँव जाकर स्वयं पुस्तक के विषय की समस्त जानकारी लाऊँ, ताकि वे मध्यप्रान्तीय धारासभा में उस प्रश्न को रख सकें। आखिर, इसी पूछताछ के बीच पुस्तक पर की जब्ती पटना हाईकोर्ट के फैसले पर सरकार ने उठा ली। अस्तु। पिछले चार-पाँच वर्षों में साहित्यिक दृष्टि से भी प्रान्त ने गहरी हानि उठाई है। आप प्रति वर्ष मध्यप्रान्त से प्रकाशित होने वाली पुस्तकों की सूची, सरकारी रिपोर्ट में देखिये, पता चलेगा कि हिन्दी की अधिकतर पुस्तकें मध्यप्रदेश में प्रकाशित हुई जो स्कूल बालकों के लिए लिखी गई थीं। नजदीक ही मराठी साहित्य की उन्नति को देखिये। वे अपनी साहित्यिक प्रगति में सावधान हैं, क्योंकि वहाँ के राजनैतिक कार्यकर्ता अपने कार्यों की गति में साहित्यिक प्रगति को कभी नहीं भूलते। लोग कहते हैं कि हमारा मिनिस्टर श्री० ई० राघवेन्द्र हिन्दी भाषी प्रान्त का है इस मूर्खता को क्या कहिये ? जिस बेचारे को यही मालूम नहीं कि हिन्दी भाषा और उसके साहित्य को किसके साथ खाते हैं, उसी पर हिन्दी-भाषी होने का आरोप है। श्री० राव साहब पर जैसे उनके बिलासपुर की स्थानीय स्वराज्य संस्थाओं की सरकारी नामजदी छोड़ते ही हमने प्रान्तीय कांग्रेस का अत्युच्च पद देने की भलमनसाहत की और उनके रोजाना कुलाटें खाने के सुन्दर दृश्यों को देखा। यदि वही दशा उनके हिन्दी साहित्य की गतिविधि, उसके अभिमान, और उसके ज्ञान से अनभिज्ञ होते हुए भी, उन्हें हिन्दी मध्यप्रदेश का अभिमानी कहने और उसके लिए उन्हें दो की रिश्वत देने से हो, तो इसमें आश्चर्य क्यों होना चाहिये।

जबलपुर में होने वाले अखिल भारतबर्षीय हिन्दी साहित्य सम्मेलन के होने के दिन गये। प्रान्तीय सम्मेलन पर भी घास उग गई, और जबलपुर का हिन्दी मन्दिर भी अब अत्यन्त परिमित काम में है। क्या वे हमारी साहित्यिक उदासीनता के कीर्तिमान उदाहरण नहीं हैं ? प्रान्त में समाचारपत्रों का भी उदय हुआ, परन्तु उनका अन्त भी लगातार हुआ। इसके अनेक कारणों में एक कारण यह है कि जब-जब राजनीति, साहित्यिक की आँखे खोकर अन्धी होती है, और मनमाना बकने लगती है, तब-तब उसे अपना कष्ट उलट देना पड़ता है। स्व० शुक्ल जी और सप्रे जी के प्रयत्नों से साहित्य बल पकड़ता जाता था, उसकी सस्थाएँ स्थापित हो रही थीं। भाई गोविन्ददास जी साहित्य के इन्हीं बलि होने वाले व्यक्तियों में अपना हिस्सा समिपत करते आये थे, परन्तु स्वराज्य दल का

बनना था कि साहित्य भूल जाने की वस्तु हो गया। उधर छत्तीसगढ़ में भाई रविशंकर जी शुक्ल, नागपुर साहित्य सम्मेलन के सभापति हो चुके थे, किन्तु इसके पश्चात् तो दुःख है उन्हें फ़ुरसत न मिली। श्रीयुक्त छेदीलाल जी को जो देखते हैं, उनके उमड़ उठने वाले मन पर विश्वास करते हैं। उनके साथ कठोर मतभेद होने पर भी उन पर टूट न पड़ने का यदि मेरा अपना कोई बाँध[1] रहा है तो वह था, उनके हृदय की साहित्यिकता। यद्यपि, वह बेचारी उनके लहरी स्वभाव ही के आश्रित थी, तथापि एक तो निर्धन सेवा के नाते वह मूल्यवान थी, दूसरे उस साहित्यिक चिनगारी का जिन्दा रहना ही एक विशेष वस्तु है। परन्तु चूँकि उनकी निकटता कभी मेरी अपनी चीज नहीं रही, अतएव, उनके विषय में मैं यही कह सकता हूँ कि वे बुद्धिमान हैं, स्वयं अपने पिछले चार वर्ष तक जीवन का साहित्यिक 'नाप-जोख' देख लें। ऐसे समय, साहित्य के जिन उदीयमान व्यक्तियों में राजनीति में हिन्दी साहित्य की सुधि लेते हुए आगे बढ़ने की वृत्ति थी उनमें से एक थे पं० द्वारकाप्रसाद मिश्र और दूसरे थे व्योहार राजेन्द्रसिंहजी। काम करते जाने वाले व्यक्तियों में साहित्य का अधिक खयाल रखकर, अपने-अपने नगर को साहित्यिक केन्द्र बना ले जाने वाले, और साहित्यिक सेवा पर सदैव प्रस्तुत, हरदा के पंडित चन्द्रगोपाल जी मिश्र जैसी उद्योगी आत्मा का उल्लेख ऐसे समय में गौरव से करूँगा। प्रान्त, हरदा की, जिस दिन साहित्यिक परीक्षा लेगा, उस दिन वह उस स्थान को अग्रगामी पावेगा। शेष स्थानों में तो हमारी साहित्यिक उपेक्षा का परिणाम यह हुआ है, कि लोग, हिन्दी मध्यप्रदेश के कार्यों में लगे हुए भी सन् 1922 के पश्चात् हिन्दी साहित्य की हलचलों को नगण्य समझने लगे हैं। कलकत्ता में, बाबू सुभाषचन्द्र हिन्दी सीखते हैं और बाबू रामानन्द चटर्जी, "विशाल भारत" (हिन्दी का श्रेष्ठ मासिक) प्रकाशित करते हैं। बिहार में, साधुमना राजेन्द्र बाबू की, राजनैतिक हलचलों के साथ-साथ, साहित्यिक हलचलें बराबर जारी हैं, पंजाब में कठोर जिम्मेवारियों के बीच लाला लाजपतरायजी हिन्दी की सेवा न भूले। श्री० पुरुषोत्तमदासजी टंडन ने अपने जीवन का उसे वृत्त ही बना लिया है। श्रीयुक्त गणेशशंकर जी विद्यार्थी का नाम ही देश-भक्त साहित्यिक और प्रेरक कहा जायगा। महाराष्ट्र प्रदेश में चाहे केलकर जी हों चाहे श्री० परांजपे, श्री० चिन्तामणि राजवैद्य चाहे श्री खाडिल और चाहे श्री० अणे, साहित्यिक परिषदों और लेखन तथा प्रोत्साहन में आप इन्हें सदा लगा देखेंगे। ग्रंथों के निर्माण में, लेखों और भाषणों द्वारा ये, महाराष्ट्र-भारती की सुध, क्षणभर को भी नहीं भूलते। और मध्यप्रान्तीय राजनीति-प्रवेशकों से पूछिये। विन्ध्याचल की चोटी की समता करने वाली उनकी उपेक्षा और नर्मदा की लम्बाई से भी बड़ा उनका हिन्दी-साहित्य के विषय का अज्ञान, उनकी क्रियाशीलता का उत्तर

1. नियंत्रण

है। वे, शायद, तब किसी साहित्य या साहित्यिक की बात मानेंगे, जब, वे यदि असहयोगी बनें, तो साहित्य और साहित्यिक भी असहयोगी बन जायें, और सरकारी मिनिस्ट्रीरियों का समर्थन करने वाले बनें, तो साहित्य या साहित्यिक भी, लुढ़क कर, उनकी आज्ञा पर अपना अध:पात करें। राजनीति के हमारे बचपन की यही अवस्था, हमें, साहित्य के क्षेत्र में न मिलकर बैठने देती, न हमें साहित्य की गाद ही रहने देती है। हमारी साहित्यिक उपेक्षा ही का परिणाम है कि जहाँ बम्बई में "इन्डियन डेलीमेल", युक्त प्रान्त में "लीडर", बिहार में "सर्च-लाइट" और कलकत्ता में "अमृत बाजार पत्रिका" तथा सुदूर दक्षिण में "हिन्दू" तथा "स्वराज्य" हिन्दी-प्रचार का सुन्दर अभिप्राय देते हैं, तहाँ नागपुर का एक मद्रासी मित्र द्वारा सम्पादित अंग्रेजी अर्ध-साप्ताहिक हिन्दी या उसके माध्यम की चरचा, केवल उसका मजाक उड़ाने के लिए करता है और देशी भाषा के माध्यम पर युनिवर्सिटी सीनेट में चरचा करने वाले श्रीमान् चुपचाप सुनकर बैठ जाते हैं।

अब जरा उन पर नजर डालिये, जो टूटे-फूटे, किसी प्रकार साहित्य की सेवा कर रहे हैं, किन्तु, चूँकि हमने प्रान्त के अन्दर अपनें साहित्य की बाजार-दर ही गिरा दी है। अत: उन साहित्यिकों का उपयोग, केवल अरण्य-रोदन रह गया है। अन्य हिन्दी प्रदेशों में साहित्यिक के नाते उनका चाहे जितना उच्च स्थान हो परन्तु हमने उन्हें उपेक्षा का काला पानी दे रखा है। सैयद अमीरअली "मीर" चाहे भानु कविजी के प्रसिद्ध "काव्य-प्रभाकर" के महान् प्रयत्नशील होने के सिवा आजीवन हिन्दी-व्रती और राष्ट्रीय भले ही रहे, परन्तु उनके बुढ़ापे के कष्टमय जीवन को जानने के लिए हमारे पास समय कहाँ? वे यदि राजनैतिक धूमधाम में हमारा पक्ष समर्थन कर सकें, या कौन्सिल के लिए हमारे वोट जुटा सकें तो कम से कम तीसरे साल तो भी हम उन्हें याद कर सकते हैं। किन्तु महज हिन्दी-सेवा के लिए! उसमें क्या रखा है? पंडित लोचनप्रसाद जी पांडे की साहित्यिक कृतियों की अन्य प्रान्तों में चाहे जो इज्जत हो परन्तु मैं सोचता हूँ, पिछले सात वर्षों में ऐसे लोगों की कम तादाद न बनी होगी जो लोचनप्रसाद जी को बिल्कुल न जानते होंगे। पं० कामताप्रसाद जी गुरु का व्याकरण हिन्दी-जगत भर में स्वीकृत हो, परन्तु वे, हम "राजनैतिक बनने वालों" के बीच या तो "उपेक्षा योग्य स्कूल मास्टर" या हँसने की वस्तु हैं। स्व० रघुवीरप्रसाद जी द्विवेदी का नाम तो उनके अगणित शिष्यों के रहते हुए भी कदाचित् डूबे बिना न रहे। श्री तामस्करजी जैसे लेखक की करुण कहानी का शायद ही किसी को पता होगा। रायपुर के श्री० मावलीप्रसाद जी श्रीवास्तव की साहित्यिक लगन और जीवन की अड़चनों का प्रान्त को पता भी नहीं है। पंडित नर्मदाप्रसाद जी मिश्र के पुस्तक-लेखन और पं० गंगाप्रसाद जी अग्निहोत्री के पुराने प्रयत्नों के साथ-

साथ गो-साहित्य पर एक नजर डालने के लिए भी हमारे पास अवकाश नहीं, तब फिर श्री० जहूरबक्श, श्री० चौबे, श्री बाबूलाल मयाशंकर आदि लेखकों की ओर दृष्टिपात करने की किसे सुध ? और तब फिर क्यों न हमारे रायपुर के श्रीयुक्त रामदयाल जी तिवारी हिन्दी की अपेक्षा अंग्रेजी में लिखने का जोरदार धड़ाका शुरू कर दें ? प्रान्तीय हिन्दी-साहित्य-सम्मेलन के कार्य को, श्रीयुक्त बालमुकुन्द जी त्रिपाठी जिन्दा रखते हैं और उनकी दायें-बायें से सहायता करते रहे श्रीयुक्त भाई पराड़कर जी, श्रीयुक्त गोलवलकर जी, तथा स्व० द्विवेदी जी, परन्तु आखिर (यह) सब कुछ आज तो भूल जाने की गोद की शोभा बढ़ा रहा है।

और बेचारी हिन्दी कविता ? इस दिशा में राजा जगमोहनसिंह जी का काव्य अब समाधि में हमारी मूर्खता से दफना दिया गया। भानु, लोचनप्रसाद जी, सुखराम जी चौबे और बोरधा के मंगलीप्रसाद जी सूबेदार अब, राजनैतिक जीवों के लिए विस्मृति के गर्त में ढूंढने की वस्तु हो चले। यही सौभाग्य पंडित कामताप्रसाद जी गुरु को प्राप्त होगा। इस प्रदेश के वर्त्तमान युग में, लिखने में आगे रहने वालों में श्री० मुकुटधर पांडे, श्री० रामकुमार वर्मा, बी०ए०, श्री० आनन्दप्रसाद, विश्वकर्मा, श्री० वीरात्मा और अपनी जीवित पंक्तियों के लिए श्रीमती सुभद्रा कुमारी का नाम लिया जाना चाहिये। परन्तु प्रान्त में न व्यक्ति हैं न संगठन, जो उनकी कृतियों पर दृष्टि डालें। लेखकों में, जिन्होंने अपनी कृति साहित्य-संसार के सामने रखनी शुरू की है उनमें श्री० पदुमलाल पुन्नालाल जी बक्शी, श्री० लक्ष्मणसिंह जी, तथा श्रीयुक्त सिद्धनाथ माधव आगरकर का नाम कृतियों की उज्ज्वलता में लिया जाना चाहिये। लिख तो कुछ पं० द्वारकाप्रसाद मिश्र भी रहे हैं और वह मध्यप्रदेश के साहित्यिक, और राजनैतिक इतिहास के रूप में है। उनसे अभी बहुत कुछ आशा है। पुराने लेखकों में श्री० सिरोठिया जी तथा नये लेखकों में बलदेवप्रसाद जी मिश्र का नाम गनीमत है। लक्ष्मणसिंह जी और आगरकर जी के साहित्य से तथा श्रीमती सुभद्राकुमारी चौहान की कविताओं से परिचित रहने का कारण है, इन लोगों का राष्ट्रीय क्षेत्र में भी लगातार सबल खड़े रहना। इन लोगों ने स्वयं ही अपने लिए स्थान बना लिया है। नये और तरुण कवियों और लेखकों को, मध्यप्रान्त से बाहर की साहित्यिक दुनिया जिन्दा रक्खे हुए है। परन्तु यदि आप मध्यप्रदेश में राजनीति की ऊलाढाली करने वाले बहुधन्धी प्राणी से पूछें कि हिन्दी साहित्य की क्या दशा है, तो वह उपेक्षा ही में इस प्रश्न का जवाब देगा। ऊपर जिन साहित्यिक सज्जनों की मैंने चरचा की है वह साहित्यिकों की अध्ययनपूर्वक चरचा नहीं है, अध्ययन-पूर्वक चरचा जब लिखूंगा तब मैं खूब ध्यान रखने की सावधानी ले लूंगा। आज तो मैंने चलते-चलते चरचा कर दी है। अतः जिन सज्जनों का नामोल्लेख करना मैं भूल गया, उस अज्ञान के लिए वे मुझे क्षमा करें। मैं तो, ये पंक्तियाँ, यही

कहने के लिए, नागपुर के रेलवे स्टेशन पर बैठा-बैठा लिख रहा हूँ कि हमारी साहित्यिक दुनिया की उपेक्षा का अपराध किये जाने में आज के राष्ट्रीय काम करने वाले निपुण हो रहे हैं और इस अवस्था का बदलना अत्यन्त आवश्यक है। गत वर्ष बाबूगोविन्ददास जी ने कौंसिल आफ स्टेट में हिन्दी को राष्ट्रभाषा बनाने का प्रस्ताव किया था किन्तु इस प्रदेश के राष्ट्रियों ने उस विषय पर कुछ लिखने पढ़ने के लिए फुरसत ही नहीं पाई। हाँ, अन्य प्रान्तों के कितने ही साहित्य-सेवियों ने, निर्भीकता से इस विषय की चरचा करने के लिए बाबू साहब को सराहा। आखिर, साहित्य के इस संहार से भाषा और साहित्य की रक्षा होनी चाहिये। और मध्यप्रान्तीय राजनीति का रुख साहित्य के प्रति बेईमान न रहकर ईमानदार होना चाहिये। परन्तु यह काम तब तक कैसे हो जब तक हम साहित्य की उपेक्षा के वातावरण का प्रान्त में बिहरना कठिन न कर दें। और यह सब कुछ तब तक कैसे हो, जब तक हम साहित्य की सुध न लें, और हमारे पास ऐसे व्यक्ति न हों, जो अपने स्थायी उद्योगों से प्रदेश की राष्ट्रीय शक्तियों के बूते साहित्यिक वातावरण को जिन्दा और सजीव बनाये रखें। ऐसे कार्यकताओं को तो मजाक उड़ाने और उपेक्षा दिलाने वालों के बीच ही काम करने का साहस दिखाना होगा। हम अपने साहित्य का सर्वनाश कर, तथा साहित्यिकों को ठुकरा कर कहाँ रहेंगे ?

[कर्मवीर, 16 व 23 फरवरी, 1929]

दो विनोदपरक लेख

अपने, उन्हीं के शब्दों में कभी-कभी के क्षणों में, माखनलालजी विनोदपरक लेख/टिप्पणी आदि भी लिखा करते थे। विनोद उनके स्वभाव का भी अभिन्न अंग था। उनके अनेक विनोदपरक प्रत्युत्तर विख्यात हो भी चुके हैं। यहाँ उनके दो विनोद प्रस्तुत हैं। संभवतः इनका प्रकाशन पहली बार हो रहा है। (सम्पादक)

पंचशील—जी हाँ, पंचशील

क्या जवाहरलाल जी नेहरू का पंचशील केवल विश्व-शांति ही कर सकता है? गृहजीवन में शांति नहीं ला सकता?

विवाह के पहले कुमारीजी प्रियतम पर बेतरह मरें।

उनके ध्यान की क्या कहिए: श्रवन, कीर्तन, स्मरण, पादसेवन, अर्चन, वन्दन, हास्य, सख्य, और आत्म-निवेदन, यानी पूरी नवधा भक्ति के सब प्रकारों का बिना जाने, बिना माने, पालन हो।

कभी-कभी पतिदेव भी ऐसे मिले कि दोनों की अक्ल, शक्ल को रुदन और हास्य को, पलायन और झेंप को, देखकर यह निश्चय करना कठिन हो जाय कि इनमें कौन मियाँ है और कौन बीबी?

कभी-कभी एक-दूसरे पर तान तोड़ने में इतने बहादुर कि उनका कोप जीवन भर नहीं उतरे और इस शास्त्र-वचन को सत्य साबित करें कि

सज्जनस्य क्षणं क्रोधः
दुर्जनस्य प्रहरद्वये
चाण्डालस्य अहो रात्रिम्
मूर्खस्य मरणान्तकम्

अर्थात् सज्जन का क्रोध क्षण भर, दुर्जन का क्रोध दोपहर भर, चन्डाल का रात भर और मूर्ख का जिन्दगी भर।

सो कोई-कोई जिन्दगी भर एक-दूसरे की शक्ल न देखना चाहे।

कारण—1—कारण की जरूरत ही नहीं केवल आदत से लाचार और :

कारण—2—जब 'इन' या 'उन' की नजर कहीं मिल गई कि घर की थाली से बाहर की जूठन प्यारी लगने लगी। 1—तुम आए, न चैन आया, न मौत आई, जी हाँ—ऐसा ही कुछ तो है।

कारण—3—दुनिया में दुनियादारी भी चलती है। इन्हें शक हो गया और उन्हें शक हो गया, इन्हें समय पर भोजन या आज्ञा-पालन नहीं मिला या उन्हें समय-बेसमय दुलार या शृंगार-साधन नहीं मिले। पुत्र-पुत्री हैं, सास-ननद हैं, रुपया-पैसा है, और दोनों तरफ का अहम् है। गरज यह कि झगड़े के उतने ही कारण हैं जितनी किसी कलाकार या कवि की नई सूझें हुआ करती हैं। अजी ये सूझें क्या खाकर मियाँ-बीबी के झगड़ों की नवीनता से स्पर्धा कर सकें ?

तब गृह-जीवन कैसे चले ?

बस तभी, मेरे विचार से तभी जवाहरलालजी के पंचशील का अवसर आ पहुँचता है। एक पार्टी डंडा न उठावे न गाली-गलौज करे। दूसरी पार्टी न लोगों को इकट्ठा कर गुप्त या प्रगट बदनामी करे न घर की चीजें और घर का काम खराब करे। और पंत्र फैसला यह कि :

(1) दोनों एक-दूसरे का सम्मान करे।

(2) दोनों एक-दूसरे की प्रतिष्ठा और स्वतंत्रता में बाधा न डालें।

(3) दोनों एक-दूसरे के अधिकारों का अपहरण न करें।

(4) एक-दूसरे के राजनैतिक, सामाजिक और सिद्धान्तों तथा आदेशों के अधिकारों में हस्तक्षेप न करें।

(5) दोनों एक-दूसरे को 'संतोष' पहुँचाने का भरपूर यत्न करें यानी जियें और जीने दें। सह-अस्तित्व के तत्त्व को मान कर चलें। किन्तु मनुष्य तो मनुष्य है, जाने कब पंचशील के तत्त्वों को तोड़ बैठे। आजकल की जवानी में 'पाँच' तो क्या, एक शील को भी कहाँ ढूँढिये ?

अत: क्यों न, हमारी पार्लियामेंट इसके लिए भी एक कानून बना दे अरे हाँ।

और आप क्या कह उठे :

जाट जुलाह जुरे दरजी मरजी में रहे नित चोर चमार्‌यो।
ऐसे बड़े करुणाकर को इन पापिन ने दरबार बिगार्‌यो।

शान्तं पापं, शान्तं पापं········

अरे यह 18वीं और 19वीं सदी के संधि-काल की पुरानी और बासी तुकबंदी आज के अति वर्तमान जमाने में नहीं चल सकती। [1955-56]

खाविन्द भगवान : चौके की भाषा में

कुछ पति तो, इतने 'उबल' जाते हैं, घर की अव्यवस्था देखकर, कि फिर उन्हें जी का, स्वाद का, 'सनेह' डाल-डाल कर बनाना, 'सनेह' का दिवाला काढ़ना भर रह जाता है; इस तरह 'उबल' कर भी वे 'नरम' पड़ने के बजाय 'कट्ठे' हो जाते हैं।

—कुछ नारियाँ, अपने ऐसे प्राणनाथ को नरम होने की आशा में 'उबाल' पर 'उबाल' दिये जाती हैं। कुछ तो, जल्दबाजी में उनका कलेजा तल डालती हैं कि कुछ सौंधापन उनमें उतर आये, पर 'हाय-हाय !'

—कुछ उन्हें जलाती नहीं, केवल सेंक पहुँचाती हैं ; कुछ उन्हें नहीं उबालतीं, उबलती वस्तु में घोल देती हैं; कुछ उन्हें सम्हाल के शोरबे को बोतल में एहतियात से रखती हैं कि जीवन के रंग पर आते समय, उनमें मनचाहा स्वाद रहे।

माना कि आँच से, प्रत्येक पतिदेव पसीज नहीं उठते, किन्तु जो नहीं पसीजते, वे खस्ता हो जाते हैं और बड़े सुहाने लगने लगते हैं। इसीलिए डाक्टर धर्मवीर भारती ने लिखा है—"तुम कितनी सुन्दर लगती हो, जब तुम हो जाती हो उदास।" एक शर्त है, उन पर सेंक उतनी ही पड़े, जो उनका रंग बदरंग न होने दे। पापड़ जैसी सेंक चाहिए।

उनके कलेजे में चाय उतारने वालियाँ, कभी-कभी, उन्हें चाय की केटली में उतार देती हैं। वे चाय की देरी, या नाश्ते की कमी के कारण खौल उठते हैं। उधर केटली खौलती है, इधर वे खौलने लगते हैं। किन्तु यदि उचित सावधानी ली जाय, तो ये बिना उतारे चाय की केटली में उतर जाते हैं और बिना उज्र केटली के साथ, मधुर ध्वनि से खड़बड़ाने लगते हैं। फिर वे, चाय के साथी बनकर चाय से सोंधे और नाश्ते से मधुर हो उठते हैं।

कभी-कभी पति महाराज स्वयं बाहर से जले-भुने से पधारते हैं ; उस समय कुपथ्य हो तब भी पत्नीदेवी को उनका स्वाद लेना ही होता है ; केवल इतना कीजिए कि उन्हें जरा ठंडा करके·········हाँ, कहने का मतलब सिर्फ इतना ही है !!

कभी-कभी, उबाल में कटु हो उठें, तो थोड़ा-सा मीठा, यानी छेड़छाड़ का नहीं पुचकार का डाल दीजिए ; दूध का निर्मल उबाल कभी मिर्च-मसाला नहीं लेता ! ना, कभी उस उबाल में सिरका मिलाने की भूल न कर बैठिये। इस समय बढ़ी हुई सावधानी बरतिये।

जब वे कोमल हो उठें तो चाकू से काट-काटकर टुकड़े बना कर 'रस' न लीजिए। जब उबाल पर हों तो अपनी अँगुलियों से जरा-सा घुमा दीजिए,

चावल-से खिल उठेंगे। किन्तु अँगुलियाँ अपने घुमाव में देर तक न सहलाएँ नहीं तो इतने कड़े हो जाएँगे कि रुचि के दाँत टूट-टूट जायें पर वे न टूटें ; और तब वे न निगले जायें न उगले ही जायें।

यदि आप ऐसी सावधानियाँ ले लें तो फिर देखें गृह-जीवन का स्वाद आनन्द और मनचाहापन। फिर वे आपको और आप उन्हें सौ-सौ बार स्वीकृत, एक-दूसरे के लिए अत्यन्त हाजिम और रक्त-वर्धक ! जी हाँ !

[1955-56]

एक टिप्पणी : दो भूमिकाएँ : एक लेख

एक टिप्पणी : कलाकार से

हिन्दी काव्य के युग-निर्माता, कविवार बाबू मैथिलीशरण जी गुप्त ने, ञा' के विशेषांक में, उक्त शीर्षक से एक कविता लिखी है। उसमें, कला ..वन से बहुत दूर खड़ी देखकर, अपनी बेचैनी को उन्होंने इस तरह व्यक्त किया है :

"तेरी मुरली कूक रही है,
किन्तु ताल सा चूक रही है,
कौन राग यह हूक रही है
करके स्वर विस्तार।
फूंक इधर भी एक लगा दे
इस चूल्हे की आग जगा दे
भूख और हड़कम्प भगा दे
गा फिर देस मलार।"

कला जीवन से दूर होकर जब केवल विनोद या मनस्तोष रह जाती है, तब यह वेदना स्वाभाविक है। कविवर रवीन्द्रनाथ ठाकुर ने, एक बार महात्मा गांधी के कथन की आलोचना करते हुए लिखा था, "वीणा बजाते हुए कलाकार से यह नहीं कहा जा सकता कि जब तक वीणा नहीं मिलती, तब तक लो, यह पटिया ही बजाओ।" कलाकार से यह माँग तो सर्वथा उचित है कि जब वह चले, तो युग को, जमाने को, अपने साथ लेता चले। किन्तु जीवन के हर प्रतिभाहीन क्षेत्र में, कलाकार जीवन के पीछे-पीछे, पालतू कुत्ते की तरह भागा-भागा नहीं फिर सकता। अत: श्रद्धास्पद गुप्त जी के कथन में, हम केवल यही बात समझते हैं कि वे कलाकार का शून्य में विचरण करना नहीं चाहते ; वे कलाकार से चाहते हैं कि वह जीवन की प्रेरक वाणी, क्रियामयी साधना बनकर, विश्व में चले। हमारे विचार से गुप्त जी ने दिमागी लचीलेपन और अपने अस्तित्व का अर्थ खोई हुई कलाकारिता के प्रति अपनी बेचैनी जाहिर की है।

दो भूमिकाएँ

दो शब्द

श्रीमती सुमित्राकुमारी सिन्हा की कविताओं में मुझे युग की आवश्यकताओं का क्रन्दन सुनाई पड़ता है। ऐसा जान पड़ता है, जैसे अटूट अतृप्ति का कोष लिए वे निगूढ़ अंधकार में कुछ ढूंढ़ती सी जा रही हैं। एक उन्मुक्त आशा के साथ उनकी वाणी का पथ-संचालन होता है। मीरा ने विश्व की सीमाओं को लाँघकर जो कुछ कहा है, सुमित्राजी मानों जीवन की अतृप्ति की उस वाणी को जगत् की छाती पर दुहराकर देखना चाहती हैं। मीरा अपनी बात कहते समय, "गिरधर गोपाल" को साक्षी बनाती थी, सुमित्रा अपने "साथी", "बटोही", "तुम" आदि शब्दों द्वारा बन्दनवार सजाती हैं और पूजा करती हैं। मीरा का साम्य मैं नहीं देख रहा। मुझे मीरा का नाम याद आ रहा है।

कवि की वाणी में एक सच्चाई होती है। वह जिसके प्रति व्यक्त की जाती है, वह हृदय-मन्दिर में, अथवा दृष्टि के झूलों पर दिखाई देता है।

हिन्दी में जिन देवियों ने काव्य लिखकर गौरव पाया है, उनमें से प्रायः प्रत्येक ने, ईमानदारी से, पुरुष लेखकों की तरह, अनेक रूपों में अपने को नचा-सजाकर अपनी सूझों की नाट्यशाला उपस्थित नहीं की। न उन्होंने अप्रासंगिक विपरीत रसों और ध्वनियों के अनुभवहीन स्वामी होने की घोषणा की। सच पूछिये तो कितने ही पुरुष कवि ऐसा लिखते हैं कि, उनकी कविता पढ़-सुनकर, यह जानना कठिन होता है कि आखिर कवि हैं कौन? जिस तरह, "संसार सागर" से पार जाने के लिए, वैष्णवों को जीवन में नाम का ही सहारा रहता है, उसी तरह कविताओं में वाच्य पहिचानने के लिए कहीं-कहीं काव्य-भक्तों को, कविताओं पर छपे "नाम" का ही सहारा रह गया है। हम जिसके व्यक्तित्व को व्यक्त कर रहे हैं, प्रभु जाने, वह किन्नर कभी विश्व में पैदा भी होगा या नहीं? शायद केवल हमारी कविता ही में लिखा रह जाएगा।

सुमित्राजी के ये सपने, सूझहीन खिलवाड़ मात्र नहीं हैं। उनके पीछे एक बात है। यह सच है कि बात, सतह की एक ही रागिनी पर है—रस का काई पर्दा बदला नहीं है। मुझे हर्ष होगा यदि कभी सुमित्राजी को उनका साथी सूझों की उच्चता के मन्दिर में हृदयदान करते-करते शिवदान करता हुआ भी दीख पड़ेगा।

समाज का भय, राजा का कोप, परिवार की नाराजी, विधान की प्रखरता, और व्यक्तिगत जाँच-पड़ताल—इन अनेक छलनाओं में छानी जाने के

बाद, कवि की कहन कहन ही नहीं रह जाती, वह प्राण बचाकर खाई हुई भावनात्मक कुलाँटों का एक अद्‌भुत कौशल हो जाती है। अपनी एक दिशा चुन लेने के बाद, सुमित्राजी ने इस छलना से बचने का प्रयत्न किया है।

सुमित्राजी ने, एक अटूट खोजमयी चाह पाई है। मुझे आशा है, श्रीमती सुभद्राकुमारी चौहान की तरह, सुमित्राजी का मातृत्व भी जाग्रत होगा, और वे बचपन को गा उठेंगी।

मनोभावनाओं के नये कदम पुरुष लेखक के लिए प्रतिभा के खिलवाड़-मात्र हैं, किन्तु लेखिका के लिए, प्रतिभा और साहस दोनों का संयुक्त स्वरूप है। इस सम्बन्ध में सुमित्राजी ने, अपने को अपने साहित्य में काफी निःशंक सिद्ध किया है।

युग की वाचा भी, सुमित्राजी की पंक्तियों में फूटी है, किन्तु वह बलवती नहीं हो पाई। खेतों, खलिहानों, कारखानों और सड़कों के गरीबों के भी प्रेम होता है, कलेजा होता है, जी होता है, चाह होती है, और मस्ती होती है। जब हमारा साहित्य शहराती से ग्रामीण-जन-साहित्य होने की ओर झुकेगा, मुझे आशा है, युग की घटनाएँ, कवि की वाणियों में जाग्रत हुए बिना न रहेंगी, किन्तु वे वाणियाँ राजनैतिक प्रचार, देशभक्तों में नाम लिखाने की दरख्वास्त, और शहीदों से होड़ लेने का तमाशा न हों। वे वाणियाँ हों जिनमें युग की साँसों से कहकहाता और कराहता स्वर, अपनी स्वाभाविक सरलता और गौरवशीलत को लेकर, अपनी खोज, नवीनता और प्रतिभामयता में, विश्व की हाट में उच्चत्व की होड़ लेती हुई सूझों के साथ, सुनाई पड़ता रहे। गद्य को तुकों में या तुक-हीनता में गा देना, और पद्य को "सजा-नचा" कर लोगों को नजरबन्दी दिखा देना—काव्य का यह युग समाप्त हो गया।

उतरे हुए युग को अधिक दिनों तक रोककर, हमने लोकरुचि और अपनी कलम दोनों में दुर्गंधि ला दी है। वह सुरुचि, तेजस्विता, और आनन्द के स्वास्थ्य को हानि पहुँचा रही है। सुमित्राजी उन यत्नशीलों में हैं जो इस युग को बदलना चाहते हैं।

[श्रीमती सुमित्राकुमारी सिन्हा का कविता-संग्रह आशापर्व शिवरात्रि संवत् 1999 की भूमिका]

भूमिका

श्री श्यामसुन्दर व्यास का यह उपन्यास मैंने शुरू करके अंत तक देखा है। साधारणतः कथा-लेखक का सरल मार्ग यह है कि नारी और पुरुष इस मनो-विज्ञान से ऊँचे नहीं उठ पाते—एक बार उस उपन्यास के घटना-चक्रों में उलझने

के बाद, उन्हें किसी न किसी बहाने पति-पत्नी होना ही है। इस पुस्तक की कथा में नायक-नायिका और उप-नायक तथा उपनायिका, कोई भी किसी तरह के विवाह-बंधन में नहीं बँधते। इसके बावजूद भी यह उपन्यास प्रेम-कथा है और स्वस्थ भाषा में लिखा गया है। स्नेह के घुमाव जितने ही कोमल हैं, प्रेम-पंथ के फिसलने के क्षणों में उतना ही मीठा किन्तु प्रखर संयम है। पाठक का सस्ता मन भी बेजाने पात्रों के चरित्र के मूल्यांकन के साथ बहता और ग्रंथ की लम्बी दूरी तक इस बात को नहीं पकड़ पाता कि उसे, रमण और रमणी के रस-रंगों की भाषा में, पुरुष और नारी के उच्चत्व की ओर उठाया जा रहा है। यों इस कहानी में मनोविज्ञान के नवीनतम स्वभावों का परिचय नहीं, शकुनी स्वभाव के मामा का स्वभाव भी कदाचित् कथा के रस-भंग के भय से उभरने नहीं पाया है। लगता है समाज में कटुता न बढ़ने देने के प्रति अथवा कटुता न सहने के प्रति लेखक बहुत सजग है। किंतु कविता ने अपने विश्वासों का जो मूल्य चुकाया है और राजेन्द्र ने उस विश्वास पर जो अपनी बलि चढ़ाई है उससे प्रेम की, बहन-भाई की, मातृत्व की और सबसे परे, समाज की निर्मल स्नेह भावना के अंगों की, पुष्टि होती है। मुझे संतोष है कि प्रणय के पथ में आदर्श का यह दान यद्यपि समाज के लिए किया गया है किन्तु समाज के बिना भय खाए, समाज-रचना की उठान को बिना धक्का लगाये किया गया है।

प्राय: उच्चारण में अधिक और आचरण में शून्य समाज-रचना के बीच, यह प्रणय-गाथा उच्चारण और आचरण में समान रूप से फलती-फूलती-सी लगती है और समाज के फोड़ों पर नश्तर का काम करती जाती है।

विश्व की कथा-रचना का सर्वश्रेष्ठ अंग उसका दुखांत होना है। भारतीय समाज-रचना के महान ग्रन्थ वाल्मीकीय रामायण एवं महाभारत दुखांत कथाओं के उज्ज्वलतर उदाहरण हैं। जो लेखक समाज में अपने पात्रों को आजादी से बरतने की सुविधाएँ तो देता है किन्तु समाज की बर्बरता का मूल्य चुकाने से पात्रों के अस्तित्व को बचाता है वह कलम, पात्रों के प्यार के प्रति चाहे जितनी ईमानदारी हो, समाज की शठता को स्पष्ट रूप में व्यक्त करने में ऐसी कलम दगाबाज की कही जावेगी। इस तरुण लेखक ने अपने प्यारे पात्रों को निर्भयता एवं निर्मलता पूर्वक समाज की मूर्खता की बलिवेदी पर फेंक दिया है और इस तरह समाज की दूषित धारणाओं पर निर्भीक प्रहार किया है।

अब युग बदल गया है। हमें अपने पात्रों के निर्माण के समय, अपनी कल्पना के आँगन में सुखों के साथ दुखों का प्रारम्भ से ही अवतरण करना सीखना चाहिये। तुलसीदास का "रामचरितमानस' अपनी रचना में सती के मरण से प्रारम्भ होता है और मानस का कोई हर्ष ऐसा नहीं जो विषाद के गंगा-जल से प्रथम निर्मल नहीं बना लिया गया हो। पुत्र-जन्म है तो विश्वामित्र माँगने

आ गये, पुष्पवाटिका है तो गौरी पूजन-उपस्थित है। धनुष-यज्ञ है तो प्रारम्भ में राजाओं से धनुष नहीं उठता और अन्त में परशुराम आ जाते हैं। राक्षसों पर विजय है तो सीता-हरण है। हमारे अन्य भारतीय ग्रंथों में भी संकट को हर्ष की पूजा माना है। आज की कथा के वर्तमानत्व को भी संकटों के झूलों में झूलकर हर्षों के शिखर छूने चाहियें।

मैं इस पुस्तक से प्रसन्न हुआ हूँ। चि० श्याम के साथ मेरी ये पंक्तियाँ मेरा स्नेह है।

[खंडवा, 1956]

(नाम उपन्यास—पर लौटा कोई नहीं, लेखक—श्यामसुन्दर व्यास, प्रकाशक—साहित्य सदन, देहरादून, प्रथम संस्करण—1957)

एक लेख : नरसिंगपुर की बलिवेदी पर

1 नरसिंगपुर का शासन अत्याचारों का घर है। कौंसिलों में भी उसकी चरचा हुई है, और सरकार तक से नरसिंगपुर के शासकों ने बातें छुपाकर झूठे उत्तर दिलवाये हैं। नरसिंगपुर जिले के गरीब-अमीर, किसान-मालगुजार, रोजगारी मजदूर, वकील, विद्यार्थी—कोई ऐसे नहीं जो इस शासन से व्याकुल न हों, या जो इस शासन के विरुद्ध आवाज उठाने पर तंग न किये गये या तंग न किये जा रहे हों।

2. जिस दिन से कर्मवीर में इस अत्याचारी शासन की कड़ी आलोचना हो रही थी, उसी दिन से मैं यह बात सोच रहा था कि, "कुछ रंग नया लायेगी यह शाह की अनबन", किन्तु उस दिन से मैंने उसका सूत्रपात समझ लिया, जिस दिन से मुझसे और नरसिंगपुर की नौकरशाही से पत्रव्यवहार होने लगा। मिस्टर जवाहिरलाल, ई० ए० सी० ने जिनकी अदालत में आजकल मेरे खिलाफ मुकदमा है और जो इस सप्ताह मुझ पर चार्ज भी लगा चुके हैं, मुझसे, कर्मवीर सम्पादक की हैसियत से पत्रव्यवहार किया और उन सब संवाददाताओं के नाम जानना चाहे जिन्होंने नरसिंगपुर के शासन के खिलाफ लिखा। मैंने नम्रता से उनके पत्र के लिए उन्हें धन्यवाद दिया और लिख दिया कि : यह बात मुझे स्पष्ट कहने की इजाजत दीजिये कि हमारे पत्र की यह नीति नहीं है कि उसके संवाददाताओं के नाम प्रकाशित किये जाएँ, उस समय तक, जब तक हमारे संवाददाता खुद न चाहें। मिस्टर जवाहिरलाल के बाद ही मिस्टर बोर्न का पत्र आ पहुँचा और कुछ दिनों बाद एक पुलिस सब-इन्सपेक्टर उनका एक रिमाइन्डर लेकर भी पहुँचा। बोर्न साहेब के पत्र के उत्तर में भी—"मुझे दुःख है कि मैं अपने किसी

भी संवाददाता का नाम प्रकाशित नहीं कर सकता, क्योंकि यह पत्र की नीति के विरुद्ध है"—मैंने यही लिखा।

3. पर बात यहीं तक नहीं थी। मिस्टर बोर्न अपने अत्याचारों को हटाने की बजाय खुद उनकी जाँच करने का प्रहसन करना चाहते थे। और कदाचित् यह भी चाहते थे कि वे सब व्यक्ति दुरुस्त किये जाएँ जो उनके शासन पर जरा भी कुछ कहते-सुनते हैं। मिस्टर बोर्न ने जब मुझसे संवाददाताओं का पता न पाया तब कर्मवीर में छपी हुई बचई कैम्प की शिकायत के बारे में नरसिंगपुर के वयोवृद्ध वकील श्रीयुक्त विनायकराव जी, श्री माणिकलाल जी कोचर, श्रीदौलतसिंह जी चौधरी और बार एसोसिएशन के मन्त्री के नाम रविवार को 9 30 रात को एक हुक्म छोड़ा, जिसमें लिखा था कि बचई कैम्प की शिकायतों के बारे में (जहाँ मिस्टर बोर्न ने हाथी रखे, कैम्प लगाया, वेश्यायें नचवाईं) जो बातें कहनी हों, आप लोग आकर मेरी अदालत में सोमवार को 12 बजे दिन को कहें, या ऐसे लोगों के नाम बतायें जो बचई कैम्प की शिकायत करना चाहते हों। उनके बयान फाइल में रखे जावेंगे। वकील लोगों ने इसे अनधिकार चरचा समझा और इसके उत्तर में मिस्टर बोर्न साहेब को लिख दिया : "क्योंकि आपका उन शिकायतों से संबंध है इसलिए यह उचित नहीं होगा कि आप हमारे बयान लें, यदि कोई स्वाधीनचेता अफसर जाँच करे तो हमें यह अवसर होगा कि हम आपको भी एक गवाह की हैसियत से वहाँ देखें और कुछ बातें प्रकट करें जिन्हें आप चाहे स्वीकार करें चाहे इन्कार करें।" इसके बाद न तो कोई स्वतन्त्र अफसर आया और न नरसिंगपुर के बढ़ते हुए अत्याचारों की जाँच हुई।

4. इतने ही में गत अगस्त मास में घूरपुर नामक गाँव की एक घटना हो गई। मुझे 'शाम को खबर मिली कि घूरपुर में किसी पुलिस के नौकर से झगड़े हो पड़ने पर नरसिंगपुर की पुलिस व सेना ने उस गाँव पर चढ़ाई कर दी और वहाँ लोगों को बुरी तरह मारा, उन्हें गिरफदार किया, गाँव भर में हाहाकार मचा दिया और वहाँ की ग्रामीण युवतियों पर मनमाने अत्याचार किये। मैं इस खबर को सुनकर दुखित हुआ और रात ही को नरसिंगपुर चल दिया। वहाँ जाकर कांग्रेस कमेटी के सज्जनों से मिला। उक्त कमेटी ने अपना एक डेपुटेशन उस गाँव में जाँच करने के लिए भेजा। खबर मिली कि पुलिस वहाँ पड़ी हुई थी। डेपुटेशन के आगे दौड़ते हुए एक पुलिस इन्सपेक्टर ने पहुँचकर वहाँ सब तैयारी कर दी और डेपुटेशन के पीछे-पीछे गये मिस्टर बोर्न के सहायक, वही श्रीयुक्त जवाहिरलाल साहब जिनका जिक्र ऊपर हो चुका है। मैं उसी दिन मिस्टर बोर्न से इजाजत लेने गया कि मैं घूरपुर के कैदियों से मिलना चाहता हूँ। मिस्टर बोर्न ने मुझसे कहा कि आप मिलकर क्या करेंगे ? मैंने कहा, मैं उनकी तकलीफें हटाने की कोशिश करूँगा। उन्होंने कहा, मैं जिले का मालिक हूँ, उनकी तकलीफें

मैं हटा सकता हूँ। एक जिले का अफसर आपकी अपेक्षा उनकी तकलीफें ज्यादा हटा सकता है। तब मैंने निवेदन किया कि एक जिले का अफसर यदि अच्छा हो तो जिले की तकलीफें हटा सकता है और यदि बुरा हो तो जिले भर को तकलीफ में डाल सकता है। इसके सिवाय मेरा यह कर्तव्य है कि जहाँ के लोगों में तकलीफ को होते देखूं वहाँ जाऊँ और जितनी कर सकता हूँ मदद करूँ। तब आपने यह कहते हुए कि यद्यपि हम बाध्य नहीं हैं कि आपको उनसे मिलने दें, तो भी खैर, इजाजत देते हैं कि आप मिल लीजिये।

5. मिस्टर बोर्न से इजाजत ले मैं घूरपुर से गिरफदार करके लाये हुए कैदियों से मिला। मैंने देखा, मरी हुई सूरतों के कुछ लोग कटघरों में बन्द हैं। पुलिस की सेना मेरे साथ थी, ऐसे समय वे अपने दुःख क्या कह सकते थे? उन्होंने डरते और रोते हुए मेरे और बाबू माणकलाल जी कोचर के सामने कहा, हमारे मुंह में थुकवाया गया, पुलिस वालों ने थूका। जूतों की ठोकरें मारी गईं। एक को, रोते हुए को, जूते की ठोकर मार दी। बूढ़ा था, उसका दाँत टूट गया। उनकी पीठ सूजी और छिली हुई थी, वे रो रहे थे, और कहते थे, हमने तीन दिन तक अन्न का दाना भी नहीं पाया। हम लोग तो यहाँ आ गये, घर में औरतों की क्या हालत हुई होगी भगवान जाने। खैर, मैं कैदियों से मिलकर लौटा और डेपुटेशन के घूरपुर चले जाने के बाद मैं कलकत्ता कांग्रेस को रवाना हुआ।

6. मैंने कलकत्ते से लौटकर नरसिंगपुर की डिस्ट्रिक्ट कांग्रेस कमेटी से घूरपुर की रिपोर्ट माँगी। परंतु उत्तर मिला कि कमेटी का बहुमत उस रिपोर्ट को प्रकाशित नहीं किया चाहता। कमेटी के बहुमत वाले कमजोरों की इस कायरता से मुझे अत्यन्त दुःख हुआ। परिणाम यह हुआ कि घूरपुर के अभागें कुछ काला-पानी भेजे गये और कुछ जेल में ठूंसे गये। यह था भय। मैं उन हालात को न पा सका और अन्त में एक छोटा-सा नोट लिखकर चुप बैठ गया। किन्तु डेपुटेशन के सज्जनों से मिलकर किसी प्रकार बातों-बातों में पता पाया कि अत्याचार भयंकर है और मिस्टर बोर्न के रहते उनका सिद्ध करना महान कठिन है। मुझसे यह भी कहा गया कि जिन स्त्रियों का जबरदस्ती सतीत्व नष्ट किया गया है वे इसलिए अपने अत्याचार नहीं कहतीं कि कह देने से उनके पतियों, भाइयों, और संबंधियों को कड़ी सजायें होंगी और वे आचरण के नाश का बयान करने पर अपनी जाति से अलग कर दी जावेंगी। मैं इस अरस्था पर बहुत दुःखी हुआ और इस प्रयत्न में लगा कि किसी प्रकार इन बातों का पता पाऊँ। यह सितम्बर-अक्टूबर महीने की बात है। इतने ही में घटनायें कुछ और रूप धारण करने लगीं। मैंने देखा कि कर्मवीर में खबर देने वाले समझे जाने वाले कुछ लोगों पर मुकदमे चल गये। नरसिंगपुर के देशभक्त वकील और नरसिंगपुर जिला परिषद के मन्त्री श्री दौलतसिंह के भाइयों पर नरसिंगपुर के शासकों के सामने एक मुकदमा चलने

लगा। नरसिंगपुर जिले के बी० ए० क्लास के विद्यार्थी पर कर्मवीर में एक पुलिस इन्सपेक्टर के विरुद्ध कुछ खबर देने पर एक मुकदमा दायर हुआ। इधर नरसिंगपुर भी गाडरवाड़ा तहसील में कर्मवीर के संवाददाता समझे जाने वाले शिवरतन दुबे भी आराम से बैठने न पाये। उन पर भी मुकदमा चलने लगा और गाडरवाड़ा तहसील के संयोजक और कदाचित् कर्मवीर के लेखक होने के अपराधी श्रीयुक्त बाबू शिवप्रसादजी पर भी मुकदमा चलने लगा। संभव है इन लोगों पर एक साथ मामला चलना संयोगवश ही हो। किन्तु अफवाह है कि कर्मवीर से संबंध रखने के कारण ये लोग सताये जा रहे हैं।

7. अब रह गया कर्मवीर खुद। तो उसके सम्पादक की हैसियत से मुझ पर भी एक वारन्ट छूटा। गत मई मास में बाबई जिला नरसिंगपुर के कुछ सज्जनों ने वहाँ के स्कूल मास्टर के कुछ दुर्गुणों का सूचक एक संवाद भेजा। उसका सार छाप दिया गया। थोड़े दिनों बाद कुछ सज्जनों ने, मास्टर पर जो दोष लगाये गये हैं वे निर्मूल हैं, ऐसा संवाद भेजा। वह भी पत्र में छाप दिया गया। यह बात मई के अन्त व जून के प्रारम्भ की है। किन्तु उन दिनों जिन दिनों घूरपुर का मामला चलने लगा, और कर्मवीर के अन्य लेखक माने गये सज्जन भी कुछ मुकदमों के मुजरिम हुए, करीब डेढ़ माह पहले चला हुआ मेरे नाम का वारन्ट ता० 24 अक्टूबर की शाम को जबलपुर पहुँचा कि मैं ता० 25 को जनाब जवाहिरलाल साहेब की अदालत में नरसिंगपुर में हाजिर होऊँ। साधारण नियम यह है कि ऐसे मामलों में पहिले समन्स भेजे जाते हैं और तामील न होने पर वारन्ट भेजा जाता है, किन्तु मुझ पर प्रारंभ ही में वारंट निकला। खैर, मैं सौभाग्य या दुर्भाग्य से नरसिंगपुर ही गया था। वहाँ दूसरे दिन मेरे आफिस के आदमी आये व वारन्ट का शुभ संवाद लाये। मैंने कहा, मैं बिना वारन्ट आज स्वयं ही अदालत में हाजिर हो जाऊँगा। इतने ही में मेरे नाम पर एक वारन्ट और छूट गया। गनीमत यह थी कि वह जमानत वाला था। एक सज्जन ने, कचहरी के रास्ते ही में खड़े-खड़े जमानत दी और कोर्ट में उपस्थित हो गया। दूसरे दिन जबलपुर में आने वाले थे लाट साहेब, और वहाँ भी जनता की आज्ञानुसार मेरा वहाँ पहुँचना जरूरी था। परन्तु, जब तक लाट साहेब जबलपुर में रहे, मेरी पेशियाँ बढ़ती रहीं और उसी दिन मैं जबलपुर आ सका जिस दिन कि लाट साहेब यहाँ से प्रस्थान कर गये। इस तरह मई के महीने के समाचार का मुकदमा मुझ पर अक्टूबर में चला, जिसमें मेरे भाई बाबई के स्कूल मास्टर, बफातअली ने मुझ पर मानहानि की नालिश की है।

8. इतने ही में एक घटना और घटी। बाबई के ठेके के मालगुजार धनवान व्यक्ति अंछाराम का कर्मचारी धन्नूलाल कर्मवीर का सहायक बनकर घटना की सचाई के प्रतिपादन में सहायता करने लगा। अंछाराम भी कर्मवीर के खिलाफ

और मास्टर वफातअली के गवाह की हैसियत से आगे नहीं आया। वह भी स्कूल कमेटी के पंचों में है। परन्तु न तो मास्टर के पक्ष में जाने वाली दरखास्त पर उसके हस्ताक्षर थे और न वह कर्मवीर के खिलाफ गवाहों ही में था। अचानक वह भी नरसिंगपुर के अपराधियों में दीख पड़ा। और उस धनवान मालगुजार के मकान में से पौने छै तोला गांजा व एक लोटा बरामद करके पुलिस ने उसे चोरी में गिरफ्दार किया। अंछाराम का मन भविष्य में कर्मवीर की घटना पर क्या होगा ईश्वर ही जाने। किन्तु उसका मुखतार धन्नूलाल भी गाँव, घर-द्वार व नौकरी छोड़कर इसलिए भाग गया कि कहीं आजकल के नरसिंगपुर की खोलने-वाली भूमि में वह भी किसी अपराध में गिरफ्दार न हो जाय।

9. एक ताजी किन्तु भयंकर घटना इस नवम्बर मास में घट गई। गाडरवाड़े के बाबू शिवप्रसाद जी वकील जिनका उल्लेख ऊपर हो चुका है, ज्योंही तहसील परिषद करके निपटे, त्योंही उनके सार्वजनिक कार्यों से जलने वाले व्यक्तियों ने उन्हें पिटवा दिया। उनका सिर फूट गया और वे बेहोश हो गये। यदि एक चोट और पहुँचती तो वे स्वर्ग को प्रस्थान कर जाते, और नरसिंगपुर की गाडरवाड़ा तहसील के सार्वजनिक जीवन का शान्त, ईमानदार और कर्मण्य दीपक बुझ जाता।

10. खबर गर्म है कि कुछ सज्जन और पिटेंगे। बाबू माणिकलाल कोचर और चौधरी दौलतसिंह जी को कुछ सूचनायें हैं कि अकेले न घूमें। और मेरे पास आकर कुछ सज्जन कह रहे हैं कि मैं नरसिंगपुर अकेले न जाऊँ। मेरे मुकदमे को मैं निरा साधारण नहीं समझता। नरसिंगपुर के शासन में मैं उसे राजनैतिक समझता हूँ। इसी धारणा से उस मुकदमे का मुजरिम हूँ और आगे होने वाले सब मुकदमों का यदि कोई मुजरिम रहूँगा, और आदर तथा आनन्द से उसके कठिन से कठिन परिणाम को भोगने के लिए प्रस्तुत रहूँगा। अन्य किसी जिले में होने पर मैं इसे राजनैतिक न मानता। मारपीट का भी हृदय में भय नहीं। छोटा-सा दुर्बल व रोगी शरीर है। किन्तु वह क्षुद्र मृत्यु से कभी न पिछड़े यह भगवान से प्रार्थना है। इसलिए सिर फूटने व मृत्यु हो जाने तथा मुकदमे के कठिन से कठिन परिणाम की कल्पना करते हुए भी मैं 6 ता० को पुनः नरसिंगपुर के कटघरे में मुजरिम बनकर उपस्थित होऊँगा।

मैं कष्टों का प्रार्थी हूँ, क्योंकि उसमें मेरे प्यारे स्वदेश पूजनीय प्रदेश और दुखी नरसिंगपुर जिले का कष्टों से उद्धार है। भगवान बल दे, इस बलिवेदी पर मेरी परीक्षा होते समय।

[कर्मवीर, 4 दिसम्बर, 1920]

महात्मा गांधी : विशेष सामग्री

ट्रेन में, बापू के साथ कुछ क्षण

उस समय मैं महात्माजी के साथ भोपाल जा रहा था,[1] स्वर्गीय श्री महादेव भाई देसाई और स्वर्गीय श्री जमनालालजी बजाज के साथ सुश्री मीरा बहन भी तब महात्माजी के साथ थीं। तीसरे दर्जे का डब्बा था। मैं स्वर्गीय श्री जमनालालजी बजाज की सूचना पाकर ही खण्डवा से महात्माजी के समूह के साथ हो लिया था। सारी पार्टी पेशावर ऐक्सप्रेस से भोपाल जा रही थी जो कि आजकल अमृतसर ऐक्सप्रेस कही जाने लगी है।

खण्डवा से जावर का स्टेशन निकलने तक तो हम लोग स्थिर ही नहीं हो पाये थे, और भाई जमनालालजी बापूजी को किसी संस्था का हिसाब-किताब समझाते रहे थे। उस समय वे पेंसिल हाथ में लिए इतनी सावधानी से हिसाब देख रहे थे, इतनी तल्लीनता से अंकों का जोड़ और बाकी देख रहे थे कि मैं उस मुद्रा में बापू को देखकर सोचने लगा कि क्या यही वह व्यक्ति है जिसकी एक आज्ञा पर सम्पूर्ण देश का नियमन होता है क्या यही ? सिपहसालार है जिसकी एक-एक बात पर देश के लोग जीते और मरते हैं ? मुझे लगा कि इस तरह छोटी--छोटी संस्थाओं के हिसाबों को देखने के लिए, यह सदैव काम में लगा हुआ महापुरुष, समय कैसे पा लेता है ? उस समय मुझे सन्तवर विनोबा के मुझसे कहे हुए ये शब्द याद आ गये कि बापू को कब अधिक काम रहता है, इसकी अपेक्षा यह कहना अधिक उपयुक्त होगा कि उनको कब काम नहीं रहता ? हिसाब-किताब से छुट्टी पाकर बापू ने मुस्कराकर मुझसे कहा, "कहो तुम्हारा साहित्य क्या कर रहा है ?" मैंने कहा, "यदि समय मिले तो मैं आज साहित्य की बात नहीं कर रहा। अभी उस दिन आपने बंगाल के किसी कलाकार से कहा था कि आप तो कला केवल उसी को मानते हैं जो परमेश्वर की रचना है···।"

बापू—"सो तो है ही। मैं केवल नाद के उपद्रव को कला मानता हूँ न शब्दों के अत्याचार को, और न रंगों की यहाँ-वहाँ पड़ी हुई कुछ चित्र बनाती-सी

1. 8 सितम्बर 1929

राशि को ही कला मानता हूँ।"

मैंने निवेदन किया—"सो क्यों ?"

बापू—"सो इसलिए कि ईश्वर की रचना में जहाँ सौन्दर्य का समस्त बोध आता है वहाँ कला का श्रेष्ठ रूप भी आता है।"

मैंने कहा—"आप तो कला से उपयोगिता भी वसूल करना चाहते हैं ?"

बापू बोले—"यहाँ मैं और तुम का सवाल नहीं है। कला उपयोगी होती ही है।" भागती हुई रेल की खिड़की की ओर इशारा करके बोले—"इन हरे-भरे खेतों में जो वृक्ष लहरा रहे हैं, हो सकता है कि इनमें से कुछ को मनुष्य ने बोया हो, किन्तु उनका विकास, विस्तार और परिणाम तो ईश्वर ही के हाथ में है न ?"

मैंने कहा—"इसी तरह इन्हीं पौधों को या ऐसे ही पौधों को लोग कूँची से कागज पर बना देते हैं तो उनके श्रम, उनके कौशल, उनके समर्पण और उनकी तन्मयता की सराहना तो अवश्य ही की जानी चाहिए।"

बापू बोले—"जिसे कला की लगन लग जाती है उसे सराहना की भूख नहीं लगती। यों भी आपके द्वारा वर्णित चित्रकार भी क्या नहीं मानता कि उसकी समस्त रचना, ईश्वरीय रचना की नकल है ?"

मैंने निवेदन किया—"गंगा या कृष्णा के तट पर किसी बड़े शहर में एकान्त में बैठे हुए कलाकार पर यह इल्जाम कैसे रखा जा सकता है कि अपने एकान्त के क्षणों में जिन गिरि-शिखरों का वह निर्माण कर रहा है अथवा जिस बाँसुरी को वह बजा रहा है, उससे प्राप्त होने वाला आनन्द उसके द्वारा की गई किसी नकल का परिणाम है ?"

बापू—"तो यों कहो न कि तुम ईश्वरीय रचना की नकल भी करते हो और उसे ईश्वरीय रचना की नकल कहने से शरमाते भी हो।···मेरा आग्रह यह नहीं है कि तुम उसे ईश्वरीय रचना ही कहो। तुम अपने सन्तोष के लिए उसे प्रकृति की रचना कहो, किन्तु मैं उसे ईश्वरीय रचना ही कहूँगा और कहता रहूँगा।" इतने ही में गाड़ी हरदा के निकट के अनजना नदी के पुल पर निकलने लगी। बापू ने मुस्कराकर कहा—"तुम तो इस पुल को कला कहते हो। मैं भी इस पुल के परिश्रम की सराहना करता हूँ, किन्तु मैं पुल पर फिदा नहीं हूँ।"

[1958-59]

कर्णधार का आगमन

तारीख 28वीं दिसम्बर की ओर (1931) देश बड़ी उत्सुकता से देख रहा है। देश के विभिन्न कोनों से, लोग बम्बई पहुँच रहे हैं। कोई समाचार कहता

है कि महात्मा जी जहाज से सीधे किसी जेल में भेज दिए जाएँगे। कोई कहता है, महात्मा जी आते ही वाइसराय से मिलेंगे और आर्डिनेन्सों को हटवायेंगे। महात्मा जी खाली हाथ आ रहे हैं। अंग्रेजी राजनीति ने, उन्हें कुछ भी नहीं दिया। निस्संदेह महात्मा गांधी तथा भारतीय राष्ट्रीय सभा ने लन्दन परिषद् से कभी कुछ पाने की आशा नहीं की। परन्तु यह कौन कह सकता है कि इंग्लैंड ने महात्मा जी को इसीलिए लन्दन बुलवाया था, चूंकि उसे कुछ भी देना न था। तब अपने खाली हाथ लौटने वाले सेनानी के स्वागत के लिए भारतीय जनता इतनी उतावली क्यों हो रही है!

महात्मा जी ने जब गांधी-इरविन समझौता किया था, तब भारतीय तरुणाई, और देश का पुरुषार्थ सब मन मसोस कर रह गया था। इसलिए नहीं कि इंग्लैंड के साथ रहने वाले द्वेष को वह कम करने के लिए तैयार न था, किन्तु इसलिए कि, वह समझा था कि इंग्लैंड 'भारतीय स्वतन्त्रता' दान में न देगा। जेल से छूटते ही, जब पंडित जवाहरलाल नेहरू ने, "युद्ध में सुख" मिलने की बात कही थी, और सन्धि से बेचैनी प्रकट की थी, तब उन्हें इसी बात का खयाल था कि भारत ने अभी युग की तराजू पर, स्वतन्त्रता की समता में तुल सकने वाली कुरबानियाँ नहीं कीं। कितने ही लोग, और विशेषतः अंग्रेज लोग, नाराज हो पड़े थे, जब पंडित जवाहरलाल जी ने कहा था कि जब इंग्लैंड के और हमारे बीच समझौता होगा, जब सरदार भगतसिंह की लाश हमारे और उनके बीच पड़ी होगी। महात्मा गांधी और अंग्रेज राजनीतिज्ञों के बीच लन्दन में जब बातचीत हुई, तब चाहे महात्मा गाँधी जी ने, भगतसिंह की लाश का अपने बीच पड़ा रहना अनुभव न किया हो, किन्तु परिषद् के परिणामों ने स्पष्ट बता दिया कि अंग्रेज राजनीतिज्ञों ने भगतसिंह की लाश को नहीं भुलाया। परिषद् के खतम होते ही लोग स्वराज की आशा कर रहे थे, वे शान्ति की आशा कर रहे थे, वे संयत शासन का सपना देख रहे थे। किन्तु सरदार भगतसिंह और उन जैसे पागल तथा देश के अहिंसात्मक निश्चय के खिलाफ बरतने वाले तरुण यह देखेंगे कि गोल मेज के बाद, भारत सरकार ने, महात्माजी के शान्ति और प्रेम का तरीका इख्तियार नहीं किया, उन्होंने भगतसिंह और उनके साथियों के तरीके को स्वीकृत किया, और उसे आर्डिनेन्सों का स्वरूप दे दिया। और देश में ईसा के नाम पर चलने वाले गिरजाघर और सरकारी मुआफी पाने वाले मसजिद और मन्दिर, शान्ति की धर्माज्ञा पर अमल करने के लिए सरकार को न समझा सके। आज इसी अवस्था में महात्माजी देश में आ रहे हैं।

कहते हैं, देहली का गांधी-इरविन समझौता अभी जिन्दा है। नमक के सत्याग्रह ही से पिछले सत्याग्रह-संग्राम का श्रीगणेश था। गरीबों के अन्न मे स्वाद और बल लाने के एकमात्र आधार नमक को बन्धन-मुक्त करने के लिए,

महात्माजी ने, डांडी में सत्याग्रह की घोषणा की थी। और अब, नग्रे बे-मौसमी बजट के द्वारा, नमक पर भारत-सरकार द्वारा बढ़ाया हुआ दूना कर, लन्दन से लौटते हुए महात्मा गांधी का स्वागत कर रहा है। सत्याग्रह के जमाने में सरकार ने अखबारों का आर्डिनेन्स बनाया और सन्धि होने पर उसे उठा लिया था। किन्तु अब अखबारों का आर्डिनेंस, कानून बनाकर, दिल्ली के गांधी-इरविन समझौते के शव की रखवाली करते हुए महात्मा गांधी का स्वागत कर रहा है। महात्मा गांधी ने लन्दन के जहाज पर चढ़ने के लिए इन्कार कर दिया था कि वे बारडोली और युक्त-प्रदेश के किसानों की हालत सुधारने का जब तक प्रबन्ध न करें, तब तक, किसानों के करुण क्रंदन पर कदम रखकर लंदन की "इज्जत" को स्वीकार नहीं कर सकते। किन्तु अब बारडोली जाँच-कमीटी की कार्यवाही, कांग्रेस को 'शरारत की जड़' और किसानों को 'झूठी गवाही' देने वाला बताकर महात्माजी के बम्बई पहुँचने के सप्ताह ही में अवतार धारण कर उनका स्वागत कर रही है और युक्त-प्रान्त का आर्डिनेंस मानो महात्माजी से कह रहा है—"मिस्टर गांधी, तुम किसान-हित चाहते थे न ! यह लो हेली[1] छाप किसान-हित। गाँधी-इरविन समझौते ने, जेलों के दरवाजे खोले थे, किन्तु आज साधुमना पुरुषोत्तदास टण्डन, पंडित कृष्णाकान्त मालवीय, और देश के सैकड़ों जन-सेवक जेलों में से महात्मा गांधी का स्वागत कर, इस बात की गवाही दे रहे हैं कि निस्संदेह देहली का गांधी-इरविन समझौता जिन्दा है।

भगवान, आपका देश में लौटना चाहे 'गांधी-इरविन समझौते का विजयोत्सव हो या मरण त्यौहार परंतु भारत तो अपने त्याग के ज्ञान के आनंद का, अपनी कुरबानी के तप के तेज का, अपने कर्त्तव्य की मनोजागृति का, स्वतंत्रता के पथ में मिट जाने की हृदय में रहने वाली पवित्रता की खूबसूरती का, मातृभूमि के प्रति रहने वाली भक्ति की मुस्कुराहट का, और देश की कुरबानी की कला की क्रीड़ा का स्वागत करने के लिए उतावला होकर, बम्बई के समुद्र-तट की ओर दौड़ा जा रहा है। वे अनुभव करते हैं कि उनका पवित्र पराक्रमी, पर-दुख-भंजक और मातृभूमि के खतरों को आमंत्रित करने वाला सिपहसालार आ रहा है। वे उस वाणी का स्वागत करने दौड़ रहे हैं जो गरीबों और पीड़ितों की आवाज बनकर विश्व में गूँज उठेगी, और असहायों की बपौती और निरंकुशों की चुनौती बनेगी। वे उस भुजा का स्वागत करने जा रहे हैं जो संकट-ग्रस्तों के मस्तक पर स्वावलम्बन और बंधनहीनता लिखेगी। गांधी-इरविन समझौते के बंधन से जकड़ी हुई पुण्य-भूमि में महात्माजी, आपका स्वागत। कांग्रेस और देश के एक-मात्र प्रतिनिधि, आपके खाली हाथों का, बलिदानों के अमर मूल्य पर स्वागत।

[26 दिसम्बर 1931]

1. सर मालकम हेली उत्तर प्रदेश के तत्कालीन गवर्नर

चमत्कार

आखिर महात्मा गांधी के प्राण बच गए, और वह वाणी सत्य साबित हुई जिसने विश्व के अविश्वास और अनिश्चय पर मुहर लगाते हुए कहा था कि चमत्कारों का युग अभी समाप्त नहीं हुआ। बूढ़ी उम्र में मौत से झगड़ने का यह साहस, जिसे महात्माजी के अनन्य भक्त तक अपने अन्तःकरण में दुःसाहस कह रहे थे, युगों की एक घटना है। ईसा और मुहम्मद जैसे महापुरुषों ने भी मौत को साहसपूर्वक अपनाया है किन्तु, उसके सम्मुख आ जाने पर, उसे चुनौती देकर बुलाया नहीं। उनके निकट आने वाली मौत और उन पर चढ़ाई करने वाले प्रहारों में विश्व का पतन और द्वेष चढ़ाई करता था और बर्दाश्त करने वाला होता था विश्व का महान आत्मा। परन्तु, यह तो अपने ही पर अपनी चढ़ाई है। दैत्य और देवता, मित्र और शत्रु, आस्तिक और नास्तिक सब मनुहार कर रहे थे कि न हो, न हो यह संग्राम। यह बात नहीं कि इस घटना में तमोगुण के दर्शन ही न हुए हों, वह सतोगुण का अभिनय अदा करने के लिए और इस दृढ़निश्चयी देव-दूत के दर्शन के लालच को रोक न सकने के कारण एक बार आया था। वह इसलिए भी आया था, कि, महात्मा जी की मानवता को नष्ट कर, मानवता की उच्चता पर देवत्व अपना कब्जा न कर ले। जिस समय महात्मा जी के अनन्य हृदय श्रीयुत राजगोपालाचारी ने महात्मा जी से डॉक्टरों के बोर्ड के द्वारा, शरीर की जाँच हो जाने पर ही उपवास प्रारम्भ करने की बात कही थी, उस समय महात्माजी ने नाराज होकर कह दिया था कि, आप जैसे मित्र को मेरे निश्चय को कमजोर करने वाली बात न कहनी चाहिए। किन्तु दूसरे ही क्षण, पट-परिवर्तन हो गया। जिस मस्तक को, विजयी ब्रिटिश शासन, 20 वर्षों के लगातार उद्योगों से नहीं झुका पाया वही वज्र से कठोर मस्तक पुष्प की डाली की तरह झुक पड़ा और राजगोपालाचारीजी से कह उठा—"क्षमा करो! मैंने तुम्हारे हृदय को चोट पहुँचाई।" देवता के पार्षद के सम्मुख झुकने की घटना विश्व के इस युग के, शील के इतिहास की मानो सीमा-रेखा बनकर आई थी। लोग ईश्वर पर तो विश्वास कर सकते हैं क्योंकि विश्वास न करने पर भी कोई शक्ति आडम्बर को पूर्ण आस्तिकता और नग्न वास्तविकता से खुली कैफियत लेने नहीं आती, किन्तु लोग इस पर विश्वास करने के लिए मुतलक तैयार न थे कि इस भयंकर उपवास के बाद देश गांधीजी को जीता पाएगा। और यही कारण है कि प्रतीक्षा, वेदना, सब कुछ लुट जाने की भावना की तरल कृपा के हरियाले दर्शन हुए। निश्चय कर मौत के मुख में पहुँच चुकने वाले व्यक्ति ने भारत माता की गोद में 63 वर्ष की उम्र में देश की महान् संकल्प-सिद्धि के लिए नया बचपन पाया। कवि रवीन्द्र व्याकुल होकर पुकार उठा,—इस मौत को मत अपनाओ। इसलिए नहीं कि वह शिल्पी किसी महान् कवि को खो रहा था, किन्तु यह तो विश्व-प्रभु की महान् परिवर्तन-

कारिणी, लाड़ से बनाई हुई, सजीव कविता को खो रहा था। विज्ञान असहाय था। संगीत के पास करुणा के सिवा कोई रस बाकी न था। देश का हृदय कही जाने वाली श्रेणी किसी सिलावट की खींची हुई तस्वीर हो रही थी। पूना, देश के दुर्भाग्य के महान् मन्दिर का चमकीला मुकुट बन जाना चाहता था। परन्तु, पूना की पर्ण-कुटी में एक चारपाई पर पड़ी हुई मुट्ठी भर हड्डियों को कविता, कला, चित्रकारी, मूर्तिरचना, विज्ञान, और कौशल को चीर कर, वह लोग पुकार रहे थे, जिनकी आवाज ने मरने का व्रत ठाना था, वह शरीर पुकार रहे थे जिनकी भाग्य-लेखिका-भुजाओं ने मरने का त्यौहार मना रक्खा था। वे थे भारतवर्ष के गुलाम, गरीब और अछूत। डाक्टर अनसारी और डाक्टर विधानचन्द्र राय की समस्त मसीहाई, उस समय 21 दिनों के उपवासी के शरीर की पल-पल की नाप-जोखकर उसकी धमनियों की धड़कन को गिन, श्वासों की दौड़ को नाप रही थी। किन्तु, श्वासों के उत्पत्ति-स्थान में बैठकर, वह सब कुछ खो बैठने वाली भारतीय अछूतों की ताड़ित, अपमानित, और अपाहिज सेना थी, जो यमराज को न घुसने देने के लिए गांधी जी के हृदय में करुणा के शस्त्रों से सज्जित प्राणों पर पहरा लगाए खड़ी थी। यों तो राज-सिंहासनों से लगाकर पर्वतों की कन्दराओं तक से गांधी जी की रक्षा-ध्वनि ध्वनित हो रही थी, और देव-मन्दिरों और राष्ट्र-मन्दिरों के संदेश लगातार अपने घण्टों और प्रस्तावों में रक्षा की प्रार्थना कर रहे थे, किन्तु, गुलाम भारतीयों और कष्ट-भोगी अछूतों की प्रत्येक आवाज प्रार्थना थी, प्रत्येक प्रार्थना धमकी थी, प्रत्येक धमकी बेबसी थी और प्रत्येक बेबसी गांधी जी के श्वासों का अस्तित्व थी। जो चमत्कारों के युग पर विश्वास नहीं करना चाहते, वे इसे "अवसर" (CHANCE) कह दें, किन्तु हृदय से पूछ कर बात कहने वाले कहेंगे कि गरीबों की आहें यमराज से झगड़ कर गांधीजी के प्राणों को मनाकर लौटा लाई हैं, और मना कर क्यों? हमारी देश-व्यापी अकर्मण्यता ने हमारे निरीश्वरता-पूर्ण ईश्वर के आडम्बर ने, हमारी पतन की पराकाष्ठा की कहानी बनकर रहने वाली पवित्रता ने, गांधीजी पर, ऐसे आक्रमण किए हैं जिनके करते हुए कदाचित् यमराज को भी प्रभु की इस उच्चतर रचना के लिए संकोच हो। मिट्टी और पत्थर में प्रभु का आरोप करने वाली हमारी जाति, मानव में और अपने भाई में 'प्रभु' ढूँढने में आज असमर्थ है। शिल्पी[1] की पत्थर की मूर्ति को बाजे-गाजे से मंदिर में ले जाकर, उसमें प्रत्यक्ष प्रभु के आगमन का संकेत पाने वाली जाति अछूत माँ के गर्भ में स्वयं प्रभु द्वारा निर्माण की हुई सजीव मूर्ति को पूजा की नहीं, छूने की वस्तु मानने के लिए भी तैयार नहीं। "अगर वर्णाश्रम जातीय मंदिर के चार खम्भे हों तो उसके एक खम्भे को जाति की सीमा से सर्वथा नष्ट कर देने को उभड़ने वाली यह "सनातनता" रावण-युग के

1. संगतराश

दैत्यत्व को भी लज्जित कर रही है। ऐसे युग में बहने वाली वायु किसी कर्मण्य हृदय में सुगंधित नहीं लग सकती। मूर्तियों से मस्तकों को उठाकर प्रभु के प्रत्यक्ष दर्शन के लिए जाति को विवश करना ही हरिजन-आन्दोलन का प्रगट रहस्य है। और इस महान् आस्तिकता के लिए नया बचपन पाने के लिए गांधी जी ने इस उपवास के तप की समाराधना की थी। वह तप पूर्ण हो गया। तप तो कार्य का संकल्प था। कार्य का श्रीगणेश अब होगा और हमारा विश्वास है कि न तो ब्रिटिश राज्य की रुखाई और उद्दण्डता इस भारतीय नवजीवन को चुनौती देकर जिन्दा रह सकेगी और न जातीय नास्तिकता हरिजनों के लिए अपने वधिकालय अधिक दिनों तक चला सकेगी।

इस समय जब उपवास हो रहा था, कहाँ था बेचारा "सफेद कागज" और किस भाव बिक रही थी "पार्लियामेंटरी संयुक्त कमेटी"। उपवास के सम्मुख भारतीय जनता ने अंग्रेजी कारखाने में, अंग्रेजी स्वार्थों के साथ, ढाली जाने वाली शासन योजना को जिस उपेक्षा की दृष्टि से देखा, उसीने सर तेजबहादुर सप्रू से लन्दन में यह कहलाया है कि मत सोचो कि कांग्रेस कुचल दी गई है, उसका संदेश घर-घर और हृदय-हृदय में जगह कर गया है, और कोई शासन-योजना कांग्रेस के विरोध के साथ देश में सफलतापूर्वक नहीं चल सकती। बेचारे वाइसराय लार्ड वारेन हेस्टिंग्स के युग में अपने को अनुभव कर कहते हैं, "कांग्रेस के कैदी नहीं छोड़े जा सकते। किन्तु दूसरों के देश में, दूसरों पर कब्जा किए रहने वाले सज्जनों के मुँह से निकलने वाली अकड़ का इतिहास क्या कह रहा है, कि ये अनेक स्वतन्त्र देशों के इतिहास में लिखा है, अनेक राजनीतियों ने इस पर भविष्यवाणियाँ की हैं, और इस काली अकड़ के झुकने की कहानी से विश्व के मनस्वियों के मस्तक ऊँचे रहे हैं और अकड़ने वालों की अकड़ अकड़ने वाली जातियों की युग-पुस्तिका में पश्चात्ताप का अन्तिम पाठ बनकर रही है।

—एक भारतीय

[3 जून, 1933]

मध्यप्रदेश में महात्मा जी

महात्मा गांधी इस समय वर्धा के सत्याग्रहाश्रम में ठहरे हुए हैं, और देश-भक्त जमनालाल जी बजाज के मेहमान हैं। महात्मा जी को वर्धा आए दो सप्ताह हो गए, यह तीसरा सप्ताह है। महात्मा जी, वर्धा, विश्राम के लिए आए हैं, और श्रीयुत जमनालाल जी ने, महात्मा जी के विश्राम में विघ्न न पड़ने देने की गरज से, एक वक्तव्य प्रकाशित कर, अपने प्रान्तीय मित्रों और देश भाइयों से निवेदन कर दिया था कि वे महात्मा जी को विश्राम के दिनों अधिक न सतावें।

यों वर्धा के सत्याग्रहाश्रम में महात्माजी कुछ वर्षों आते रहे हैं। उन दिनों कांग्रेस जाते समय, मार्ग में पड़ने वाले स्थानों को यह शुभ अवसर मिल जाता था कि वे महात्माजी को अपने बीच पा सकें, और उनके उपदेश सुन सकें, किन्तु समूचे मध्यप्रदेश और बरार को, और खासकर मध्यप्रदेश के उत्तरीय जिलों को महात्माजी के दौरे का अवसर नहीं मिला अब सुनते हैं कि महात्माजी मध्यप्रदेश का दौरा करने वाले हैं, और भिन्न-भिन्न स्थानों के नेता, शीघ्र ही अपने-अपने यहाँ का कार्यक्रम बनवाने वाले हैं। सुनते हैं, रायपुर के नेता, पं० रविशंकरजी शुक्ल के आग्रह से महात्माजी शायद रायपुर जाने वाले हैं। इधर सार्वजनिक सभाओं में भाषण देते हुए, हरिजन-सेवक-संघ के सभापति श्रीयुत व्योहार राजेन्द्रसिंह जी ने, लोगों से हरिजन कार्य के लिए अपील करते हुए, महात्माजी के आगमन का उल्लेख किया है।

प्रान्त-निवासियों को महात्माजी को अपने बीच पाकर अत्यन्त प्रसन्नता होना स्वाभाविक है। महात्माजी भारतीय राष्ट्र के साहस, बलिदान, निश्चय और आकांक्षाओं की जीती-जागती प्रतिमा हैं। जेल के तथा पर्णकुटी के संवादों को पढ़-पढ़कर, हजारों का हृदय महात्माजी के दर्शनों के लिए लालायित रहता था। इसमें कोई सन्देह नहीं कि यहाँ के लोग महात्माजी को उन दिनों अपने बीच नहीं देख सके, जिन दिनों महात्माजी सत्याग्रह का शंखनाद करते घूम रहे थे, किन्तु महात्माजी सत्याग्रह और तप की, बलिदान और स्वराज्य-निश्चय की प्रतिमा हैं। तब उनकी उपस्थिति मात्र से, लोगों में महान जीवनी शक्ति का उदय हुए बिना न रहेगा।

सन् 1921 के पश्चात् महात्माजी 12 वर्ष पश्चात् पुनः इस प्रदेश में भ्रमण करेंगे। और वह भी ऐसे समय, जब हमारे तेजस्वी राष्ट्रीय नेता श्रीयुत गोविन्द दास जी जेल में हैं। ऐसे समय, महात्माजी, जिन-जिन स्थानों में जाने का कार्यक्रम तय करें, वहाँ के मित्रों पर जिम्मेवारी है कि वे कुछ खास बातों का ख्याल रखें। संक्षिप्त में वे बातें इस प्रकार हैं—

1. जब महात्माजी आपके नगर में आवें, तब, 12 वर्षों के राजनैतिक अनुशासन के पश्चात्, आपके नगर में बेहूदा, और काबू में रहने वाली भीड़-भाड़ का प्रदर्शन महात्माजी के सम्मुख होने के बजाय, इस बात की आवश्यकता है, कि हमारे जन-प्रदर्शन बहुत व्यवस्थित हों, वैसे ही व्यवस्थित जैसे आंध्र, तामिल, कर्नाटक और गुजरात में महात्माजी को देखने के लिए मिलते रहे हैं।

2. महात्मा जी के आगमन पर ऐसे लोग महात्मा जी के तत्त्वों और गुण-गान की प्रशंसा में लेख या कविताएँ न पढ़ें, जो स्वयं तो पहिने हों विलायती या मिलों का कपड़ा, और खादी की प्रशंसा के पुल बांध रहे हों, स्वयं तो त्याग को छूना भी न चाहते हों, और वाणी की बौछार में त्याग की धूम मचाये हुए हों।

3. भीड़ में एकत्र होने वाले भाई सोचें कि महात्माजी की जय-जयकार उतना मूल्यवान नहीं, जितना मूल्यवान कि आचरण है। विलायती चिकने वस्त्रों और चमकीली-चटकीली विलायती टोपियों से महात्मा जी का स्वागत, महात्मा जी का क्रियात्मक, अपमान होगा। अतः इसके पहिले कि महात्मा गांधी आपके शहर में आवें, आप कृपया अपना बाना राष्ट्रीय बना लें। अब प्रान्त के होम मेम्बर जैसे सरकारी व्यक्ति खद्दर पहिनते हैं, तब किसी भी कारण से खद्दर पहिनने से हमें पीछे नहीं रहना चाहिए।

4. जब महात्माजी आपके शहर में आवें तब सभाओं की व्यवस्था ऐसी होनी चाहिए, जिससे बूढ़ों, बच्चों और बहिनों को कोई असुविधा न हो। एक चौड़ा रास्ता महात्मा जी के जाने के लिए रख छोड़ना चाहिए और भीड़ को काबू में रखने के लिए स्वयं-सेवकों का सुन्दर प्रबन्ध रखना चाहिए। उस समय महात्मा जी पर टूट कर उनके पैर छूने की अन्ध श्रद्धा-प्रगट करने के बजाय, उन्हें अपने ही स्थान पर बैठे हुए नमन करना चाहिए। ताकि महात्माजी यह जान सकें कि हमने 12 वर्षों में अपने को व्यवस्थित स्वाधीनताप्रिय जाति बना लिया है।

5. महात्मा जी के आगमन पर जो सज्जन, कुएँ, जलाशय या मन्दिर महात्माजी के हाथों हरिजनों के लिए खुलवाना चाहते हैं, वे पहिले ही से अपनी व्यवस्था कर रखें। ताकि निश्चित किए समय पर महात्मा जी थोड़े समय में अधिक काम करने में समर्थ हो सकें। यह खयाल रखना चाहिए कि एक देवालय या एक कुआँ खुलवाना या एक हरिजन बालक की सहायता करना 10 सभाओं से अधिक ईमानदार सेवा-कार्य है।

6. सभाओं के कार्यक्रम लम्बे न रखना चाहिए। उसमें स्वागत के बहुत थोड़े शब्दों के सिवा, केवल अपने नगर में किए गए हरिजन-कार्य, खादी-कार्य, और आत्मबलिदान का थोड़े में जिक्र होना चाहिए। जितना ही स्थानीय लोग कम समय लेंगे, उतना ही महात्माजी के अधिक शब्द सुन सकेंगे।

7. पूना परिषद में तथा आजकल जिन लोगों ने महात्माजी को देखा है वे जानते हैं कि पिछले उपवासों के पश्चात् महात्मा जी की आवाज बुलंद नहीं, अतः जनता और प्रबन्धकों को यह बात खयाल रखना चाहिए कि महात्मा जी के भाषण सुनने के समय, एक तो कोई बहिन भाई छोटे बच्चों को लेकर न जाएँ, जिससे उनके रोने-चीखने से सभा का कार्य ही नष्ट हो जाय, खास कर बहिनों की सभा में इस बात का विशेष खयाल रखा जावे। दूसरे, लोग एक दूसरे को चुप करने, नसीहत देने, या हल्ला करने की अपनी आदत पर कब्जा रखें।

8. महात्माजी की सभाओं में, हरिजनों का तिरस्कार न हो। हमारे हरिजन भाई, बड़ी तादाद में सभाओं में आवें। और हमारे दूसरे भाई उन्हें आने दें। फिर वे चाहे जैसे कपड़े पहिने हुए हों। व्याख्यान बाज हरिजन-सेवकों की

अपेक्षा, स्वयं हरिजनों को महात्माजी से मिलने का अधिक अवसर दिया जाए।

9. हरिजन-सेवा या खद्दर-कार्य के लिए, महात्मा जी के आने पर जो बहिन या भाई आर्थिक सहायता करना चाहते हैं, वे यह न सोचें कि उनकी सहायता कितनी छोटी है। निस्सन्देह यह समय कठिनाई का है, अतः हरिजन-सेवा में जो भी भेंट वे कर सकें, अवश्य करें।

हमें आशा है, अपने दौरे में, महात्माजी का मत, हमारे प्रदेश की सेवा और अनुशासन में, हम लोग ऐसा न होने देंगे, जिसे जानकर दूसरे स्थानों या प्रान्त के लोग हमारी कमजोरियों पर हँसें।

हमारा विश्वास है, महात्मा जी के दौरे का समस्त प्रान्त हृदय से स्वागत करेगा।

—एक भारतीय

[14 अक्टूबर, 1933]

स्वराज्य क्या है ?

महात्मा गाँधी ने गुरुवार तारीख 9 नवम्बर को 5-30 बजे सुबह नागपुर के पत्र-प्रतिनिधियों से मुलाकात की। उनमें मैं भी शामिल था। गांधी जी उस समय अपना प्रातः काल का भोजन कर रहे थे और मीरा बेन उनके पीछे खड़ी हुई उनकी आवश्यकताओं की पूर्ति कर रही थीं। आस-पास उनके दो सेक्रेटरी बैठे हुए थे। सामने एक छोटी-सी डेस्क पर पत्रों और कागजों का एक पुलिन्दा तथा स्याही आदि की शीशियाँ रक्खी थीं। मेरा नाम देखकर बोले।

आप "कर्मवीर" के प्रतिनिधि हैं?—"कर्मवीर" तो खण्डवा से निकलता है, नहीं ?"

"जी हाँ, मैं उसका नागपुर का प्रतिनिधि हूँ।"

"अच्छा, अच्छा, ठीक है। बोलिये आप क्या चाहते हैं ?"

यह पूछने पर कि क्या आप कोई स्टेटमेण्ट देना चाहते हैं, गांधी जी ने कहा, "स्टेटमेण्ट ?—स्टेटमेण्ट तो मैं कल की सार्वजनिक सभा में खूब लम्बा दे चुका हूँ। यदि इससे अधिक कुछ चाहते हों तो प्रश्न पूछिये।"

फिर प्रेस-प्रतिनिधियों ने प्रश्न पूछने शुरू किये—

प्रश्न—अस्पृश्यता का कलंक धो निकालने के लिए आपकी राय में कितना समय लगेगा ?

उत्तर—यह कहना तो मेरी शक्ति के बाहर है, क्योंकि यह तो करोड़ों व्यक्तियों के हृदय-परिवर्तन का सवाल है।

प्रश्न—अस्पृश्यता के नाश होने के पहले आप स्वराज्य स्वीकार कर लेंगे या नहीं ?

उत्तर—स्वराज्य तो स्वीकृति-अस्वीकृति या लेन-देन का प्रश्न नहीं है। वह तो अपने आप विकसित होने वाली वस्तु है। यदि हम हमारे राष्ट्र की आन्तरिक किंवा मौलिक एकता से परे हैं तो हम स्वराज्य से भी दूर हैं और यदि हम उस एकता को अधिकाधिक प्राप्त करते हैं तो हम अवश्य ही स्वराज्य के निकट आ पहुँचते हैं।

प्रश्न—अस्पृश्यों को जब विशेष राजनैतिक अधिकार प्राप्त हो जाते हैं तो वे सवर्ण हिन्दुओं में मिलने की बात क्यों सोचने लगे ?

उत्तर—नहीं, मेरा ऐसा खयाल नहीं है। इस तरह तो वे सामाजिक पतन की हालत में ही बहते जावेंगे। मैं नहीं सोच सकता कि कोई बहिष्कृत व्यक्ति अपनी सामाजिक निर्वासन की दशा में गौरव करे। यदि वे अस्पृश्य सवर्ण हिन्दुओं से अत्यंत निराश होकर अपने आपको अलग तोड़ लेना चाहते हैं तो या तो उन्हें किसी नये धर्म का प्रवर्तन करना होगा या भारत के किसी एक धर्म को स्वीकार करना होगा। यह तभी तक होगा जब तक कि सवर्ण हिन्दू अपनी काल्पनिक उच्चता के स्वप्नों में लीन होकर हरिजनों के प्रति अत्यन्त साधारण कर्त्तव्यों का पालन नहीं करते। हरिजन-आंदोलन इस ओर लक्ष्य करके चलाया जा रहा है।

प्रश्न—महात्मा जी ! हमने अक्सर देखा है कि ग्रामों में हरिजन भाई सवर्ण हिन्दुओं से सर्वदा पृथक् रहते हैं। और उन्हें अपनी बस्ती में जरा भी नहीं आने देते। इसके लिए क्या किया जाय ?

उत्तर—मेरा अनुभव तो कतई भिन्न है। वे लोग तो हम लोगों से मिलने के लिए अत्यन्त उत्सुक हैं किन्तु हमारे प्रति उनके हृदयों में खूब अविश्वास या डर सा जमा हुआ है इसी कारण वे जरा हिचकते हैं। इसी भावना के कारण वे बेचारे सोचते हैं कि भगवान की मर्जी से यह उन्हीं का दुर्भाग्य है, कि वे अनन्त काल तक पतितावस्था में ही रहें। यह तो हमारे लिए अत्यन्त शर्म और दुःख की बात होनी चाहिये। इसकी दवा यही है कि हम लोग भेद-भाव की कल्पना को त्यागकर उनके वहम और डर को निकालने का प्रयत्न करें।

प्रश्न—लेकिन अछूतों में भी तो भेदभाव होते हैं ? उनमें भी तो जातियों में जातियाँ हैं ? इसके लिए कौन-सा उपाय है ?

उत्तर—यदि सवर्ण हिन्दू और अन्य ऊँची कौमें अपने-अपने भेद-भाव को भूल जायँ तो हरिजन भाइयों की असमानता को भावना भी आप ही आप नष्ट हो जावेगी।

इतने में "इन्टरव्यू" का समय समाप्त हो गया। उन्होंने और दो मिनट देने की बात कही। मुझे "वापू" के स्वास्थ्य के विषय में बड़ी चिन्ता थी। क्योंकि

पिछले दो दिन के दौरे में मैंने देखा था कि उनके शरीर पर बहुत जोर पड़ा था मैंने पूछा—

"इन दो दिनों का अनुभव देखते हुए क्या आप कह सकेंगे कि आपका शरीर आगामी नव मास के प्रवास में आपका साथ पूरी तरह दे सकेगा ?"

बापू ने हँसकर कहा—"आगामी नव मास के समय को देखते हुए इन दो दिनों का अनुभव तो इतना कम होता है कि इस प्रश्न का उत्तर देना अभी कठिन ही है। मेरा तो ईश्वर में विश्वास है और यदि वह चाहता है कि मैं अपने प्रवास-कार्य को पूरा करूँ तो मुझे अवश्य ही बल दे देगा।"

इसके बाद प्रणाम करके हम लोग कमरे से बाहर निकल आये।

महात्माजी की स्वदेशी को परिभाषा

इस सप्ताह महात्मा जी ने देश के स्वदेशी संघों के पास स्वदेशी की जो परिभाषा पहुँचाई है, उसमें छोटे-छोटे देशी उद्योग-धंधों के द्वारा बनी हुई चीजों को ही "स्वदेशी" मानने की बात कही गई है। जिन व्यापारियों ने, अपनी मिलों में खद्दर तक को नकली बनाकर, अनेक खद्दर बनाने वाले मजदूरों को अपने नफे के लिए भूखों मारने का षड्यन्त्र रचा, उन्हें इस परिभाषा को सुनकर नाराजी क्यों होनी चाहिये ? जिन व्यापारियों ने, विदेशी व्यापारियों से समझौता करके विदेशी माल को हिन्दुस्तान में खपाने की स्वीकृति दे दी, उन्हें स्वदेशी की इस परिभाषा पर तुनकने की क्या आवश्यकता है ? क्या यंह गलत है कि देश के बड़े व्यापारी को सरकारी संरक्षण मिल जाता है और छोटे व्यापारी स्पर्द्धा में जी नहीं पाते ? क्या यह झूठ है कि बड़े व्यापारी अपने प्रतिनिधि भेजकर धारासभाओं और अधिकार-क्षेत्रों को अपने काबू में कर लेते हैं, अतः सरकारी ही क्या, चुनी हुई संस्थाओं तक का रूख कभी भी गरीबों, श्रम-जीवियों और छोटे व्यापारियों के पक्ष में नहीं हो पाता ? फिर बड़े व्यापारी देश के सुख-दुख में कभी काम नहीं आते। और छोटे धन्धे वालों का सदैव देश और देशवासियों के साथ हानि-लाभ सहना होता है। बड़े व्यापारियों के कट्टर हिमायती सर मानक जी दादा भाई आज कौंसिल आफ स्टेट की गद्दी पर हैं। क्या उनमें दम है कि वे सरकारी मर्जी के खिलाफ कभी छोटे व्यापारियों और छोटे कारखानों की सुध लें ? व्यापारिक मामलों में बड़े व्यापारियों में देश-भक्ति की अपेक्षा देश-घातकता ही अधिक रहती है। वे विदेशी व्यापारियों के साथ मिलकर, गरीब प्रजा को लूटने के लिए दो लुटेरों का ही रूप धारण कर लेते हैं। यदि किसी गरीब के प्राण जाते हैं, तो यह आवश्यकता नहीं कि यदि विलायती छुरे से प्राण लिये जाते हैं तो वह रोवे, और

किसी पूँजीपति के छुरे से गर्दन रेती जाती है तो वह हँसे। गरीब रोजगारों, गरीबों और गरीब उद्योगों के सब घातक, स्वरूप में नहीं, तो परिणाम में विदेशी हैं। अतः महात्माजी की स्वदेशी की परिभाषा का हम सप्रेम स्वागत करते हैं। यह परिभाषा भी बदली जा सकती है। जिस दिन लोग, सर पुरुषोत्तमदास ठाकुरदास, मि० मोदी, सर सेठ हुकुमचन्द, सर माणिक के दादा भाई के गले में गरीब व्यापारियों, गरीब रोजगारों और गरीबों के लिए देश-सेवकों के लिए प्रेम के आँसू, और देश के सेवा-क्षेत्रों में उन्हें आगे बढ़ते देख लेंगे, उसी दिन, देश के गरीब अपनी स्वदेशी की परिभाषा को बदल लेंगे।

—एक भारतीय

लाठियों के बाद, बम !

पूना की महात्मा गांधी की यात्रा के विषय में, पूना नगर की प्रशंसा में लिखी पंक्तियाँ पूरी भी न हो पाई थीं, कि पूना में महात्मा जी के स्वागत समारोह पर बम फेंके जाने की दुर्घटना का समाचार आया। बम फेंकने वालों की कहानी इस तरह सुनाई दे रही है—जिस दिन महात्मा गांधी को, पूना म्युनिसिपैलिटी का मानपत्र, विश्रामबाग के मैदान में दिया जाने वाला था, उस समय म्यु० सि० की ओर से स्वागतार्थ बैण्ड बाजे का भी प्रबन्ध था। स्वागत-मैदान के एक ओर, पुष्करिणी द्वार पर, पूना की पुलिस कुछ ऊँघ रही थी, और कुछ गांधी टोपी वालों में विद्रोह सूँघ रही थी। समारोह प्रारम्भ होने के लिए सिर्फ 7-8 मिनट शेष रह गये थे। इतने ही में मोटर की आवाज आई। लोगों ने जोर से पुकारा "आ गये, आ गये !" बस बैण्ड वालों ने बाजा बजा दिया। और बम वालों ने शायद अपनी छुपी हुई जगह में से बम छोड़ दिया। किन्तु उस मोटर में महात्मा गांधी न थे। ठीक 7 मिनट पश्चात् महात्मा गांधी, श्रीमती कस्तूरबा गांधी तथा अन्य सब लोग आये। पहली मोटर में गांधी निन्दक भालाकार भोपटकर के सगे भाई, गांधी जी के अनुयायी श्री भोपटकर जी थे, और बम के छींटे जीना चढ़ते हुए उन पर औरउनक आसपास के लोगों पर पड़े।

इस बम के छोड़ने वाले नहीं चाहते कि महात्मा गांधी का स्वागत हो, उनका अछूत-आंदोलन चले, और लोग उनका इतना स्वागत करें। यह तो भिखारिन को टोकनी में समुद्र भर ले जाने को, जलाऊ लकड़ी बेचने वाली की हवा की गठरी बाँध ले जाने की लालसा है। हम तो देख रहे हैं कि बिहार की लाठियों के पश्चात् पूना का बम सामने आया है। बम की बात को सुनकर, महात्मा जी के मुख से निकला "भगवान बड़े हैं।" अभी दो दिन पहिले ही महात्मा जी ने कहा

था कि हिन्दू जाति के उद्धार के लिए यदि मुझे अपने प्राण भी देने पड़ें तो मैं प्रस्तुत हूँ। और दो दिन पश्चात् ही, सनातन धर्म की कीर्ति-पतांका बढ़ाने में लालची लोगों ने इस बात की परीक्षा ले डाली।

इस बम ने, कट्टर सनातन धर्मीयता के विवेकहीन आन्दोलन को गहरी ठोकर दी है, और महात्मा गांधी के कार्य को बहुत ही सरल कर दिया है। इस बम ने, देश के लोगों से यह विश्वास हटा दिया है कि महात्मा गांधी साम्प्रदायिक हैं। इस बम ने, महात्मा जी की मुस्कुराहट ज्यों की त्यों देख कर इस बात की परीक्षा कर ली है कि, सनातनी कट्टरता के दिन लद गये। इस बम ने विचारशील और धर्म-प्राण सनातनियों के हृदय में गहरी ठेस लगा दी है कि यदि महात्मा जी जैसे भक्त-हृदय का प्राण लेकर, सनातन धर्म जिन्दा रखने का यत्न किया जायगा, तो सनातन धर्म और हिन्दू जाति को रसातल में जाने से कौन रोक सकेगा ?

मानव, तूने ईसा को सूली पर टाँगा, लूथर को जहर दिया, मीरा को विष का प्याला पिलाया। क्या इन सबसे धर्म-कार्य रुका ? ईसा को सूली पर टाँगने वालों को पता न था, कि ईसा का धर्म, जगत को व्याप लेगा, और सूली टाँगने वालों के पतन की केवल कहानी रह जायगी। महात्मा जी तो, अपने सेवा-पथ में प्राण-दान को, किसी त्यौहार की महान उत्सुक घड़ी की तरह प्रतीक्षा करने आए हैं। प्रश्न तो हिन्दू हाथों की इस कलंक-कालिमा और हिन्दू-हृदय के इस आत्मनाश पर है।

[30 जून, 1934]

अजमेर की महँगी भूल !

गत वर्ष 8 नवम्बर, सन् 1933 को महात्मा गांधी ने, हरिजन-सेवा के लिए अपना दौरा मध्य प्रदेश के वर्धा शहर से प्रारम्भ किया था। देश के भिन्न-भिन्न प्रान्तों में घूमकर, वे अपना वही ऐतिहासिक प्रवास, आगामी 3 अगस्त को काशी में समाप्त कर देंगे। इस दौरे के वर्ष भर के संस्मरण, भारतीय मानवता के धर्म-प्राण जीवन के वे सुनहले पृष्ठ हैं, जिन पर किसी भी देश के उद्योगशील सुधारकों को गर्व हो सकता है। जिन दिनों महात्मा जी ने अपना यरवदा जेल का उपवास शुरू किया, उन दिनों किसी ने स्वप्न भी नहीं देखा था, कि उपेक्षित हरिजनों का प्रश्न, जो शताब्दियों से सलझाये नहीं सुलझ रहा, वह इतने शीघ्र, इतने विशाल देश का केवल ध्यान ही अपनी ओर न खींच लेगा, किन्तु भारतीय जनता में, अछूतों के, अपने भाई होने की समवेदना और शील भी उत्पन्न कर देगा। भारतीय जनता अब अपनी गुलामी से तड़प रही है। तब वह गुलामी के

कारणों को प्यार नहीं कर सकती। हमने अपने भाइयों को, पशुओं से बदतर समझ कर छूना तक रोक रखा था। भारतीय जनता ने, मुट्ठी भर हड्डियों वाले, विश्व-विमोहन मोहन की क्षीण वाणी की व्याकुल बाँसुरी के, उज्ज्वल और कान्तिमय स्वर में, युग का सन्देश, सुना, और अछूतों के लिए अपने हृदय-मन्दिर के द्वार खोलना प्रारम्भ कर दिया। कितने ही सवर्णों ने, अछूतों के साथ बैठना-उठना प्रारम्भ कर दिया। कितनों ही ने, अछूतों को सछूतों के साथ, नौकरी में ले लिया। कितने ही तरूणों ने पाखाने और गलियां साफ कर, सहानुभूतिपूर्वक अछूतों का काम करने में झिझक न की। कितनों ही ने, अछूतों के लिए, अपने गले में झोली डालकर, भीख माँगी। इस तरह वर्णाश्रम की ही नहीं, भारतीय एकत्व की पुनः स्थापना की नींव पड़ी। कितनों ही ने, इस नींव में, अपने सुखों और स्वभावों की बलि दे दी।

इस प्रवास में घर-घर और गली-गली घूमने वाले महात्मा जी को देख कर लोगों ने जाना कि धर्म की हानि होती देख कर, पुनः देश में सन्त युग आ गया है, और "रघुपति राघव राजा राम" की जो ध्वनि, डांडी के सत्याग्रह से देश में युद्ध का शंख फूंक चुकी थी, वही ध्वनि हरिजन-भाइयों को गले लगाने और उन्हें ऊँचा उठाकर मानवता के सिंहासन पर बैठाने के लिए बावली हो रही है। इस प्रवास में सबसे सुखकर दृश्य कितने ही थे। ब्रह्मान (मध्य प्रदेश) के नर्मदा-तट पर, केवटों का महात्मा जी के पैर धोना, भरी सभाओं में, अपना धन आश्चर्य-जनक रूप से हरिजन-सेवा के पथ में समर्पित कर देना आदि कितनी ही बातें मजे की हुईं। किन्तु गरीब उड़िया प्रांत में, सूरज से आग बरसने के दिनों महात्मा गांधी, की उड़िया लोगों के बीच की पैदल यात्रा, भगवान राम के किष्किन्धा में घूमने के ऋषि-युग की याद दिला रही थी।

यद्यपि अछूत परम्परा बहुत पुरानी थी, परन्तु यह देश का सौभाग्य था, तरह-तरह के उपद्रव सनातन धर्म के कट्टरों द्वारा किये जाने पर भी अछूत सेवकों ने, सब कुछ बर्दाश्त किया और सेवा का नम्र पथ नहीं छोड़ा। महात्मा जी को काली झण्डियाँ दिखाई गईं, उनको अखबारों में गन्दी गालियाँ दी गईं, उन्हें अड्डे बना-बनाकर कोसा गया, उन पर लाठियाँ बरसाई गईं, स्वयं-सेवकों को मारा-पीटा गया, महात्मा जी की जाती हुई मोटरें रोकी गईं, और महात्मा जी को मार डालने के लिए बम भी छोड़े गये, किन्तु देश के सुधारकों की अमर शान्तता, जाग्रत होकर, भारतीय हरिजन-आंदोलन के हृदय और मस्तिष्क में बैठकर उसके कठिन पथ में, उसके रथ का सँचालन करती रही। कितने ही सनातन धर्मी विवेकशील मित्रों ने कहा कि बिना तालीम के ही, हरिजन स्वयं-सेवक, इतने शील और धीरज से काम ले रहे हैं कि, महात्मा जी के पथ में उपस्थित किये जाने वाले विघ्न बेकार साबित होते हैं। महात्मा जी के प्राणों

पैर बरसाई जाने वाली लाठियों और बम की बराबरी का घातक हमला जैसी भयंकर मूर्खता तो शायद भारतीय इतिहास ही में संभव नहीं। किन्तु इन सबके पश्चात् भी स्वामी लालनाथ, और उनके से कुछ और कट्टर, बराबर महात्मा जी द्वारा समादर और सहानुभूति पाते रहे। हम आशा करते थे कि हरिजन-सेवा का यह सम्पूर्ण आंदोलन शान्ति से बीतेगा। क्योंकि, इस आंदोलन में विघ्न डालने वाले यह हृदय से चाहते थे कि यदि हरिजन-आंदोलन में विघ्न करने वाले कुट-पिट जायँ, या उन्हें इसी प्रकार इलजाम लगाने का मौका मिल जाय, तो उनके प्रयत्न, किसी प्रकार देश की दृष्टि में महत्त्व पा लें।

किन्तु सारे देश की गम्भीर चिन्तना और अपने नेता की आज्ञा पर, सर्वस्व लेकर उपस्थित जनता ने उपद्रव का कोई मौका नहीं दिया। महात्मा गांधी ने तो, विरोध-मूर्तियों को यह विश्वास दिला दिया था कि उनके प्राण और उनका व्यक्तित्व हरिजन-आंदोलन में सुरक्षित है। किन्तु विरोधियों ने, मनुष्य-स्वभाव की पर्वा न कर, ऐसे क्षेत्रों में गुजरना प्रारम्भ कर दिया, जहाँ प्रबन्ध-कारिणी शक्तियों को उनकी रक्षा करना कठिन हो गया। अजमेर प्रांत के हरिजन वार्ड के सभापति हैं श्रीयुत रामनारायण जी चौधरी। उन्होंने और उनके सेवकों ने शान्ति कायम रखने में, निस्संदेह कोई कसर न रक्खी होगी। हम यह भी जानते हैं कि चौधरी जी, हरिजन-सेवा का कार्य समूचे मध्यभारत और राजस्थान में, अथक लगन के साथ करते रहे हैं। यह उन्हीं का काम था कि ऐसे पिछड़े और परम्परा के गुलाम क्षेत्र में वे सुधार की ज्वाला जगाये रहे। तो भी राजपूताने के उस केन्द्र में, राजपूतों की राजपूती से प्रभावित स्वयं-सेवकों में क्रोध आ ही गया, और इस आंदोलन के यशःशरीर पर, एक श्यामल लकीर उसने खींच ही दी। हमारे नम्र विचार से मानव कमजोरी को इतना सा लाइसेंस भी न मिलना, कदाचित् उसकी कड़ी परीक्षा होगी। तो भी, अजात-शत्रु महापुरुष महात्मा जी, अपने वचनों के अक्षर और मात्राओं को नहीं भूल सकते। उन्होंने तय किया है कि, ज्यों ही वे आगामी 2 अगस्त को, वर्धा के अपने निवास-स्थल—सत्याग्रहाश्रम—में पहुँचेंगे, वे स्वामी लालनाथ के प्रति की गई स्वयं-सेवकों की गलती पर, एक सप्ताह का उपवास करेंगे।

महात्मा जी का शरीर अब इतना सबल नहीं रह गया, जो उपवासों की कठिनता और कठोरताओं को बर्दाश्त कर सके। परन्तु वे तो प्राण को अपने व्रत के पथ का साधन मात्र मानते हैं। वे उसे, अपने प्रभु के चरणों में लेकर सदैव उपस्थित रहते हैं। जब सत्याग्रही लोग प्रार्थना के समय, महात्मा जी के तपःशरीर को देखकर, अपने भविष्य जीवन को प्रकाशमय बनाने के लिए आँखें खोलते हैं, तब महात्मा जी, प्रार्थना के मंत्रों के समय, आँखें मूंदकर, प्रभु के सन्मुख मानों व्रत लिया करते हैं कि—"प्रभु, यह प्राण तुम्हारी देन है, और तुम्हें

ही समर्पित है।"

इस उपवास से देश भर में बेचैनी पैदा हो गई है, और लोग, वर्ष भर में हरिजन दौरे से थके हुए शरीर पर, उपवास का यह आक्रमण अत्यन्त चिंताओं से भरा समझते हैं। इस समय देश के छोटे बड़े सबकी आँखें वर्धा के उस तपोमन्दिर की ओर लगी रहेंगी, जहाँ मुट्ठी भर हड्डियों का यह देवदूत, अपने व्रत के लिए, अपने प्राणों के साथ खिलवाड़ कर, अपने कष्टों में भी खिलखिला रहा होगा। श्रीमती सरोजिनी नायडू उस समय महात्मा जी की शुश्रूषा करेंगी। संतवर विनोबा उस समय श्री बापू की सेवा में होंगे, और श्रीयुत जमनालाल जी उस समय बापू के निकट और दूर की परिस्थितियों को सँभाल रहे होंगे। अजमेर के तरुणों ने यह नहीं जाना कि उनका जरा-सा उमड़ पड़ना, राष्ट्र के लिए कितना महँगा पड़ेगा।

[14 जुलाई, 1934]

हृदय टटोलें !

उसने एक बार फिर, अपनी इस घोषणा के द्वारा, हमें बाध्य किया है कि हम अपने हृदय टटोलें।

आज से 15 वर्ष पहले "गांधी" नामक एक शक्ति-पुंज का पदार्पण कांग्रेस क्षेत्र में हुआ। निःसंदेह गांधी आँधी साबित हुआ। पुराने विचारों के झंखाड़ उलट गिरे, पुरानी पद्धतियों की झोपड़ियाँ उड़के न जाने कहाँ चली गईं। अजी, महलों की नींव की ईंटें भी हिला दीं इसने। कैसा प्रलयंकर था इसका झोंका—साथ ही, कितना प्राणमय था इसका परिणाम। इस विशाल देश के अट्ठारह लाख वर्गमील में फैले 33 करोड़ अधिवासियों के इस अति प्राचीन भूमि-खंड के कोने-कोने, गली-गली में जीवन, जागरण, आत्मसमर्पण और बलिदान, की उच्छ्वास-तरंगों का हुजूम था। सोते-जागते, मुर्दे उठ बैठे, बैठने वालों ने अँगड़ाइयाँ लीं--दौड़ने वालों का ताँता बँध गया। बच्चे यौवन को चुनौती दे रहे थे, बुढ़ापा अमरता की खोज में तारुण्य का प्रदर्शन कर रहा था। उफ, कैसा था वह जमाना। हम आश्चर्य से अपने को देख रहे थे, फिर यदि हमारे प्रतिरोधी भौचक में पड़े हों, तो आश्चर्य क्या ?

तब से यह शक्तिपंज हमारे राष्ट्रीय जहाज का कर्णधारत्व कर रहा है। बीच में प्रतिक्रियाओं के कितने ज्वार-भाटे आये, गृह-कलह के कितने ही तूफान खड़े हुए, किन्तु अपनी नौकानयन की कुशलता से सब आपदा-तरंगों को कुचलता, यह उसे आगे बढ़ाता गया। कितनी ही बार हमारे प्रतिरोधी के मुँह

पर विजय की हास्य रेखा खेल उठी, किन्तु वह उसे बार-बार चिन्ता की स्याही में बदलता रहा। कितने ही अवसर पर हम भग्न-हृदय की तरह, मन मारे, हारे, और हमने अपने पुराने खुर्राटे को जारी करना चाहा, किन्तु इसने गुदगुदा कर चुटकियाँ बजा-बजाकर फिर बिस्तरे से हमें उठाया और हँसा-हँसाकर आदर्श-पथ पर बढ़ाया। भारतीय स्वतंत्रता-युद्ध के इतिहास के ये 15 वर्ष उसका स्वर्ण-युग हैं और इसका निर्माणकर्ता है एक पुरुष—गाँधी।

आज वही घोषणा करता है—मैं तुमसे हटना चाहता हूँ। हाँ, हृदय टटोलो, नहीं तो मेरा-तेरा (तुम्हारा) साथ नहीं।

शायद हममें से बहुतों ने इस बात का अनुभव नहीं किया है कि गांधी एक राजनैतिक नेता ही नहीं है और न है वह एक देशीय व्यक्ति। वह संसार भर के लिए एक संदेश रखता है—उस संसार के लिए, जहाँ का वायु-मंडल हिंसा, खूँरेजी, शत्रुता, विद्वेष, अमर्ष, असत्य आदि जहरीले परमाणुओं के कारण विषाक्त बना हुआ है। उसने उस संदेश का प्रयोग सबसे पहले अपने पर किया है और सफल हुआ है। अब वह उस संदेश का प्रयोग एक देश पर करके, संसार को दिखाना चाहता है। क्योंकि कोरे उपदेश पर उसका विश्वास नहीं, वह जीवन के प्रयोग पर आस्था रखता है। वह संदेश ही उसके लिए सब कुछ है। हाँ, उसका विश्वास है कि यदि भारत उसका प्रयोग करे, उसके बताये पथ पर बराबर, श्रद्धा से, भक्ति से, बढ़ता चले, तो वह अपने तात्कालिक लक्ष्य की प्राप्ति—'पूर्ण स्वराज्य' की स्थापना—कर सकेगा।

ठीक, इसके विपरीत हममें कुछ लोग ऐसे हैं, जिनके लिए राजनैतिक स्वतंत्रता ही सब कुछ है। उन्होंने गांधी का अनुसरण किया, तो इसीलिए कि उसके द्वारा वह स्वराज्य की तुरन्त से तुरन्त प्राप्ति की आशा रखते थे। आज जब वे इसमें विलम्ब देखते हैं, तो आतुर हो जाते हैं, इधर-उधर के रास्ते की ओर ताकते-झाँकते और उस पर सरपट दौड़ने के लिए तड़फड़ाते हैं। खेद की बात है कि इधर दो-तीन बार के सत्याग्रह की कथित पराजय ने ऐसे लोगों को और भी अधीर, चंचल बना दिया है। उनकी अधीरता, चंचलता ने देश के वायु-मण्डल को भी चल-विचल कर दिया है। गांधी इस वायु-मण्डल में साँस नहीं ले सकता—साथ ही वह किसी पर कोई दबाव भी नहीं डालना चाहता, और न वह इस बारे में सुलह करना चाहता है। यह उसके सिद्धान्त के, उसके संदेश के प्रतिकूल है। अतः वह आज देश के सामने सीधा-सादा सवाल रखता है—या तो तुम मेरी बात मानो, और मेरे रास्ते चलो, नहीं तो मुझे अपने रास्ते पर चलने के लिए फुर्सत दो ! बस !

किन्तु, इसका यह सीधा सवाल हमारे लिए कितना पेचीदा हो गया है !

जिस समय उसने कांग्रेस-क्षेत्र में पदार्पण किया था, उसने इसी प्रकार

की कसौटी हमारे सामने रखी थी। उस जमाने के लिए वह कितनी बड़ी बात थी—स्कूल छोड़ो, अदालत छोड़ो, कौन्सिल छोड़ो, जेल जाओ, गोलियाँ खाओ। हमें बाध्य किया था कि हम हृदय टटोलें। आज फिर वह उसी प्रकार हमें अपने हृदय टटोलने को बाध्य कर रहा है!

[22 सितम्बर, 1934]

भारतीय स्वतन्त्रता के प्रहरी के घर!

गांधी जी भारत की सीमा, भारत की सरहद, पर पहुँच गये। सरहद का सूबा, नगाधिराज हिमालय की तरह ही, भारतीय स्वाधीनता, भारतीय गौरव का प्रहरी, उसका द्वारपाल, उसका रक्षक, रहा है। खान अब्दुलगफ्फार खाँ जैसे देवदूत के अधिनायकत्व में, गत 10 वर्षों से, सीमा की उन ऊँची-नीची टेकड़ियों और घाटियों, और उनके निवासी पठानों ने, राष्ट्रीय अर्थों में, भारतीय स्वातंत्र्य की भावना का अपने को रक्षक सिद्ध किया है।

बुन्देला, बंगाली, महाराष्ट्र और राजस्थानी की तरह, पठान किसी मजहबी दायरे का नाम नहीं, पश्तो बोलने वाली सरहद की जातियों के बच्चे-बच्चे को पठान कहते हैं। वहाँ हिन्दू भी पठान है, मुसलमान तो है ही। जहाँ से ईरान, अरबिस्तान और तुर्किस्तान की मरुस्थली हद खत्म होकर, भारत की ओर उठती-झुकती पहाड़ियों का दुर्गम पथ प्रारम्भ होता है वहीं पश्तो भाषा बोलते हुए पठान की बस्ती प्रारम्भ होती है। पठान ऐसा खूंख्वार नहीं, जिसके कोई मजहब न रहा हो। मुसलमान होने के पहिले उसका हिन्दू मजहब रहा है। और पश्तो भाषा में फारसी और संस्कृत दोनों के शब्द पाये जाते हैं।

पठान लड़ाका होता है। उसका सिर उतार कर ही, उसके हाथ का हथियार उतारा जा सकता है। पठान जन्मजात क्रान्तिवादी होता है। वह शाही शासनों को घिसे हुए जूतों की तरह बदलता आया है। किन्तु क्रान्तिवादी होकर भी वह खुदा का अपने पर शासन मानता है। यही कारण है कि वहाँ के कुछ कबीले अंग्रेजी हुकूमत में हैं, कुछ अफगानिस्तान की हुकूमत में, और कुछ अभी भी किसी हुकूमत में नहीं। पठान के बीच से गुजरने वालों के जान-माल की रक्षा की जिम्मेवारी न स्वयं पठान कौम लेती ना अफगान शासन लेता, न दुनिया में बलवान ब्रिटिश शासन। पठान, एक मानव-प्राण को अपनी बंदूक पर चढ़े कारतूस से अधिक कीमत का नहीं मानता। किन्तु पठान ईमानदार होता है, निर्भीक होता है, ईश्वर का भक्त होता है, वचन का सच्चा होता है, प्राण-दान के लिए प्रस्तुत होता है, और शताब्दियों से वह सरहद पर खड़े-खड़े भारत की रक्षा

करता आया है। समुद्री द्वार खुलने के पहिले हिमालय और हिंदूकुश, दो ही द्वार भारत पर चढ़ाई करने वालों के लिए खुले थे। किन्तु कुछ सदियों से भारत का यह वीर प्रहरी सो गया था, स्वयं भारत भी सोया था। अब महात्मा गांधी द्वारा भारत के जगाये जाने पर, खान अब्दुल गफ्फार खाँ के इशारे पर, भारत का सरहदी सिपहसालार जाग उठा है। उस दिन जागे हुए सरहद ने, अपने नव-जागरण के संदेश-वाहक गांधी का स्वागत किया। लाहौर से चलकर, ज्योंही फ्रन्टियर मेल का रेल का डब्बा, जिसमें महात्मा गांधी थे, सरहदी सूबे की हद में पहुंचा, वह चलता-फिरता चक्कों वाला, तीर्थ-स्थान बन गया। सन्तों को तुलसीदास जी ने, "जंगम तीरथ राजू" कहा है, और सन्त ही वह महान् व्यक्तित्व रहे हैं जो जाति और सम्प्रदायों के दायरों को लाँघते युग के सन्देश को कश्मीर से कुमारी और अटक से कटक तक पहुँचाते आये हैं। उस दिन महात्मा जी ने, सीमान्त गांधी के साथ "अटक" पार की। कौन जानता है कि भारतीय राष्ट्रीयता के इतिहास में आज कौन-सी "खटक" पार हो गई! अटक पार करते ही, खुदाई खिदमतगारों की सहस्र कटक (सेना) ने महात्मा का स्वागत किया। नौशेरा से पेशावर तक, 27 मील लम्बी नर-मेदिनी, और उसकी गगनभेदिनी वाणी, मानों पौराणिक और धार्मिक युगों की अत्युक्तियों को सफल-सार्थ, बनाने आई थी! जिस सीमान्त गांधी का नाम, सीमा के गवर्नरों और फौजी सिपहसालारों को "सूतो उभके जाण। सिराणे साँप" की हालत में बेचैन किये था आज उसी सीमान्त गाँधी के घर उसका राष्ट्रीय अतिथि, नहीं, गाँधी जी के रूप में स्वयं भारतीय राष्ट्र मेहमान होने पहुँचा है। लाख-लाख पठान प्रेम में मतवाले होकर यह सोच नहीं पाते कि वे गाँधी से क्या-क्या कह लें, उसे उठाकर, किस जगह रखकर दुलार कर लें। जीवन के संध्या काल में, गौरव का यह प्रभात गांधी अपने लिए नहीं, समस्त भारत के हृदय में, स्नेह-रस की तरह भरने के लिए लेने पहुँचा है। पेशावर में, ता० 8-5-38 को गांधी की वाणी से, सीमा-वासियों के सामने, शान्तिपूर्ण स्वातन्त्र्य-निश्चय, या स्वातन्त्र्यमयी शान्ति-भावना बोलेगी। उस दिन राष्ट्रीय त्योहार जाग उठेगा। बंगाल के एक मुस्लिम नेता ने कहा, "हर मुसलमान शेर होता है, जरा भारत को अंग्रेजों का गुलाम बनाये रखने के लिए, राष्ट्र-भक्तों से लड़ने वाले लोग देखें—सरहद पर वो मुसलमान बसते हैं, जो अपना मुल्क, अपना मजहब, और अपना ईमान, अंग्रेज-भक्त हिन्दू-मुसलमानों की तरह बेचा नहीं करते।" हाँ तो, महात्मा जी, सरहद पर पहुँच गये। हमें डराया गया था कि पठान खूँख्वार, दुष्ट, भारत का दुश्मन, और पशु-जीवी होता है, किन्तु गांधी जी ने पाया, पठान ईमानदार, धर्मात्मा, और सच्चा होता है। महात्मा जी की वाणी, उस दिन उठकर, कबीले वालों के हृदयों पर पहुँचेगी। वह भौगोलिक, साम्प्रदायिक, और शासन की इन सब

सीमाओं को लाँघकर पठान मात्र के पास, पठानों की दुनिया के कोने-कोने में पहुँचेगी और सिन्धु पर बने हुए भौतिक पुल से भी अमर ऐसा पुल बनावेगी जिससे भारत की आत्मा सीमान्त में, और सीमान्त की आत्मा भारत में पूर्ण ईमानदारी और स्वच्छन्दता से उतर सके। गांधी ही वह देवदूत है जिसकी जबान से, राष्ट्र के पापों और पुण्यों का लेखा, कोटि-कोटि हृदयों का मल धोने के लिए बहने लगता है। सीमान्त की आत्मा, उस कथन का गवाह होगी, ऐसी गवाह जो युगों के परिवर्तन और जगत के निर्माण में, वह त्याग कर सके, जो त्याग, जगत् के इतिहास में अनहोना त्याग कहा जाय। विजयी हो सीमान्त गांधी, जिसे खोकर राष्ट्र, राष्ट्र नहीं रह सकता, और गांधी, गांधी नहीं रह सकता !

[7 मई, 1938]

□□